CASSETTES

NUMBER OF CASSETTES: *12 (dual-track)*

The materials on cassettes are identical with those on tapes.
The distribution is as follows:

Cassette 1: Lessons 1 and 2
Cassette 2: Lessons 3 and 4
Cassette 3: Lesson 5
Cassette 4: Lesson 6
Cassette 5: Lesson 7
Cassette 6: Lessons 8 and 9
Cassette 7: Lessons 10 and 11
Cassette 8: Lessons 12 and 13
Cassette 9: Lessons 14 and 15
Cassette 10: Lessons 16 and 17
Cassette 11: Lessons 18 and 19
Cassette 12: Lessons 20, 21, 22, and 23

16°   20°

O S T S E E

nholm
(än.)

 LITAUEN

Memel

Tilsit

Danziger
Bucht

Königsberg
(Kaliningrad)

Pregel   Insterburg

Gdingen

Stolp

mmersche
Bucht

Köslin

Danzig
(Freistadt)

Elbing

Kolberg

Marienburg

Allenstein

Spirding-
see

Bialystok

Neustettin

Graudenz

tin

Stargard

Schneidemühl

Bromberg

Thorn

Netze

Wloziawek   Weichsel

Bug

Oder

Landsberg

Küstrin

Warschau   Siedlce

Posen

52°

Warthe

P   O   L   E   N

urt

Grünberg

Kalisch

Lodsch

Pilitza

Neiße

Glogau

Petrikau

Radom

Lublin

Spree

Görlitz

Liegnitz

Breslau

Kielce

Reichenberg

Waldenburg

Neisse

Oder

Tschenstochau

Weichsel

San

ig

Glatz

Oppeln

Beuthen

Hindenburg

Kattowitz

Elbe

Königgrätz

Gleiwitz

Ratibor

Krakau

Tarnow

Rzeszow

Pardubitz

Ostrau

Bielitz–Biala

March

Olmütz

T   S   C   H   E   C   H   O   S   L   O   W   A   K   E   I

Brünn

Donau

St. Pölten

Wien

weis

48°

Neusiedler
See

Wiener
Neustadt

R   E   I   C   H

che Länge von Greenwich 16°   20°

DEUTSCHLAND

1937

KEGELPROJEKTION

MEILEN

0   50   100   150

KILOMETER

0   50   100   150

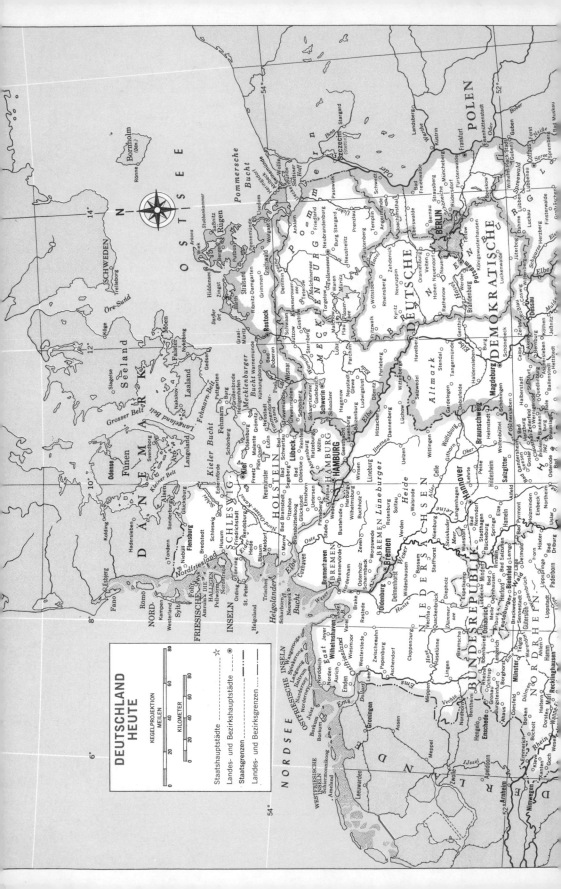

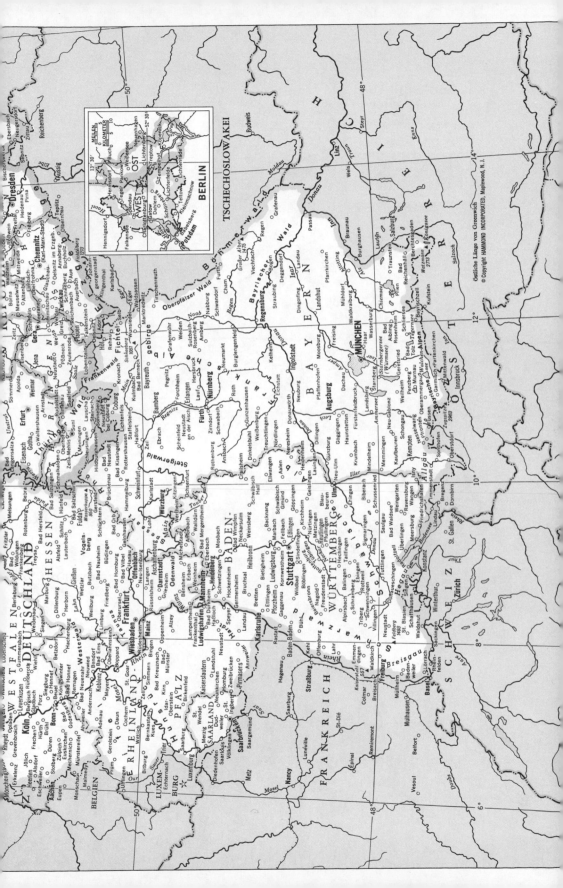

DEUTSCHLAND
Topographie

MEILEN
0 20 40 60 80
KILOMETER
0 20 40 60 80

Gebirge Hochland Tiefland Depression Wasser

Höhen in Meter

NORDSEE

DÄNEMARK

SCHWEDEN

Bornholm
(dän.)

OSTSEE

Rügen

Pommersche
Bucht

Fehmarn

Mecklenburger
Bucht

Müritz

Helgoland

Nord-Ostsee
Kanal

Nordfriesische In.

Ostfriesische In.

Hamburg

Bremen

Elbe

Norddeutsches Tiefland

NIEDERLANDE

Ems

Aller

Mittelland

Hannover

Kanal

Havel

Berlin

POL

Oder

Weser

Spree

Rhein

Ruhr

Neiße

Düsseldorf

Köln

Bonn

Brocken
1142

Harz

Saale

Leipzig

Elbe

BELGIEN

Rheinisches

Schiefergebirge

Lahn

Fulda

Werra

Thüringer Wald

Erzgebirge

Eifel

Taunus

Frankfurt

Rhön

Main

LUXEM-
BURG

Mosel

Hunsrück

Saar

TSCHECHOSLOWAKEI

Böhmerwald

Nürnberg

Fränkische Alb

FRANKREICH

Stuttgart

Schwarzwald

Neckar

Schwäbische Alb

Donau

Iller

Lech

Alpenvorland

München

Isar

Inn

Donau

Rhein

Feldberg
1493

Bodensee

Chiemsee

A l p e n

Zugspitze
2963

SCHWEIZ

LIECHTEN-
STEIN

ÖSTERREICH

© Copyright HAMMOND INCORPORATED

östliche Länge von Greenwich

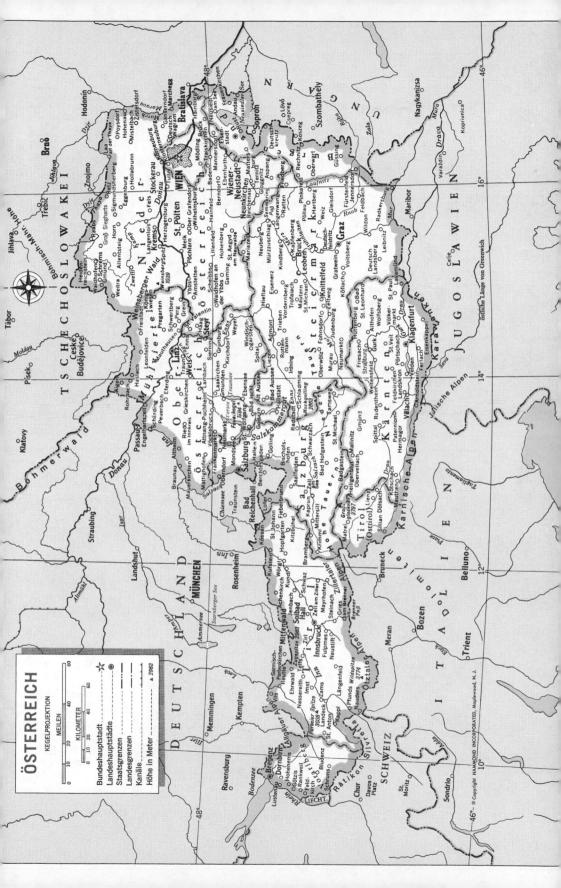

ÖSTERREICH

KEGELPROJEKTION

MEILEN

0   10   20   40   60

KILOMETER

0   10 20   40   60

Bundeshauptstadt .... ☆

Landeshauptstädte .... ◉

Staatsgrenzen .... —·—·—

Landesgrenzen .... ········

Kanäle .... —··—··—

Höhe in Meter .... ▲ 2963

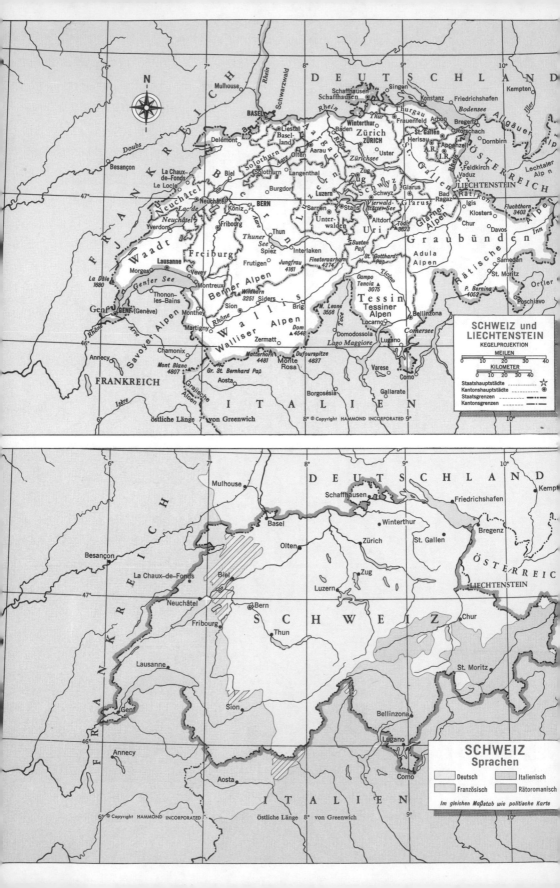

DEUTSCH FÜR AMERIKANER

DRITTE AUFLAGE

DEUTSCH FÜR AMERIKANER

DRITTE AUFLAGE

C. R. GOEDSCHE

MENO SPANN

NORTHWESTERN UNIVERSITY

D. VAN NOSTRAND COMPANY

New York   Cincinnati   Toronto   London   Melbourne

D. Van Nostrand Company Regional Offices.
New York   Cincinnati   Millbrae

D. Van Nostrand Company International Offices
London   Toronto   Melbourne

COPYRIGHT © 1973 BY LITTON EDUCATIONAL PUBLISHING, INC.

Library of Congress Catalog Card Number 72-6410

ISBN: 0-442-22058-8

Published by D. Van Nostrand Company
450 West 33rd Street, New York, N.Y.   10001

Published simultaneously in Canada by
Van Nostrand Reinhold Ltd.

10   9   8   7   6   5   4   3   2

Preface

In content and method the Third Edition of DEUTSCH FÜR AMERIKANER continues to take into account the needs of the American student: (1) to understand spoken German; (2) to express himself on matters of daily life; (3) to read without conscious translation; and (4) to write in German on familiar topics. The organization of the material permits maximum flexibility so that any skill, such as reading, may be stressed by concentrating on the appropriate elements in each lesson. The sequence of topics is in accordance with our experience gained in the classroom with beginning students.

The Third Edition has been augmented and altered in several important respects: (1) About half of the lesson texts deal with new topics; (2) All parts have been combined into consecutively numbered lessons; (3) Much of the cultural reading material of part three has been rewritten to serve as integral reading in Lessons 13 to 23; (4) These readings (called Text 2) in Lessons 13 to 23 are reprinted in German type in Appendix One for those who wish to offer their students practice in reading Fraktur; (5) A useful atlas of Germany, Austria, and Switzerland is included; (6) A new *Workbook* now accompanies the text; (7) The Instructor's Manual has been revised; (8) A new tape program is available.

Lesson 1 introduces the student to the sounds and pronunciation of German through the use of familiar names. Repeated pronunciation practice has been provided through Lesson 7.

Lesson 2 offers five connected units which include many cognates and which are designed to give the student immediate audiolingual and comprehension exposure to the German language.

The topics in Lessons 3 to 23, some of them in dialogue form, have been carefully selected to hold the interest of today's students. They contain interesting and useful information about the life and culture of the Germans, Austrians, and Swiss.

The structure of German is presented inductively. Elements which differ from English are given special attention. Structural points are thoroughly practiced through varied exercises, consisting of useful sentences in idiomatic German and with practical vocabulary. In the three lessons called *Wiederholung*, points of structure that have been previously described and practiced are summarized and reviewed.

Reading is a major concern. Each lesson, therefore, with the exception of Lessons 1 and 2, offers extensive practice in the form of Text 2.

Conversations are based on the contents of the lessons. Since the material is familiar, memorization — if desired — and reproduction are greatly facilitated.

Writing can be practiced from the beginning. Instructions encourage writing from simple restating to free composition.

The *Workbook* offers exercises for each lesson. They are intended primarily as written homework.

An *Instructor's Manual*, giving detailed suggestions on the proposed method of instruction, sample lesson plans, sample tests, and the like, is available from the publisher.

Information about the tapes accompanying *Deutsch für Amerikaner, Dritte Auflage*, appears on the front endpapers of this book. All taped materials are identified throughout the book.

Contents

1   **Introduction to Pronunciation**   *1*

2   **Introduction to the German Language**   *8*

3   **Amerika und Deutschland**   *17*

Spelling — Definite Article — The Infinitive — Present Tense — Pronouns **sie** (*she*), **sie** (*they*), **Sie** (*you*) — Pronouns **Sie, du, ihr** — Imperative — Questions.

4   **Die zentrale Lage Deutschlands**   *35*

The Four Cases — Nominative and Accusative — Prepositions with the Accusative — Personal Pronouns — Vowel Change: **a** to **ä; e** to **i(e)** — **Nein, kein, nicht.**

5   **Hamburg**   *53*

Dative — Prepositions with the Dative — Prepositions **an** and **in** — Verbs with the Dative.

6   **Frankfurt**   *67*

Genitive — Nouns Ending in **-en** in the Genitive — **Der**-Words — **Ein**-Words — Prepositions with the Genitive.

Wiederholung 1   84

The Four Cases of the Noun in the Singular — **Der-**Words and **Ein-**Words — Prepositions — Personal Pronouns.

7   Der Rhein und der Hudson   93

Normal Word Order — Inverted Word Order — Normal Word Order after Coordinating Conjunctions — Adjectives without Endings — Adjectives with Endings, Preceded by **Der-**Words and **Ein-**Words.

8   Nach dem Theater   108

Present Tense — The Present Tense of **sein, haben, werden** — The Three Forms of the Imperative — Imperatives of Verbs with Vowel Changes — Dative of **du, ihr, Sie** — Accusative of **du, ihr, Sie** — Possessive Adjectives **dein, euer, Ihr.**

9   Typisch deutsch   120

Prepositions with Dative or Accusative — Prepositions **an, auf, über** with Accusative — Four German Prepositions Meaning "to" with Verbs of Motion — Unpreceded Adjectives — **aber** and **sondern** — **gern.**

10   Norddeutschland   133

Plural of **Der-** and **Ein-**Words — Plural of Nouns — Four Cases in the Plural.

11   Mitteldeutschland   153

Adjective Endings in the Plural — Numerical Adjectives — **Ein-**Words Used as Pronouns.

12   Süddeutschland   *165*

Modal Auxiliaries — Position of the Infinitive — Present
Tense of Modals — **Wissen** — Three Verbs Meaning "to
know" — Comparison of Adjectives — Four Expressions
Meaning "to like" — Adjectives Used as Nouns.

Wiederholung 2   *185*

Der-Words — **Ein**-Words — Gender of Nouns — Plural
of Nouns — Declension of Nouns — Adjective Declen-
sions — Present Tense of Irregular Verbs — Imperative
— Modal Auxiliaries — Comparative and Superlative

Reading: **Im Flugzeug nach Frankfurt**

13   Nützliche Zahlen   *203*

Numerals — Formation and Use of Ordinal Numbers —
Dates — Names of Days — Names of Months — Telling
Time — Expressions of Time — Word Order

Reading: **Im Zug**

14   Westdeutschland und Ostdeutschland   *218*

Past Tense — Past-Tense Endings of Weak Verbs —
Meanings of the Past Tense — Past Tense of Strong Verbs
— Past-Tense Forms of Some Strong Verbs — Past of
kennen, nennen, senden, denken, bringen — Past of **haben,
sein, werden** — Past of Modal Auxiliaries — Past of
wissen.

Reading: **Zwei in einem Wiener Café**

15   Goethe   *237*

Present Perfect of Weak Verbs — Present Perfect of Strong
Verbs — Present Perfect with **sein** — Past Perfect —
Position of **nicht** and Other Negatives.

Reading: **Drei in einem Wiener Café**

16   Schiller   *255*

Separable Prefixes — Variable Prefixes — Position of
nicht (continued) — Past Participle Used as Adjective.

Reading: **Der Augenblick der Abreise**

17   Heinrich Heine   *268*

Future Tense — Future Perfect — Subordinating Con-
junctions — Word Order in Dependent Clauses — Word
Order in Main Clauses — Indirect Questions.

Reading: **Die Leiden eines Untermieters**

18   Thomas Mann   *283*

Reflexive Pronouns — Present Participle — **Da**-Com-
pounds — **Wo**-Compounds.

Reading: **Im Walde**

Wiederholung 3   *296*

Present and Past of Modal Auxiliaries — Reflexive Pro-
nouns — **Da**-Compounds and **Wo**-Compounds — Strong
Verbs (Ablaut Classes) — Subordinating Conjunctions —
Indirect Questions — Three Words Meaning "when".

19   Deutsche Geschichte im Überblick   *303*

Forms of the Relative Pronoun — Gender, Number, and
Case of Relative Pronouns — Relative Pronouns after
Prepositions — Interrogative Pronouns — Use of **was** as
Relative Pronoun — **Wer** and **was** without Antecedents.

Reading: **Einkäufe und Preise**

20   Kulturgeschichte von Krieg zu Krieg   *321*

Compound Tenses of Modals

Reading: **Vom deutschen Lebensstandard**

21   Soziale Einrichtungen   *333*

Passive Voice — Forms of the Passive — Use of the Passive — Modals and Passive Infinitive — Contrast between Action and State — Three Uses of **werden.**

Reading: **Ein Brief an Fräulein Jettner**

22   Österreich   *344*

Subjunctive in English — Subjunctive in German: Subjunctive Forms Built on the Present — Functions of the Subjunctive Built on the Present.

Reading: **Deutsche Gebräuche**

23   Die Schweiz   *355*

Subjunctive Forms Built on the Past — Contrary-to-Fact Conditions in Present Time — Contrary-to-Fact Conditions in Past Time — Unfulfillable Wishes — Subjunctive in Statements and Questions — Indirect Discourse — Idiomatic Subjunctive Phrases

Reading: **Die Einladung**

Appendix 1: Lektüre in Fraktur   *370*

Appendix 2: Grammatical Summary   *389*

Punctuation — Syllabication — Definite Article — **Der-**Words — Indefinite Article — **Ein-**Words — Adjective Declension — Numerical Adjectives — Declensional Patterns for Nouns — Personal Pronouns — Prepositions with the Genitive — Prepositions with the Accusative — Prepositions with the Dative — Prepositions with the Dative or Accusative — Summary of **haben** — Summary of

sein — Summary of **werden** — Summary of Weak Verb —
Summary of Strong Verb — Summary of Passive Voice —
Selective List of Strong and Irregular Verbs — Numbers.

German-English Vocabulary   *409*

English-German Vocabulary   *437*

Index   *443*

Illustrations

Franz Kafka	2
Hermann Hesse	2
Albrecht Dürer	5
Map of the United States and neighboring countries	18
Map of Germany and neighboring countries	18
Pictorial map of Europe	36
Hamburg: Harbor	52
Hamburg: Inner Alster Lake in the center of the city	54
Hamburg: View of Inner and Outer Alster Lakes	64
Frankfurt: Main River and cathedral	68
Frankfurt: Goethe House	70
Frankfurt: Römer	71
Frankfurt: Hauptwache	71
Rhine and Hudson Rivers	94
On deck of a Rhine steamer	104
Bertolt Brecht	109
Performance of Brecht's *Mutter Courage*	109
Inn in Westphalia	121
Pictorial map of Northern Germany	134
Braunschweig: Medieval fountain and statue of Henry the Lion	136
Lübeck: Medieval Holsten Gate	137
Kiel: Harbor	137
Pictorial map of Central Germany	152
Lüneburg Heath	154
Rhine River and Rhenish mountains	154
Pictorial map of Southern Germany	164

München: Hofbräuhaus and Oktoberfest	166
München: City Hall	167
Bavarian Alps	181
German postcards	204
German market	206
Time tables	214
West Berlin	220
East Berlin	221
A "Gugelhupf" — Viennese coffee cake	232
Johann Wolfgang von Goethe	236
Goethe's drama *Faust* on stage	239
Pictorial map of Austria	252
Friedrich Schiller	256
Heinrich Heine	269
Thomas Mann	282
Composite representation of notable Germans	304
Barock castles in Northern and Southern Germany	323
Zürich	356
Genf	357
Lugano	357

Design by Philip Grushkin. Drawings by Larry Hoffmann.
Cover photographs by courtesy of German Information Center.

DEUTSCH FÜR AMERIKANER
DRITTE AUFLAGE

1

Introduction

to

Pronunciation

In this lesson you will learn the basic elements of German pronunciation with the help of names of internationally known Germans, Austrians, Swiss, and German Americans. They are mentioned together with a representative work or an achievement for which they are famous.

By imitating the instructor or the tape, you will notice that some German sounds are similar to sounds in English, while other sounds are quite different. The latter deserve your special attention. Naturally, we don't expect you to master the new sounds all at once. We will provide additional practice in successive lessons.

Franz Kafka

Hermann Hesse

SECTION A *(Tape 1)*

1. **Kafka: Am̜erika.**[1]
2. **Schiller: Wilhelm Tell.**
3. **Sutter: Gold.**
4. **Luther: Bibel.**
5. **Hesse: Steppenwolf.**
6. **Zeiß:**[2] **Mikroskọp.**
7. **Thomas Mann: Zauberberg** *(Magic Mountain)*.
8. **Nietzsche: Zarathụstra.**
9. **Zwingli: Reformatiọn.**
10. **Steuben: Organisatiọn der Kontinentạlen Armẹe.**
11. **Beethoven: Neunte Symphonịe.**
12. **Heine: Lorelẹi.**
13. **Schumann: Träumerẹi** *(reverie)*.
14. **Franz Schubert: Lieder** *(songs)*.
15. **Johann Strauß: Wiener Walzer.**
16. **Wagner: Tannhäuser.**
17. **Brahms: Lieder.**

Comments

1. Each of the letters **a, e, i, o, u** stands for only one sound. This is a single, uniform sound, not a vowel gliding off to another sound, as, for example, in English *so* [so^u]; the German equivalent of that word is **so** [zo].

---

[1] German does not have printed or written accents for stressed syllables. To help you pronounce words which do not have the main stress on the first or root syllable (as is common in German), we will use a dash (**ạ**) to indicate a stressed long vowel or a diphthong and a dot (**ạ**) to indicate a stressed short vowel.

[2] The symbol **ß** is used instead of **ss** after a long vowel and after a short vowel at the end of a syllable. When writing German, **ß** may be replaced by **ss,** but not by **sz.**

DREI

2. Each vowel must be pronounced clearly: **A-me-ri-ka.**

3. The final unstressed **e** has a sound much like the *e* in the unstressed form of the definite article *the*. Say: **Hesse, Nietzsche.**

4. As a rule, a vowel is long when final **(Kafka, Zwingli),** when followed by one consonant **(Thomas, Bibel),** by **h (Brahms),** or when doubled **(Beethoven, Armee).** A vowel is short when followed by more than one consonant **(Mann, Gold).** Give this contrast between long and short vowels your special attention. Try hard to make short vowels really short.

5. The vowel **i** is long when followed by **e: Lied, Wien, Symphonie.**

6. Diphthongs (Vowel Sounds with Off-Glide)

   ei   resembles *ai* in *aisle:* **Heine, Lorelei, Zeiß.**
   au   resembles *ou* in *house:* **Zauberberg.**
   äu, eu   resemble *oy* in *boy:* **Tannhäuser, Träumerei, Steuben, neun.**

   Note: Do not confuse **ie** with **ei.** Keep the words *field* and *height* in mind; they will help you distinguish between the two German sounds: **Wien — Wein** (*Vienna — wine*)*;* **Lied — Leid** (*song — sorrow*).

7. Consonant **z** and combination **tz** are pronounced like *ts* in *rats, nuts:* **Zauberberg, Franz, Zeiß, Koblenz.** German, as well as English, has borrowed many words from Latin, such as words ending in **-tion.** In the combination **-tion,** t is pronounced *ts:* **Organisation, Reformation.**

8. Consonant **l:** There is a distinct difference between the pronunciation of English *l* and German **l.** German **l** is a "clear" sound, produced with the tip of the tongue touching the gums above the upper front teeth: **Lieder, Lorelei, Walzer, Schiller, Wilhelm Tell.**

9. German **r** is either tongue-trilled or uvular. Although uvular **r** is more common, both are acceptable. Trilled **r** is closer to American *r* and may, therefore, be easier for you: **Reformation, Amerika, Mikroskop, Zarathustra, Strauß.**

   German **r** in the unaccented syllable **-er** is similar to the *r* in *father:* **Wiener Walzer, Sutter, Schiller.**

10. Consonant **w** resembles English *v:* **Wagner, Wiener Walzer, Steppenwolf, Zwingli.**

1500

Albertus Durerus Noricus
ipsum me proprijs sic effin-
gebam coloribus ætatis
anno XXVIII.

Albrecht Dürer

11. Consonant **v** in most German words sounds like English *f;* in some words of non-German origin, **v** resembles English *v:*

$$v = f$$

Volkswagen, Beethoven

$$v = v$$

Violine, Universität

12. Consonant **h** after a vowel **(Brahms)** lengthens that vowel but remains silent. The **h** in **th** is silent; **th** is pronounced like **t: Luther, Thomas.**

SECTION B *(Tape 1)*

1. **Mozart: Die Zauberflöte** *(Magic Flute).*

2. **Richard Wagner: Der Fliegende Holländer** *(The Flying Dutchman).*

3. **Bach: Die Matthäuspassion.**

4. **Albrecht Dürer: Ritter, Tod und Teufel** *(Knight, Death, and Devil).*

5. **Goethe: Faust.**

6. **Einstein: Die Relativitätstheorie.**

7. **Freud: Die Psychoanalyse.**

8. **Heinrich Heine: Gedichte** *(poems).*

9. **Dürrenmatt: Die Physiker.**

10. **Die Brüder Grimm: Märchen** *(fairy tales).*

11. **Gutenberg: Buchdruck** *(printing).*

12. **Koch: Das Tuberkulosenbakterium.**

Comments

1. Umlauts (Modified Vowels)

ä   long **ä** resembles *a* in *gate:* **Relativität, Märchen.**

short **ä** resembles *e* in *let:* **Holländer, Götterdämmerung.**

SECHS

ö   long **ö:** pronounce as *a* in *gate* with your lips rounded and protruded: **Zauberflöte, Goethe (oe** represents an older spelling of **ö).**

short **ö:** pronounce as *e* in *let* with your lips rounded and protruded: **öffnen, östlich, nördlich, öfter.**

ü   long **ü:** pronounce as *i* in *machine* with your lips rounded and protruded: **Brüder, Dürer.**

short **ü:** pronounce as *i* in *kin* with your lips rounded and protruded: **München, Dürrenmatt.**

Note that **y** resembles long and short **ü: Physiker, Psychoanalyse, Symphonie, Physik.**

2.   Two Sounds for **ch**

Depending on its position in a word, **ch** may be either an **ach**-sound or an **ich**-sound.

(a)   The **ach**-sound occurs after **a, o, u, au** and is produced in the back of the mouth. Pronounce the imaginary word **aka** several times in succession. Now, instead of letting your tongue touch the back of your mouth, leave space for the air to pass: **acha, acha, ach. . . . : Bach, Koch, Buch, auch** (*also*).

(b)   The **ich**-sound occurs after **i, e, ä, ü, eu, äu,** and after consonants, and is produced in the front of the mouth. Pronounce *h* in *hew*. Notice that the tip of your tongue touches the lower front teeth and that the air passes gently over your tongue, which is raised. Forcing the air ever so slightly over your tongue produces the **ich**-sound: **Richard, Albrecht, Heinrich, Gedichte, Märchen.**

> *Note:* The **g** in the uninflected suffix **-ig** is pronounced as **ch** in **ich: richtig** (*correct*), **wichtig** (*important*).

(c)   The combination **chs** is pronounced like **x: sechs** (*six*), **Sachsen** (*Saxony*).

2

Introduction

to the

German Language

In this lesson you will acquire a first feeling for German by repeating short sentences in meaningful units. These units consist of useful classroom expressions (Section A) and of connected texts in which cognates predominate (Section B). Through such practice, you should be able to understand the texts without resorting to translation.

A. USEFUL CLASSROOM EXPRESSIONS (*Tape 2*)

Most of these expressions are idiomatic. The English translations, therefore, do not represent necessarily basic meanings of German words. Repeat the expressions after your instructor or the tape and memorize them, keeping in mind their English equivalents:

Guten Morgen.	*Good morning.*
Guten Tag.	*Good afternoon. Hello.*
Wie geht's?	*How are you?*
Danke, gut.	*Thanks, I'm fine.*

Wie heißen Sie?	*What's your name?*
Ich heiße Weber.	*My name is Weber.*
Öffnen Sie Ihr Buch auf Seite zehn!	*Open your book to page ten.*
Lesen Sie bitte!	*Please read.*
Aber Sie lesen viel zu langsam.	*But you read much too slowly.*
Noch einmal.	*Once more.*
Alle zusammen.	*All together.*
Übersetzen Sie bitte!	*Please translate.*
Antworten Sie bitte auf deutsch!	*Please answer in German.*
Sagen Sie das noch einmal bitte!	*Please say that again.*
Wiederholen Sie die Frage bitte!	*Please repeat the question.*
Lesen Sie noch einen Satz!	*Read another (one more) sentence.*
Sprechen Sie lauter bitte!	*Please speak louder.*
Spreche ich laut genug?	*Do I speak loud enough?*
Hören Sie gut zu!	*Listen carefully.*
Verstehen Sie mich?	*Do you understand me?*
Ja, ich verstehe Sie.	*Yes, I understand you.*
Verstehen Sie das Wort „heiß"?	*Do you understand the word "heiß" (hot)?*
Nein, ich verstehe das Wort nicht.	*No, I don't understand the word.*
Ich gebe Ihnen ein anderes Beispiel.	*I'll give you a different example.*
Schließen Sie jetzt Ihr Buch!	*Close your book now.*
Gehen Sie an die Tafel!	*Go to the board.*
Schreiben Sie das Wort „groß" an die Tafel!	*Write the word "groß" (large) on the board.*
Haben Sie eine Frage, Fräulein Mayer?	*Do you have a question, Miss Mayer?*
Wie heißt „money" auf deutsch?	*What does "money" mean in German?*
Was bedeutet „nur" auf englisch?	*What does "nur" (only) mean in English?*
Fragen Sie mich, Herr Helm!	*Ask me, Mr. Helm.*
Wie sagt man auf deutsch „to stand"?	*How does one say "to stand" in German?*
Man sagt „stehen".	*One says "stehen."*
Richtig.	*Correct.*
Falsch.	*Wrong.*
Leicht.	*Easy.*
Schwer.	*Difficult.*
Das ist alles.	*That is all.*
Für morgen Aufgabe drei.	*For tomorrow lesson three.*
Auf Wiedersehen.	*Good-by.*

NEUN

B. TEXT (*Tape 2*)

The following five sections include almost entirely words closely related to English or easily understood within the context, as well as words introduced in "Useful Classroom Expressions." As you listen to your instructor or the tape, try to understand each sentence as a whole. Don't translate.

1. Der Ozeandampfer

„Es ist Sommer, Ende Juni. Die Sonne scheint. Es ist warm an Deck des Ozeandampfers. — Haben Sie eine Frage, Fräulein Schneider?"

„Ich verstehe das Wort ‚Ozeandampfer' nicht."

5   „Verstehen Sie die Wörter ‚Der Atlantische Ozean', ‚Der Pazifische Ozean'?"

„Ja, ich verstehe diese Wörter, aber ich verstehe das Wort ‚Dampfer' nicht."

„Hören Sie gut zu! Heißes Wasser dampft. Heiße Suppe dampft. Wir haben
10   im Museum für Technik und Industrie das Modell einer Dampfmaschine. Es ist die Dampfmaschine des Engländers James Watt. Wir haben im Museum das Modell des Dampfschiffes von Robert Fulton. Ein Ozeandampfer ist ein großes Dampfschiff. Es transportiert Passagiere über den Ozean. Verstehen Sie jetzt das Wort Ozeandampfer, Fräulein Schneider?"

15   „Ja, ich verstehe das Wort jetzt."

„Ich wiederhole: Es ist Sommer, Ende Juni. Die Sonne scheint. Es ist warm an Deck des Ozeandampfers. Die Passagiere stehen an der Reling. Der Decksteward bringt Kaffee, Tee und eine kalte Platte mit Brot, Butter, Leberwurst und Schweizerkäse. Der Steward sagt laut: ‚Meine Damen und Herren,
20   Kaffee, Tee, Brot . . .?' Die Passagiere hören nicht zu. Sie starren auf das Wasser. Was sehen sie im Wasser? Einen Fisch, einen Wal? Nein, es ist kein Fisch, kein Wal, kein Walroß — es ist ein Eisberg."

2. Der Eisberg

„Der Eisberg interessiert die Passagiere. Sie photographieren den Eisberg. Er
25   glitzert in der Sonne. — Sie haben eine Frage, Fräulein Henkel?"

„Ich verstehe das Wort ‚glitzert' nicht."

„Ich gebe Ihnen das Wort ‚glitzern' in einem anderen Satz. Der goldene

Ring mit dem Diamanten glitzert an dem Finger der jungen Dame. Verstehen Sie das Wort?"

„Nein."

„Ich gebe Ihnen ein anderes Beispiel. Der Schnee auf der Straße glitzert im Licht der Laterne. Verstehen Sie das Wort jetzt?"   5

„Ja, ich verstehe es jetzt."

„Ich wiederhole: Der Eisberg interessiert die Passagiere und sie photographieren den Eisberg. Er glitzert in der Sonne. Der Kapitän kommt von der Kommandobrücke und sagt zu den Passagieren: ‚Ja, meine Damen und Herren. Das ist ein großer Eisberg. Aber wir sind gewarnt. Die Radiowarnung   10 sagt, der Eisberg ist zwei Kilometer lang und neunhundert Meter breit. Über Wasser sehen Sie sechzig Meter, aber vierhundert Meter dieses Eisbergs sind unter Wasser. Der Eisberg kommt von Norden, von Grönland, und schwimmt langsam nach Süden. Alle Schiffe sind gewarnt.'

Ein junger Mann fragt den Kapitän: ‚Wann landen wir in Deutschland?'   15

‚Sonntag, wenn alles gut geht. Sind Sie Amerikaner? Sie sprechen Deutsch mit einem amerikanischen Akzent.'

‚Ja', antwortet der junge Mann, ‚ich bin ein amerikanischer Student.' "

3. Der amerikanische Student

Der junge amerikanische Student heißt Peter Miller. Er kommt aus Florida   20 und ist Student an einer Universität im mittleren Westen Amerikas. Peter hat einen weißen, wollenen Sweater an. Auf dem Sweater sehen wir ein großes rotes M. Die meisten Passagiere auf dem Dampfer sind Amerikaner. Sie verstehen, was das M bedeutet. Aber die junge Dame hinter Peter versteht es nicht. Sie ist keine Amerikanerin. Sie ist Sekretärin in Deutschland und heißt   25 Inge Heinemann. Sie war als Touristin in Amerika.

Der junge Mann im weißen Sweater mit dem M steht an der Reling. Er hat eine Kamera. Er photographiert den Eisberg. Fräulein Heinemann steht hinter dem jungen Mann im weißen Sweater. Sie kann den Eisberg nicht sehen. Sie sagt: 30

„Sie sind zu groß. Ich kann den Eisberg nicht sehen."

Das war zehn Minuten vor zehn. Fünf Minuten vor zehn photographiert der junge Mann die junge Dame. Zehn Minuten nach zehn sitzen Peter und Inge in der Bar. Sie trinken Kaffee und essen Brot mit Butter und Leberwurst. Peter Miller hat braunes Haar und braune Augen. Er ist einen Meter neunzig   35 Zentimeter groß und hat guten Appetit. Inge Heinemann hat blondes Haar

und blaue Augen. Sie hat nicht Peters Appetit, aber sie trinkt viel Kaffee.
Peter sagt:

„Sie trinken zuviel Kaffee, Fräulein Heinemann. Das ist nicht gut für Ihre
Nerven."

5   Fräulein Heinemann antwortet eine Weile nicht. Dann sagt sie: „Der
Schiffskaffee ist nicht stark, und ich habe gute Nerven. Aber ich habe eine
Frage."

„Bitte."

4. Das große M

10   „Was bedeutet das M auf Ihrem Sweater? Bedeutet es Miller?"

„Nein", sagt Peter, „es steht für meine Alma Mater — aber für mich
bedeutet das M . . . wie sagt man auf deutsch ‚misfortune'?"

Inge Heinemann starrt Peter an, sie wiederholt das englische Wort, und
dann sagt sie:

15   „ ‚Misfortune' heißt ‚Unglück', aber ich verstehe Sie nicht."

Der junge Student sagt:

„Das M bedeutet, daß ich ein guter Tennisspieler war. Ich wiederhole: Ich
w a r ein guter Tennisspieler. Wir hatten im November ein großes Spiel. Nach
dem Spiel hatte ich Schmerzen im Knie. Der Coach sagte: ‚Peter, geh zum
20   Doktor!' Der Doktor sagte: ‚Wir müssen das Knie operieren.' Ich war lange
im — wie heißt ‚hospital' auf deutsch? — oh ja, im Krankenhaus. Im Februar
sagte der Doktor: ‚Es ist besser, wenn Sie dieses Jahr nicht spielen.' Mein
Vater sagte: ‚Peter, du bist ein guter Tennisspieler, aber dein Deutsch ist nicht
gut. Studiere ein Jahr in Deutschland und lerne Deutsch. Aber ich spreche nur
25   von mir. Sind Sie Studentin, Fräulein Heinemann?"

„Nein, ich arbeite im Büro meines Vaters. Ich bin Sekretärin. Mein Vater
ist Direktor einer deutschen Autofirma. Meine Mutter und ich waren mit ihm
in Detroit. Aber sagen Sie mir: Wo wollen Sie in Deutschland studieren?"

„In München."

30   „Das ist wunderbar. Ich bin geborene Münchnerin."

Inge beginnt, mit Enthusiasmus über München zu sprechen.

5. München

„München", sagt Inge, „ist eine alte Stadt."

„Wie alt?" fragt Peter.

„Achthundert Jahre. Die meisten amerikanischen Touristen kommen nach München und schreiben enthusiastische Postkarten an ihre Familien in Amerika. München ist wunderbar. München hat alles. Haben Sie ein Auto?"

„In der Garage in Amerika", antwortet Peter. „Aber ich habe einen Freund in München. Er hat einen Volkswagen." 5

„Gut", sagt Inge. „Fahren Sie im Auto Ihres Freundes von München nach Osten — nein nach Süden. Nur hundert Kilometer oder sechzig amerikanische Meilen, und Sie sind in den Alpen. Im Sommer können Sie in den Alpen wandern, fischen, schwimmen und segeln. München hat auch gute Theater. Interessieren Sie sich für das Theater?" 10

Peter versteht nicht genug Deutsch. Er denkt, Inge spricht vom Kino, und er antwortet:

„Ja, ich gehe oft in Tampa ins Theater."

„Gut", sagt Inge. „Oh, da kommt meine Mutter. Mutti, dies ist Herr Miller, ein amerikanischer Tennisspieler oder besser ein amerikanischer Student und Tennisspieler. Er . . ." 15

C. EASILY RECOGNIZABLE WORDS
IN SECTIONS 1 TO 5

Section 1.	der Eisberg	die Industrie	das Wasser
	der Engländer	die Leberwurst	das Wort
	der Fisch	die Maschine	kalt
	der Juni	die Reling	laut
	der Kaffee	die Sonne	warm
	der Ozean	die Suppe	bringen
	der Passagier	das Brot	essen
	der Sommer	das Deck	trinken
	der Steward	das Ende	scheinen
	der Tee	das Modell	starren
	die Butter	das Museum	transportieren
	die Dame	das Walroß	
Section 2.	der Akzent	der Meter	die Laterne
	der Amerikaner	der Norden	die Radiowarnung
	der Diamant	der Ring	das Licht
	der Finger	der Schnee	das Schiff
	der Kapitän	der Sonntag	alle
	der Kilometer	der Student	amerikanisch
	der Mann	der Süden	gut

DREIZEHN

golden   kommen   schwimmen
jung   landen   sehen
lang   photographieren   warnen
interessieren

Section 3.   der Appetit   die Sekretärin   blau
     der Nerv   die Touristin   blond
     der Sweater   die Universität   braun
     der Westen   eine Weile   rot
     der Zentimeter   das Amerika   weiß
     die Kamera   das Auge   wollen
     die Minute   das Haar   sitzen

Section 4.   der Direktor   die Mutter   besser
     der Doktor   die Studentin   englisch
     der Februar   das Büro   wunderbar
     der November   das Jahr   beginnen
     der Vater   das Knie   operieren
     die Autofirma   studieren

Section 5.   der Freund   die Meile   das Theater
     der Volkswagen   die Postkarte   alt
     die Familie   das Auto   fischen
     die Garage   das Kino   wandern

D. PRONUNCIATION

1. Consonants b, d, g (*Tape 2*)

Consonants **b, d, g** resemble corresponding English sounds. At the end of a word or syllable and before **t**, however, they are pronounced like **p, t, k:**

lieb   der Zug (*train*)
und   genug
das Bild   er zeigt

Note: The combination **ng** has the sound of *ng* in *ring, sing, singer*, but NEVER of *ng* in *finger:*

singen   der Hunger
langsam   der Finger
der Ring   bringen

2. S-Sounds (*Tape 2*)

(a) At the end of a word or syllable, and in the combinations **st** and **sp** at the end of a syllable or in mid-word, **s** is pronounced like *s* in *sit:* **es, was, Faust, der Westen.**

(b) Before a vowel, **s** is usually pronounced like *s* in *was:* die **Sonne,** der **Sommer, sehen, lesen.**

(c) In combinations **sp** and **st** at the beginning of a word (disregarding a prefix), **s** has the sound of *sh* in *shy:* **sprechen, spielen,** der **Sport;**   **verstehen,** die **Stadt, studieren.**

(d) Combination **ss** (printed **ß** after a long vowel, **Straße;** at the end of a word, **Fluß;** and before a consonant, **mußte**) is pronounced like *s* in *sit:*

das Wasser   die Straße   heiß   er mußte (*he had to*)
vergessen   heißen   groß   er wußte (*he knew*)

3. Vowels (*Tape 2*)

Read the practice words first vertically, then horizontally to hear the contrast. (The English meanings for the German words used in pronunciation exercises are given for your information. You are not expected to learn them.)

(a)

LONG **a**	SHORT **a**
like *a* in *father*	like *o* in *hot*
	der Dampfer
der Amerikaner	das Wasser
die Frage	der Satz

(b)

LONG **e**	SHORT **e**
like *a* in *date*, without the off-glide	like *e* in *nest*
stehen	jetzt
geben	das Ende
der Schnee	Hesse

FÜNFZEHN

UNSTRESSED **e**

like *e* in *the*

Heine
Gedichte
die Flöte

(c) LONG **i**

like *i* in *machine*

die Bibel
Wien
der Passag<u>ier</u>

SHORT **i**

like *i* in *kin*

der Fisch
der Ring
das Licht

(d) LONG **o**

like *o* in *no*,
without the off-glide

groß
der Ozean
das Brot

SHORT **o**

like *o* in *oral*

das Gold
die Sonne
der Sommer

(e) LONG **u**

like *oo* in *mood*

das Buch
Gutenberg
Schubert

SHORT **u**

like *u* in *put*

die Suppe
die Butter
jung

Note: A number of words have a short vowel, even though only one consonant follows: **es, an, das, in, mit, was, hat.**

es gibt

there is (are)

3

Amerika

und

Deutschland

I. TEXT (*Tape 3*)

„Öffnen Sie bitte Ihr Buch auf Seite[1] 18 (achtzehn). Was sehen Sie auf dieser
Seite, Fräulein Wilson?"

„Ich sehe zwei Karten[2]."

„Richtig, Fräulein Wilson. Was zeigt[3] die erste[4] Karte, Herr Becker?"

„Sie zeigt die Vereinigten Staaten von Amerika."   5

„Das ist richtig. — Sie haben eine Frage, Herr Mendel?"

„Ja, der Staat[5] Hawai und der Staat Alaska fehlen[6]."

„Sie haben recht[7]."

„Was zeigt die zweite[8] Karte, Herr Becker?"

„Ich heiße Olson. Becker sitzt neben[9] mir."   10

1. **die Seite** *page*. 2. **die Karte** *map*. 3. **zeigen** *to show*. 4. **erst** *first*. 5. **der Staat**
state. 6. **fehlen** *to be missing*. 7. **Sie haben recht.** *You are right.* 8. **zweit-** *second*.
9. **neben** *beside*.

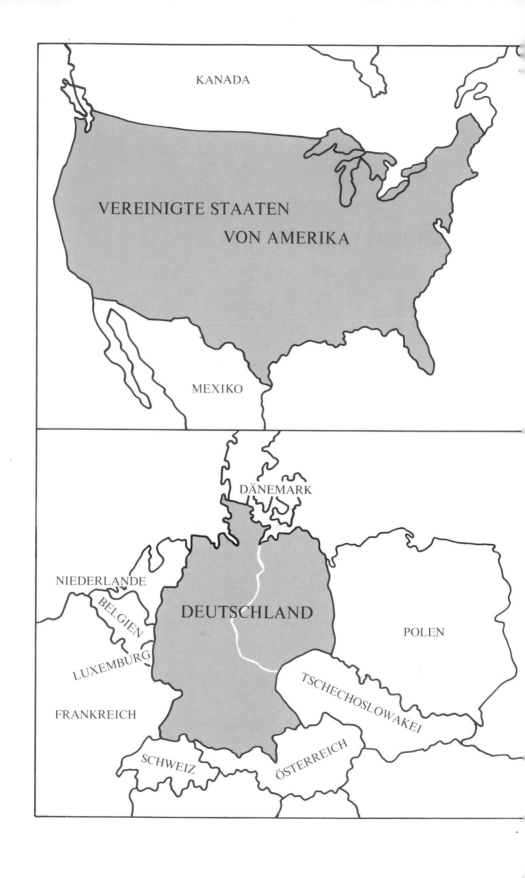

„Danke, Herr Olson. Beantworten[10] Sie bitte die Frage!"

„Die zweite Karte zeigt Deutschland und seine Nachbarn[11]."

„Sehr[12] gut. — Welches[13] große Land liegt[14] westlich[15] von Deutschland, Fräulein Antoni?"

5   „Luxemburg liegt westlich von Deutschland."

„Das ist richtig, aber Luxemburg ist ein kleines[16] Land. Wie heißt[17] das große Land westlich von Deutschland, Herr Wendel? — Warum[18] antworten Sie nicht?"

„Ich verstehe das Wort westlich nicht."

10   „Wer[19] versteht es? Niemand?[20] Ich schreibe es an die Tafel. Verstehen Sie es jetzt?"

„Ja, danke. Es heißt[21] auf englisch ‚to the west'. Das große Land ist Frankreich."

„Gut. Jetzt zurück[22] zur ersten Karte. Welches Land liegt südlich[23] von

15   den Vereinigten Staaten? Wie heißt das Land, Herr Smith?"

„Das Land heißt Mexiko."

„Ja, Mexiko liegt südlich von den Vereinigten Staaten, und welches Land liegt nördlich[24] von den Vereinigten Staaten, Fräulein Fletcher?"

„Kanada liegt östlich[25], nein, nein, nördlich von den Vereinigten Staaten."

20   „Sie haben recht. Östlich und westlich von den Vereinigten Staaten liegen Ozeane. Amerika hat nur zwei Nachbarn, und wie viele[26] Nachbarn hat Deutschland, Herr Greenberg?"

„Deutschland hat neun Nachbarn."

„Das sind viele Nachbarn, und das ist auch Deutschlands historisches

25   Problem."

10. **beantworten** (transitive verb) *to answer*.   11. **der Nachbar** *neighbor*.   12. **sehr** *very*.   13. **welches** *which*.   14. **liegen** *to be situated*.   15. **westlich** *to the west*. 16. **klein** *small*.   17. **Wie heißt** *What is the name*.   18. **warum** *why*.   19. **wer** *who*. 20. **niemand** *nobody*.   21. **es heißt** *it means*.   22. **zurück** *back*.   23. **südlich** *to the south*.   24. **nördlich** *to the north*.   25. **östlich** *to the east*.   26. **viele** *many*.

II. STRUCTURE AND PRACTICE

1. Selected Words from Lessons 1 to 3

| der **Satz** | *sentence* | die **Aufgabe** | *lesson* |
| der **Staat** | *state* | die **Frage** | *question* |

die **Karte**	map		wandern	to hike
die **Seite**	page	*learn*	warnen	to warn
die **Stadt**	city		wiederholen	to repeat
die **Straße**	street		zeigen	to show
die **Tafel**	board		zuhören	to listen
das **Beispiel**	example			
das **Kind**	child		dieser	this
das **Lied**	song		erst-	first
das **Spiel**	game		falsch	wrong
			groß	large, tall
antworten	to answer		kein	no
arbeiten	to work		klein	small
beantworten	to answer		langsam	slowly
bedeuten	to mean		leicht	easy
denken	to think		richtig	correct
essen	to eat		schwer	difficult
fahren	to go, drive		stark	strong
fehlen	to be missing		viel	much
finden	to find		viele	many
geben	to give		welcher	which
gehen	to go		zweit-	second
haben	to have		aber	but
heißen	to be called		auch	also
lernen	to learn		genug	enough
lesen	to read		jetzt	now
liegen	to lie, be situated		man	one
öffnen	to open		niemand	nobody
sagen	to say		nur	only
scheinen	to shine		oder	or
schließen	to close		sehr	very
schreiben	to write		warum	why
schwimmen	to swim		wer	who
sehen	to see		wie	how
sein	to be		wo	where
sitzen	to sit			
spielen	to play			
sprechen	to speak		IDIOMS	
stehen	to stand			
trinken	to drink		Noch einmal	Once more
übersetzen	to translate		Wie heißt er?	What is his name?
verstehen	to understand		Er heißt.	His name is.
			Es heißt.	It means.

ZWANZIG

2. Spelling

eine Karte

All German nouns are capitalized: **der Staat, die Frage, das Land.**

ein englisches Wort

German adjectives derived from names of countries or geographical regions are spelled with a small letter: der **amerikanische** Student, das **europäische** Problem, der **afrikanische** Kontinent.

Ja, **ich** verstehe es.

The German word **ich** (*I*) is not capitalized, except, of course, at the beginning of a sentence.

3. Definite Article

MASCULINE: Wo ist **der Doktor?** — **Er** ist im Krankenhaus.
Where is the doctor? — He is in the hospital.

FEMININE: Wo ist **die Dame?** — **Sie** ist in der Kabine.
Where is the lady? — She is in the cabin.

NEUTER: Wo ist **das Kind?** — **Es** ist im Kindergarten.
Where is the child? — [It] He (She) is in the kindergarten.

German, like English, has three genders — masculine, feminine, and neuter. German has a special definite article for each gender **(der, die, das),** while English uses *the* for all three genders. In both languages the personal pronouns indicate the gender: masculine **er** (*he*); feminine **sie** (*she*); neuter **es** (*it*).

der	—	er
die	—	sie
das	—	es

Wo ist **der Eisberg?** — **Er** ist südlich von hier.
Where is the iceberg? — It is south of here.
Wo ist **die Universität?** — **Sie** ist westlich von hier.
Where is the university? — It is west of here.
Wo ist **das Theater?** — **Es** ist östlich von hier.
Where is the theater? — It is east of here.

EINUNDZWANZIG

In German, inanimate objects may be either masculine, feminine, or neuter. In English they are, with few exceptions, neuter. You will ask: How am I to know what the gender of a German noun is? Later we can give you some helpful rules. For the time being, learn the definite article together with the noun or look up the gender in the vocabulary at the end of the book.

PRACTICE

> **A.** Example: Wo steht **der Student?** (an der Reling)
> **Er** steht an der Reling.

Answer the questions by substituting personal pronouns for the nouns (Tape 3):

1. Wo schwimmt der Eisberg? (im Ozean). 2. Wo ist der Steward? (an Deck). 3. Wo ist der Kapitän? (an Land). 4. Wo ist der Passagier? (in der Kabine). 5. Was lernt die Sekretärin? (Deutsch) 6. Wo ist der Volkswagen? (in der Garage). 7. Wo ist die Sekretärin? (im Büro). 8. Wo steht die Studentin? (an der Reling). 9. Wo ist die Dame? (in der Kabine). 10. Wo liegt die Universität? (westlich von hier). 11. Wo ist die Karte? (im Auto). 12. Was trinkt das Kind? (Milch). 13. Wo liegt England? (nördlich von Deutschland). 14. Wie heißt das Land? (Mexiko). 15. Wie heißt das Buch? (Deutsch für Amerikaner).

4. The Infinitive

Er kann gut **schwimmen.** *He can swim well.*

The German infinitive consists of a stem **(schwimm-)** and an infinitive ending **(-en).** In German, the infinitive stands at the end of a clause.

PRACTICE

> **B.** Example: Er kann **gut schwimmen.**

Substitute (Tape 3):

1. gut schreiben. 2. besser lesen. 3. jetzt nicht sprechen. 4. alles verstehen. 5. viel essen. 6. die Frage beantworten.

5. Present Tense

(a)   Forms and meanings

ich **lerne** Deutsch	*I learn German*
Hans, du **lernst** Deutsch	*Hans, you learn German*
er **lernt** Deutsch	*he learns German*
sie **lernt** Deutsch	*she learns German*
das Kind (es) **lernt** Deutsch	*the child (it) learns German*
wir **lernen** Deutsch	*we learn German*
Hans und Fritz, ihr **lernt** Deutsch	*Hans and Fritz, you learn German*
Herr Enders, Sie **lernen** Deutsch	*Mr. Enders, you learn German*

In English, only one form of the present tense has an ending, the third person singular: *he, she, it learns*. In German, the verb has an ending for each person. These endings are added to the stem of the verb:

STEM **lern-**	
ich lerne	**-e**
du lernst	**-st**
er, sie, es lernt	**-t**
wir lernen	**-en**
ihr lernt	**-t**
sie lernen	**-en**
Sie lernen	**-en**

Depending on the context, the present tense may be equivalent in English either to the simple verb form (*I learn*), the progressive form (*I am learning*), or the emphatic form (*I do learn*).

In addition, German often uses the present where English requires the future:

Wir **lernen** das Lied nächstes Semester.
We will learn the song next semester.

Also, to indicate that something has been going on for some time, German uses the present with **schon** (*already*) where English uses the progressive present perfect:

Wie lange **lernen** Sie schon Deutsch?
How long have you been learning German?

PRACTICE

C. Example: Ich **lerne** Deutsch.

Substitute the correct form of each verb:

1. lesen.   2. schreiben.   3. verstehen.   4. sprechen.

D. Example: Wir **lernen** Deutsch.

Substitute:

1. lesen.   2. schreiben.   3. verstehen.   4. sprechen.

E. Example: Sie **lernen** Deutsch.

Substitute:

1. lesen.   2. schreiben.   3. verstehen.   4. sprechen.

F. Example: Er **schreibt** jetzt.

Substitute:

1. verstehen.   2. beginnen.   3. wiederholen.   4. photographieren.

G. Example: Hans und Paul, ihr spielt gut Tennis.

Make each of the following sentences accord with the example (Tape 3):

1. Du beginnst jetzt.   2. Du schwimmst gut.   3. Du trinkst zuviel Kaffee.
4. Du wiederholst den Satz.   5. Du photographierst den Eisberg.

(b)   Variations in present-tense endings

ich antworte auf deutsch	*I answer in German*
du antwort**est** auf deutsch	*you answer in German*
er, sie, es antwort**et** auf deutsch	*he, she, it answers in German*

wir antworten auf deutsch   *we answer in German*
ihr antwortet auf deutsch   *you answer in German*
sie antworten auf deutsch   *they answer in German*
Sie antworten auf deutsch   *you answer in German*

If the stem of the verb ends in **-d** or **-t** (or in **-m** or **-n** preceded by a consonant other than **h, l, m, n, r**), an **e** is inserted before the endings **-st** and **-t**: **du findest, er antwortet, sie öffnet.**

If the stem of the verb ends in **s, ß, sch, tz**, the **s** of the **-st** ending is dropped: **du sitzt.**

PRACTICE

H. *Repeat after your instructor or the speaker (Tape 3):*

1. Er öffnet das Buch. 2. Sie antwortet auf englisch. 3. Er landet in Deutschland. 4. Sie beantwortet die Frage. 5. Er findet die Karte. 6. Er arbeitet nicht.

I. Example: **Du findest** hier eine Karte.

Make each of the following sentences accord with the example (Tape 3):

1. Ich öffne das Buch. 2. Ich antworte auf englisch. 3. Ich lande morgen in Deutschland. 4. Ich beantworte die Frage. 5. Ich arbeite nicht.

(c)   **The very common verbs haben** (*to have*) **and sein** (*to be*) **are irregular**

ich **habe** ein Auto   *I have a car*
du **hast** ein Auto   *you have a car*
er, sie **hat** ein Auto   *he, she has a car*
(es **hat** Zeit)   *(it has time)*
wir **haben** ein Auto   *we have a car*
ihr **habt** ein Auto   *you have a car*
sie **haben** ein Auto   *they have a car*
Sie **haben** ein Auto   *you have a car*

FÜNFUNDZWANZIG

ich **bin** Student	*I am a student*
du **bist** Student	*you are a student*
er, sie **ist** Student(in)	*he, she is a student*
(es **ist** kalt)	*(it is cold)*
wir **sind** Studenten	*we are students*
ihr **seid** Studenten	*you are students*
sie **sind** Studenten	*they are students*
Sie **sind** Student(en)	*you are a student (students)*

PRACTICE

J. Example: **Hans hat** ein Auto.

Substitute the following words with the correct form of **haben** *(Tape 3):*

1. ich   2. Fritz.   3. du.   4. der Doktor.   5. Maria.   6. der junge Mann.
7. Fräulein Hiller.   8. wir.   9. Hans und Paul.   10. ihr.   11. viele Deutsche.
12. Herr und Frau Mayer.

K. Examples: Wo sind Sie, Herr Weber?   — Ich bin hier.
                   Wo ist Frau Weber?   — Sie ist hier.
                   Wo sind Herr und Frau Weber? — Sie sind hier.

Answer the following questions, using the appropriate verb form in your answer
(Tape 3):

1. Wo sind Sie, Fräulein Horn?   2. Wo ist Maria?   3. Wo seid ihr, Hans und
Fritz?   4. Wo sind Hilde und Herbert?   5. Wo ist der Kapitän?   6. Wo ist
Hans?   7. Wo bist du, Hans?   8. Wo ist das Brot?   9. Wo ist der Tee?
10. Wo ist die Butter?

6. Pronouns <u>sie</u> (*she*), <u>sie</u> (*they*), <u>Sie</u> (*you*)

These three pronouns sound alike. You must, therefore, listen to and ob-
serve both the verb form and the context to determine the meaning of each
pronoun:

Das ist genug für **Maria; sie trinkt** zuviel Kaffee.
That is enough for Maria; she drinks too much coffee.

Das ist genug für **Hans und Fritz; sie trinken** zuviel Kaffee.
That is enough for Hans and Fritz; they drink too much coffee.

Das ist genug, **Herr Braun; Sie trinken** zuviel Kaffee.
That is enough, Mr. Braun; you drink too much coffee.

When reading German, you have this additional help: **Sie,** meaning *you,* is always capitalized.

7. Pronouns <u>Sie</u> (*you*), <u>du</u> (*you*), <u>ihr</u> (*you*)

Herr Braun, Sie trinken zuviel Kaffee.
Meine Damen, Sie trinken zuviel Kaffee.
Hans, du trinkst zuviel Kaffee.
Hans und Fritz, ihr trinkt zuviel Kaffee.

The pronoun **Sie** is the conventional form of address, used for persons whom Germans address as **Herr** (*Mr.*), **Frau** (*Mrs.*), and **Fräulein** (*Miss*). **Sie** is always capitalized and is used to address one or more persons.

The pronoun **du** is the familiar form of address used only for a member of one's family, an intimate friend, a child up to the age of thirteen or fourteen, or animals. It is also used in addressing God. The pronoun **ihr** is the familiar form of address for more than one person.

8. Imperative

Wiederholen Sie das bitte, Herr Müller!
Please repeat that, Mr. Miller.

We give a command to a person whom we address with the **Sie**-form by using the third person plural of the verb together with the pronoun **Sie: Wiederholen Sie!** German imperatives are usually followed by an exclamation point.

PRACTICE

L. Example: Sagen Sie das nicht!

Substitute:

1. trinken. 2. essen. 3. lesen. 4. schreiben. 5. öffnen. 6. wiederholen.

> **M.** Example: Er übersetzt den Satz.
> **Übersetzen Sie** den Satz!

Replace by imperatives (Tape 3):

1. Er öffnet das Buch. 2. Er schließt das Buch. 3. Sie beantwortet die Frage. 4. Er beginnt jetzt. 5. Er fragt nicht. 6. Er sagt es laut.

9. Questions

Sind Sie Herr Weber?	*Are you Mr. Weber?*
Trinkt er Tee?	*Does he drink tea?*

We ask in English: *Are you Mr. Weber?* This verb-first construction — the inversion of the statement *You are Mr. Weber* — is one of two ways of asking a question in English. The other way is with the helping verb *do: Do you drink coffee? Does he drink tea?*

German forms questions by inverting subject and verb:

Er (subject) **trinkt** (verb) Tee.
Trinkt er Tee?

Das kleine Land östlich von Deutschland (subject) **heißt** (verb) **Polen.**
Heißt das kleine Land östlich von Deutschland Polen?

PRACTICE

> **N.** Example: Das Fräulein ist Amerikanerin.
> Ist das Fräulein Amerikanerin?

Form questions (Tape 3):

1. Er ist ein guter Tennisspieler. 2. Dänemark liegt nördlich von Deutschland. 3. Sie heißen Weber. 4. Viele Amerikaner studieren in München. 5. Der junge Mann ist ein amerikanischer Tennisspieler. 6. Frau Meier trinkt nur Tee. 7. Das Kind trinkt Milch. 8. Er photographiert jetzt den Eisberg.

10. Pronunciation

(a)   The glottal stop

Individual German words are spoken as distinct units and rarely are run to-
gether as English words often are. In spoken German, the air flow is stopped
long enough to prevent the final consonant of a word from linking with the
initial vowel of a following word. This momentary stoppage of the air flow is
produced by a brief closure of the vocal chords, or glottis; hence the term
glottal stop. You can observe it by pronouncing "my latest offer" and "a
recent event" with brief pauses between the second and third words.

PRACTICE (*Tape 3*)

Er / ist / es.   Hier / ist / er.   Er / ist / auch / Amerikaner.
Der Student / antwortet / ihr.   Er hat / ein / altes / Auto.

(b)   Word accent (*Tape 3*)

1. In general, the first syllable of a German word bears the main stress:
    antworten, arbeiten, das Beispiel, der Ozeandampfer.

2. The so-called inseparable prefixes (**be, emp-, ent-, er-, ge-, ver-, zer-**) are
    not accented: **beantworten, bedeuten, erklären** (*to explain*), **verstehen, die
    Geschichte** (*story*).

3. Most words of non-German derivation are stressed on the last syllable:
    **der Student, der Kapitän, das Telefon, die Theorie, die Symphonie, der
    Tourist.**

4. Verbs in **-ieren** are accented on **ie: studieren, operieren, interessieren,
    photographieren.**

(c)   Review

1. Distinguish between long and short vowels

Der Staat	lesen	das Beispiel
sagen	das Meer	liegen
das Jahr	sehen	das Lied
die Stadt	sprechen	beginnen
das Land	jetzt	das Schiff
falsch	besser	die Studentin

NEUNUNDZWANZIG

rot	genug
das **Brot**	das Museum
oder	die Universität
der **O**sten	die Suppe
kommen	die Butter
der **So**nntag	der Student

2. Unstressed **e** sounds like *e* in *the*

bedeuten	die Dame	danken
genug	das Ende	sagen
beginnen	die Seite	sehen

3. Umlaut

der Kapitän	nördlich	südlich
europäisch	öffnen	übersetzen
er fährt	östlich	zurück
die Sekretärin	hören	über

4. **ng** like *ng* in *singer*

der **Ri**ng, der Finger, der Hunger, bringen, lange

5. **w** = *v*

wer, das **W**ort, wie, das **W**asser, westlich, warm, weiß

6. **v** = *f*

viele, der Vater, von, verstehen, vor, der Volkswagen

v = *v* (in a few words of non-German origin)

November, die Universität, die Vase, die Violine, das Vitamin

7. **z, tz** = *ts*

zeigen	zweit-	der Schmerz
zurück	jetzt	der Walzer
zusammen	sitzen	der Satz

DREISSIG

III. READING

Text 2

The sections Text 2 contain no new vocabulary or grammar. They are meant to be read for comprehension.

„Wie heißt das kleine Land östlich von Deutschland, Herr Hiller?"

„Bitte wiederholen Sie die Frage!"

„Wie heißt das kleine Land östlich von Deutschland? Ich schreibe jetzt das Wort ‚östlich' an die Tafel. Lesen Sie es bitte laut und übersetzen Sie es!"

„Östlich heißt auf englisch ‚to the east'."   5

„Gut. Beantworten Sie jetzt meine Frage, Fräulein Weber!"

„Das Land heißt Rußland."

„Nein, das ist falsch. Rußland ist ein großes Land, Fräulein Weber. Ich frage noch einmal. Wie heißt das kleine Land östlich von Deutschland, Herr Schreiber?"   10

„Polen."

„Antworten Sie bitte in einem Satz, Herr Schreiber!"

„Das kleine Land östlich von Deutschland heißt Polen."

„Gut. Herr Müller, welches Land liegt südlich von Amerika?"

„Ich heiße Miller. Mein Nachbar heißt Müller."   15

„Ich wiederhole meine Frage. Herr Miller, wie heißt das Land südlich von Amerika?"

„Es heißt Mexiko."

„Richtig, und wie heißt das Land nördlich von den Vereinigten Staaten, Herr Miller?"   20

„Es heißt Kanada."

„Richtig. Amerika hat zwei Nachbarn, und wie viele Nachbarn hat Deutschland, Herr Klein?"

"Germany has nine neighbors."

„Aber Herr Klein, Sie lernen Deutsch! Sprechen Sie bitte Deutsch!"   25

„Deutschland hat neun Nachbarn."

„Richtig. Deutschland hat viele Nachbarn, und das ist Deutschlands historisches Problem."

IV. ORAL AND WRITTEN EXERCISES

1. *Change the following sentences by using the pronouns* **er, ich,** *and* **Sie:**

1. Sie ist hier. 2. Sie hat eine Karte. 3. Sie versteht die Frage nicht.
4. Maria schreibt das Wort an die Tafel. 5. Sie wiederholt den Satz. 6. Sie lernt Deutsch. 7. Sie spielt Tennis. 8. Sie beantwortet die Frage.

2. *Form imperatives:*

1. Er übersetzt das Wort. 2. Er wiederholt die Frage. 3. Er antwortet.
4. Er beantwortet die Frage. 5. Er sagt es nicht. 6. Er öffnet das Buch auf Seite neun. 7. Er hört gut zu. 8. Er schreibt den Satz an die Tafel.

3. *Form questions:*

1. Sie ist Studentin. 2. Der Herr trinkt nur Kaffee. 3. Mexiko liegt südlich von Amerika. 4. Er heißt Herbert. 5. Das ist falsch. 6. Du verstehst den Satz nicht. 7. Deutschland hat viele Nachbarn. 8. Das Land nördlich von Deutschland heißt England.

4. *Answer the following questions:*

1. Verstehen Sie die Frage? 2. Sprechen Sie Deutsch? 3. Schwimmen Sie gut? 4. Wie heißt der Herr? 5. Wo liegt Polen? 6. Wie viele Nachbarn hat Deutschland? 7. Was ist Deutschlands historisches Problem?

5. *Say, then write in German:*

1. I'm learning German. 2. He's learning German. 3. Does he learn German? 4. Does she learn English? 5. He answers in German. 6. She answers the question. 7. She has a map. 8. Do you have a map, Mr. Fields?
9. Fred, do you have a car? 10. I'm a student. 11. Is she a student?
12. Where is she? 13. Where are they? 14. Write that. 15. Don't write that. 16. They write. 17. Is he writing? 18. We understand. 19. He understands the question. 20. Hans, do you understand the question? 21. My name is Barnes. 22. What's your name? 23. Please translate. 24. Please read in German. 25. Please repeat the question.

V. CONVERSATION (*Tape 3*)

> *Learning to express yourself in German means acquiring many patterns of that language. Repeat the following dialogue aloud until you are thoroughly familiar with it. While conversing with another student, you need not follow the order in which the utterances are presented, but for the next few lessons neither of you should deviate from the forms and constructions used.*

„Guten Morgen. Ich heiße Paul Braun.“

"*Good morning. (My name is) I am Paul Braun.*"

„Ich heiße Peter Miller. Wie geht es Ihnen?“

"*I am Peter Miller. How are you?*"

„Danke, es geht. Und Ihnen?“

"*Pretty well, thanks. And you?*"

„Gut, danke. Welche Kabine haben Sie?“

"*Fine, thanks. Which cabin do you have?*"

„Nummer neun.“

"*Number nine.*"

„Dann sind wir Nachbarn. Ich habe Nummer zehn.“

"*Then we are neighbors. I have number ten.*"

„Fahren Sie auch nach Deutschland?“

"*Are you going to Germany, too?*"

„Ja, ich bin Student und will in München studieren.“

"*Yes, I'm a student and want to study in Munich.*"

„Ich bin auch Student. Ich will an der Universität Hamburg studieren.“

"*I'm a student, too, and want to study at the University of Hamburg.*"

„Wo kommen Sie her?“

"*Where do you come from?*"

„Ich komme aus Clinton.“

"*I come from Clinton.*"

„Wo liegt Clinton?“

"*Where is Clinton?*"

„Es liegt am Mississippi in Iowa. Und Sie?“

"*It's on the Mississippi in Iowa. And you?*"

„Ich komme aus Tampa, Florida.“

"*I come from Tampa, Florida.*"

„Sie sprechen sehr gut Deutsch.“

"*You speak German very well.*"

„Sie auch.“

"*You too.*"

VI. WRITING

Write five short sentences, all of which should be variations of Text 2. Try neither to be too original nor simply to copy sentences. You can learn most by imitating the original text, while making slight variations. The following procedure illustrates this technique.

The sentence: **Wie heißt das kleine Land östlich von Deutschland?** may be varied as follows, using only words and constructions occurring in this lesson: **Das kleine Land östlich von Deutschland heißt Polen. Das große Land westlich von Deutschland heißt Frankreich. Polen liegt östlich von Deutschland, und Frankreich liegt westlich von Deutschland.**

The sentence: **Rußland ist ein großes Land,** may serve as a model for: **Frankreich ist ein großes Land, aber Belgien ist ein kleines Land.**

4

Die zentrale Lage[1] Deutschlands

I. TEXT (*Tape 4*)

„Was zeigt das Bild[2] auf Seite 36, Fräulein White?"

„Es zeigt einen Dampfer, ein Flugzeug[3], einen Bus, ein Auto, einen Zug[4] und . . ."

„Schön[5], das ist genug. Jetzt kommt eine schwere Frage. Was ist der Titel des Bildes, Herr Bloom?" 5

„Es hat keinen Titel."

„Ich weiß[6] das. Wer kann dem Bild einen Titel geben? — Herr Metzler?"

„Ich nenne[7] das Bild: Die zentrale Lage Deutschlands."

„Das ist ein sehr guter Titel für das Bild. Woher[8] kommt das Flugzeug westlich von Irland, und wohin[9] fliegt[10] es, Herr Grove?" 10

„Es kommt von New York und fliegt nach Frankfurt."

„Das ist nicht ganz[11] richtig. Es landet nur in Frankfurt, es fliegt dann nach Kalkutta, es fliegt um die halbe[12] Erde[13]."

1. **die Lage** *location.* 2. **das Bild** *picture.* 3. **das Flugzeug** *airplane.* 4. **der Zug** *train.* 5. **schön** *beautiful;* here: *good, very well.* 6. **ich weiß** (inf. **wissen**) *I know.* 7. **nennen** *to name, call.* 8. **woher** *from where.* 9. **wohin** *where (to).* 10. **fliegen** *to fly.* 11. **ganz** *entirely, quite.* 12. **halb** *half.* 13. **die Erde** *earth.*

„Und wohin fährt der Bus, der französische[14] Bus von Paris, Fräulein Nash?"

„Er fährt nach Frankfurt."

„Ja. Frankfurt ist der Mittelpunkt[15] für den internationalen Verkehr[16]. Aber wir vergessen[17] den Zug, den Dampfer und das Auto. Der Zug fährt durch Italien und durch[18] das westliche Österreich nach München."   5

„Wohin fährt der Dampfer, Fräulein Gieseke?— Keine Antwort? Sehen Sie die Linie[19] nicht?"

„Er fährt durch den Kanal nach Bremerhaven."

„Und das kleine Auto? Woher kommt es, wohin fährt es, Herr Walker?"   10

„Es kommt von Zürich und fährt nach Nürnberg. Es ist ein Volkswagen."

„Jetzt fehlt nur noch[20] ein Verkehrsmittel[21] auf diesem Bilde. Sehen Sie es, Herr Wilson?"

„Kennen[22] Sie mich nicht? Ich heiße Berg."

„Schön. Sehen Sie das Verkehrsmittel, Herr Berg?"   15

„Ja, es ist ein Motorrad[23]."

„Richtig. Ohne[24] ein Motorrad oder ohne ein kleines Auto ist das Reisen[25] für viele zu teuer[26]. Noch eine Frage, Fräulein Allen. Wohin fährt das Motorrad?"

„Von Wien nach München."   20

„Schön. Es klingelt.[27] Das ist genug für heute[28]."

14. **französisch** *French.*   15. **der Mittelpunkt** *(middle point) center.*   16. **der Verkehr** *travel and commerce.*   17. **vergessen** *to forget.*   18. **durch** *through.*   19. **die Linie** *line.*   20. **noch** *still.*   21. **das Verkehrsmittel** *means of transportation.*   22. **kennen** *to know.*   23. **das Motorrad** *motorcycle.*   24. **ohne** *without.*   25. **das Reisen** *travelling.*   26. **teuer** *expensive.*   27. **es klingelt** *the bell is ringing.*   28. **heute** *today.*

II. STRUCTURE AND PRACTICE

1. New Words

der **Mittelpunkt**	*center*	das **Bild**	*picture*
der **Zug**	*train*	das **Flugzeug**	*airplane*
der **Verkehr**	*(traffic) travel and commerce*	das **Motorrad**	*motorcycle*
		das **Reisen**	*travelling*
die **Erde**	*earth*	das **Verkehrsmittel**	*means of transportation*
die **Lage**	*location*		
die **Linie**	*line*		

fliegen	to fly	schwer	difficult, hard
kennen	to know, be	teuer	expensive
	acquainted with a	durch	through
	person or an	ganz	entirely, quite
	object	heute	today
nennen	to name, call	immer	always
vergessen	to forget	noch	still
wissen	to know,	ohne	without
(ich weiß)	have knowledge	woher	from where
	of facts	wohin	where (to)
halb	half		
französisch	French	IDIOM	
schön	beautiful; good	es klingelt	the bell is ringing

2. The Four Cases

The following examples illustrate the four cases of a masculine, feminine, and neuter noun:

Masculine

NOMINATIVE   **Der Dampfer** kommt von New York.
The steamer comes from New York.
ACCUSATIVE   Das Radio warnt **den Dampfer.**
The radio warns the steamer.
DATIVE   Das Radio gibt **dem Dampfer** ein Signal.
The radio gives the steamer a signal.   (or)
The radio gives a signal to the steamer.
GENITIVE   Der Kapitän **des Dampfers** ist Amerikaner.
The captain of the steamer is an American.

Feminine

NOMINATIVE   **Die Dame** spricht Deutsch.
The lady speaks German.
ACCUSATIVE   Kennen Sie **die Dame?**
Do you know the lady?
DATIVE   Zeigen Sie **der Dame** Kabine 10!
Show cabin 10 to the lady.
GENITIVE   Wo ist die Kamera **der Dame?**
Where is the camera of the lady (or *the lady's camera*)?

Neuter

NOMINATIVE	**Das Bild** zeigt einen Dampfer.
	The picture shows a steamer.
ACCUSATIVE	Ich nenne **das Bild** „Die zentrale Lage Deutschlands".
	I call the picture "The central location of Germany."
DATIVE	Wer kann **dem Bild** einen Titel geben?
	Who can give the picture a title?
GENITIVE	Kennen Sie den Titel **des Bildes?**
	Do you know the title of the picture?

3. Nominative and Accusative

In this lesson we deal with the nominative and accusative cases.

(a) **Der Dampfer** kommt von New York. — Sehen Sie **den Dampfer?**
The ship is coming from New York. — Do you see the ship?

Ein Dampfer kommt von New York. — Sehen Sie **einen Dampfer?**

(b) **Die Sekretärin** ist im Büro. — Kennen Sie **die Sekretärin?**
The secretary is in the office. — Do you know the secretary?

Eine Sekretärin kommt aus dem Büro. — Haben Sie **eine Sekretärin?**

(c) **Das Bild** ist von Dürer. — Ich kenne **das Bild.**
The picture is by Dürer. — I know the picture.

Ein Bild von Dürer ist im Museum. — Das Museum hat **ein Bild** von Dürer

Der Dampfer kommt von New York: Der Dampfer performs the action; it is the subject of the sentence. The case of the subject is called the nominative.

Sehen Sie den Dampfer?: den Dampfer is the word toward which the action of the verb is directed; it functions as the direct object. The case of the direct object is called the accusative.

Now observe the forms for the definite and indefinite articles in the nominative and accusative for the three genders:

	MASCULINE	FEMININE	NEUTER
NOM.	der Dampfer ein Dampfer	die Sekretärin eine Sekretärin	das Bild ein Bild
ACC.	den Dampfer einen Dampfer	die Sekretärin eine Sekretärin	das Bild ein Bild

Note: Only masculine nouns indicate the accusative by a change in the article.

PRACTICE

A. Example: **Der Mann** steht an der Reling. — Sehen Sie **den Mann?**

Respond with questions, beginning each with **Sehen Sie** *(Tape 4):*
1. Der Bus kommt von Rom. 2. Der Zug fährt nach Paris. 3. Der Kapitän spricht mit dem Passagier. 4. Der Steward kommt mit Kaffee. 5. Der Deckstuhl steht an der Reling.

B. Example: **Die Dame** steht an der Reling. — Ich kenne **die Dame.**

Begin each response with **Ich kenne** *(Tape 4):*
1. Die Sekretärin sitzt im Deckstuhl. 2. Die Stewardeß kommt aus Hamburg. 3. Die Karte von Deutschland ist alt. 4. Die Universität Heidelberg ist sehr alt. 5. Die Studentin kommt aus Chicago.

C. Example: **Das Bild** ist nicht hier. (haben) — Haben Sie **das Bild?**

Respond with questions, using the verb indicated (Tape 4):
1. Das Schiff fährt nach England. (sehen) 2. Das Auto steht vor dem Hotel. (sehen) 3. Das Land ist nicht groß. (kennen) 4. Das Experiment ist nicht leicht. (verstehen) 5. Das Theater ist alt. (kennen)

D. Example: **Ein Dampfer** kommt von New York. (sehen) —
Sehen Sie **einen Dampfer?**

Respond with questions, using the verb indicated:

1. Ein Wagen steht vor dem Hotel. (haben) 2. Ein Doktor Müller ist im Theater. (kennen) 3. Ein Engländer ist an Bord. (sehen) 4. Ein Volkswagen ist klein. (haben) 5. Ein Deckstuhl steht an der Reling. (haben)

> **E.** Example: **Eine Frau** Karsten ist im Büro. (kennen) —
> Ich kenne **eine Frau** Karsten.

Begin each response with the verb indicated:

1. Eine Assistentin versteht das. (haben) 2. Eine Karte ist im Auto. (haben) 3. Eine Familie Mayer ist an Bord. (kennen) 4. Eine Sekretärin beantwortet die Frage. (haben) 5. Eine Frage ist falsch. (beantworten)

> **F.** Example: **Ein Bild** von Dürer ist im Museum. (haben) —
> Wir haben **ein Bild** von Dürer.

Begin each response with the verb indicated:

1. Ein Flugzeug kommt von England. (sehen) 2. Ein Auto steht vor dem Hotel. (haben) 3. Ein Schiff fährt nach Amerika. (sehen) 4. Ein Modell ist hier. (photographieren) 5. Ein Wort ist an der Tafel. (lesen)

4. Prepositions with the Accusative

Wir haben eine Kabine **für den Engländer.**
We have a cabin for the Englishman.
Wir geben Ihnen zehn Dollar **für die Frage.**
We will give you ten dollars for the question.
Was geben Sie **für das Auto?**
What will you give for the car?

In German, the genitive, dative, or accusative is required after certain prepositions. In this lesson, we will practice the prepositions which always require the accusative:

durch *through*	**ohne** *without*
für *for*	**um** *around*
gegen *against*	

The prepositions **durch, für, um** commonly form contractions with the neuter article **das**. Thus **durch das** becomes **durchs, für das — fürs, um das — ums.**

PRACTICE

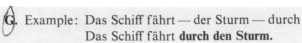

G. Example: Das Schiff fährt — der Sturm — durch
Das Schiff fährt **durch den Sturm.**

Form sentences in accordance with the example:

1. Die Kabine ist — der Amerikaner — für. 2. Wir fahren — der Passagier — ohne. 3. Das Motorboot fährt — der Dampfer — um. 4. Der Dampfer fährt — der Wind — gegen.

H. Example: Der Kaffee ist — die Dame — für
Der Kaffee ist **für die Dame.**

Form sentences in accordance with the example:

1. Das Flugzeug fliegt — die Welt — um. 2. Wir beginnen das Experiment — die Assistentin — ohne. 3. Sie ist — die Operation — gegen. 4. Sie wandert — die Stadt — durch.

I. Example: Das Modell ist — das Museum — für
Das Modell ist **fürs Museum.**

Form sentences in accordance with the example:

1. Ich fahre nicht — das Kind — ohne. 2. Das Motorboot fährt — das Schiff — um. 3. Sehen Sie den Fisch — das Eis — durch?

5. Personal Pronouns

NOMINATIVE

Wo ist **der Kapitän?**   Er steht an der Reling.
Wo ist **der Deckstuhl?**   Er steht an der Reling.

Wo ist **die Sekretärin?**	**Sie** ist im Büro.
Wo ist **die Karte?**	**Sie** ist im Büro.
Wo ist **das Kind?**	**Es** ist in der Kabine.
Wo ist **das Bild?**	**Es** ist in der Kabine.

ACCUSATIVE

Verstehen Sie **den Mann?**	Ja, ich verstehe **ihn.**
Verstehen Sie **den Satz?**	Ja, ich verstehe **ihn.**
Kennen Sie **die Dame?**	Ja, ich kenne **sie.**
Kennen Sie **die Stadt?**	Ja, ich kenne **sie.**
Verstehen Sie **das Kind?**	Ja, ich verstehe **es.**
Verstehen Sie **das Wort?**	Ja, ich verstehe **es.**

A pronoun must agree in gender and number with the noun it replaces:

Wo ist **Herr Miller?** — **Er** ist in der Stadt.
Wo ist **Frau Wandel?** — **Sie** ist in der Kabine.

The German nouns denoting objects, abstractions, or ideas are masculine or feminine or neuter. The pronoun referring to such nouns must agree in gender and number with the noun it replaces: **der Staat — er; die Stadt — sie; das Spiel — es.**

		MASCULINE	FEMININE	NEUTER
NOM.		**er** *he, it*	**sie** *she, it*	**es** *it (he, she)*
ACC.		**ihn** *him, it*	**sie** *her, it*	**es** *it (him, her)*

PRACTICE

> *J* Examples: **Der Doktor** ist im Büro.
> **Er** ist im Büro.
> Kennen Sie **den Doktor?**
> Ja, ich kenne **ihn.**

Respond in accordance with the models:

1. Der Wagen ist in der Garage. (sehen) 2. Der Kapitän ist alt. (kennen)
3. Der Tee ist kalt. (trinken) 4. Der Eisberg schwimmt nach Süden. (sehen)
5. Der Bus steht vor dem Hotel. (sehen) 6. Der Satz ist leicht. (verstehen)

DREIUNDVIERZIG

> **K.** Examples: **Die Dame** ist in der Kabine.
> **Sie** ist in der Kabine.
> Kennen Sie **die Dame**?
> Ja, ich kenne **sie**.

Respond in accordance with the examples:

1. Die Tafel ist leicht zu sehen. (sehen)   2. Die Karte ist sehr gut. (haben)
3. Die Frau ist im Auto. (kennen)   4. Die Frage ist nicht schwer. (verstehen)
5. Die Sekretärin heißt Bauer. (kennen)   6. Die Suppe ist kalt. (essen)

> **L.** Examples: **Das Experiment** ist nicht leicht.
> **Es** ist nicht leicht.
> Verstehen Sie **das Experiment**?
> Ja, ich verstehe **es**.

Respond in accordance with the examples:

1. Das Problem liegt hier. (kennen)   2. Das Museum ist zwei Kilometer von hier. (sehen)   3. Das Buch ist sehr interessant. (lesen)   4. Das Theater ist sehr alt. (kennen)   5. Das Wasser ist sehr kalt. (trinken)   6. Das Wort ist leicht. (verstehen)

6. Vowel Change: a to ä; e to i(e)

Ich **fahre** nach Europa, und Hans **fährt** nach Mexiko.
I am going to Europe and Hans is going to Mexico.
Ich **spreche** Englisch, aber er **spricht** Deutsch.
I speak English, but he speaks German.

In the second and third persons singular, some verbs change the stem vowel **a** to **ä** (**fahren, schlafen**) and the stem vowel **e** to **i** (**sprechen, essen**) or **ie** (**lesen, sehen**):

fahren (*to go*)	sprechen (*to speak*)	sehen (*to see*)
ich fahre	ich spreche	ich sehe
du **fährst**	du **sprichst**	du **siehst**
er, sie, es **fährt**	er, sie, es **spricht**	er, sie, es **sieht**

wir fahren	wir sprechen	wir sehen
ihr fahrt	ihr sprecht	ihr seht
sie fahren	sie sprechen	sie sehen
Sie fahren	Sie sprechen	Sie sehen

Note: lesen, du **liest**; essen, du **ißt**. If the stem of the verb ends in an [s] sound, the **s** of the **-st** ending is dropped.

PRACTICE

> **M.** Example: **Wir schlafen** zuviel. (er)
> **Er schläft** zuviel.

Substitute the indicated pronouns with the correct verb forms (Tape 4):

1. Sie schlafen gut. (er)   2. Ich schlafe gut. (sie)   3. Er schläft lange. (du)
4. Wir fahren oft nach New York. (er)   5. Ich fahre einen Volkswagen. (sie)
6. Wir schlafen nicht genug. (du)

> **N.** Example: **Ich gebe** Max die Karte. (er)
> **Er gibt** Max die Karte.

Substitute the indicated words with the correct verb forms (Tape 4):

1. Lesen Sie viel? (du)   2. Fährst du oft nach New York? (ihr)   3. Sie sprechen nicht genug Deutsch. (sie)   4. Lest ihr schon Thomas Mann im Original? (du)   5. Sehen Sie nichts im Mikroskop? (du)   7. Sehen Sie nicht gut? (Friedrich)   8. Sprichst du viel Deutsch in der Klasse? (Dr. Brückel)
9. Du ißt zuviel. (Anna)   10. Wir essen nicht genug. (er)   11. Liest du das auf deutsch? (Richard)   12. Wieviel geben wir dem Mann in der Garage? (du)

7. Nein, kein, nicht

(a)   Sehen Sie den Dampfer? — **Nein.**
Do you see the steamer? — No.

Nein is the negative answer to a question, the opposite of **ja.**

(b) Ich habe **keinen Wagen.**   *no, not; not a one*
I have no car. (or) *I don't have a car.*
Ich habe **keine Karte.**
Ich habe **kein Buch.**

Kein negates nouns and is the negative form of the indefinite article **ein. Kein** must always have the case endings of **ein.**

(c) Wir verstehen den Satz **nicht.**   *need use*
We don't understand the sentence.

Nicht, when negating a whole clause, stands at the end of the clause.

(d) 1. Der Wagen ist **nicht** alt.   *The car is not old.*
2. Er ist **nicht** sein Doktor.   *He is not his doctor.*
3. Sie sprechen **nicht** laut genug. *You don't speak loud enough.*
4. Der Wagen ist **nicht** in der   *The car is not in the garage.*
   Garage.

Nicht precedes (1) a predicate adjective, (2) a predicate noun, (3) an adverb, or (4) a prepositional phrase.

(e) Sprechen Sie **nicht** Englisch, sprechen Sie Deutsch!
Don't speak English, speak German.

Nicht, when negating a particular word for the sake of emphasis, stands immediately before that word.

PRACTICE

O. Example: Ist **Marlene** in England?
Nein, **sie** ist in Deutschland.

Answer the following questions negatively, substituting personal pronouns for the nouns (Tape 4):

1. Fährt der Dampfer nach Bremen? (Bremerhaven)   2. Heißt der Autor Heinrich Mann? (Thomas Mann)   3. Ist die Antwort richtig? (falsch)

P. Example: Haben Sie **einen Sportwagen?**
Nein, ich habe **keinen Sportwagen.**

Respond with a negative answer (Tape 4):

1. Haben Sie eine Karte? 2. Haben Sie ein Auto? 3. Haben Sie ein Buch über Deutschland? 4. Sehen Sie einen Dampfer? 5. Haben Sie Wasser?

> **Q.** Example: Sehen Sie **die Linie?**
> Nein, ich sehe **sie** nicht.

Answer the questions negatively, substituting personal pronouns for the nouns (Tape 4):

1. Verstehen Sie die Frage? 2. Kennen Sie die Dame? 3. Photographieren Sie den Eisberg?

> **R.** Example: Ist die Karte alt?
> Nein, die Karte ist **nicht** alt.

Respond with a negative answer (Tape 4):

1. Ist die Weser tief genug? 2. Ist der Tee warm? 3. Ist die Frage leicht? 4. Ist er sein Onkel? 5. Spricht er laut genug? 6. Liest er viel? 7. Fährt er zu langsam? 8. Kommt das Flugzeug von London?

8. Pronunciation

Review

(a) l

landen	wollen	halb	viel
lernen	spielen	welcher	will
lesen	fehlen	falsch	Hotel

(b) r

rot	das Haar	trinken	warnen
das **Radio**	der Herr	der Freund	die Antwort
der **Ring**	für	bringen	warum

besser
der Dampfer
das Wasser

(c)   **ng**

    der Hunger   der Ring
    langsam   bringen
    der Finger   singen

(d)   Glottal Stop
    Er gibt / es / ihm. Wir haben / eine / andere / Aufgabe.
    Dann / antwortet / er. Er kennt / ihren / Onkel.
    Er / ist / ein / alter / Amerikaner.

(e)   Words of Non-German Derivation with Accent on the Last Syllable

der Student	das Experiment	das Problem
der Diplomat	die Universität	die Elektrizität
der Humor	die Person	die Industrie
der Tourist	die Musik	die Psychologie
der Komponist	das Konzert	die Philosophie
das System	das Produkt	die Symphonie
das Instrument		

Note that the combination **-tion** is pronounced [tsion]:

die Nation	die Revolution	die Organisation
die Konversation	die Evolution	international

III. READING

Text 2

    „Sehen Sie den Bus östlich von Paris, Herr Fletcher? Wohin fährt er?"
    „Er fährt nach Bonn."
    „Richtig. Wohin fährt der Zug nördlich von Rom?"
    „Er fährt nach Rom."
5   „Nein, er kommt von Rom. Die Linie zeigt, wohin er fährt."
    „Er fährt nach München."
    „Gut. Woher kommt der große Dampfer westlich von England, Fräulein
    Wagner?"
    „Ich sehe keinen Dampfer. O, hier ist er. Ich sehe ihn jetzt. Es ist ein ameri-
10   kanischer Dampfer."
    „Das ist richtig, aber Sie beantworten die Frage nicht. Herr Schultz, woher
    kommt der Dampfer?"
    „Er kommt von Amerika."

„Gut — und wohin fährt er, Fräulein Helm? Keine Antwort? Die Linie gibt
Ihnen die Antwort."

„Er fährt nach Bremerhaven."

„Gut. Warum fährt ein Passagierdampfer nach Bremerhaven und nicht
nach Bremen?"   5

„Die Weser ist bei Bremen nicht tief genug für einen großen Dampfer."

„Richtig. Das Bild zeigt uns ein Flugzeug. Wohin fliegt es, Fräulein Helm?"

„Ich sehe kein Flugzeug."

„Es fliegt über England. Sehen Sie das Flugzeug jetzt?"

„Ja, es fliegt nach Berlin."   10

„Haben Sie einen Volkswagen, Herr Becker?"

„Nein. Wir haben einen Mercedes, aber . . ."

„Danke, Herr Becker. Das ist genug für heute."

IV. ORAL AND WRITTEN EXERCISES

1.   *Form questions:*

   EXAMPLE: sehen — der Zug
             Sehen Sie den Zug?

   1. kennen — der Direktor. 2. zeigen — die Karte. 3. haben — das Bild.
   4. sehen — der Dampfer. 5. verstehen — das Wort. 6. beantworten — die
   Frage. 7. trinken — das Wasser. 8. schreiben — der Satz. 9. lesen — das
   Buch.

2.   *Form questions, using pronouns for the nouns in 1, above:*

   EXAMPLE: sehen — der Zug
             Sehen Sie ihn?

3.   *Change the following sentences by using* **er** *and* **sie** *with the appropriate verb
   form:*

   EXAMPLE: Ich fliege nach Europa.
             Er fliegt nach Europa.
             Sie fliegt nach Europa.

   1. Ich kenne sie. 2. Ich antworte nicht. 3. Ich verstehe das Experiment.
   4. Ich spreche Deutsch. 5. Ich esse noch. 6. Ich sehe ihn. 7. Ich schlafe
   nicht gut. 8. Ich fahre nach Hamburg. 9. Ich bin der Nachbar. 10. Ich
   habe kein Auto.

4. *Answer the following questions negatively:*

EXAMPLE: Schlafen Sie gut?
      Nein, ich schlafe nicht gut.

1. Ist die Antwort richtig? 2. Ist er sein Onkel? 3. Ißt er viel? 4. Spielt er oft Tennis? 5. Fährt der Bus nach Bonn? 6. Ist der Wagen vor dem Hotel?

5. *Answer the following questions negatively:*

EXAMPLE: Hat er einen Wagen?
      Nein, er hat keinen Wagen.

1. Haben Sie einen Volkswagen? 2. Hat sie eine Frage? 3. Hat er ein Auto? 4. Haben Sie ein Buch von Thomas Mann? 5. Hat er eine Karte von Deutschland?

6. *Say, then write in German:*

1. I speak. 2. He speaks. 3. She is speaking. 4. She is not speaking. 5. Is he speaking? 6. Isn't he speaking? 7. Why isn't she speaking German? 8. I know him. 9. Do you know her? 10. She doesn't know it. 11. I see the line. 12. He doesn't see the line. 13. Do you see it? 14. Read the sentence. 15. He doesn't read it. 16. We are going **(fahren)** to Hamburg. 17. Aren't you going to Bremen? 18. The bus is going to Paris. 19. It is not going to Paris. · 20. He doesn't sleep well. 21. They have no car. 22. He doesn't have a car. 23. Doesn't she have a car? 24. He is not a doctor. 25. No question is easy.

V. CONVERSATION (*Tape 4*)

Repeat until you are thoroughly familiar with the dialogue:

„Guten Tag, Herr Braun. Wie geht's?“	*"Hello, Mr. Braun. How are you?"*
„Danke schön, ganz gut.“	*"Thank you very much, quite well."*
„Wir landen in Bremerhaven, nicht wahr?“	*"We're landing in Bremerhaven, aren't we?"*
„Ja. Unser Dampfer kann nicht nach Bremen fahren.“	*"Yes. Our ship can't go to Bremen."*
„Warum nicht?“	*"Why not?"*
„Die Weser ist nicht tief genug.“	*"The (river) Weser isn't deep enough."*

„Die Passagiere fahren dann mit dem Zug nach Bremen?"	*"The passengers then go by train to Bremen?"*
„Richtig. Von da fahre ich mit dem Bus nach Hamburg."	*"Correct. From there I'm going by bus to Hamburg."*
„Ich fliege nach München."	*"I'm flying to Munich."*
„Ich habe hier eine Karte von Deutschland."	*"I have a map of Germany here."*
„Schön, Sie sehen hier, wohin unser Dampfer fährt. Durch den Kanal nach Bremerhaven."	*"Very well, you see here where one steamer is going. Through the English Channel to Bremerhaven."*
„Und wo liegt Hamburg."	*"And where is Hamburg (situated)?"*
„Hier, an der Elbe."	*"Here, on the Elbe river."*
„Und im Süden Deutschlands liegt München."	*"And in the South of Germany is Munich."*
„Sie kennen Deutschland gut."	*"You know Germany well."*
„Nicht gut genug."	*"Not well enough."*

VI. WRITING

Write ten short sentences, all of which should be variations of Text 2. As you vary the text slightly, try to incorporate constructions learned in this lesson. For example, replace a noun by a pronoun **(Sehen Sie den Bus jetzt? — Sehen Sie ihn jetzt?)** or express a sentence negatively **(Sehen Sie keinen Bus?** or **Sehen Sie den Bus nicht?).**

Im Hamburger Hafen

5

Hamburg

I. TEXT (*Tape 5*)

Peter, ein deutscher Student, zeigt seinem amerikanischen Freund Bill aus dem Staate Michigan seine Heimatstadt Hamburg. Jetzt sitzen sie an der Reling eines Motorbootes. Die kleine Exkursion durch den Hafen[1] beginnt. Ein Mann mit einem schwarzen[2] Sweater und einer Seemannskappe steht am Mikrophon und erklärt[3] ihnen[4] und den anderen Passagieren den Hamburger   5
Hafen:

„Dort[5] rechts[6] sehen Sie einen amerikanischen Ozeandampfer. Diese Piere hier links[7] sind neu. Ich kann Ihnen[8] natürlich[9] nicht alle Piere zeigen. Die Piere im Hamburger Hafen sind zusammen 264 km[10] (zweihundertvierund-sechzig), d.h.[11] ungefähr[12] 150 (hundertfünfzig) Meilen, lang . . .“   10

Peter fragt seinen amerikanischen Freund: „Imponieren dir diese Zahlen?[13] Wahrscheinlich[14] nicht. Wie lang sind die Piere im Neuyorker Hafen?“

Bill lacht[15]: „Wie kann ich das wissen, ich bin doch[16] — wie sagt man ‚landlubber‘ auf deutsch?“

„Eine Landratte.“[17]   15

---

1. **der Hafen** *harbor.* 2. **schwarz** *black.* 3. **erklären** *to explain.* 4. **ihnen** *to them.* 5. **dort** *there.* 6. **rechts** *to the right.* 7. **links** *to the left.* 8. **Ihnen** (*to*) *you.* 9. **natürlich** *naturally.* 10. **km = Kilometer** *kilometer* (0.62 *mile*). 11. **d.h. = das heißt** *that is to say.* 12. **ungefähr** *about.* 13. **Imponieren dir diese Zahlen?** *Do these numbers impress you?* 14. **wahrscheinlich** *probably.* 15. **lachen** *to laugh.* 16. **doch** *after all.* 17. **die Ratte** *rat.*

Hier im Zentrum der Stadt ist die Binnenalster

„Hamburg hat einen großen Hafen; das sehe ich auch als Landratte. Übrigens[18], das Wasser im Neuyorker Hafen ist so schmutzig[19] wie das Nordseewasser hier."

„Ich glaube[20] dir", sagt Peter, „aber dies ist kein Nordseewasser, es ist
5   Flußwasser[21], Elbewasser.[22] Hamburg ist ungefähr 130 km (hundertdreißig) vom Meer[23], d.h. von der Nordsee, entfernt[24]."

Eine Stunde[25] später[26] fahren die zwei Freunde in Peters Volkswagen zum Stadtzentrum. Bill fragt: „Sag mir, ist das wirklich[27] das Zentrum der Stadt? Da ist ja[28] ein großer See[29] und ein Park nach dem andren."

10   Peter lacht: „Das gefällt dir?[30] Was du hier siehst, kannst du in keiner anderen Stadt der Welt sehen. Hier im Zentrum der Stadt ist die Binnen-

---

18. **übrigens** *by the way.* 19. **schmutzig** *dirty.* 20. **glauben** *to believe.* 21. **der Fluß** *river.* 22. **die Elbe** *Elbe river.* 23. **das Meer** *ocean.* 24. **entfernt** *away (from).* 25. **die Stunde** *hour.* 26. **später** *later.* 27. **wirklich** *really.* 28. **ja** expresses surprise; begin sentence with *why, there is . . .* 29. **der See** *lake.* 30. **Das gefällt dir.** *(That is pleasing to you) You like that.*

alster[31], umgeben[32] von Hotels, Geschäftshäusern[33], Läden[34], Büros für Flug-
linien usw.[35], und hinter der Brücke liegt die Außenalster[36], umgeben von
grünen Ufern[37], großen Parks und schönen Gärten.

Am nächsten[38] Tag besuchen[39] die zwei Freunde Hagenbecks Tierpark[40].
Bill fragt: „Ich bin jetzt seit[41] einer Woche[42] in Hamburg. Der größte Teil[43]   5
der Stadt gefällt mir, der Hafen gefällt mir, ich war in der Oper, ich war im
Theater, ich war in der größten deutschen Gemäldegalerie[44], ich habe nur
noch drei Tage in Hamburg, und jetzt fährst du mich zu einem Zoo. Ist er
wirklich so wichtig?"[45]

„Er ist wichtig, er ist schön, er ist interessant, und er ist das Modell vieler   10
moderner Zoos. — Hier ist der Parkplatz.[46] Ich kaufe[47] uns jetzt die Eintritts-
karten.[48] Bitte folge[49] mir!"

31. **die Binnenalster** *Inner Alster Lake.* 32. **umgeben** *surrounded.* 33. **das Ge-
schäftshaus** *commercial building.* 34. **der Laden** *store.* 35. **usw.** = **und so weiter**
and so forth. 36. **die Außenalster** *Outer Alster Lake.* 37. **das Ufer** *shore.* 38.
nächst- *next.* 39. **besuchen** *to visit.* 40. **das Tier** *animal;* **der Tierpark** *zoo.*
41. **seit** *since.* 42. **die Woche** *week.* 43. **der Teil** *part.* 44. **die Gemäldegalerie**
picture gallery. 45. **wichtig** *important.* 46. **der Parkplatz** *parking lot.* 47. **kaufen**
to buy. 48. **die Eintrittskarte** *admission ticket.* 49. **folgen** *to follow.*

II. STRUCTURE AND PRACTICE

1. New Words

der **Fluß**	*river*	die **Stunde**	*hour*
der **Garten**	*garden*	die **Woche**	*week*
der **Hafen**	*harbor*	die **Zahl**	*number*
der **Laden**	*store*	das **Flußwasser**	*river water*
der **Park**	*park*	das **Geschäftshaus**	*commercial*
der **Parkplatz**	*parking lot*		*building*
der **Pier**	*pier*	das **Meer**	*ocean*
der **See**	*lake*	das **Nordseewasser**	*North Sea*
der **Tierpark**	*zoo*		*water*
die **Brücke**	*bridge*	das **Stadtzentrum**	*center of the*
die **Eintrittskarte**	*admission*		*city*
	ticket	das **Ufer**	*shore*
die **Gemäldegalerie**	*picture*		
	gallery	**besuchen**	*to visit*
die **Oper**	*opera*	**erklären**	*to explain*
die **Seemannskappe**	*seaman's cap*	**folgen** (dat.)	*to follow*

gefallen (dat.)	to like	entfernt	away (from)
glauben	believe	links	to the left
imponieren (dat.)	to impress	natürlich	naturally
kaufen	to buy	rechts	to the right
lachen	to laugh	seit	since
		später	later
grün	green	übrigens	by the way
schmutzig	dirty	umgeben	surrounded
schwarz	black	ungefähr	about
nächst-	next	wahrscheinlich	probably
wichtig	important	wirklich	really
doch	after all	d.h. = das heißt	that is (to say)
dort	there	usw. = und so weiter	and so on

2. Dative

der Freund

Er zeigt **dem Freund** den Hafen.   Er zeigt **ihm** den Hafen.
He shows the friend the harbor   *He shows him the harbor.*
Wie sagt man das **einem Freund**?
How does one say that to a friend?

die Sekretärin

Zeigen Sie **der Sekretärin** die   Zeigen Sie **ihr** die Postkarte!
  Postkarte!   *Show her the postcard.*
Show the secretary the postcard.
Wie sagt man das **einer Sekretärin**?
How does one say that to a secretary?

das Kind

Zeigen Sie **dem Kind** das Bild!   Zeigen Sie **ihm** das Bild!
Show the picture to the child.   *Show [it] him the picture.*
Wie sagt man das **einem Kind**?
How does one say that to a child?

(a)   In the sentence **Er zeigt dem Freund den Hafen,** the direct object of **zeigen** is
       den Hafen and the indirect object is **dem Freund.** The case of the indirect object
       is called the DATIVE. The dative represents the person or object for whom or in
       whose interest the action is performed. English expresses dative and accusative
       relationships by position (He shows *the friend the harbor*.) or by placing "to"
       before the indirect object (He shows the harbor *to the friend*).

(b)   German indicates the dative and accusative by distinct forms of the article and the personal pronoun. In addition German, like English, follows certain rules of position. Observe:

Er zeigt **dem Freund den Hafen.**
He shows the friend the harbor.   (or)
He shows the harbor to the friend.
Two noun objects: Dative — Accusative.

Er zeigt **ihn ihm.**
He shows it to him.
Two pronoun objects: Accusative — Dative.

Er zeigt **ihm den Hafen.** ⎫
Er zeigt **ihn dem Freund.** ⎬ One of each: Pronoun — Noun

(c)   The following table shows the nominative, dative, and accusative forms for the definite and indefinite articles and personal pronouns:

	MASCULINE		FEMININE		NEUTER	
NOM.	der ein	er	die eine	sie	das ein	es
ACC.	den einen	ihn	die eine	sie	das ein	es
DAT.	dem einem	ihm	der einer	ihr	dem einem	ihm

PRACTICE

A. Examples: (der Direktor) Schreiben Sie **dem Direktor!**
(das Kind)   Schreiben Sie **dem Kind!**

Substitute each noun with the correct form of the article (Tape 5):

1. der Mann. 2. der Passagier. 3. der Professor. 4. der Vater. 5. das Fräulein. 6. das Mädchen.

SIEBENUNDFÜNFZIG

B. Example: (die Dame) Schreiben Sie **der Dame!**

Substitute each noun with the correct form of the article (Tape 5):

1. die Mutter. 2. die Frau. 3. die Familie. 4. die Studentin. 5. die Sekretärin.

C. Examples: (der Vater) Wie sagt man das **einem Vater?**
(das Kind) Wie sagt man das **einem Kind?**

Substitute each noun with the correct form of the article (Tape 5):

1. der Freund. 2. der Mann. 3. der Amerikaner. 4. der Doktor. 5. das Mädchen. 6. das Fräulein.

D. Example: (die Mutter) Wie sagt man das **einer Mutter?**

Substitute each noun with the correct form of the article (Tape 5):

1. die Amerikanerin. 2. die Frau. 3. die Dame. 4. die Sekretärin. 5. die Klasse.

E. Examples: (der Doktor — der Finger) Zeigen Sie **dem Doktor den Finger!**
(das Kind — das Buch)   Zeigen Sie **dem Kind das Buch!**

Substitute each group of nouns with the correct forms of the article (Tape 5):

1. der Engländer — der Hafen. 2. der Doktor — das Knie. 3. der Amerikaner — die Universität. 4. der Professor — der Wagen. 5. das Fräulein — der Sweater. 6. das Mädchen — die Karte.

F. Example: Zeigen Sie **dem Doktor** den Finger!
Zeigen Sie **ihm** den Finger!

Substitute personal pronouns for the nouns in accordance with the example (Tape 5):

1. Zeigen Sie dem Engländer den Wagen! 2. Zeigen Sie dem Amerikaner die Universität! 3. Zeigen Sie dem Mann das Auto! 4. Geben Sie dem Kapitän die Karte! 5. Geben Sie dem Professor das Buch!

G. Example: die Dame — die Karte
Geben Sie **der Dame die Karte!**

Substitute each group of nouns with the correct forms of the article (*Tape 5*):

1. die Dame — der Ring. 2. die Sekretärin — das Bild. 3. die Studentin —
die Postkarte. 4. die Assistentin — das Modell.

H. Example: Geben Sie **der Dame** die Karte!
Geben Sie **ihr** die Karte!

Substitute personal pronouns for the nouns in accordance with the example
(*Tape 5*):

1. Geben Sie der Studentin die Karte! 2. Geben Sie der Dame den Sweater!
3. Zeigen Sie der Studentin das Museum! 4. Erklären Sie der Klasse das
Experiment!

I. Example: Zeigen Sie **dem Engländer den Hafen!**
Zeigen Sie **ihn ihm!**

Substitute personal pronouns for both nouns. Watch for the gender (*Tape 5*):

1. Zeigen Sie dem Mann das Auto! 2. Geben Sie der Dame die Karte!
3. Zeigen Sie der Assistentin das Modell! 4. Geben Sie dem Passagier die
Karte! 5. Erklären Sie der Klasse das Experiment! 6. Zeigen Sie dem
Engländer den See!

3. Prepositions with the Dative

The dative is required by a number of prepositions, that is, certain prepositions
require dative forms of articles and personal pronouns. Such prepositions are:

aus	*out of, from*	**seit**	*since*
bei	*at, near, at the home of*	**von**	*from, of, by*
nach	*after, to*	**zu**	*to, at*

The prepositions **bei, von, zu** commonly form contractions with the article.
Thus **bei dem** becomes **beim**, **von dem** — **vom**, **zu dem** — **zum**, **zu der** — **zur**.

PRACTICE

> **J.** Example: Er fährt — der Dampfer — mit
> Er fährt **mit dem Dampfer.**

Form sentences using dative forms after the preposition:

1. Wir fahren — der Bus — mit. 2. Sprechen Sie — der Direktor — mit.
3. Ich studiere schon — der Winter — seit. 4. Sie kommt — der Laden —
aus. 5. Er kommt — der Hafen — von. 6. Wir fahren — der Zoo — zu.

> **K.** Example: Sprechen Sie — die Dame — mit.
> Sprechen Sie **mit der Dame!**

Form sentences using dative forms after the preposition:

1. Das Auto kommt — die Garage — aus. 2. Sprechen Sie — die Sekretärin
— mit. 3. Kommt sie — die Stadt — aus. 4. Er kommt — die Oper — aus.
5. Gehen Sie heute — die Assistentin — zu.

> **L.** Examples: Er kommt direkt **vom Dampfer.** (**von** + **dem** contract to **vom**)
> Er kommt direkt **von einem Dampfer.**

Substitute the following nouns for **Dampfer:**

1. der Zug. 2. der Bus. 3. das Schiff. 4. das Flugzeug. 5. das Museum.
6. das Büro.

> **M.** Example: Hier ist ein Bild **von der Universität.**
> Hier ist ein Bild **von einer Universität.**

Substitute:

1. die Stadt. 2. die Klasse. 3. die Garage. 4. die Brücke.

4. Prepositions <u>an</u> and <u>in</u>

The prepositions **an** and **in** require the dative when the verb indicates location:

Bremen liegt **an der Weser.**
Köln liegt **am (an + dem) Rhein.**
Er schwimmt **im (in + dem) Rhein.**

PRACTICE (Note gender of nouns!)

> **N.** Example: Hamburg liegt — die Elbe — an
> Hamburg liegt **an der Elbe.**

Form sentences using dative forms after the prepositions:

1. München liegt — die Isar — an. 2. Der Dampfer ist — der Pier — an.
3. Er ist noch — das Hotel — in. 4. Die Infektion ist — das Knie — an.
5. Der Passagier ist — das Hospital — in. 6. Die Stadt liegt — der See — an.
7. Das Auto ist noch — die Garage — in. 8. Wie viele Passagiere sind — das
Flugzeug — in. 9. Bremen liegt — die Weser — an. 10. New York liegt —
der Atlantik — an.

5. Verbs with the Dative

Antworten Sie dem Professor!
Das Hotel **gefällt der Dame.**
Danken Sie dem Fräulein!

Certain German verbs require the dative. So far you have learned: **antworten,
danken, folgen, gefallen, imponieren.**

PRACTICE

> **O.** Example: Antworten Sie **dem Mann!**

Substitute each noun with the correct form of the article (Tape 5):

1. der Kapitän. 2. der Doktor. 3. das Mädchen. 4. das Kind. 5. das
Fräulein.

P. Example: Warum antworten Sie **der Frau** nicht?

Substitute (*Tape 5*):

1. die Dame. 2. die Studentin. 3. die Assistentin. 4. die Klasse.

Q. Example: Wir danken **dem Doktor** im Namen der Passagiere.

Substitute (*Tape 5*):

1. der Kapitän. 2. der Steward. 3. das Fräulein. 4. das Mädchen.

R. Example: Danken Sie **der Frau** im Namen der Passagiere!

Substitute (*Tape 5*):

1. die Dame. 2. die Studentin. 3. die Stewardeß. 4. die Mutter.

S. Examples: Antworten Sie **dem Doktor!** Antworten Sie **ihm!**
Antworten Sie **der Dame!**   Antworten Sie **ihr!**

Substitute personal pronouns for the nouns (*Tape 5*):

1. Folgen Sie dem Direktor! 2. Danken Sie der Stewardeß! 3. Antworten Sie der Klasse! 4. Warum antworten Sie dem Mann nicht? 5. Antworten Sie dem Kapitän nicht! 6. Die Oper gefällt dem Freund.

6. Pronunciation

Review

(a)   **z, tz** = *ts*

ganz, der Sa**tz**, die **Z**ahl, **z**u, der **Z**ug

(b)   **ach**-Sound

na**ch**, no**ch**, die Spra**ch**e, ho**ch**, das Bu**ch**, do**ch**, au**ch**

(c) **ich**-Sound

spre**ch**en, dur**ch,** re**ch**t, das Li**ch**t, wi**ch**tig, natürli**ch**

(d) $v = f$

der **V**erkehr, der **V**ater, **v**ergessen, **v**on, **v**iel, **v**or, **v**ier

(e) $w = v$

der **W**agen, **w**ollen, **w**as, die **W**elt, **w**arum, sch**w**er, sch**w**arz

(f) Voiceless **b, d, g**

er gi**bt,** er le**bt,** das Bil**d,** der Freun**d,** das Kin**d,** der Ta**g, g**enu**g,** er zei**gt**

(g) **s** = z

die **S**uppe, der **S**atz, **s**ein, die **S**onne, **s**agen, die **S**eite, der **S**ommer, le**s**en

III. READING

Text 2

„Komm, folge mir, an der Reling kannst du alles sehen!"

„Was sagt der Mann mit dem schwarzen Sweater und der Seemannskappe,
ich verstehe ihn nicht gut."

„Ja, das ist nicht das Deutsch deines Professors, das ist Deutsch mit ham-
burgischem Akzent. Der Mann erklärt uns jetzt die Piere dort links. Sie sind   5
alle neu. Die Bomben . . ."

„Ich verstehe."

„Die Piere im Hamburger Hafen sind zusammen 264 km lang."

„Ich kann nicht in Kilometern denken."

„Das sind ungefähr 150 Meilen. Imponiert dir das? Wahrscheinlich nicht,   10
im Neuyorker Hafen sind alle Piere wahrscheinlich 300 Meilen lang."

Bill lacht. „Du fragst mich *landlubber*, wie lang die Piere im Neuyorker
Hafen sind! Übrigens, wie sagt man *landlubber* auf deutsch?"

„Landratte."

Ein Ozeandampfer kommt langsam in den Hafen. Der Mann mit dem   15
schwarzen Sweater erklärt den Passagieren, wie viele Tonnen er hat, daß er
von Neuyork kommt usw.

DREIUNDSECHZIG

LUFTHANSA

Hamburg: Binnenalster und Außenalster

Eine Stunde später stehen Peter und Bill auf der Lombartsbrücke zwischen Binnenalster und Außenalster.

„Ich glaube dir, Peter. Das hat keine andere Stadt, zwei Seen im Stadtzentrum. Sind das Geschäftshäuser um die Binnenalster?"

5   „Ja, aber auch Hotels, Läden, Büros für Fluglinien usw."

„Peter, hast du auch ein Segelboot auf der Außenalster."

„Nein, so reich bin ich doch nicht. — Ich sehe, Hamburg gefällt dir?"

„Sehr. Wohin fahren wir morgen?"

„Zu Hagenbecks Tierpark."

10   „Ist das ein Zoo?"

„Ja und nein. Es ist ein zoologischer Garten, aber es ist mehr, es ist ein Tierpark. Er ist das Modell für viele Tierparks, auch für den großen Tierpark bei Chicago."

„Danke, jetzt gehe ich mit dir in ein Restaurant an der Binnenalster. Ich bin

15   hungrig, du bist hungrig . . ."

VIERUNDSECHZIG

IV. ORAL AND WRITTEN EXERCISES

1. *Form sentences:*

EXAMPLES: (Wir, antworten, er)   Wir antworten ihm.
(Auto, sein, in Garage) Das Auto ist in der Garage.

1. Folgen Sie, Dame. 2. Er, folgen, sie. 3. Danken Sie, Amerikaner. 4. Er, danken, er. 5. Wer, antworten, Professor? 6. Zeigen Sie, Studentin, Karte. 7. Schlafen Sie, nicht, in, Klasse. 8. Sekretärin, schlafen, in, Büro. 9. Fahren Sie, mit, Bus. 10. Er, fahren, mit, Zug. 11. Er, kommen, mit, Dampfer. 12. Bonn, liegen, an, Rhein. 13. Sprechen Sie, mit, Passagier. 14. Er, sprechen, mit, Studentin. 15. Erklären Sie, er, Problem. 16. Bringen Sie, sie, Kaffee. 17. Bringen Sie, sie, Tee. 18. Geben Sie, Dame, Postkarte. 19. Er, kommen, von, Universität. 20. Schreiben Sie, er, Postkarte.

2. *Say, then write in German:*

1. It's new. 2. It's very new. 3. Is it very old? 4. Isn't it interesting? 5. Please explain. 6. Please explain it. 7. Please explain it to him. 8. He is showing the map to the class. 9. Please show it to him. 10. Don't show it to her. 11. Answer him. 12. He doesn't answer her. 13. They come from the garage. 14. Please speak with him. 15. Don't speak with her. 16. Don't thank her, thank him. 17. Don't follow her. 18. How many passengers are in the airplane? 19. The hotel impresses him. 20. The opera pleases the lady. 21. The car is still in the garage. 22. Are you going to the university? 23. Show the picture to the Englishman. 24. Explain the experiment to the class. 25. Is the steamer in the harbor?

V. CONVERSATION (*Tape 5*)

Repeat until you are thoroughly familiar with the dialogue:

„Wie gefällt Ihnen Hamburg?"

„Sehr gut. Mir gefällt besonders der Hafen. Die vielen Piere imponieren mir."

„Sie sind zusammen ungefähr hundertfünfzig Meilen lang. Ich glaube, der Hamburger Hafen ist größer als der Neuyorker Hafen."

5

„Das glaube ich nicht. Ich sehe aber, das Wasser hier ist so schmutzig wie das Wasser im Neuyorker Hafen."

„Ich finde das Zentrum der Stadt besonders schön. Das sieht man in keiner anderen Stadt."

FÜNFUNDSECHZIG

„Im Zentrum der Stadt liegt ein See. Wie heißt er?"

„Es ist die Binnenalster, und die Außenalster liegt hinter der Brücke."

„Und was besuchen wir morgen?"

„Wir fahren morgen zum Zoo."

5   „Mit dem Zug?"

„Nein, mit meinem Wagen."

VI. WRITING

Write ten short sentences based on Text 2. Vary them only slightly.

6

Frankfurt

I. TEXT *(Tape 6)*

„Ist das unser[1] Bus?" „Mit welchem Bus fahren wir?" „Mit diesem?" Der Führer[2] vom Reisebüro[3] hört solche[4] Fragen jeden[5] Tag, und jedesmal[6] antwortet er freundlich: „Nein, nicht mit diesem. Unser Bus fährt um zehn ab."[7]

Der Bus ist pünktlich, und zwanzig Personen steigen ein.[8] Einer der   5
Passagiere fragt den freundlichen Herrn, den Führer der Stadtrundfahrt[9] während[10] der Fahrt: „Halten[11] Sie vor dem Dom[12] und vor Goethes Geburtshaus?"[13]

Der Führer antwortet lächelnd:[14] „Nicht vor dem Dom, aber wir gehen eine halbe Stunde durchs Goethehaus." Dann spricht er durchs Mikrophon: 10

---

1. **unser** *our*. 2. **der Führer** *guide*. 3. **das Reisebüro** *travel office*. 4. **solch-** *such*. 5. **jed-** *every*. 6. **jedesmal** *each time*. 7. **ab-fahren*** *to leave*. 8. **ein-steigen*** *to get on*. 9. **die Stadtrundfahrt** *(city-round-trip) sight-seeing tour of the city*. 10. **während** *during*. 11. **halten** *to stop*. 12. **der Dom** *cathedral*. 13. **das Geburtshaus** *birthplace*. 14. **lächelnd** *smiling*.

---

* The verb **abfahren** consists of the prefix **ab** and of the verb **fahren**; and **einsteigen** consists of **ein** and **steigen**. Henceforth we will indicate a separable prefix by a hyphen (**ab-fahren, ein-steigen**). In certain situations, a separable prefix stands last in a clause. You will learn more about such prefixes in Lesson 15.

Frankfurt: Mainufer und Dom

„Während der Fahrt durch diese nicht sehr interessanten Straßen erzähle[15] ich Ihnen etwas von der Geschichte[16] Frankfurts. Unsere Stadt begann während des ersten nachchristlichen[17] Jahrhunderts[18] als eine römische Militärstation am linken Ufer des Mains, später war es eine fränkische[19] Stadt."

5 Drei Minuten später spricht er schon vom Zweiten Weltkrieg[20] und der Zerstörung[21] des größten Teils von Frankfurt.|Er schließt:[22] „Das alte Frankfurt, der Geburtsort[23] Goethes, existiert nicht mehr."

Einer der Passagiere sagt: „Aber Frankfurt lebt[24] doch noch."

„Frankfurt lebt wieder", verbessert[25] ihn der Führer, „aber ich verstehe den 10 Protest des jungen Herrn. Das neue Frankfurt lebt als Beispiel des deutschen Wirtschaftswunders.[26] Es liegt heute in der Mitte des Kontinents und ist ein Zentrum des internationalen Verkehrs und des deutschen Geschäftslebens.[27] Aber das alte Frankfurt ist nicht mehr trotz[28] oder besser wegen[29] dieses Fortschritts.[30]

15 „Warum beklagen[31] Sie den Verlust[32] der alten Stadt?" fragt eine Dame.

Der Reiseführer lächelt melancholisch: „Wir beklagen nicht nur den Verlust dieses oder jenes[33] Gebäudes[34], wir beklagen den Verlust unseres alten Lebensstils.[35] Frankfurt ist heute eine moderne Stadt. Wir haben jetzt Hochhäuser[36] über eleganten Läden und Banken, ein zentrales Telefonamt,[37] das 20 größte Europas . . . Genug davon.[38] Wir halten jetzt vor dem Goethehaus. Es war vollkommen[39] zerstört, ist jetzt aber wieder vollkommen restauriert wie[40] unser Römer, ein spätgotisches[41] Rathaus.[42] —

Bitte lassen[43] Sie Ihre Kameras im Bus. Sie dürfen[44] im Goethehaus keine Aufnahmen machen.[45] Folgen Sie bitte nicht den vielen anderen Menschen,[46] 25 folgen Sie der Gruppe dieses Herrn. Er ist der Führer durchs Goethehaus."

---

15. **erzählen** *to tell.*   16. **die Geschichte** *history.*   17. **nachchristlich** *post-Christian* 18. **das Jahrhundert** *century.*   19. **fränkisch** *Frankish.*   20. **der Weltkrieg** *world war.* 21. **die Zerstörung** *destruction.*   22. **schließen** *to finish, conclude.*   23. **der Geburtsort** *birthplace.*   24. **leben** *to live.*   25. **verbessern** *to correct.*   26. **das Wirtschaftswunder** *economic miracle.*   27. **das Geschäftsleben** *business life.*   28. **trotz** *in spite of.* 29. **wegen** *because of.*   30. **der Fortschritt** *progress.*   31. **beklagen** *to lament.* 32. **der Verlust** *loss.*   33. **jen-** *that.*   34. **das Gebäude** *building.*   35. **der Lebensstil** *style of life.*   36. **das Hochhaus** *high-rise building.*   37. **das Telefonamt** *telephone office.*   38. **davon** *of that.*   39. **vollkommen** *completely.*   40. **wie** *like.*   41. **spätgotisch** *late-Gothic.*   42. **das Rathaus** *city hall.*   43. **lassen** *to leave.*   44. **dürfen** *to be permitted.*   45. **eine Aufnahme machen** *to take a picture.*   46. **der Mensch** *human being;* plural: *people.*

Das Goethehaus ist vollkommen restauriert

GERMAN INFORMATION C

Der Römer

An der Hauptwache im Zentrum Frankfurts

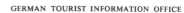

II. STRUCTURE AND PRACTICE

1. New Words

learn

der **Dom**	cathedral	**beklagen**	to lament
der **Fortschritt**	progress	**dürfen**	to be per-
der **Führer**	guide		mitted
der **Geburtsort**	birthplace	**ein-steigen**	to get on
der **Lebensstil**	style of life	**erzählen**	to tell
der **Mensch**	human	**halten**	to stop
	being; pl.	**hören**	to hear
	people	**lächeln**	to smile
der **Roman**	novel	**lassen**	to leave
der **Verlust**	loss	**leben**	to live
der **Weltkrieg**	world war	**schließen**	to close,
die **Fahrt**	trip		conclude
die **Gruppe**	group	**verbessern**	to correct
die **Geschichte**	history	**zerstören**	to destroy
die **Stadtrundfahrt**	sight-seeing		
	tour of	**freundlich**	friendly
	the city	**pünktlich**	punctual
die **Zerstörung**	destruction	**etwas**	something
das **Gebäude**	building	**jedes**	each, every
das **Geburtshaus**	birthplace	**jedesmal**	each time
das **Geschäftsleben**	business life	**jener**	that
das **Hochhaus**	high-rise	**solcher**	such
	building	**trotz**	in spite of
das **Jahrhundert**	century	**vollkommen**	complete
das **Rathaus**	city hall	**während**	during
das **Reisebüro**	travel office	**wegen**	because of
das **Telefonamt**	telephone	**wieder**	again
	office	IDIOM	
das **Wirtschaftswunder**	economic		
	miracle	**eine Aufnahme machen**	to take a
			picture
ab-fahren	to leave		

2. Genitive

der Roman

Das Ende **des Romans** ist sehr interessant.
The end of the novel is very interesting.

die Oper

Das Ende **der Oper** ist sehr interessant.
The end of the opera is very interesting.

das Buch

Das Ende **des Buches** ist sehr interessant.
The end of the book is very interesting.

The genitive or possessive case expresses a relationship of possession or "belonging to each other" between nouns.

The genitive in German is indicated by distinct forms of the article: **des** and **eines** with masculine and neuter nouns, **der** and **einer** with feminine nouns. Most masculine and neuter nouns add the ending **-s.** Monosyllabic nouns normally add **-es.** Feminine nouns remain unchanged:

das Ende **des Romans**
das Ende **eines Romans**

das Ende **der Oper**
das Ende **einer Oper**

das Ende **des Buches**
das Ende **eines Buches**

PRACTICE

A. Examples: der Ozeandampfer — Er ist der Kapitän.
Er ist **der Kapitän des Ozeandampfers.**
Er ist **der Kapitän eines Ozeandampfers.**

Form sentences in accordance with the examples (*Tape 6*):

1. der Amerikaner — Er ist der Freund. 2. der Zug — Ich sehe das Licht. 3. das Flugzeug — Ich höre den Motor. 4. das Buch — „Der Zauberberg" ist der Titel. 5. der Dom — Sehen Sie die Ruine? 6. der Führer — Verstehen Sie das Deutsch?

B. Examples: die Amerikanerin — Das ist die Kabine.
Das ist **die Kabine der Amerikanerin.**
Das ist **die Kabine einer Amerikanerin.**

Form sentences in accordance with the examples (*Tape 6*):

1. die Autofirma — Er ist der Direktor.   2. die Laterne — Ich sehe das Licht.
3. die Oper — „Die Zauberflöte" ist der Name.   4. die Fluglinie — Wo ist
das Büro?   5. die Stadtrundfahrt — Das ist das Ende.   6. die Universität —
Erzählen Sie etwas von der Geschichte.

3. Nouns ending in -en in the Genitive

der Student

Er ist ein alter Freund **des Studenten.**
He is an old friend of the student.

der Mensch

Erzählen Sie uns mehr über das Leben **dieses Menschen!**
Tell us more about the life of this human being (*man*).

der Junge

Kennen Sie die Mutter **des Jungen?**
Do you know the boy's mother?

An important group of masculine nouns form the genitive — in fact, all in-
flected cases — by adding **-en.** To this group belong many masculine nouns of
non-German derivation, easily recognizable by the stress on the last syllable
(der Student, der Assistent), a few other common nouns like **der Mensch** and
der Herr (the latter adding only **-n,** not **-en,** in the singular) and masculine
nouns ending in **-e: der Junge** (*boy*), **der Russe** (*Russian*), **der Kleine** (*little one*).

PRACTICE

C. Example: der Komponist Weber
Weber ist **der Name eines Komponisten.**

Substitute in accordance with the example (*Tape 6*):

1. der Philosoph Kant.   2. der Geograph Alexander von Humboldt.   3. der
Prophet Amos.   4. der Pianist Richter.   5. der Assistent Dieter Horn.
6. der Astronaut Armstrong.

4. Der-Words

(der Zug)   **Dieser Zug** fährt nach Frankfurt.
                This train goes to Frankfurt.

(die Familie) **Jede Familie** hat das Problem.
                Every family has that problem.

(das Auto)   **Welches Auto** ist neu?
                Which car is new?

The words **dieser** (*this, that*), **jeder** (*each, every*), **jener**[1] (*that*), **mancher** (*many a*), **solcher**[2] (*such*), **welcher** (*which*) are called **der**-words because their endings are almost identical with those of the definite article **der, die, das**. Compare:

	MASCULINE	FEMININE	NEUTER
NOM.	der dieser	die diese	das dieses or dies
ACC.	den diesen	die diese	das dieses or dies
DAT.	dem diesem	der dieser	dem diesem
GEN.	des dieses	der dieser	des dieses

PRACTICE

D. Example: Ich kenne **den** Herrn.
             Ich kenne **diesen** Herrn.

Substitute the correct form of **dieser, diese,** *or* **dieses** (*Tape 6*):

1. Er kennt den Roman. 2. Kennen Sie die Oper? 3. Helfen Sie dem Assistenten! 4. Wir fahren mit dem Zug. 5. Zeigen Sie ihm das Bild! 6. Folgen Sie der Dame! 7. Erzählen Sie uns die Geschichte!

[1] **Jener,** listed here for completeness, is rarely used. To express *that* in German, use the definite article or **dieser** with or without **da**. Examples:

Ich kenne **den Herrn (da)** nicht.
Ich kenne **diesen Herrn (da)** nicht.
I don't know that gentleman.

[2] Only the plural form, **solche,** is normally used: **solche Dichter** (*such poets*). In the singular, use **so ein**: **so ein Dichter** (*such a poet*).

> **E.** Example: Er kennt **die Oper.**
> Er kennt **jede Oper**

Substitute the correct form of **jeder, jede,** *or* **jedes** *(Tape 6):*

1. Er kennt die Symphonie Beethovens. 2. Er hilft dem Studenten. 3. Sie hilft der Studentin. 4. Er kennt das Museum. 5. Der Dampfer fährt nach Hamburg. 6. Er schreibt an den Professor. 7. Sie schläft in der Klasse.

> **F.** Example: **Das Buch** ist sein bestes Werk.
> **Welches Buch** ist sein bestes Werk?

Substitute the correct form of **welcher, welche,** *or* **welches** *(Tape 6):*

1. Die Kabine ist am Ende des Korridors. 2. Der Student hat ein Auto. 3. Das Hotel ist modern. 4. Der Roman ist sein bestes Werk. 5. Das Bild ist berühmt. 6. Die Karte ist im Wagen. 7. Das Gebäude ist sehr alt.

5. Ein-Words

(ein Freund)　　**Mein Freund** ist in Deutschland.
　　　　　　　　My friend is in Germany.

(eine Schwester)　**Seine Schwester** ist in England.
　　　　　　　　His sister is in England.

(ein Auto)　　　**Unser Auto** ist in der Garage.
　　　　　　　　Our car is in the garage.

Mein (*my*), **dein** (*your*, familiar), **sein** (*his*), **ihr** (*her*), **unser** (*our*), **euer** (*your*, familiar), **ihr** (*their*), **Ihr** (*your*), **kein** (*no*) are called **ein**-words because their endings are those of the indefinite article **ein**. Compare:

	MASCULINE	FEMININE	NEUTER
NOM.	ein　mein	eine　meine	ein　mein
ACC.	einen　meinen	eine　meine	ein　mein
DAT.	einem meinem	einer meiner	einem meinem
GEN.	eines　meines	einer meiner	eines　meines

PRACTICE

> **G.** Examples: Hier kommt **der** Bus.
> Hier kommt **mein** Bus.
>
> Hier kommt **das** Flugzeug.
> Hier kommt **mein** Flugzeug.

Substitute the correct form of **mein** *in each sentence (Tape 6):*

1. Der Nachbar ist im Haus. 2. Der Bruder studiert in München. 3. Der Zug kommt. 4. Das Auto ist in der Garage. 5. Das Haus liegt am Main. 6. Wo ist das Büro?

> **H.** Example: **Die** Karte ist im Auto.
> **Seine** Karte ist im Auto.

Substitute the correct form of **sein** *in each sentence (Tape 6):*

1. Die Sekretärin ist im Büro. 2. Die Antwort ist richtig. 3. Die Kabine ist am Ende des Korridors. 4. Die Garage ist drei Kilometer von hier. 5. Die Familie ist in Deutschland. 6. Die Kamera ist neu.

> **I.** Examples: Der Name **des** Doktors ist Brende.
> Der Name **unseres** Doktors ist Brende.
>
> Hier ist ein Bild **des** Hauses.
> Hier ist ein Bild **unseres** Hauses.

Substitute the correct form of **unser** *in each sentence (Tape 6):*

1. Das ist die Garage des Nachbars. 2. Hier ist ein Bild des Vaters. 3. Sie kennen den Appetit des Freundes. 4. Hier ist ein Bild des Büros. 5. Das ist die Nummer des Autos. 6. Das ist ein Problem des Jahrhunderts.

> **J.** Example: Der Name **der** Sekretärin ist Ilse.
> Der Name **seiner** Sekretärin ist Ilse.

SIEBENUNDSIEBZIG

Substitute the correct form of **sein** *in each sentence (Tape 6):*

1. Er spricht über den Fortschritt der Studentin. 2. Hier ist ein Bild der Familie. 3. Ist das ein Bild der Mutter? 4. Ist das die Nummer der Kabine? 5. Ist das der Wagen der Schwester?

> **K.** Examples: Er spricht mit **dem** Doktor.
> Er spricht mit **Ihrem** Doktor.
>
> Die Karte ist **im** Auto.
> Die Karte ist **in Ihrem** Auto.

Substitute the correct form of **Ihr** *in each sentence (Tape 6):*

1. Er fährt im Wagen. 2. Danken Sie dem Doktor! 3. Sprechen Sie mit dem Steward! 4. Die Sekretärin ist im Büro. 5. Glauben Sie dem Kind! 6. Schreiben Sie der Familie!

> **L.** Example: Ich verstehe **den** Vater nicht.
> Ich verstehe **seinen** Vater nicht.

Substitute the correct form of **sein** *in each sentence (Tape 6):*

1. Ich verstehe den Assistenten nicht. 2. Ich frage den Freund. 3. Kennen Sie den Bruder? 4. Ich sehe den Wagen nicht.

> **M.** Example: Ich verstehe **die** Mutter nicht.
> Ich verstehe **meine** Mutter nicht.

Substitute the correct form of **mein** *in each sentence (Tape 6):*

1. Ich verstehe die Sekretärin nicht. 2. Geben Sie Fräulein Miller die Kamera! 3. Schließen Sie bitte die Garage! 4. Beantworten Sie die Frage!

> **N.** Example: Ich lese **das** Buch mit Interesse.
> Ich lese **Ihr** Buch mit Interesse.

Substitute the correct form of **Ihr** *in each sentence (Tape 6):*

1. Ich verstehe das Problem nicht. 2. Ich sehe das Auto nicht. 3. Er kennt das Kind nicht. 4. Bringen Sie das Buch!

> **O.** Examples: Ist ein Doktor hier?
> **Kein** Doktor ist hier.
>
> Haben Sie eine Karte?
> Ich habe **keine** Karte.

Answer the questions using the correct form of **kein** (*Tape 6*):

1. Glaubt ein Vater das? 2. Hat er einen Bruder? 3. Hat er einen Akzent?
4. Haben Sie ein Auto? 5. Haben Sie eine Sekretärin?

6. Prepositions with the Genitive

Er arbeitet **während des Sommers.**
He works during the summer.
Er arbeitet nicht **während seiner Freizeit.**
He doesn't work during his leisure time.

The genitive is required after the prepositions **trotz** (*in spite of*), **während** (*during*), **wegen** (*on account of*).

PRACTICE

> **P.** Examples: Er arbeitet nicht — der Winter — während
> Er arbeitet nicht **während des Winters.**
>
> Er segelt — der Wind — trotz
> Er segelt **trotz des Windes.**

Form sentences using the genitive form after the preposition:

1. Das Flugzeug startet nicht — der Sturm — während. 2. Er arbeitet an der Garage — der Wind — trotz. 3. Ich komme — das Auto — wegen. 4. Er schläft — der Tag — während. 5. Ich kann den Dom — das Licht — wegen — nicht photographieren. 6. Schlafen Sie nicht! — das Konzert — während.

> **Q.** Example: Er kann — die Operation — wegen — nicht kommen
> Er kann **wegen der Operation** nicht kommen.

Form sentences using the genitive form after the preposition:

1. Man kann — die Standtrundfahrt — während — viel sehen.   2. Ich kann — die Pause — während — essen.   3. Er kann — die Kritik — trotz — arbeiten.   4. Ich muß — die Dissertation — wegen — nach Berlin fahren.   5. Sprechen Sie nicht mit ihm — die Operation — während.   6. Ich komme — die Kamera — wegen.

7. Pronunciation

Review

(a)   Long and Short Umlaut:

Führer	Brücke	schön	können
grün	dürfen	hören	öffnen
übersetzen	müssen	zerstören	nördlich
für	pünktlich	römisch	östlich
	während	Geschäft	
	spät	lächeln	
	erklären	älter	
	erzählen	kälter	

(b)   Glottal Stop

Er be / endet / eine / Aufgabe.
Sie zeigt / Interesse für / ihn.
Er / erlaubt / es / Ihnen nicht.
Der / Amerikaner / antwortet / ihm / immer / auf / englisch.
Hat / er / es?

(c)   Each German vowel, whether stressed or not, is distinctly pronounced. Such clarity is especially important in words of non-German origin. Be sure, therefore, to give each vowel its full quality when pronouncing such words as:

A-me-ri-ka-ner   Psy-cho-lo-gie
Spe-zi-a-li-tät   Pho-to-gra-phie
U-ni-ver-si-tät   Re-la-ti-vi-täts-the-o-rie

III. READING

Text 2

„Ist das Goethes Geburtshaus? Dies Haus ist über zweihundert Jahre alt? Wie kann das sein? Es ist doch ganz neu."

Der Führer vom Reisebüro lächelt. „Sie haben recht, junger Mann, es ist neu. Es ist ein restauriertes Gebäude wie unser Rathaus, der Römer. Dieses Gebäude ist auch nicht alt. Die Bomben des Zweiten Weltkrieges hatten die   5
alte Stadt und auch das Goethehaus vollkommen zerstört."

„Wie alt ist Frankfurt?"

„Man weiß das nicht. Aber die Römer hatten hier am Main schon im ersten nachchristlichen Jahrhundert eine Militärstation. Nach den Römern war hier eine fränkische Stadt. Aber das alte Frankfurt existiert nicht mehr.   10
Frankfurt ist heute eine andere Stadt, es ist eine moderne Stadt der Arbeit. Aber das neue Frankfurt ist auch eine interessant Stadt."

„Haben Sie während des Abends eine Stadtrundfahrt?"

„Nein, das haben wir nicht. Gehen Sie um neun oder zehn zur Haupt-
wache!¹ Jedes Kind kann Ihnen sagen, wo die Hauptwache ist. Dort stehen   15
Sie im Zentrum von Hotels, Restaurants, eleganten Läden usw. Dort sehen Sie ein Meer von Neonlichtern. Frankfurt ist nach Westberlin die modernste Stadt Europas."

„Ich habe hier eine schöne Postkarte von Frankfurt. Wo kann ich eine solche Aufnahme machen?"   20

„Da müssen Sie auf dieser Brücke hier ans andere Mainufer gehen. Dort können Sie auch den Dom photographieren."

IV. ORAL AND WRITTEN EXERCISES

1. *Form at least three meaningful sentences with each sequence of words; use one of the following modifiers with the nouns in parentheses:* **kein, mein, unser, Ihr, dieser, jeder:**

    EXAMPLES: Wir haben (Kabine).
            (a) Wir haben keine Kabine.
            (b) Wir haben Ihre Kabine.
            (c) Wir haben diese Kabine.

¹ **die Hauptwache** *the main guardhouse* — the name of a square in Frankfurt.

EINUNDACHTZIG

1. Sie sehen (das Bild). 2. Diese Stadt ist nicht auf (die Karte). 3. Er studiert an (die Universität). 4. (der Bus) fährt von hier nach München. 5. Diese Stewardeß ist nicht in (das Flugzeug). 6. (der Dampfer) landet am rechten Ufer. 7. Hier ist (das Modell). 8. Geben Sie ihm bitte (die Karte)! 9. Sehen Sie (das Bild)? 10. Wo haben Sie (der Wagen)? 11. Er fliegt mit (das Flugzeug). 12. Fahren Sie mit (der Dampfer)? 13. Spielen Sie bitte (die Platte)! 14. Ich verstehe (die Frau) nicht. 15. Er liest (das Buch).

2. *Say, then write in German:*

1. I don't see the light of the train. 2. This postcard shows only a picture of the opera. 3. Isn't that the name of your student? 4. Is Boston your birthplace? 5. Is your brother studying in Munich? 6. He doesn't know this opera. 7. It is a picture of our house. 8. What is the number of his office? 9. You find that in every novel. 10. Don't answer your friend. 11. Do you see my car? 12. Don't you have a car? 13. Where do you work during the summer? 14. I don't understand your father. 15. The plane does not start because of the storm.

V. CONVERSATION (*Tape 6*)

Repeat until you are thoroughly familiar with the dialogue:

„Ich mache heute eine Stadtrundfahrt."

„In Ihrem Wagen?"

„Nein, mit einem Bus des Reisebüros."

„Dann haben Sie einen Führer."

„Ja, er kann mir alles erklären."   5

„Er kennt natürlich die Stadt sehr gut."

„Was ist besonders interessant? Sie kennen Frankfurt doch auch."

„Das Stadtzentrum, aber besonders der Dom und das Goethehaus sind interessant."

„Frankfurt hat natürlich auch Hotels, elegante Läden, Hochhäuser usw."   10

„Ja, aber der Führer muß Ihnen auch etwas von der Geschichte der Stadt erzählen."

„Kommen Sie! Dort ist der Bus."

„Ich folge Ihnen."

VI. WRITING

Write a short dialogue in German on the topic "Frankfurt." The following outline illustrates how you can use the material of Text 2 by varying it slightly: "Do you know Goethe?" "Yes, his birthplace is in Frankfurt." "Is this house very old?" "Yes, more than 200 years." "But it is very new!" "Yes, it is restored." "How old is Frankfurt?"

Wiederholung 1

1. The Four Cases of the Noun in the Singular

	MASCULINE	
NOM.	der Vater	der Student
ACC.	den Vater	den Studenten
DAT.	dem Vater	dem Studenten
GEN.	des Vaters	des Studenten

	FEMININE	NEUTER
NOM.	die Frau	das Kind
ACC.	die Frau	das Kind
DAT.	der Frau	dem Kind(e)
GEN.	der Frau	des Kindes

Note: 1. Most masculine and neuter nouns end in **-s** in the genitive singular (**-es** in words of one syllable).

2. Feminine nouns have no ending in the singular.

3. Masculine and neuter nouns of one syllable may end in **-e** in the dative singular.

4. Certain masculine nouns of non-German derivation (**der Student, der Komponist, der Philosoph**) end in **-en** in all cases except the

nominative singular. This is true also of **der Mensch (den Menschen,** etc.).

5. Note the absence of **-e** in the three inflected cases of **der Herr:**

NOM. **der Herr;** ACC. **den Herrn;** DAT. **dem Herrn;** GEN. **des Herrn.**

6. Observe especially the four cases of **der Name:**

NOM. **der Name;** ACC. **den Namen;** DAT. **dem Namen;** GEN. **des Namens.**

PRACTICE

A. *Complete the sentences with one of the following nouns, using them in the appropriate case:*

der Herr	der Student	das Kind
der Mensch	der Philosoph	der Name
der Führer	die Studentin	

1. Ist das die Mutter _____? 2. Kennen Sie _____ des Reisebüros?
3. Erklären Sie _____ das Experiment! 4. Kennen Sie _____ Kant?
5. Erklären Sie das _____! 6. Dies ist das Instrument _____. 7. Zeigen Sie _____ die Kabine! 8. Nennen Sie _____ des Philosophen! 9. Schreiben Sie _____ eine Postkarte! 10. Das Gebäude gefällt _____.

2. Der-Words and Ein-Words

DER-WORDS

der, die, das	*the*
dieser, diese, dieses	*this*
jeder, jede, jedes	*each, every*
jener, jene, jenes	*that*
mancher, manche, manches	*many a*
solcher, solche, solches	*such*
welcher, welche, welches	*which*

EIN-WORDS

ein, eine, ein	*a, one*
kein, keine, kein	*no, not a, not any*
mein, meine, mein	*my*
dein, deine, dein	*your* (familiar)

sein, seine, sein	*his*	
ihr, ihre, ihr	*her*	
sein, seine, sein	*its*	
unser, unsere, unser	*our*	
euer, eure, euer	*your* (familiar)	
ihr, ihre, ihr	*their*	
Ihr, Ihre, Ihr	*your*	

The Four Cases						
	MASC.	FEM.	NEUT.	MASC.	FEM.	NEUT.
NOM.	der dieser	die diese	das dieses	ein mein	eine meine	ein mein
ACC.	den diesen	die diese	das dieses	einen meinen	eine meine	ein mein
DAT.	dem diesem	der dieser	dem diesem	einem meinem	einer meiner	einem meinem
GEN.	des dieses	der dieser	des dieses	eines meines	einer meiner	eines meines

PRACTICE

B.   *Complete each sentence with the correct forms of* **dieser** *and* **jeder**:

1. _____ Student kennt ihn. 2. Kennen Sie _____ Studenten? 3. Er kennt _____ Gebäude hier. 4. Sie beantwortet _____ Frage. 5. _____ Bild ist interessant. 6. Ist _____ Aufgabe schwer?

C.   *Complete each sentence with the correct forms of* **mein, sein, Ihr**:

1. Fragen Sie _____ Mutter! 2. Sehen Sie _____ Auto? 3. Er geht mit _____ Schwester ins Theater. 4. Das ist _____ Problem. 5. Antworten Sie _____ Bruder! 6. Danken Sie _____ Familie!

D.   *Complete each sentence with the correct forms of* **welcher**:

1. _____ Buch lesen Sie? 2. Mit _____ Dampfer kommt er? 3. _____

Stadt ist das?   4. Von _____ Problem sprechen Sie?   5. _____ Satz
verstehen Sie nicht?   6. Mit _____ Flugzeug fliegen Sie?

E.   *Complete each sentence with the correct forms of* **kein:**

1. _____ Mensch glaubt ihm.   2. Sie spricht mit _____ Studenten.   3. Ich
habe _____ Assistentin.   4. Haben Sie _____ Auto?   5. Kennen Sie _____
Doktor?   6. Ich sehe _____ Karte.

3. Prepositions

(a)   Prepositions with the Genitive

trotz	*in spite of*
während	*during*
wegen	*on account of*

(b)   Prepositions with the Dative

aus	*out of, from*
bei	*at, near, at the home of, with*
mit	*with*
nach	*after, to*
seit	*since*
von	*from, of*
zu	*to, at*

(c)   Prepositions with the Accusative

durch	*through*
für	*for*
gegen	*against*
ohne	*without*
um	*around*

PRACTICE

D.   *Prepositions with the genitive. Complete the sentences with one of the following nouns:*

die Pause   der Hafen
die Assistentin   der Sommer
das Auto

1. Ich komme wegen _____; es ist in Ihrer Garage. 2. Ich gehe in die Universität wegen _____; sie versteht das Experiment nicht. 3. Er arbeitet während _____ auf seiner Farm. 4. Sprechen Sie mit ihr während _____. 5. Hamburg ist wegen _____ berühmt.

E.   *Prepositions with the dative. Complete the sentences with one of the following nouns:*

mein Bruder	die Assistentin
der Sommer	die Oper
meine Mutter	das Wasser

1. Ich bin jetzt bei _____. 2. Wir gehen nach _____ ins Café. 3. Er kommt aus _____; es ist ihm zu kalt. 4. Ich fahre zu _____. 5. Er arbeitet mit _____ an dem Experiment. 6. Ich kenne ihn seit _____. 7. Ich habe das von _____.

F.   *Prepositions with the accusative. Complete the sentences with one of the following nouns:*

das Gebäude	der Herr
das Auto	mein Bruder
das Wasser	eine Autofirma

1. Ich arbeite für _____. 2. Was haben Sie gegen _____? Er ist ein sehr intelligenter Mann. 3. Diesen Sommer fährt sie ohne _____ nach Europa. 4. Fahren Sie um _____! Dann sehen Sie die Garage. 5. Wir fahren durch _____, es ist nicht zu tief für _____.

4. Personal Pronouns

	SINGULAR				
NOM.	ich (*I*)	du (*you*)	er (*he, it*)	sie (*she, it*)	es (*it*)
ACC.	mich (*me*)	dich (*you*)	ihn (*him, it*)	sie (*her, it*)	es (*it*)
DAT.	mir ([*to*] *me*)	dir ([*to*] *you*)	ihm ([*to*] *him, it*)	ihr ([*to*] *her, it*)	ihm ([*to*] *it*)

	PLURAL		
NOM.	wir (*we*)	ihr (*you*)	sie (*they*)
ACC.	uns (*us*)	euch (*you*)	sie (*them*)
DAT.	uns ([*to*] *us*)	euch ([*to*] *you*)	ihnen ([*to*] *them*)

	SINGULAR OR PLURAL
NOM.	**Sie** (*you*)
ACC.	**Sie** (*you*)
DAT.	**Ihnen** ([*to*] *you*)

Note: Genitive forms are not given because they are rarely used.

PRACTICE

G. *Answer the following questions, substituting pronouns for nouns:*

EXAMPLE: Kennen Sie meinen Vater?
Ja, ich kenne ihn.

1. Kennen Sie meinen Bruder? 2. Kennen Sie meine Schwester? 3. Verstehen Sie die Frage? 4. Verstehen Sie das Wort? 5. Glauben Sie Ihrem Freund! 6. Folgen Sie Herrn und Frau Müller!

H. *Replace the nouns by pronouns:*

EXAMPLE: Kennen Sie meine Schwester?
Nein, ich kenne sie nicht.

1. Ist der Wagen neu? 2. Wie alt ist Ihre Mutter? 3. Ist das Auto in der Garage? 4. Verstehen Sie die Dame? 5. Kennen Sie das Wort? 6. Antworten Sie dem Doktor! 7. Sprechen Sie mit der Assistentin! 8. Sehen Sie den Bus? 9. Kennen Sie diese Symphonie? 10. Der Zug fährt nach Bonn. 11. Die Antwort ist falsch. 12. Trinken Sie den Tee? 13. Lesen Sie diesen Satz auf deutsch! 14. Glauben Sie dem Herrn! 15. Kennen Sie diesen Herrn? 16. Wiederholen Sie die Frage! 17. Zeigen Sie der Klasse die Karte![1] 18. Geben Sie der Dame die Postkarte![1] 19. Zeigen Sie dem Herrn das Bild![1] 20. Erklären Sie dem Studenten die Frage![1]

I. *Say, then write in German:*

1. He reads. 2. He reads every novel. 3. He reads every novel during the summer. 4. Which symphony is he playing? 5. He explains. 6. He explains the lesson. 7. He explains it. 8. He explains it to the student. 9. He explains the lesson to the student. 10. He shows her a picture. 11. She

---

[1] *Note:* A dative noun always precedes an accusative noun. With two pronoun objects, the accusative pronoun precedes the dative pronoun.

NEUNUNDACHTZIG

shows him a picture.   12. She is showing it to him.   13. We are not going with her.   14. I know this city.   15. She doesn't know this city.   16. Do you know this city?   17. Don't you know this city?   18. I have no money.   19. I have no money for you.   20. Don't you have any money for me?   21. I see him.   22. He sees her.   23. She doesn't see it.   24. Don't you see them?   25. He works during the summer.   26. She is coming out of the hotel.   27. Which building is it?   28. He knows it from his neighbor.   29. He goes without her.   30. He doesn't forget you.

5. Pronunciation

Review

(a)   Long and short vowels:

Kafka	Hesse	links
Mann	Beethoven	Schiller
Wagner	stehen	Bibel
Wasser	Ende	Wien
warm	geben	Ring
Dampfer	jetzt	Fisch
Frage	denken	Licht
Dame	essen	fliegen
Haar	erklären	fischen
Hafen	fehlen	liegen
Nachbar	nennen	glitzern
Satz	lernen	wissen
Tag	sprechen	wiederholen
Zahl	segeln	spielen
Tafel	kennen	sitzen

Brot	jung
Gold	Buch
Sonne	Butter
groß	Suppe
Sommer	genug
rot	Bruder
vollkommen	Bus
folgen	Fluß
kommen	Gruppe
wollen	Minute
modern	Museum

Antwort	Mutter
Doktor	Nummer
Dollar	Sturm
Hotel	schmutzig

(b) Umlaut

Märchen	können	Brücke
während	öffnen	Führer
spät	nördlich	dürfen
lächeln	östlich	grün
Kapitän	schön	pünktlich
Mädchen	französisch	natürlich
Sekretärin	zerstören	für
Universität	Göttingen	müssen
erzählen	Zauberflöte	Dürer
erklären	hören	München

(c) ei — ie

breit — tief, heiß — viel, schreiben — fliegen, heißen — liegen, weiß — niemand, Seite — Pier, klein — Spiel, Beispiel, Wein — Wien.

(d) l

Schiller, landen, halb, viel, lernen, spielen, lesen, Land, Laden, Geld.

(e) r

Reformation, Amerika, Ring, rot, Herr, Haar, trinken, Bruder, Dampfer, Fräulein.

(f) v

Volkswagen, viel, von, vor, Beethoven, Vater, Verlust, vollkommen, verbessern, vergessen.

(g) w

Wagner, Walzer, westlich, warm, weiß, wissen, wollen, Winter, Wort, Welt.

(h) z, tz

Zauberberg, Franz, Nietzsche, zeigen, zusammen, sitzen, Walzer, Satz, zerstören, zentral, schmutzig, französisch, Flugzeug, Zoo, Zug, Zahl, Zentrum.

(i)   ich-sound

Richard, Heinrich, Gedicht, Geschichte, Mädchen, nicht, Technik, leicht, natürlich, pünktlich, lächeln, sprechen, wichtig, richtig, schmutzig.

(j)   ach-sound

Bach, Koch, Buch, auch, Hochhaus, Nachbar, Woche, besuchen, lachen, machen.

(k)   s

es, was, westlich, Wasser, Fluß, heißen, vergessen, groß, sehen, Sonne, lesen, Sommer, besuchen, müssen, sitzen, segeln, weiß, Seite, See, Sonntag.

(l)   sp and st

sprechen, spielen, Sportwagen, spät; verstehen, studieren, Stadt, Straße, stehen, stark.

(m)   ng

bringen, Hunger, Finger, langsam, Ring, hungrig, singen.

7

Der Rhein

und

der Hudson

I. TEXT (*Tape 7*)

Ein kleiner Rheindampfer fährt von Koblenz nach Bingen. An der Reling des
Dampfers steht Herr Wilson, ein amerikanischer Student und bewundert[1] die
schöne Landschaft.[2] Die Schönheit[3] des Rheins zwischen Koblenz und Bingen
ist weltberühmt.[4] Manchem[5] Touristen bedeutet diese kleine Rheinreise den
Höhepunkt[6] seiner Deutschlandreise.   5

    Herr Wilson ist nicht allein.[7] Neben ihm steht ein deutscher Student, Herr
Schröder. Herr Wilson fragt den deutschen Studenten: „Wie heißt die alte
Ruine da?"

    Herr Schröder sucht[8] die Ruine mit dem Finger auf seiner Rheinkarte.
Dann sagt er: „Die Ruine heißt Starrenberg. Es ist eine interessante Ruine,   10

1. **bewundern** *to admire.* 2. **die Landschaft** *scenery.* 3. **die Schönheit** *beauty.*
4. **weltberühmt** *world-famous.* 5. **mancher** *many a.* 6. **der Höhepunkt** *high point.*
7. **allein** *alone.* 8. **suchen** *to look for, try to find.*

nicht wahr?[9] — Erlauben[10] Sie mir eine Frage! Ihre amerikanische Aussprache[11] zeigt mir, woher Sie kommen, aber Sie machen überhaupt[12] keinen Fehler,[13] wenn Sie Deutsch sprechen. Sie waren sicherlich[14] der beste Student in Ihrer Deutschklasse. Habe ich nicht recht?"

5   Herr Wilson lächelt und sagt: „Sie loben[15] mein Deutsch, aber ich verdiene[16] das Lob nicht. Der Mädchenname[17] meiner Mutter ist Schneider. Ich hatte also[18] schon als Zweijähriger[19] eine Deutschlehrerin."

Die beiden[20] Studenten schweigen[21] eine Weile. Die Landschaft und das Wetter sind so schön. Die Sonne ist heiß, aber der Wind ist kühl.

10   Nach einer Weile sagt Herr Schröder: „Ich werde[22] hungrig und durstig. Kommen Sie, wir gehen ins Schiffsrestaurant. Auch auf einem kleinen Rheindampfer kann man gut essen.

Später fragt Herr Schröder: „Wo wohnen[23] Sie in Amerika?"

„In Yonkers, in der Nähe[24] des Hudson."

15   „In der Nähe des Hudson", wiederholt Herr Schröder. „Ist der Hudson auch so ein schöner Fluß wie der Rhein?"

„Es ist schwer, die beiden Flüsse zu vergleichen,[25]" antwortet Herr Wilson. „Ich kenne und liebe[26] unseren Hudson. Dort gibt es[27] keine alte Burg,[28] kein altes Städtchen, keine alte Ruine und nicht so viele schöne Weinberge[29] wie

20   hier am Rhein. Der Hudson ist der Fluß eines jungen Landes.[30] Aber unser Hudson hat auch seine romantische Schönheit. An seinen Ufern finden Sie noch manchen alten Indianerpfad,[31] und die Geschichte unseres Landes lebt noch im Namen mancher alten Stadt. Natürlich sind die Städte nicht so alt wie Köln, Koblenz oder Mainz, aber die Weltstadt[32] New York hat mit ihrem

25   riesigen[33] Hafen, ihrer riesigen Freiheitsstatue[34] und ihren riesigen Wolkenkratzern[35] ihren eigenen[36] Zauber."[37]

9. **wahr** *true;* **nicht wahr?** *isn't it?* 10. **erlauben** *to allow, permit.* 11. **die Aussprache** *pronunciation.* 12. **überhaupt** *at all.* 13. **der Fehler** *mistake.* 14. **sicherlich** *surely, undoubtedly.* 15. **loben** *to praise.* 16. **verdienen** *to deserve.* 17. **der Mädchenname** *maiden name.* 18. **also** *therefore.* 19. **als Zweijähriger** *as a two-year-old.* 20. **beide** *both, two.* 21. **schweigen** *to be silent.* 22. **werden** *to become, get.* 23. **wohnen** *to live.* 24. **die Nähe** *vicinity.* 25. **vergleichen** *to compare.* 26. **lieben** *to love.* 27. **es gibt** *there is, there are.* 28. **die Burg** *castle.* 29. **der Weinberg** *vineyard.* 30. **das Land** *country.* 31. **der Indianerpfad** *Indian trail.* 32. **die Weltstadt** *metropolis.* 33. **riesig** *huge, gigantic.* 24. **die Freiheitsstatue** *Statue of Liberty.* 35. **der Wolkenkratzer** *skyscraper.* 36. **eigen** *own.* 37. **der Zauber** *magic, charm.*

II. STRUCTURE AND PRACTICE

1. New Words

der **Fehler**	*mistake*	**loben**	*to praise*
der **Höhepunkt**	*high point*	**schweigen**	*to be silent*
der **Indianerpfad**	*Indian trail*	**suchen**	*to look for*
der **Mädchenname**	*maiden name*	**verdienen**	*to deserve*
der **Weinberg**	*vineyard*	**vergleichen**	*to compare*
der **Wolkenkratzer**	*skyscraper*	**werden**	*to become, get*
der **Zauber**	*magic, charm*	**wohnen**	*to live*
die **Aussprache**	*pronunciation*	**beide**	*both, two*
die **Burg**	*castle*	**durstig**	*thirsty*
die **Deutschlehrerin**	*(woman) German teacher*	**eigen**	*own*
		hungrig	*hungry*
die **Freiheitsstatue**	*Statue of Liberty*	**kühl**	*cool*
die **Landschaft**	*landscape*	**mancher**	*many a*
die **Nähe**	*vicinity*	**riesig**	*huge, gigantic*
die **Schönheit**	*beauty*	**weltberühmt**	*world-famous*
die **Weltstadt**	*metropolis*	**allein**	*alone*
das **Land**	*land, country*	**also**	*therefore*
das **Lob**	*praise*	**sicherlich**	*surely, undoubtedly*
das **Städtchen**	*small town*	**überhaupt**	*at all*
das **Wetter**	*weather*		

bewundern	*to admire*	IDIOMS	
erlauben	*to allow*	**es gibt**	*there is, there are*
lieben	*to love*	**nicht wahr?**	*isn't it?*

2. Normal Word Order

SUBJECT	VERB	OBJECT	PREPOSITIONAL PHRASE
Es	**ist**	mir zu kalt	an der Reling.
It	*is*	*too cold for me*	*at the railing.*

Normal word order in German, as well as in English, is based on the sequence subject — verb.

3. Inverted Word Order

OBJECT	VERB	SUBJECT		
Mir	**ist**	**es**	zu kalt	an der Reling.
For me	*it is*		*too cold*	*at the railing.*

ADVERBIAL PHRASE	VERB	SUBJECT	
An der Reling	**ist**	**es**	mir zu kalt.
At the railing	*it is*		*too cold for me.*

For stylistic variety or to emphasize a particular element, a German sentence may be started with an element other than the subject, as the above examples show. Whatever the beginning of the sentence, however (object, adverb, adverbial phrase), the verb must remain *in second position*, followed by the subject. This reversal of normal word order is called "inverted word order":

NORMAL ORDER: Ich **kenne** seinen Vater nicht.

INVERTED ORDER: Seinen Vater **kenne** ich nicht.

PRACTICE

> **A.** Example: Es ist heute **kalt.**
> **Kalt** ist es heute.

Change each sentence by starting with the element indicated (Tape 7):

1. Es ist **heute** warm. 2. Ich kenne **diesen Herrn** nicht. 3. Wir landen **in zehn Minuten.** 4. Ich spreche immer Deutsch **mit meiner Mutter.** 5. Wir fahren **diesen Sommer** nach Europa. 6. Ich verstehe nicht viel **von moderner Musik.** 7. Ein deutscher Student steht **neben ihm.** 8. Jeder kennt „**Die Zauberflöte"** **von Mozart.** 9. Sie sehen **dort am linken Ufer** eine alte Ruine. 10. Die Geschichte unseres Landes lebt noch heute **im Namen mancher Stadt.**

4. Normal Word Order after Coordinating Conjunctions

Die Sonne scheint heiß, **aber der Wind ist** kühl.
The sun is shining hot, but the wind is cool.

The coordinating conjunctions **aber, und, oder** are not considered part of the clause they precede and do not affect word order.

PRACTICE

B. Example: Sie sprechen ohne Akzent. — Sie machen viele Fehler. (aber)
Sie sprechen ohne Akzent, aber Sie machen viele Fehler.

Combine the two sentences, using the conjunction indicated (*Tape 7*):

1. Es ist warm. — Der Wind ist kühl. (aber)   2. Ich habe keine Schwester. —
Ich habe einen Bruder. (aber)   3. Die Sonne scheint. — Es ist warm. (und)
4. Der junge Deutsche antwortet. — Der junge Amerikaner lächelt. (und)
5. Er hat einen sehr guten Deutschlehrer. — Er hat eine deutsche Mutter.
(oder)   6. Kommen Sie nicht wieder in meine Kabine! — Ich sage es dem
Steward. (oder)

5. Adjectives without Endings

(a)   An adjective used with **sein** (*to be*) or **werden** (*to become; to get*) is called a
predicate adjective and has no ending:

Der Wind ist **kalt.**
Es wird **kühl.**

(b)   An adjective modifying a verb is called an adverb. Note that German has no
special forms for adjectives used as adverbs. Adjectives and adverbs have
identical forms:

Er fährt **langsam.**   *He drives slowly.*
Er versteht mich **gut.**   *He understands me well.*

PRACTICE

C. Example: neu — der Dampfer ist.
Der Dampfer ist neu.

Form sentences in accordance with the pattern:

1. alt — die Burg ist.   2. heiß — im Juni ist es oft.   3. warm — das Wasser
wird.   4. kalt — der Wind wird.   5. gut — Hans schwimmt.   6. schön — sie
singt sehr.   7. gut — er schreibt.

6. Adjectives with Endings, Preceded by Der-Words and Ein-Words

DER-WORDS

NOM. Der **alte** Herr wohnt hier. — Dieser **alte** Herr wohnt hier.
Die **alte** Dame wohnt hier. — Diese **alte** Dame wohnt hier.
Das **alte** Auto ist in der Garage. — Dieses **alte** Auto ist in der Garage.

ACC. Ich kenne den **alten** Herrn. — Ich kenne diesen **alten** Herrn.
Ich kenne die **alte** Dame. — Ich kenne diese **alte** Dame.
Ich kenne das **alte** Auto. — Ich kenne dieses **alte** Auto.

EIN-WORDS

NOM. Ein **alter** Herr wohnt hier. — Kein **alter** Herr wohnt hier.
Eine **alte** Dame wohnt hier. — Keine **alte** Dame wohnt hier.
Ein **altes** Auto ist in der Garage. — Kein **altes** Auto ist in der Garage.

ACC. Ich kenne hier einen **alten** Herrn. — Ich kenne hier keinen **alten** Herrn.
Ich kenne hier eine **alte** Dame. — Ich kenne hier keine **alte** Dame.
Ich habe hier ein **altes** Auto. — Ich habe hier kein **altes** Auto.

DER- AND EIN-WORDS

DAT. Er fährt jeden Sommer mit diesem **kleinen** Auto durch Europa.
Sie arbeitet mit ihrer **neuen** Assistentin an dem Experiment.

GEN. Wie heißt der Autor dieses **neuen** Romans?
Er ist Direktor einer **großen** Firma.

At first glance, adjectives preceded by **der**-words or **ein**-words seem to have many endings. Actually, they may be arranged in three simple groups:

(1) der alte Herr die alte Dame das alte Auto
(2) ein alt**er** Herr eine alte Dame ein alt**es** Auto

These forms represent the nominative and accusative of preceded adjectives, with the exception of the accusative masculine, which ends in **-en:** Ich kenne den **alten** Herrn.

(3) All dative and genitive forms of preceded adjectives end in **-en.**

To summarize, adjective endings after **der**-words or **ein**-words follow these patterns:

	(1)	(2)
NOM.	der **-e** Herr	ein **-er** Herr
NOM. & ACC.	die **-e** Dame	eine **-e** Dame
NOM. & ACC.	das **-e** Auto	ein **-es** Auto
	(3)	
	DAT. & GEN. **-en**	

Note: Der **alte englische** Herr wohnt hier.
Ein **alter englischer** Herr wohnt hier.

Consecutive adjectives have identical endings.

PRACTICE

> **D.** Examples: **der -e** (nominative)
> Der Dampfer hat ein Restaurant. (klein) (dieser)
> **Der kleine Dampfer** hat ein Restaurant.
> **Dieser kleine Dampfer** hat ein Restaurant.

First insert the adjective with the correct ending; next substitute for the definite article each **der**-*word indicated (Tape 7):*

1. Der Wagen hat einen neuen Motor. (alt) (dieser) 2. Der Dom ist über 600 Jahre alt. (gotisch) (mancher) 3. Der Rheindampfer fährt nach Koblenz. (klein) (welcher) 4. Der Assistent versteht das Experiment. (jung) (nicht jeder) 5. Der Doktor arbeitet zuviel (neu) (dieser) 6. Der Steward spricht Deutsch. (amerikanisch) (mancher)

> **E.** Examples: **die, eine -e** (nominative and accusative)
> Die Sekretärin versteht das. (jung) (diese) (meine)
> **Die junge Sekretärin** versteht das.
> **Diese junge Sekretärin** versteht das.
> **Meine junge Sekretärin** versteht das.

First insert the adjective with the correct ending; next substitute for the definite article each **der**- *or* **ein**-*word indicated (Tape 7):*

1. Zeigen Sie mir die Kamera! (deutsch) (diese) 2. Die Stadt hat ein Theater. (klein) (unsere) 3. Die Frage ist schwer. (erst) (seine) 4. Die Garage ist zu klein. (alt) (meine) 5. Ich liebe die Stadt. (klein) (Ihre) 6. Geben Sie mir bitte die Karte! (neu) (diese)

> **F.** Examples: **das -e** (nominative and accusative)
> Das Gebäude liegt auf dem linken Ufer. (alt) (dieses)
> **Das alte Gebäude** liegt auf dem linken Ufer.
> **Dieses alte Gebäude** liegt auf dem linken Ufer.

*First insert the adjective with the correct ending; next substitute for the definite article each **der**-word indicated (Tape 7):*

1. Sehen Sie das Boot? (klein) (dieses)   2. Zeigen Sie ihm das Auto (rot) (dieses)   3. Das Buch ist interessant. (neu) (nicht jedes)   4. Er kennt das Haus in Köln. (alt) (manches)   5. Das Kino zeigt einen amerikanischen Film. (deutsch) (dieses)   6. Das Kind versteht Englisch. (klein) (manches)

> **G.** Example: **ein -er** (nominative)
> Der kleine Dampfer hat ein Restaurant. (kein)
> **Kein kleiner Dampfer** hat ein Restaurant.

*Substitute for the definite article the **ein**-words indicated (watch the adjective endings) (Tape 7):*

1. Der alte Wagen hat einen neuen Motor. (mein)   2. Der gotische Dom ist über 600 Jahre alt. (unser)   3. Der kleine Rheindampfer fährt nach Koblenz. (ein)   4. Der junge Assistent versteht das Experiment. (unser)   5. Der neue Doktor arbeitet zuviel. (kein)   6. Der amerikanische Steward spricht Deutsch. (mein)

> **H.** Example: **ein -es** (nominative and accusative)
> Das alte Gebäude liegt auf dem linken Ufer. (ein)
> **Ein altes Gebäude** liegt auf dem linken Ufer.

*Substitute for the definite article the **ein**-words indicated (Tape 7):*

1. Sehen Sie das kleine Boot? (sein)   2. Zeigen Sie ihm das rote Auto! (Ihr)   3. Das neue Buch ist interessant. (sein)   4. Er kennt das alte Haus in Köln. (unser)   5. Das deutsche Kino zeigt einen amerikanischen Film. (unser)   6. Das kleine Kind versteht Englisch. (ihr)

> **I.** Examples: **einen -en** (accusative)
> Ich kenne den Assistenten. (neu) (dieser, kein)
> Ich kenne **den neuen Assistenten.**
> Ich kenne **diesen neuen Assistenten.**
> Ich kenne **keinen neuen Assistenten.**

HUNDERTEINS

*First insert the adjective with the correct ending; next substitute for the article each **der-** or **ein-**word indicated:*

1. Wir verstehen den Professor nicht. (deutsch) (dieser) 2. Haben Sie den Sweater? (warm) (kein) 3. Wiederholen Sie den Satz! (erst) (mein) 4. Ich kenne einen Kapitän. (alt) (dieser) 5. Ich habe einen Wagen. (neu) (kein) 6. Er hat einen Freund. (deutsch) (kein)

J. Examples: **des -en; der -en** (genitive)
Dies ist ein gutes Bild. — Der Dom ist alt.
Dies ist ein gutes Bild **des alten Domes.**

Hier ist ein Bild. — Diese Dame ist alt.
Hier ist ein Bild **dieser alten Dame.**

Combine the sentences in each group by making the noun and adjective in the second sentence genitive (Tape 7):

1. Er ist der Direktor. — Die Autofirma ist deutsch. 2. Günther Wetzel ist der Name. — Mein Freund ist deutsch. 3. Jansen ist der Kapitän. — Es ist ein alter Rheindampfer. 4. „Der Zauberberg" ist der Name. — Es ist ein deutscher Roman. 5. „Deutsch für Amerikaner" ist der Name. — Es ist eine deutsche Grammatik. 6. Wo ist der Wagen? — Dieses Fräulein ist jung. 7. Wo ist die Kabine? — Ihr Freund ist amerikanisch. 8. Hier haben Sie ein Bild. — Unsere Stadt ist klein.

K. Examples: **dem -en, der -en** (dative)
Geben Sie ihm zwanzig Mark! (der junge Mann)
Geben Sie **dem jungen Mann** zwanzig Mark!

Zeigen Sie ihr Kabine neun! (die junge Dame)
Zeigen Sie **der jungen Dame** Kabine neun!

Substitute for the personal pronoun the words indicated (Tape 7):

1. Erklären Sie ihm die Karte! (Ihr amerikanischer Freund) 2. Geben Sie ihr den Roman! (diese junge Studentin) 3. Sprechen Sie mit ihm! (der englische Autor) 4. Gehen Sie zu ihm! (mein neuer Nachbar) 5. Sagen Sie es ihr nicht! (unsere neue Assistentin). 6. Erzählen Sie ihm die Geschichte! (Ihr junger Bruder)

7. Pronunciation

Learn the German alphabet. From now on use German letters to spell a German word:

A	a	(ah)	J	j	(yot)	S	s	(ess)
B	b	(bay)	K	k	(kah)	T	t	(tay)
C	c	(tsay)	L	l	(el)	U	u	(oo)
D	d	(day)	M	m	(em)	V	v	(fow)
E	e	(ay)	N	n	(en)	W	w	(vay)
F	f	(ef)	O	o	(oh)	X	x	(iks)
G	g	(gay)	P	p	(pay)	Y	y	(üpsilon)
H	h	(hah)	Q	q	(koo)	Z	z	(tset)
I	i	(ee)	R	r	(err, as in *errand*)			

Combined Letters

    ck (tsay-kah)   **ß** (ess-tset)

Letters with Umlaut

    ä (ah-umlaut)   **ü** (oo-umlaut)

    äu (ah-umlaut-oo)   **ö** (oh-umlaut)

Spell in German:

    Horizont   Jahr

    Wolke   dreißig

    Brücke   Fisch

    Mädchen   Häuser

    Professor   Industrie

          and your name

III. READING

Text 2

In dem kleinen Restaurant eines Rheindampfers sitzen ein deutscher und ein amerikanischer Student. Der junge Deutsche, Hans Schröder, fragt den jungen Amerikaner, Chuck Wilson: „Sind Sie hungrig? Die kühle frische Luft macht mich hungrig."

    Chuck Wilson lächelt: „Auf einer Reise habe ich immer guten Appetit.   5 Warum gehen wir nicht ins Schiffsrestaurant. Da kann man gut essen."

HUNDERTDREI

An Deck eines Rheindampfers

Die beiden sitzen jetzt im Restaurant und essen. Da sagt Herr Schröder: „Erlauben Sie mir eine private Frage. Sie waren sicherlich der beste Student eines guten Deutschlehrers in den Vereinigten Staaten. Ich bewundere Ihr Deutsch. Sie machen überhaupt keinen Fehler und haben nur einen leichten amerikanischen Akzent." 5

„Sie haben recht, mein guter Deutschlehrer verdient das Lob, aber mein erster Lehrer war eine Lehrerin. Der Mädchenname meiner Mutter ist Schneider."

Später gehen die beiden Studenten wieder an Deck. Herr Wilson fragt: „Wo in Deutschland wohnen Sie, Herr Schröder?" 10

„In der schönen Stadt Koblenz. Koblenz ist eine alte Stadt, eine der alten Römerstädte am Rhein. Der Name Koblenz kommt von dem lateinischen Wort ‚confluentes'. Bei Koblenz haben wir das Zusammenfließen (*the conflux*) des Rheins und der Mosel."

Die beiden schweigen eine Weile. Dann fragt Herr Schröder: „Welche Stadt 15 in den Vereinigten Staaten ist Ihre Heimatstadt, Herr Wilson?"

„Yonkers in der Nähe des schönen Hudson."

Herr Schröder lächelt. „In Deutschland nennt man den Hudson oft den amerikanischen Rhein. Ist der Hudson so schön wie der Rhein?"

„Das ist schwer zu sagen. Wie kann man einen amerikanischen Fluß mit 20 einem deutschen vergleichen? Der Hudson hat auch Weinberge, aber nicht so viele wie der Rhein. Natürlich gibt es keine alte Römerstadt am Hudson, aber am Hudson liegt das große New York, und diese Weltstadt hat ihren eigenen Zauber.

IV. ORAL AND WRITTEN EXERCISES

1. *Use the following words in the order indicated to form sentences; insert the correct form of an article or of a* **der-** *or* **ein-***word and make the necessary changes in the verbs, adjectives, and nouns:*

EXAMPLE: An / Reling / klein / Dampfer / stehen / amerikanisch / Student.
     An der Reling des kleinen Dampfers steht ein amerikanischer Student.

1. Neben ihm / stehen / deutsch / Student. 2. klein / Dampfer / fahren / von Koblenz nach Bingen. 3. klein / Rheinreise / sein / Höhepunkt / mein / Deutschlandreise. 4. amerikanisch / und / deutsch / Student / bewundern / schön / Landschaft. 5. amerikanisch / Student / heißen / Wilson. 6. ameri-

kanisch / Student / fragen / deutsch / Professor: Wie / heißen / klein / Stadt / dort? 7. deutsch / Professor / antworten: klein / Stadt / heißen / Bacharach. 8. Es / sein / interessant / klein / Stadt. 9. Sie / haben / gut / Aussprache / und / Sie / machen / überhaupt / kein / Fehler. 10. Ich / verdienen / Ihr / groß / Lob / nicht. 11. Ich / lieben / heiß / Sonne / und / kühl / Wind. 12. Er / kennen / kein / deutsch / Autor. 13. Haben Sie / auch / so ein / romantisch / Fluß / in Amerika? 14. Ich / kennen / und lieben / dies / alt / Stadt. 15. Am / ander / Ufer / liegen / alt / Dom. 16. Sehen Sie / alt / Ruine / dort? 17. Name / dies / alt / Ruine / sein / Starrenberg. 18. Hudson / sein / amerikanisch / Fluß / kein / deutsch / Fluß. 19. Im Namen / manch / alt / amerikanisch / Stadt / leben / noch / Geschichte / unser /Land. 20. Hier links / sehen Sie / weltberühmt / Freiheitsstatue / und / hier / unser / groß / Hafen.

2.   *Say, then write in German:*

1. The sun is hot, but the wind is cool. 2. That I don't understand. 3. This gentleman I don't know. 4. Do you know this German author? 5. Is this your new car? 6. No, I don't have a car. 7. Your German pronunciation is very good, but you still have an English accent. 8. This old picture is very interesting. 9. His new picture is very beautiful. 10. Please show me your new picture. 11. The small (steam)ship goes to Bonn. 12. A small (steam)-ship goes to Bonn. 13. He is talking with the new teacher. 14. Now she is talking to the German teacher. 15. This old building is world-famous. 16. He knows every new student well. 17. Explain this to your young American friend. 18. Do you understand him well enough? 19. This is an American car, isn't it? 20. There is no old castle here.

IV. CONVERSATION (*Tape 7*)

Repeat until you are thoroughly familiar with the dialogue:

„Heute ist das Wetter sehr gut."

„Ja, es ist nicht zu heiß."

„Das schöne Wetter macht mich immer hungrig und durstig."

„Wir können in das kleine Restaurant da gehen. Dort kann man gut essen."

5   „Wann machen Sie Ihre erste Rheinreise?"

„Morgen, wenn das Wetter gut ist."

„Dann sehen Sie manches kleine Städtchen, manche alte interessante Ruine und manchen schönen Weinberg."

„Ich habe eine neue Rheinkarte. Sie erklärt mir alles."

„Sie sprechen sehr gut Deutsch.“
„Wirklich?“
„Ihre Aussprache ist auch gut.“
„Aber ich mache noch viele Fehler.“
„Wie lange lernen Sie schon Deutsch?“   5
„Seit vier Jahren.“
„Sprechen Sie mit Ihrem Bruder und Ihrer Schwester deutsch?“
„Wir sprechen meistens englisch.“

V. WRITING

Write a short composition comparing the Hudson with the Rhine. Basing it on the text in this lesson, you might begin your composition as follows: The Hudson is an American river. The Rhine is a German river. The Hudson and the Rhine are very interesting. And so on.

8

Nach

dem

Theater

I. TEXT (*Tape 8*)

Heidi Sanders, eine Sekretärin der Firma Bauer, verläßt[1] mit David Smith, einem jungen Amerikaner, das Theater. David wirft[2] sein Programm in einen Papierkorb[3] am Ausgang.[4]

Heidi fragt ihn: „Ist es bei euch in Amerika Sitte,[5] das Programm gleich[6] in
5   den Papierkorb zu werfen, oder gefällt dir Brechts „Mutter Courage" nicht?"

David lächelt. „Das war keine kritische Geste.[7] Das Stück[8] gefällt mir so gut wie dir. Bei uns in Amerika läßt man Programme im Theater, nimmt sie mit[9] nach Hause,[10] sammelt[11] sie usw. Übrigens, ich werde hungrig: wirst du nicht auch hungrig? Gibt es hier in der Nähe ein gutes Restaurant?"

---

1. **verlassen** *to leave.* 2. **werfen** *to throw.* 3. **der Papierkorb** *paper basket.* 4. **der Ausgang** *exit.* 5. **die Sitte** *custom.* 6. **gleich** *right away.* 7. **die Geste** *gesture.* 8. **das Stück** *piece; play.* 9. **mit-nehmen** *to take along.* 10. **nach Hause** *home.* 11. **sammeln** *to collect.*

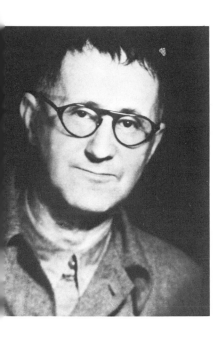

Bertolt Brecht

„Mutter Courage"

„Ich beantworte die erste Frage mit Ja", sagt Heidi. „Leider[12] kenne ich
Nürnberg nicht gut. Ich war vor[13] einem Jahr hier, aber man vergißt so etwas[14]
schnell.[15] Doch [16] ich erinnere[17] mich jetzt an ein Restaurant hier um die
Ecke."[18] Sie nimmt Davids Arm, und ein paar[19] Minuten später sitzen die
5   beiden im Restaurant. Der Ober[20] gibt ihnen zwei Speisekarten,[21] und David
fragt ihn: „Herr Ober, was empfiehlt[22] der Koch[23] heute?"

„Es ist schon spät. Wir haben leider nur noch Knackwurst[24] mit Kartoffel-
salat."[25]

Heidi hält die Hand vor den Mund[26] und gähnt.[27] „Bist du müde[28]?" fragt
10   David.

„Nein, nein! Knackwurst mit Kartoffelsalat ist mein Lieblingsgericht.[29]
Bestell[30] es mir bitte!"

„Gut", sagt David zum Ober, „dann nehmen wir also beide Knackwurst
mit Kartoffelsalat. — Ah, hier ist die Weinliste. Nimm sie, Heidi, und hilf[31]
15   mir, ich bin kein Weinkenner[32] wie dein Vater."

„Na,[33] Weinkennerin bin ich auch nicht. Mein Vater empfiehlt immer
Zeller Schwarze Katz."[34]

Der Ober bringt den Wein und füllt die Gläser.

Nach einer Weile sagt Heidi: „Also Brecht gefällt dir. ‚Mutter Courage' ist
20   mein Lieblingsstück von Brecht. Was für ein tragisches Ende! Das letzte[35]
Kind stirbt,[36] aber die unglückliche[37] Mutter kann es nicht glauben. ‚Sie
schläft',[38] sagt sie. Aber das harte Leben geht weiter.[39] Die Mutter zieht[40]
ihren Wagen mit Waren für die Soldaten[41] über die Bühne,[42] während[43] der
Vorhang[44] fällt. Diese Szene vergißt man nicht so leicht."

25   „Du hast recht, Heidi, aber den schweren Wagen kann die alte Frau nur
über die Bühne ziehen, nicht über die schlechten[45] Straßen des siebzehnten
Jahrhunderts. Nur ein starkes Pferd[46] kann . . ."

---

12. **leider** *unfortunately, I'm sorry to say.*   13. **vor einem Jahr** *a year ago.*   14. **so etwas** *something like that.*   15. **schnell** *quickly.*   16. **doch** *but, however.*   17. **sich erinnern an** (plus acc.) *to remember.*   18. **die Ecke** *corner.*   19. **ein paar** *a few.*   20. **der Ober** *(head)waiter.*   21. **die Speisekarte** *menu.*   22. **empfehlen** *to recommend.*   23. **der Koch** *cook.*   24. **die Knackwurst** *knockwurst.*   25. **der Kartoffelsalat** *potato salad.*   26. **der Mund** *mouth.*   27. **gähnen** *to yawn.*   28. **müde** *tired.*   29. **das Lieblingsgericht** *favorite dish.*   30. **bestellen** *to order.*   31. **helfen** *to help.*   32. **der Weinkenner** *wine expert.*   33. **na** *well.*   34. trade name of a Moselle wine.   35. **letzt-** *last.*   36. **sterben** *to die.*   37. **unglücklich** *unfortunate.*   38. **schlafen** *to sleep.*   39. **weiter-gehen** *to go on.*   40. **ziehen** *to pull.*   41. **der Soldat** *soldier.*   42. **die Bühne** *stage.*   43. **während** *while.*   44. **der Vorhang** *curtain.*   45. **schlecht** *bad, poor.*   46. **das Pferd** *horse.*

„Aber lieber[47] David", unterbricht[48] Heidi. „Was hat das mit dem Geist[49] des Stückes zu tun.[50] Das ist doch nicht wichtig."

David will dem widersprechen,[51] aber er sieht den Ober kommen, und so sagt er nur: „Da ist unser Essen,[52] das ist wichtig. Vergiß meine Kritik und iß!" 5

47. **lieb** *dear.* 48. **unterbrechen** *to interrupt.* 49. **der Geist** *spirit.* 50. **tun** *to do.* 51. **widersprechen** (plus dat.) *to contradict.* 52. **das Essen** *food.*

II. STRUCTURE AND PRACTICE

1. New Words

der **Ausgang**	*exit*	**sammeln**	*to collect*
der **Geist**	*spirit*	**schlafen**	*to sleep*
der **Kartoffelsalat**	*potato salad*	**sterben**	*to die*
der **Koch**	*cook*	**tun**	*to do*
der **Mund**	*mouth*	**unterbrechen**	*to interrupt*
der **Ober**	*(head)waiter*	**verlassen**	*to leave*
der **Papierkorb**	*paper basket*	**weiter-gehen**	*to go on*
der **Soldat**	*soldier*	**werfen**	*to throw*
der **Vorhang**	*curtain*	**widersprechen**	
der **Weinkenner**	*wine expert*	(plus dat.)	*to contradict*
die **Bühne**	*stage*	**ziehen**	*to pull*
die **Ecke**	*corner*		
die **Sitte**	*custom*	**hart**	*hard; difficult*
die **Speisekarte**	*menu*	**letzt-**	*last*
die **Weinliste**	*wine list*	**lieb**	*dear*
das **Essen**	*food*	**müde**	*tired*
das **Glas**	*glass*	**schlecht**	*bad, poor*
das **Leben**	*life*	**schnell**	*quick*
das **Lieblingsgericht**	*favorite dish*	**unglücklich**	*unfortunate*
das **Pferd**	*horse*	**doch**	*but, however; after all*
das **Stück**	*piece; play*		
		gleich	*right away*
empfehlen	*to recommend*	**während**	*while*
sich erinnern an			
(plus acc.)	*to remember*	IDIOMS	
fallen	*to fall*		
füllen	*to fill*	**ein paar**	*a few*
gähnen	*to yawn*	**leider**	*unfortunately*
bestellen	*to order*	**nach Hause**	*home*
helfen	*to help*	**zu Hause**	*at home*
mit-nehmen	*to take along*	**so etwas**	*something like that*
nehmen	*to take*	**vor einem Jahr**	*a year ago*

2. Present Tense

The complete pattern of the Present Tense, illustrated by representative verbs, follows:

	REGULAR		a BECOMES ä		e BECOMES i(e)		
ich	spiele	finde	schlafe	halte	spreche	nehme	sehe
du	spielst	findest	schläfst	hältst	sprichst	nimmst	siehst
er, sie, es	spielt	findet	schläft	hält	spricht	nimmt	sieht
wir	spielen	finden	schlafen	halten	sprechen	nehmen	sehen
ihr	spielt	findet	schlaft	haltet	sprecht	nehmt	seht
sie	spielen	finden	schlafen	halten	sprechen	nehmen	sehen
Sie	spielen	finden	schlafen	halten	sprechen	nehmen	sehen

3. The Present Tense of sein, haben, werden

Be sure to know the present tense of the following three important verbs:

sein (*to be*)   **haben** (*to have*)   **werden** (*to become, get*)

sein	haben	werden
ich **bin**	ich **habe**	ich **werde**
du **bist**	du **hast**	du **wirst**
er, sie, es **ist**	er, sie, es **hat**	er, sie, es **wird**
wir **sind**	wir **haben**	wir **werden**
ihr **seid**	ihr **habt**	ihr **werdet**
sie **sind**	sie **haben**	sie **werden**
Sie **sind**	Sie **haben**	Sie **werden**

PRACTICE

A. Examples: Wo **ist er**? (du — Sie)
Wo **bist du**?
Wo **sind Sie**?

Substitute the pronouns indicated and change the verb forms accordingly (**sie** = *she*):

1. Wer sind Sie? (er — ihr — sie) 2. Sind Sie das? (er — ihr — du) 3. Wann

sind Sie zu Hause? (du — er — sie — ihr)   4. Wir sind zu laut. (du — er — ihr)
5. Du bist nicht alt genug. (ihr — Sie — ich)   6. Er ist nicht reich. (ich — ihr
— du)

B. Examples: Was **haben Sie** da? (er — du)
                 Was **hat er** da?
                 Was **hast du** da?

Substitute the pronouns indicated and change the verb forms accordingly
(**sie** = *she*):

1. Hast du ein Auto? (Sie — er)   2. Sie haben einen guten Freund in diesem
Büro. (Hans — du — ihr)   3. Was habt ihr? (du — Sie, Herr Bernt — sie)
4. Hat sie eine Speisekarte? (Sie, Frau Becker — ihr — du)   5. Haben Sie
keinen Appetit? (ihr — du — er)

C. Examples: **Ich werde** zu alt. (du — ihr)
                 Du wirst zu alt.
                 Ihr werdet zu alt.

Substitute the pronouns indicated and change the verb forms accordingly
(**sie** = *she*):

1. Sie werden hungrig (du — er — sie)   2. Ich werde langsam müde. (du —
ihr — Sie)   3. Ich werde Lehrer (du — Sie — er).

4. The Three Forms of the Imperative

Kommen Sie mit uns, Herr Meier! (conventional, singular)
Come with us, Mr. Meier.

Kommen Sie mit uns, Herr und Frau Meier! (conventional, plural)

Komm mit uns, Elisabeth! (familiar, singular)

Kommt mit uns, Kinder! (familiar, plural)

The distinction between conventional and familiar forms of address also ap-
plies to imperatives. The conventional imperative is the same in the singular
and plural. Verbs with stems ending in **-d** or **-t** always add **e** in the familiar
imperative: **Antworte, Hans!**

HUNDERTDREIZEHN

Note the three imperative forms for the verb **sein** (*to be*):

Seien Sie pünktlich, Herr Smith!
Be punctual, Mr. Smith.

Sei nicht so laut, Hilde!
Don't be so loud, Hilde.

Seid nicht so laut, Kinder!
Don't be so loud, children.

PRACTICE

> **D.** Examples: **Sagen Sie** das nicht, Herr Doktor! (Max — Kinder)
> **Sag** das nicht, Max!
> **Sagt** das nicht, Kinder!

Use the correct form of the imperative for the persons indicated (Tape 8):

1. Kommen Sie heute zu uns! (Karla — Kinder — Fräulein Wenke) 2. Gehen Sie mit uns ins Theater! (Martha) 3. Bringen Sie bitte den Kaffee, Herr Ober! (Mutter — Fritz und Grete) 4. Beantworten Sie meine Frage! (Marie — Kinder) 5. Schreiben Sie ihm eine Postkarte! (Heinrich — Kinder) 6. Zeigen Sie uns das Bild! (Fritz — Kinder)

5. Imperative of Verbs with Vowel Changes

Sprich lauter, Max!
Sprecht lauter, Kinder!
Sprechen Sie lauter, Fräulein Winter!

Lies das Buch, Karla!
Lest das Buch, Kinder!
Lesen Sie das Buch, meine Herren!

Schlaf gut, Robert!
Schlaft gut, Kinder!
Schlafen Sie gut, Frau Becker!

Verbs which change stem vowel **e** to **i** or **ie** (ich spreche, du **sprichst**; ich lese, du **liest**) also use the changed vowel in the singular familiar imperative: **Sprich** laut, Max! (but: Sprecht laut, Kinder!); **Lies** das Buch, Karla! (but: Lest das Buch, Kinder!).

HUNDERTVIERZEHN

Verbs which change stem vowel **a** to **ä** keep **a** in the familiar imperative forms:
Schlaf gut, Robert!

PRACTICE

> **E.** Example: **Essen Sie** nicht zuviel! (Grete — Kinder)
> **Iß** nicht zuviel, Grete!
> **Eßt** nicht zuviel, Kinder!

Use the correct form of the imperative for the persons indicated (*Tape 8*):

1. Vergessen Sie uns nicht! (Marie — Kinder)   2. Helfen Sie mir bitte! (Herbert — Anna und Karl)   3. Unterbrechen Sie mich nicht immer! (Walter — Kinder) 4. Herr Ober, geben Sie uns etwas zu essen! (Mutter — Karla)   5. Nehmen Sie nicht immer das größte Stück! (Kinder — Max) 6. Sprechen Sie Deutsch mit ihm! (Kinder — Hans)

> **F.** Examples: **Schlafen Sie** nicht! (Fritz — Kinder)
> Fritz, **schlaf** nicht!
> Kinder, **schlaft** nicht!

Use the correct form of the imperative for the persons indicated (*Tape 8*):

1. Halten Sie bitte das Glas für mich! (Lisa)   2. Fahren Sie bitte langsam! (Peter — Hans und Paul)   3. Fallen Sie nicht! (Kinder — Heidi)   4. Tragen Sie die Laterne in die Garage! (David)

6. Dative of du, ihr, Sie

du: Ich fahre mit **dir,** Max.   *I'm riding with you, Max.*

ihr: Ich fahre mit **euch,** Kinder.

Sie: Ich fahre mit **Ihnen,** Herr Doktor.

PRACTICE

> **G.** Examples: Hans, ich erkläre **dir** das Programm.
> (Kinder — Fräulein Müller)
> Kinder, ich erkläre **euch** das Programm.
> Fräulein Müller, ich erkläre **Ihnen** das Programm.

Use the correct form of the personal pronoun for the persons indicated (*Tape 8*):

1. Ich zeige dir den Hafen. (Kinder — Herr Bauer) 2. Ich gehe mit dir ins Theater. (Frieda und Ursula — Herr Heller) 3. Ich helfe dir. (Kinder — Herr Doktor) 4. Ich empfehle dir den Fisch. (Kinder — Fräulein Kunz) 5. Ich danke Ihnen. (Mutter — Vater) 6. Ich beantworte Ihnen die Frage. (Hans — Kinder)

7. Accusative of du, ihr, Sie

du: Max, ich verstehe **dich** nicht.   *Max, I don't understand you.*

ihr: Kinder, ich verstehe **euch** nicht.

Sie: Herr Richter, ich verstehe **Sie** nicht.

PRACTICE

> **H.** Examples: Ich bewundere **Sie.** (Paul — Kinder)
> Ich bewundere **dich,** Paul.
> Ich bewundere **euch,** Kinder.

Use the correct form of the personal pronoun for the persons indicated (*Tape 8*):

1. Ich frage Sie noch einmal. (Lisa — Hans und Robert) 2. Ich warne Sie. (Hans — Kinder) 3. Er versteht Sie nicht. (Mutter — Kinder) 4. Ich bestelle etwas für dich. (Fräulein Helm — Kinder) 5. Ich bewundere euch. (Erich — Herr Kurz) 6. Ich vergesse Sie nicht. (Paul — Kinder)

8. Possessive Adjectives <u>dein, euer, Ihr</u>

Fred, **dein** Freund ist hier.   *Fred, your friend is here.*
Fred und Werner, **euer** Freund ist hier.
Herr Poston, **Ihr** Freund ist hier.

The form of the possessive adjective depends on whom you address.

Note: When **euer** is inflected, the e before the r is dropped: Fred und Werner, **eure** Kabine ist hier.

PRACTICE

> I. Examples: Herr Bayer, wo ist **Ihr** Auto? (Paul — Hans und Herbert)
> Paul, wo ist **dein** Auto?
> Hans und Herbert, wo ist **euer** Auto?

Use the correct form of the possessive adjective for the persons indicated (Tape 8):

1. Ihre Schwester ist hier. (Hilde — Fritz und Peter) 2. Hier kommt Ihr Bus. (Heinz — Kinder) 3. Er hat deine Karte. (Kinder — Fräulein Stein) 4. Ist das Ihre Kamera? (Peter — Kinder) 5. Ich kenne Ihre Mutter. (Lisa — Kinder) 6. Ist Ihr Büro in diesem Gebäude? (Hans)

III. READING

Text 2

„Warum wirfst du dein Programm in den Papierkorb? Gefällt dir Brecht nicht?,Mutter Courage' ist eins seiner besten Stücke und mein Lieblingsstück."

David Smith, Deutschamerikaner und Architekt, lächelt: „Es gefällt mir, aber ich bin ein praktischer Mann. Als praktischer Mann habe ich eine kleine Kritik. Mutter Courage hat kein Pferd. Zuerst ziehen ihre beiden Söhne den 5
Wagen mit Waren für die Soldaten, dann sie und ein älterer Mann, dann wieder sie und ihre Tochter, und am Ende zieht nur noch sie den Wagen über die Bühne. Über die Bühne können zwei Menschen so einen Wagen ziehen,

aber nicht auf den schlechten Straßen des siebzehnten Jahrhunderts. Nur ein
starkes Pferd kann so einen Wagen ziehen. Übrigens . . ."

„Aber David", unterbricht Heidi ihren Freund, „du sprichst wie ein . . ."

„Wie ein Architekt", sagt David „und nicht wie ein Theaterkritiker. Ich

5   werde übrigens hungrig. Bist du nicht auch hungrig?"

„Lieber David, du sitzt drei Stunden im Theater, hilfst im Geist den Wagen
über die Bühne ziehen, und jetzt stirbst du wahrscheinlich vor Hunger. Wo ist
hier in der Nähe ein Restaurant? Ich war vor einem Jahr mit Mutter in Nürn-
berg, aber man vergißt so etwas leicht."

10   Nach einer Weile erinnert sich Heidi an ein kleines Restaurant um die
Ecke. „Man ißt dort gut und das Essen ist nicht sehr teuer", sagt sie.

David lächelt: „Nicht sehr teuer. Das ist wichtig."

Ein paar Minuten später sagt ihnen der Ober: „Es ist schon spät. Es gibt nur
noch Knackwurst mit Kartoffelsalat."

15   „Das ist mein Lieblingsgericht. Bitte bestell es mir!"

Heidi hält die Hand vor den Mund und gähnt.

„Du bist müde."

„Nicht sehr und das ist nicht wichtig."

David widerspricht ihr. „Es ist sehr wichtig. Du arbeitest zuviel und

20   schläfst nicht genug."

„Und du trinkst zuviel Kaffee und ißt nicht genug und arbeitest zuviel."

„Ah", sagt David, „hier kommt der Ober mit dem Essen. Guten Appetit!"

IV. ORAL AND WRITTEN EXERCISES

1.   *Complete each sentence with the appropriate expression:*

1. Herr Meier, mein Sweater ist in (deiner, Ihrer, eurer) Kabine. 2. Ich
zeige Ihnen jetzt das Haus, (Kinder, Martha, Herr Niemeier). 3. Zeigen Sie
mir die Stadt auf (Ihrer, deiner, eurer) Karte! 4. Sagt mir, was ihr nicht
versteht, und ich erkläre es (dir, euch, Ihnen). 5. Ihre Kamera ist in meinem
Auto, (Inge, Vater, Fräulein Müller). 6. Er sagt, er liebt dich, (Lisa, Fräulein
Wendel, Kinder). 7. Verstehen Sie meine Frage, (Kinder, Heinrich, Herr
Doktor)? 8. Verstehst du, was sie sagt? — Nein, ich verstehe (dich, sie, euch)
nicht. 9. Seid ihr durstig, (Kinder, Herr Schmidt, Hans)? 10. Liest du
einen interessanten Roman, (Herr Weber, Fritz, Kinder)?

2.   *Give the three imperatives of the following verbs:*

1. erklären   2. sein   3. denken   4. bestellen   5. schlafen   6. halten
7. fahren   8. sprechen   9. vergessen   10. geben   11. lesen   12. nehmen

3. *Say, then write in German:*

1. (three forms) Come. Sleep. Speak. Don't forget. Don't read. 2. Hans, come, but don't come alone; come with your friend. 3. Mr. Bauer, come, but don't come alone; come with your friend. 4. Paul, I don't see you. Do you understand me? Now I understand you better. 5. Anna, don't forget me. 6. Eat something, Paul. Aren't you hungry? 7. Please don't interrupt me, Max. Please don't interrupt me, Mr. Krause. 8. (two forms) Aren't you his best friend? 9. (three forms) Be always punctual. 10. Fred, throw the program into the waste basket.

V. CONVERSATION (*Tape 8*)

Repeat until you are thoroughly familiar with the dialogue:

„Du gähnst, bist du müde?"
„Nein, aber ich bin hungrig. Du auch?"
„Ich bin mehr durstig als hungrig, aber ich kann immer etwas essen."
„Gut, dann komm und iß mit mir!"
„Kennst du ein gutes Restaurant hier in der Nähe?"   5
„Ja, ich erinnere mich an ein kleines Restaurant dort um die Ecke."
„Hier ist die Speisekarte. Empfiehl mir etwas!"
„Der Ober sagt, es gibt nur noch Knackwurst mit Kartoffelsalat."
„Gut, das ist mein Lieblingsgericht."
„Das Essen ist nicht teuer hier."   10
„Das ist wichtig, dann kann ich mir auch ein Glas Bier bestellen."
„Mir gefällt es hier."
„Mir auch."

VI. WRITING

Describe a visit to a German restaurant.

HUNDERTNEUNZEHN

9

Typisch

deutsch

I. TEXT (*Tape 9*)

Der Ober geht an den Nebentisch[1] und stellt[2] die Teller[3] vor die Gäste.

„David", sagt Heidi, „dieser Tisch gefällt mir nicht. Es zieht[4] hier."

Der Ober versteht Heidi nicht richtig und fragt: „Ist es zu heiß hier?"

„Es ist nicht zu heiß, sondern[5] zu kalt, es zieht", sagt David.

5   Der Ober führt[6] die beiden an einen anderen Tisch und sagt: „Setzen Sie sich[7], bitte!"

Dieser Tisch steht neben einem großen Tisch mit acht Personen. Das Gelächter[8] vom Nebentisch macht Heidi nervös. Sie legt[9] ihren Mantel[10] über den Stuhl, nimmt die letzte Zigarette aus dem Päckchen[11] und raucht.[12]

10   Sie schweigen und warten[13] auf den Ober. Endlich[14] kommt er und sagt mit traurigem[15] Gesicht:[16] „Wir haben leider keine Knackwurst mehr. Ich kann Ihnen aber etwas anderes[17] empfehlen." Er zeigt mit dem Bleistift[18] auf eine Stelle[19] auf der Speisekarte.

1. **der Nebentisch** *next table.* 2. **stellen** *to place, put.* 3. **der Teller** *plate.* 4. **es zieht** *there is a draught.* 5. **sondern** *but.* 6. **führen** *to lead, guide, take.* 7. **sich setzen** *to sit down.* 8. **das Gelächter** *laughter.* 9. **legen** *to lay, put.* 10. **der Mantel** *coat.* 11. **das Päckchen** *pack.* 12. **rauchen** *to smoke.* 13. **warten auf** (plus acc.) *to wait for.* 14. **endlich** *finally.* 15. **traurig** *sad.* 16. **das Gesicht** *face.* 17. **etwas anderes** *something else.* 18. **der Bleistift** *pencil.* 19. **die Stelle** *place, spot.*

Gasthaus in Westfalen

David liest laut: „Gebackene Flunder[20] — Holsteiner Art."[21]

„Gebackenen Fisch esse ich immer gern,"[22] sagt Heidi. „Die Flunder ist hoffentlich[23] frisch?"

„Aber natürlich! Unser Restaurant ist in der ganzen[24] Stadt für frischen
5 Fisch bekannt.[25] Unsere Fische schwammen noch gestern[26] in der Nordsee."

„Gut, dann bringen Sie uns gebackene Flunder und für mich auch ein Glas kaltes Wasser", sagt David.

Heidi lächelt und bemerkt[27]: „Ich finde das interessant. In allen Hotels Europas müssen euch die Ober eiskaltes Wasser servieren."

10 „Ja", sagt David, „und bei euch in Deutschland trinkt man lauwarmes[28] Bier. Andere Länder, andere Sitten."

David fragt: „Heidi, was liegt da unter deiner Speisekarte?"

„Ach, das ist mein Programm. Du hast die Speisekarte über mein Programm gelegt."

15 David nimmt die Speisekarte in die Hand und sagt: „Ich habe übrigens eine Frage wegen der Speisekarte." Er liest: „Italienischer Salat, Französische Suppe, Russisches Ei[29] und hier auf derselben[30] Speisekarte steht[31]: Westfälischer Schinken,[32] Gebackene Flunder — Holsteiner Art, Ungarisches Gulasch. Die Speisekarte ist international, dann wieder regional."

20 „Das ist typisch deutsch", sagt Heidi. „Der Deutsche interessiert sich vielleicht[33] mehr für das Ausland,[34] für fremde[35] Kulturen, als andere Völker[36] Europas, und das zeigt nicht nur die Speisekarte."

Sie nimmt das Theaterprogramm und liest: „Auf allgemeinen Wunsch[37] wiederholen wir in der kommenden Spielzeit[38] die internationalen Erfolge:[39]
25 Samuel Becket: Das letzte Band[40] (irischer Einakter[41]), Sartre: Die schmutzigen Hände (französische Tragödie), John Osborne: Blick zurück im Zorn[42] (englisches Drama). Und all diese Stücke sind gut übersetzt. Andererseits[43] interessiert sich aber der Deutsche auch für seine eigenen Kulturprovinzen.[44]

---

20. **gebackene Flunder** *baked flounder.* 21. **Holsteiner Art** *à la Holstein.* 22. **ich esse gern** *I like to eat.* 23. **hoffentlich** *I hope.* 24. **ganz** *whole, entire.* 25. **bekannt** *(well)-known.* 26. **gestern** *yesterday.* 27. **bemerken** *to remark.* 28. **lauwarm** *lukewarm.* 29. **das Ei** *egg.* 30. **derselbe, dieselbe, dasselbe** *the same.* 31. **stehen** *to stand;* here: *it says.* 32. **Westfälischer Schinken** *Westphalian ham.* 33. **vielleicht** *perhaps.* 34. **das Ausland** *foreign countries.* 35. **fremd** *strange, foreign.* 36. **das Volk** *people, nation.* 37. **auf allgemeinen Wunsch** *at popular demand.* 38. **die Spielzeit** *season.* 39. **der Erfolg** *success.* 40. **das Band** *tape.* 41. **der Einakter** *one-act play.* 42. *Look Back in Anger.* 43. **andererseits** *on the other hand.* 44. **die Kulturprovinz** *cultural province.*

Sie unterscheiden sich[45] durch ihre Dialekte, durch die Trachten[46] der Bauern[47] und durch ihre Küche.[48] Genügt[49] dir das?"
„Ja, danke."

45. **sich unterscheiden** *to distinguish oneself.* 46. **die Tracht** *costume.* 47. **der Bauer** *peasant, farmer.* 48. **die Küche** *kitchen;* here: *cooking, cuisine.* 49. **genügen** *to be enough.*

II. STRUCTURE AND PRACTICE

1. New Words

der **Bauer**	*peasant, farmer*
der **Bleistift**	*pencil*
der **Erfolg**	*success*
der **Gast**	*guest, customer*
der **Mantel**	*coat*
der **Nebentisch**	*next table*
der **Stuhl**	*chair*
der **Teller**	*plate*
der **Tisch**	*table*
die **Küche**	*kitchen*
die **Kulturprovinz**	*cultural province*
die **Stelle**	*place, spot*
die **Tracht**	*costume*
das **Ausland**	*foreign countries*
das **Ei**	*egg*
das **Gelächter**	*laughter*
das **Gesicht**	*face*
das **Päckchen**	*pack*
das **Volk**	*people, nation*
bemerken	*to remark*
führen	*to lead, guide, take*
genügen	*to be enough*
legen	*to lay, put*
rauchen	*to smoke*
sich setzen	*to sit down*
stellen	*to place, put*

sich unterscheiden	*to distinguish oneself*
warten auf (plus acc.)	*to wait for*
bekannt	*(well)known*
derselbe	*the same*
fremd	*foreign, strange*
ganz	*whole, entire*
lauwarm	*lukewarm*
nervös	*nervous*
rund	*round*
traurig	*sad*
andererseits	*on the other hand*
endlich	*finally*
gestern	*yesterday*
sondern	*but*
vielleicht	*perhaps*

IDIOMS

ich esse gern	*I like to eat*
etwas anderes	*something else*
hoffentlich	*I hope*
noch ein	*another*
es steht	*it says*
es zieht	*there is a draught*

HUNDERTDREIUNDZWANZIG

2. Prepositions with Dative or Accusative

Er sitzt **an dem Tisch.** (dative)   *He is sitting at the table.*
Er geht **an den Tisch.** (accusative)   *He is going to the table.*

A number of German prepositions require either the dative or the accusative. All such prepositions indicate space relationships. The above examples illustrate the double function of **an.**

In the first example, **an** requires the dative because the verb **sitzen** expresses position or location. In the second, **an** requires the accusative because the verb **gehen** expresses motion or direction.

Now apply the same considerations to the following two examples:

Das Glas steht **auf dem Tisch.**   *The glass is standing on the table.*
   (location, position; dative)

Er stellt das Glas **auf den Tisch.**   *He puts the glass on the table.*
   (motion, direction; accusative)

Here are nine prepositions requiring either the dative or the accusative:

an	*on* (*vertically*), *at, to*	**über**	*over, above*
auf	*on* (*horizontally*), *upon*	**unter**	*under, below*
hinter	*behind*	**vor**	*before, in front of*
in	*in, into*	**zwischen**	*between*
neben	*beside, next to*		

Note: 1. Remember the contractions **im = in dem, ins = in das, am = an dem, ans = an das.** Other possible contractions are: **aufs, hinters, übers, unters, vors.**
   2. If you can replace "in" by "into", use **in** with the accusative: Er geht **ins Haus.** (*He is going into the house.*) Otherwise, use **in** with the dative: Er ist **im Haus.** (*He is in the house.*)

PRACTICE

> **A.** Example: Wo ist Hans? — der Wagen — in; das Haus — in
> Hans ist **im Wagen.** Hans ist **im Haus.**

For each question, form answers by using the words indicated (Tape 9):

1. Wo ist Herr Schröder? das Büro — in; der Dampfer — auf; das Flugzeug — in; dieses Auto — in;   2. Wo sitzt die Dame? der Tisch — an; das Sofa —

auf; dieser Tisch — an 3. Wo liegt die Stadt? ein Fluß — an; das Meer — an; der Rhein — an 4. Wo ist die Speisekarte? der Tisch — auf; das Glas — neben; der Teller — unter 5. Wo wohnt er? der Fluß — an; das Geburtshaus Goethes — neben 6. Wo hängt das Bild? das Sofa — über; der Ausgang — neben

> **B.** Example: Wo steht unser Wagen? der rote Volkswagen — hinter
> Unser Wagen steht **hinter dem roten Volkswagen.**

For each question, form answers by using the words indicated:

1. Wo ist die Speisekarte? der andere Tisch — auf; der große Teller — unter 2. Wo ißt Herr Schröder? das kleine Restaurant — in; das neue Hotel — in; dieser kleine Tisch — an 3. Wo sitzt die Dame? das braune Sofa — auf; der runde Tisch — an 4. Wo arbeitet Herr Meier? sein neues Büro — in; dieser amerikanische Dampfer — auf 5. Wo schläft Heinrich? das alte Sofa — auf; dieses kleine Bett — in 6. Wo wohnt er? sein eigenes Haus — in; dieses neue Hotel — in

> **C.** Example: Wo findet man diesen Fisch? die Nordsee — in
> Man findet diesen Fisch **in der Nordsee.**

For each question, form answers by using the words indicated (Tape 9):

1. Wo ist das Motorrad? die Garage — in; diese Garage — vor 2. Wo liegt das Programm? die Kabine — in; die Speisekarte — unter 3. Wo steht das? meine Speisekarte — auf; seine Postkarte — auf 4. Wo findet man diese Stadt? Ihre Karte — auf; jede Karte — auf. 5. Wo ist Ihre Schwester? die Oper — in; die Stadt — in

> **D.** Example: Wo sitzt Herr Schröder? die erste Reihe — in
> Herr Schröder sitzt **in der ersten Reihe.**

For each question, form answers by using the words indicated:

1. Wo ist die Goethestraße? die alte Universität — hinter 2. Wo arbeitet Herr Meier? die alte Garage — in 3. Wo steht das? die erste Seite — auf; Ihre eigene Postkarte — auf 4. Wo findet man diese Stadt? jede gute Karte — auf; meine neue Karte — auf 5. Wo schlafen wir heute? diese kleine Stadt — in 6. Wo haben Sie Rheumatismus? die linke Hand — in; die rechte Seite — auf

HUNDERTFÜNFUNDZWANZIG

> **E.** Example: Das Kind ist im Wagen. (bringen)
> Bringen Sie das Kind **in den Wagen!**

Change the statements to imperatives by using the verbs indicated (Tape 9):

1. Der Teller ist auf dem Tisch. (setzen) 2. Der Mantel liegt auf dem Tisch. (legen) 3. Die Karte liegt auf dem Stuhl. (legen) 4. Die Kamera ist im Wagen. (bringen) 5. Er sitzt am Tisch. (sich setzen) 6. Sie sind in dem Dom. (gehen)

> **F.** Example: Sie stehen an der Reling. (gehen)
> Gehen Sie **an die Reling!**

Change the statements to imperatives by using the verbs indicated (Tape 9):

1. Der Stuhl steht in der Ecke. (stellen) 2. Der Wagen ist in der Garage. (fahren) 3. Das Bild hängt an der Wand. (hängen) 4. Werner arbeitet in der Stadt. (fahren) 5. Er studiert an unserer Universität (kommen). 6. Sie ist in der Küche. (gehen)

> **G.** Example: Das Kind ist im Auto. (bringen)
> Bringen Sie das Kind **ins Auto!**

Change the statements to imperatives by using the verbs indicated (Tape 9):

1. Die Kartoffeln sind im Wasser. (legen) 2. Sie sind im Restaurant. (gehen) 3. Sie sind im Hotel. (kommen) 4. Das Auto steht hinter dem Haus. (fahren) 5. Die Rosen stehen am Fenster. (stellen) 6. Die Butter steht neben dem Brot. (stellen)

3. Prepositions <u>an, auf, über</u> with Accusative

Er **denkt** oft **an ihn.**	*He often thinks of him.*
Ich **warte auf ihn.**	*I'm waiting for him.*
Er **schreibt** ein Buch **über ihn.**	*He's writing a book about him.*
Erinnern Sie sich an den schönen Tag?	*Do you remember that beautiful day?*

The prepositions **an, auf, über** require the accusative when they are used in a figurative, rather than a literal, sense.

4. Four German Prepositions Meaning "to" with Verbs of Motion

(a) In the sense of "up to" = **an**

Er geht **an die Tafel; ans Ufer.**
He goes to the board; to the bank of the river.

(b) Meaning "into" a building = **in**

Ich gehe **ins** Theater; **in den Laden; in die Kirche.**
I'm going to the theater; to the store; to church.

(c) With names of cities and countries = **nach**

Er fährt **nach Berlin; nach England.**
He's going to Berlin; to England.

(d) With persons and buildings bearing a person's name = **zu**

Ich gehe **zu meinem Bruder.**
I'm going to my brother's.
Wir gehen **zu Macy.**
We are going to Macy's (department store).

5. Unpreceded Adjectives

In the sentence **Geben Sie mir bitte kaltes Wasser!,** the adjective is not preceded by a **der-**word or an **ein-**word. We call it, therefore, an unpreceded adjective. An unpreceded adjective has the same endings as **der-**words, which you already know:

	MASCULINE	
NOM.	dies**er** Kaffee	heiß**er** Kaffee
ACC.	dies**en** Kaffee	heiß**en** Kaffee
DAT.	in dies**em** Kaffee	in heiß**em** Kaffee
GEN.	dies**es** Kaffees	heiß**en**[1] Kaffees

[1] Not like **der-**word ending, but form is rare.

	FEMININE	
NOM.	diese Suppe	heiße Suppe
ACC.	diese Suppe	heiße Suppe
DAT.	in dieser Suppe	in heißer Suppe
GEN.	dieser Suppe	heißer Suppe
	NEUTER	
NOM.	dieses Wasser	heißes Wasser
ACC.	dieses Wasser	heißes Wasser
DAT.	in diesem Wasser	in heißem Wasser
GEN.	dieses Wassers	heißen[1] Wassers

PRACTICE

H. Examples: Der Kaffee ist heiß. Das ist heißer Kaffee.
Haben Sie heißen Kaffee?

Change each sentence in accordance with the patterns (Tape 9):

1. Der Tee ist heiß. 2. Der Fisch ist frisch. 3. Der Salat ist grün.

I. Examples: Die Milch ist frisch. Das ist frische Milch.
Geben Sie mir frische Milch!

Change each sentence in accordance with the patterns (Tape 9):

1. Die Suppe ist heiß. 2. Die Butter ist frisch. 3. Die Limonade ist kalt.

J. Examples: Das Wasser ist kalt. Das ist kaltes Wasser.
Geben Sie mir kaltes Wasser!

Change each sentence in accordance with the patterns (Tape 9):

1. Das Brot ist frisch. 2. Das Bier ist lauwarm. 3. Das Gulasch ist heiß.

[1] Not like **der-**word ending, but form is rare.

5. aber; sondern

German has two words meaning *but:* **aber** and **sondern,** which cannot be used interchangeably; **sondern** implies or suggests "but on the contrary":

Das Wasser ist warm, **aber** ich trinke es.
The water is warm, but I'll drink it.
Das Wasser ist nicht kalt, **aber** ich trinke es.
The water is not cold, but I'll drink it.

Das Wasser ist nicht kalt, **sondern** warm.
The water is not cold but (on the contrary) warm.

Note the expression **nicht nur . . . sondern auch** (*not only . . . but also*):

Die Suppe ist **nicht nur dünn, sondern auch kalt.**
The soup is not only thin, but also cold.

6. gern(e)

gern(e) is an adverb meaning *gladly.* Used with a verb, it expresses the idea of "like to":

Ich **esse gern** Fisch.	*I like to eat fish.*
Sie **schläft gern** lange.	*She likes to sleep long.*

III. READING

Text 2

Unsere beiden Freunde warten auf den Ober und das Essen. Sie können in die Küche sehen. Der Koch spricht mit dem Ober, wahrscheinlich über das Essen. Heidi sagt: „Ich glaube es gibt keine Knackwurst mehr." Sie hat recht. Der Ober kommt an ihren Tisch und sagt mit traurigem Gesicht: „Leider muß ich Ihnen etwas anderes empfehlen. Unsere gebackene Flunder ist auch sehr gut, 5 frisch aus der Nordsee. Unser Restaurant ist in der ganzen Stadt für frischen Fisch bekannt.

„Na", sagt David, „was nicht sein kann, kann nicht sein. Heidi, der Ober empfiehlt frische Flunder."

„Schön, ich esse Fisch sehr gern. Bestell mir bitte Flunder!" 10

Vom Nebentisch hört man lautes Gelächter. „Du, Heidi", sagt David, „Dieser Tisch gefällt mir nicht. Es ist zu laut hier. Vielleicht kann uns der Ober einen besseren Tisch geben. Ich weiß, du bist nervös und das Gelächter ist . . ."

5   „Es ist lieb von dir", unterbricht ihn Heidi, „aber es stört mich wirklich nicht."

David spielt mit der Speisekarte und sagt: „Was du da von der Liebe der Deutschen für das Ausland sagst, interessiert mich. Kannst du mir noch ein Beispiel geben?"

10   „Das kann ich", antwortet Heidi, „du sprichst von dem starken Interesse — nein, es ist mehr als Interesse — es ist Liebe der Deutschen für fremde Literaturen. Ich glaube, kein Land übersetzt so viele Bücher wie die Deutschen. Und viele dieser Übersetzungen sind sehr gut. Die Shakespeare-Übersetzung von Schlegel und Tieck ist ein Höhepunkt in der deutschen Literatur. Und im

15   Theater — na, hier habe ich ja das Programm." Sie liest: „In der kommenden Spielzeit wiederholen wir auf allgemeinen Wunsch die internationalen Erfolge: John Millington Synge: Reiter ans Meer — irischer Einakter; Eugene O'Neill: Der Eismann kommt — amerikanische Tragödie; Armand Salacron: Die Nächte des Zorns — französisches Drama."

20   Heidi sieht, daß David gähnt. „David, du bist müde. Hoffentlich kommt das Essen in ein paar Minuten. — Ah, hier ist es schon. Guten Appetit!"

IV. ORAL AND WRITTEN EXERCISES

1.   *Form meaningful sentences, supplying a prepositional phrase for each:*

EXAMPLE: Ihr Mantel ist . . .
Ihr Mantel ist in meinem Auto.

1. Wir gehen mit Marie . . . 2. Fahren Sie das Auto . . . 3. Die Bombe explodiert . . . 4. Legen Sie die Speisekarte . . . 5. Das Flugzeug fliegt . . . 6. Der Herr steht . . . 7. Der Rhein fließt . . . 8. Max arbeitet . . . 9. Die Dame sitzt . . . 10. Kommen Sie morgen . . . 11. Das Auto ist noch . . . 12. Legen Sie das Programm . . . 13. Wir fahren im Sommer . . . 14. Diesen Fisch findet man . . . 15. Der Teller steht . . . 16. Die Karte ist . . . 17. Diese Stadt liegt . . . 18. Das Bild hängt . . . 19. Wir essen . . . 20. Der Dampfer fährt . . .

2. *Form meaningful sentences using the following prepositional phrases:*

EXAMPLE: in der Garage
          Mein Auto ist in der Garage.

1. . . . an den anderen Tisch 2. . . . am ersten Tisch 3. . . . auf diesem Bild
4. . . . neben dem Ausgang 5. . . . in die Stadt 6. . . . in der Nordsee
7. . . . in die Nordsee 8. . . . auf unserem alten Sofa 9. . . . unter dem Stuhl
10. . . . neben den Teller 11. . . . an unserer Universität 12. . . . in ein
kleines Restaurant 13. . . . am Nebentisch 14. . . . in einem kleinen Re-
staurant 15. . . . in mein Büro 16. . . . in Ihrem Auto 17. . . . in unserer
Garage? 18. . . . ins Kino 19. . . . in die Oper? 20. . . . neben dem Dom

3. *Complete the sentences with the correct form of each word indicated:*

1. Warten Sie auf (ich, er, der Zug, die Suppe, der Bus)? 2. Ich denke oft an
(er, sie, der schöne Tag, Sie). 3. Erinnern Sie sich an (ich, er, mein Bruder)

4. *Complete each sentence with* **aber** *or* **sondern:**

1. Wir fahren nicht nach Paris, _____ nach London. 2. Ich fliege nicht
gern, _____ meine Frau fliegt sehr gern. 3. Ich kenne das alte Hamburg,
_____ Marie kennt es nicht. 4. Köln liegt nicht am rechten, _____ am
linken Ufer des Rheins. 5. Dieser Kaffee ist nicht besonders gut, _____ er
ist heiß. 6. Er spricht nicht nur Deutsch, _____ auch Englisch. 7. Sie hat
eine amerikanische Aussprache, _____ ich verstehe sie.

5. *Say, then write in German:*

1. He sits beside me. 2. He sits beside him. 3. He always sits beside his
friend. 4. She likes to sit at a round table. 5. He doesn't sit in the first, but
in the second chair. 6. Are you going into (the) town? 7. Is he in (the)
town? 8. We're going into this restaurant. 9. I always eat in this restaurant.
10. Your plate is not on this table. 11. The waiter puts a menu on each
table. 12. Please put another chair at each table. 13. Don't put your book
on this chair. 14. He's coming to our table. 15. Who is standing beside her?
16. Please wait for me. 17. You will find a menu on every table (use present
tense). 18. On every table you will find a menu. 19. He is not going to
Chicago, but to New York. 20. I like to eat soup, but I don't like to eat cold
soup. 21. Please give me hot soup. 22. This is cold coffee. 23. I like to
drink American coffee. 24. Please bring me hot coffee. 25. That's in the first
lesson. 26. Put your book under the chair. 27. Do you like (to eat) fresh
fish? 28. She's going to the theater. 29. Are you going to Europe? 30. She
is going to Woolworth's.

V. CONVERSATION (*Tape 9*)

Repeat until you are thoroughly familiar with the dialogue:

„Dort in der Ecke ist ein Tisch.“

„Schön, setzen Sie sich!“

„Hier ist die Speisekarte.“

„Was empfehlen Sie?“

5 „Dieses Restaurant ist in der ganzen Stadt für frischen Fisch bekannt.“

„Ich esse Fisch sehr gern, aber es muß frischer Fisch sein.“

„Gut, dann empfehle ich gebackene Flunder.“

„Herr Ober, bringen Sie mir bitte Tomatensuppe, gebackene Flunder, Kartoffeln und Kaffee.“

10 „Für mich dasselbe, aber Milch anstatt Kaffee.“

„Bitte bringen Sie uns erst gleich zwei Glas Wasser, aber kaltes, nicht lauwarmes Wasser, bitte!“

„Diese Speisekarte ist übrigens sehr interessant. Sie zeigt, die Deutschen interessieren sich für fremde Kulturen.“

15 „Ja, hier steht Russisches Ei, Ungarisches Gulasch und so weiter.“

„Auch mein Theaterprogramm zeigt dieses Interesse. Hier steht: In der kommenden Spielzeit wiederholen wir . . . Hier stehen die Namen von sieben fremden Stücken.

VI. WRITING

Write a short composition on the topic „Das ist typisch deutsch.“

10

Norddeutschland

I. TEXT (*Tape 10*)

Deutschland besteht[1] geographisch aus drei Zonen: Norddeutschland, Mittel-
deutschland und Süddeutschland. Norddeutschland ist die Ebene[2] zwischen
den Küsten[3] der Nord- und Ostsee und den Gebirgen[4] Mitteldeutschlands.

Der nördlichste Teil Deutschlands, das Land[5] zwischen den beiden Meeren,
der Nordsee und Ostsee, heißt Schleswig-Holstein. Dieser Name ist Ameri-   5
kanern nicht fremd. In den Staaten nennt man eine Art[6] Milchkühe[7] Hol-
steins. Schleswig-Holstein ist aber nicht nur wegen seiner Milchkühe berühmt[8],
sondern auch wegen seiner fruchtbaren[9] Felder, seiner malerischen[10] kleinen
Dörfer[11] mit alten Bauernhäusern.[12]

Vor der Nordseeküste liegen viele kleine Inseln.[13] Manche dieser Inseln sind   10
Badeinseln.[14] Sylt ist die nördlichste unter ihnen und auch der nördlichste
Punkt[15] Deutschlands.

Die Fischer und Bauern Norddeutschlands sprechen Plattdeutsch.[16] Zu
Hause sprechen die Kinder also Plattdeutsch, in der Schule müssen sie
allerdings[17] Hochdeutsch[18], die allgemeine[19] deutsche Sprache, lernen.   15

Hier ist ein Beispiel für westfälisches Plattdeutsch: "Kannst du nich

---

1. **bestehen aus** *to consist of.* 2. **die Ebene, -n** *plain.* 3. **die Küste, -n** *coast.* 4. **das
Gebirge, -** *mountain range.* 5. **das Land, ⸗er** here: *territory, state.* 6. **die Art, -en**
manner, kind; here: *species.* 7. **die Milchkuh, ⸗e** *milch cow.* 8. **berühmt** *famous.*
9. **fruchtbar** *fertile.* 10. **malerisch** *picturesque.* 11. **das Dorf, ⸗er** *village.* 12. **das
Bauernhaus, ⸗er** *farmhouse.* 13. **die Insel, -n** *island.* 14. **die Badeinsel, -n** *resort
island.* 15. **der Punkt, -e** *point.* 16. **(das) Plattdeutsch** *Low German.* 17. **allerdings**
to be sure. 18. **(das) Hochdeutsch** *High German.* 19. **allgemein** *general, common.*

NORDSEE

Sylt

SCHLESWIG-

Kiel

OSTSEE

HOLSTEIN

Lübeck

Bremen

Hamburg

LÜNEBURGER

HEIDE

Weser

Elbe

Oder

WESTFALEN

Wolfsburg

Braunschweig

Dortmund

Duisburg

HARZ

THÜRINGEN

SACHSEN

RHEINISCHE

GEBIRGE

THÜRINGER WALD

ERZGEBIRGE

HUNSRÜCK

TAUNUS

VOGELSBERG

swemmen?" — „Ick kann swemmen, aber dat Water is to kalt." Das heißt auf
hochdeutsch: „Kannst du nicht schwimmen?" — „Ich kann schwimmen, aber
das Wasser ist zu kalt." Vergleichen Sie die deutschen Wörter in diesen Sätzen
mit den englischen Formen! Plattdeutsch steht dem Englischen näher[20] als
5 Hochdeutsch, nicht wahr? Die beiden Sprachen sind miteinander[21] verwandt.[22]
Doch zurück zu den Badeinseln! So eine Insel besuchen während der
Sommermonate[23] viele Gäste aus Deutschland und aus dem Ausland und
bleiben[24] da während ihrer Ferien.[25] Die Hotels sind dann immer voll, und
der Strand[26] ist mit Strandkörben[27] bedeckt.[28] Einige[29] der Sommergäste
10 sitzen in Strandkörben, andere schwimmen oder liegen in der Sonne, um[30]
sich zu bräunen.[31] Die Romantiker unter den Sommergästen wandern am
Strand entlang[32] oder steigen[33] auf eine der Dünen, entfernt von schreienden[34]
Kindern und schreienden Eltern.[35] Dort können sie die Wellen,[36] die Vögel,[37]
die Schiffe und die untergehende[38] Sonne beobachten.[39]
15 Norddeutschland lebt aber nicht nur von Sommergästen. Seine großen
Industriestädte wie Duisburg, Dortmund, Braunschweig exportieren ihre In-
dustrieprodukte. In der kleinen Stadt Wolfsburg ist das Volkswagenwerk.[40]
Die Hafenstädte Bremen an der Weser, Hamburg an der Elbe, Kiel und
Lübeck nahe am Eisernen Vorhang[41] sind bekannt wegen ihres Schiffbaus,[42]
20 ihrer Textil- und Maschinenindustrie und ihrer Lebensmittelprodukte.[43]
Norddeutschland exportiert mehr Lebensmittel als irgendein[44] anderer
Teil Deutschlands. Das zeigt schon ein Besuch amerikanischer Delikatessen-
geschäfte.[45] Das amerikanische Wort „delicatessen" ist übrigens die Plural-
form des deutschen Wortes „die Delikatesse". In einem amerikanischen
25 Delikatessengeschäft findet man meistens auch Produkte aus Norddeutsch-
land wie z.B. geräucherten[46] und marinierten[47] Fisch in Dosen[48], west-
fälischen Schinken, Braunschweiger Leberwurst, Lübecker Marzipan usw.
Auf Seite 134 ist eine Karte von Norddeutschland. Suchen Sie dort die Städte,
Flüsse, und Inseln dieser Aufgabe!

20. **nahe** *near, close;* **näher** *closer.* 21. **miteinander** *with one another.* 22. **verwandt**
related. 23. **der Sommermonat, -e** *summer month.* 24. **bleiben** *to stay, remain.*
25. **die Ferien** (pl.) *vacation.* 26. **der Strand** *shore, beach.* 27. **der Strandkorb, ⸗e**
wicker beach chair. 28. **bedecken** *to cover.* 29. **einige** *some.* 30. **um . . . zu** *in
order to.* 31. **sich bräunen** *to get a tan.* 32. **am . . . entlang** *along.* 33. **steigen** *to
climb.* 34. **schreien** *to scream.* 35. **die Eltern** (pl.) *parents.* 36. **die Welle, -n** *wave.*
37. **der Vogel, ⸗** *bird.* 38. **untergehend** *setting.* 39. **beobachten** *to watch, observe.*
40. **das Volkswagenwerk** *VW factory.* 41. **der Eiserne Vorhang** *Iron Curtain.*
42. **der Schiffbau** *shipbuilding.* 43. **die Lebensmittelprodukte** (pl.) *food products.*
44. **irgendein** *any.* 45. **das Delikatessengeschäft, -e** *delicatessen store.* 46. **ge-**
räuchert *smoked.* 47. **mariniert** *marinated.* 48. **die Dose, -n** *tin, can.*

HUNDERTFÜNFUNDDREISSIG

Der Heinrichsbrunnen in Braunschweig

Das Holstentor in Lübeck

Der Hafen von Kiel

II. STRUCTURE AND PRACTICE

1. New Words

Plural forms are shown as follows: **-e, -n, -en, -er** indicate that the plural is formed by adding these letters; ⁼ indicates that the root vowel is modified (umlaut); - indicates that there is no change.

der **Punkt, -e**	*point*	die **Eltern** (pl.)	*parents*
der **Schiffbau**	*shipbuilding*	die **Ferien** (pl.)	*vacation*
der **Sommermonat, -e**	*summer month*	die **Lebensmittel** (pl.)	*food*
der **Strand**	*shore, beach*	**bedecken**	*to cover*
der **Strandkorb, ⁼e**	*wicker beach chair*	**beobachten**	*to watch, observe*
der **Vogel, ⁼**	*bird*	**bestehen aus**	*to consist of*
die **Art, -en**	*manner, kind*	**bleiben**	*to stay, remain*
die **Badeinsel, -n**	*resort island*		
die **Dose, -n**	*tin, can*	**sich bräunen**	*to get a tan*
die **Ebene, -n**	*plain*	**schreien**	*to scream*
die **Insel, -n**	*island*	**steigen**	*to climb*
die **Küste, -n**	*coast*	**allgemein**	*general, common*
die **Milchkuh, ⁼e**	*milch cow*		
die **Welle, -n**	*wave*	**berühmt**	*famous*
das **Bauernhaus, ⁼er**	*farmhouse*	**einige**	*some*
das **Delikatessengeschäft, -e**	*delicatessen store*	**fruchtbar**	*fertile*
		irgendein	*any*
das **Dorf, ⁼er**	*village*	**malerisch**	*picturesque*
das **Gebirge, -**	*mountain range*	**nahe**	*near, close*
		verwandt	*related*
(das) **Hochdeutsch**	*High German*	**allerdings**	*to be sure*
		miteinander	*with one another*
das **Land, ⁼er**	*land; territory; state*		
		um . . . zu	*in order to*
(das) **Plattdeutsch**	*Low German*	**vorn**	*in front*

2. Plural of Der- and Ein-Words.

(a) German does not distinguish three genders in the plural:

die Männer, **die** Frauen, **die** Kinder.

(b) **Der-** and **Ein-**Words have the same endings for each case in the plural:

	DEFINITE ARTICLE	DER-WORDS	EIN-WORDS
NOM.	**die**	die**se**	sein**e**
ACC.	**die**	die**se**	sein**e**
DAT.	**den**	die**sen**	sein**en**
GEN.	**der**	die**ser**	sein**er**

Note: The **-ie** form of the article (**die**) occurs as **-e** in **der-** and **ein-** words: die**se**, sein**e**

PRACTICE

A. Example: **Der Dampfer fährt** heute nicht.
Die Dampfer fahren heute nicht.

Change the subjects and verbs of the following sentences to plural. Note that none of the nouns used in this practice alters its form in the plural (Tape 10):

1. Hier ist der Sommer lang. 2. Der Amerikaner trinkt viel Milch. 3. Unser Ober versteht Englisch. 4. Unser Theater ist jeden Abend voll. 5. Kommt Ihr Deutschlehrer aus Deutschland? 6. Dieser Wagen ist hier nicht bekannt.

B. Example: Er macht **diesen Fehler** oft.
Er macht **diese Fehler** oft.

Change the accusative objects to plural (Tape 10):

1. Kennen Sie diesen Amerikaner? 2. Ich verstehe den Ober nicht. 3. Er stellt den Teller auf den Tisch. 4. Wir besuchen unseren Lehrer. 5. Ich kenne dieses Mädchen nicht. 6. Besuchen Sie unser Theater!

C. Example: Zeigen Sie den Hafen. (die Touristen)
Zeigen Sie **den Touristen** den Hafen!

Use the plural noun indicated as the dative object before the accusative object (Tape 10):

1. Zeigen Sie den Dom! (die Studenten) 2. Geben Sie etwas zu essen! (diese

Herren) 3. Erklären Sie das Experiment! (meine Studenten) 4. Zeigen Sie das Gebäude! (diese Damen) 5. Geben Sie das Telegramm! (meine Eltern)

> **D.** Example: Die Kapitäne sind zu alt. (unsere Dampfer)
> Die Kapitäne **unserer Dampfer** sind zu alt.

Use the plural noun indicated as the genitive modifier of the subject (Tape 10):

1. Hier ist das Haus. (meine Eltern) 2. Der Stil ist international. (diese Wolkenkratzer) 3. Das Englisch ist gut. (unsere Deutschlehrer) 4. Der Preis ist mir zu hoch. (die Kameras) 5. Hier sind die Adressen. (Ihre Studenten)

3. Plural of Nouns

Plural forms like (1) *sheep*, (2) *feet*, (3) *oxen*, (4) *children* illustrate several ways of forming the plural in English: (1) no ending, (2) vowel change, (3) ending *-en*, and (4) vowel change plus ending. English, however, has standardized its plural forms to an [s] or [z] sound: *books, days.* If you were to study English as a second language, you would assume that the plural of a given noun ends in *-s*, unless the noun had one of the exceptional plurals like *feet, oxen*, which you would have to memorize.

While German has not undergone a standardization of its plural forms to the extent English has, it is possible to determine the plural of most nouns from their form and gender.

We will arrange the nouns you have learned so far in two groups: one for nouns of one syllable (called monosyllabics), the other for nouns of more than one syllable (called polysyllabics).

This arrangement will yield one basic plural pattern for monosyllabics, and two basic plural patterns for polysyllabics. Nouns whose plural forms do not fit these patterns will be given as exceptional plurals. If you, therefore, commit to memory the exceptional plural forms, you will have no difficulty forming the plural of any noun.

Group I: Monosyllabics

EXAMPLES:	der Zug	die Züge	*train(s)*
	der Schnellzug	die Schnellzüge	*express train(s)*

| die Hand | die Hände | *hand(s)* |
| das Jahr | die Jahre | *year(s)* |

Most monosyllabic nouns, whether used by themselves (**der Zug**) or as the last part in a compound noun (**der** Schnell**zug**), form their plural by adding -e to the singular. Most masculine nouns also umlaut their stem vowel **a, o, u, au** to **ä, ö, ü, äu.** Feminine nouns always take the umlaut; neuter nouns never:

MASCULINE

der Ausgang	die Ausgänge	*exit(s)*
der Besuch[1]	die Besuche	*visit(s)*
der Dom	die Dome	*cathedral(s)*
der Eisberg	die Eisberge	*iceberg(s)*
der Erfolg	die Erfolge	*success(es)*
der Film	die Filme	*film(s)*
der Fisch	die Fische	*fish*
der Fluß	die Flüsse	*river(s)*
der Freund	die Freunde	*friend(s)*
der Gast	die Gäste	*guest(s)*
der Höhepunkt	die Höhepunkte	*high point(s)*
der Koch	die Köche	*cook(s)*
der Krieg	die Kriege	*war(s)*
der Platz	die Plätze	*place(s)*
der Preis	die Preise	*price(s)*
der Ring	die Ringe	*ring(s)*
der Satz	die Sätze	*sentence(s)*
der Stil	die Stile	*style(s)*
der Stuhl	die Stühle	*chair(s)*
der Sturm	die Stürme	*storm(s)*
der Tag	die Tage	*day(s)*
der Teil	die Teile	*part(s)*
der Tisch	die Tische	*table(s)*
der Verlust	die Verluste	*loss(es)*
der Vorhang	die Vorhänge	*curtain(s)*
der Wein	die Weine	*wine(s)*
der Wind	die Winde	*wind(s)*
der Zug	die Züge	*train(s)*

FEMININE

| die Hafenstadt | die Hafenstädte | *seaport town(s)* |

[1] Nouns of two syllables of which the first is an inseparable unstressed prefix (**Be-, Emp-, Er-, Ge-, Ver-, Zer-**) are treated like monosyllabics.

die Hand	die Hände	*hand(s)*
die Stadt	die Städte	*town(s)*
die Wurst	die Würste	*sausage(s)*

NEUTER

das Beispiel	die Beispiele	*example(s)*
das Boot	die Boote	*boat(s)*
das Brot	die Brote	*bread(s)*
das Flugzeug	die Flugzeuge	*airplane(s)*
das Haar	die Haare	*hair*
das Jahr	die Jahre	*year(s)*
das Meer	die Meere	*ocean(s)*
das Pferd	die Pferde	*horse(s)*
das Schiff	die Schiffe	*ship(s)*
das Spiel	die Spiele	*play(s)*
das Stück	die Stücke	*piece(s)*
das Tier	die Tiere	*animal(s)*

PRACTICE

E. Example: **Ein Tisch ist** nicht genug für uns. (zwei)
Zwei Tische sind nicht genug für uns.

Change the nouns and, where necessary, the verbs to plural, using the words indicated as noun modifiers (Tape 10):

1. Er hat einen Freund in Deutschland. (viele) 2. Ich sehe einen Eisberg. (zwei) 3. Der erste Teil ist zu lang. (beide) 4. Ein Tag Ferien ist nicht genug für mich. (drei) 5. Der Ring ist zu klein. (beide) 6. Sehen Sie das Schiff? (die) 7. Geben Sie mir ein Beispiel! (zwei) 8. Er wird ein Jahr alt. (drei) 9. Sehen Sie das Flugzeug? (die) 10. Wir bleiben einen Tag hier. (zwei)

F. Example: Dort **ist ein Stuhl** frei. (zwei)
Dort **sind zwei Stühle** frei.

Change the nouns and, where necessary, the verbs to plural, using the words indicated as noun modifiers (Tape 10):

1. Welcher Zug fährt heute nach München? (welche) 2. Er hat einen Freund in Amerika. (keine) 3. Schreiben Sie den Satz an die Tafel! (die) 4. Ich kenne die Stadt am Rhein. (viele) 5. Wie heißt eine Hafenstadt Europas? (die) 6. Gib mir die Hand! (beide)

EXCEPTIONAL MONOSYLLABICS

der Herr	die Herren	gentleman (gentlemen)
der Mensch	die Menschen	man (people)
der Name	die Namen	name(s)
der Staat	die Staaten	state(s)
die Burg	die Burgen	castle(s)
die Frau	die Frauen	women (women)
die Form	die Formen	form(s)
die Zahl	die Zahlen	number(s)
die Zeit	die Zeiten	time(s)
das Bild	die Bilder	picture(s)
das Buch	die Bücher	book(s)
das Dorf	die Dörfer	village(s)
das Ei	die Eier	egg(s)
das Feld	die Felder	field(s)
das Glas	das Gläser	glass(es)
das Haus	die Häuser	house(s)
das Kind	die Kinder	child(ren)
das Land	die Länder	land(s)
das Licht	die Lichter	light(s)
das Lied	die Lieder	song(s)
das Volk	die Völker	people(s)

PRACTICE

G. Example: **Der Herr ist** hier. (beide)
Beide Herren sind hier.

Change the nouns and, where necessary, the verbs to plural, using the words indicated as noun modifiers (Tape 10):

1. Das glaubt kein Mensch. (nicht viele) 2. Die Frau arbeitet hier. (diese) 3. Kennen Sie den Herrn? (beide) 4. Das Feld wird schon grün. (viele) 5. Ich sehe hier kein Haus. (keine) 6. Bestellen Sie das Buch! (diese)

HUNDERTDREIUNDVIERZIG

Group II: Masculine Polysyllabics

EXAMPLES:

1. der Amerikaner	die Amerikaner	*American(s)*
der Garten	die Gärten	*garden(s)*
der Mantel	die Mäntel	*coat(s)*
2. der Deutsche	die Deutschen	*German(s)*
3. der Student	die Studenten	*student(s)*
der Doktor	die Doktoren	*doctor(s)*

1. Masculine nouns in **-er, -en, -el** add no ending in the plural; some take umlaut.

2. Masculine nouns ending in **-e** denoting male beings add **-n** in the plural.[1]

3. Masculine nouns of non-German origin (with the stress on the last syllable or ending in **-or**) denoting male beings add **-en** in the plural.[2]

Note: Polysyllabic masculine nouns not belonging to any of the three categories add **-e** in the plural, unless the last component is an exceptional monosyllabic: **der Kanal, die Kanäle; der Monat, die Monate.**

Examples:

WITH UMLAUT

1. der Bruder	die Brüder	*brother(s)*
der Vater	die Väter	*father(s)*
der Garten	die Gärten	*garden(s)*
der Hafen	die Häfen	*harbor(s)*

WITHOUT UMLAUT

der Dampfer	die Dampfer	*steamer(s)*
der Fehler	die Fehler	*mistake(s)*
der Finger	die Finger	*finger(s)*
der Lehrer	die Lehrer	*teacher(s)*
der Ober	die Ober	*waiter(s)*
der Sommer	die Sommer	*summer(s)*
der Teller	die Teller	*plate(s)*
der Wagen	die Wagen	*car(s)*

[1] Such nouns have the same -en ending in the singular: **den Deutschen** (acc.), **dem Deutschen** (dat.), **des Deutschen** (gen.).

[2] Such nouns have the same -en ending in the singular: **den Studenten** (acc.), **dem Studenten** (dat.), **des Studenten** (gen.); but nouns in -or add only -s in the genitive: **des Doktors, dem Doktor, den Doktor.**

2. der Junge   die Jungen   *boy(s)*
   der Deutsche   die Deutschen   *German(s)*
   der Franzose   die Franzosen   *Frenchman(men)*
   der Russe   die Russen   *Russian(s)*

3. der Assistent   die Assistenten   *assistant(s)*
   der Student   die Studenten   *student(s)*
   der Tourist   die Touristen   *tourist(s)*
   der Autor   die Autoren   *author(s)*
   der Direktor   die Direktoren   *director(s)*
   der Doktor   die Doktoren   *doctor(s)*
   der Professor   die Professoren   *professor(s)*
   der Soldat   die Soldaten   *soldier(s)*

PRACTICE

H. Example: **Mein Bruder ist** in England. (Meine beiden)
Meine beiden Brüder sind in England.

Change the nouns and, where necessary, the verbs to plural, using the words indicated as noun modifiers (Tape 10):

1. Dieser Hafen ist nicht tief genug. (diese) 2. Mein Bruder ist noch klein. (meine) 3. Der Dampfer fährt heute nicht. (die) 4. Der Ober spricht Englisch. (die) 5. Dieser Garten ist sehr schön. (diese) 6. Geben Sie mir bitte einen Teller! (zwei)

I. Example: **Das ist sein Junge.** (seine)
Das sind seine Jungen.

Change the nouns and, where necessary, the verbs to plural, using the words indicated as noun modifiers (Tape 10):

1. Der Franzose lebt in England. (nicht viele) 2. Ich kenne den Komponisten. (die) 3. Mein Professor ist auf Ferien. (meine) 4. Das ist kein Russe. (keine) 5. Dieser Student lernt Deutsch. (diese)

Group II: Feminine Polysyllabics

EXAMPLES: **die Karte**   **die Karten**   *map(s)*
            die Insel   **die Inseln**   *island(s)*

die Schwester	die Schwestern	*sister(s)*
die Antwort	die Antworten	*answer(s)*
die Lehrerin	die Lehrerinnen	*(woman) teacher(s)*

Feminine nouns of more than one syllable form their plural by adding **-n** or **-en** to the singular; nouns ending in **-e, -el, -er** add **-n,** others add **-en.** Nouns ending in **-in** add **-nen.**

Examples:

die Adresse	die Adressen	*address(es)*
die Amerikanerin	die Amerikanerinnen	*American woman (women)*
die Assistentin	die Assistentinnen	*(woman) assistant(s)*
die Aufgabe	die Aufgaben	*lesson(s)*
die Brücke	die Brücken	*bridge(s)*
die Dame	die Damen	*lady (ies)*
die Familie	die Familien	*family (ies)*
die Frage	die Fragen	*question(s)*
die Garage	die Garagen	*garage(s)*
die Geschichte	die Geschichten	*history (ies)*
die Kartoffel	die Kartoffeln	*potato(es)*
die Kirche	die Kirchen	*church(es)*
die Maschine	die Maschinen	*machine(s)*
die Meile	die Meilen	*mile(s)*
die Minute	die Minuten	*minute(s)*
die Nummer	die Nummern	*number(s)*
die Person	die Personen	*person(s)*
die Reise	die Reisen	*trip(s)*
die Schule	die Schulen	*school(s)*
die Seite	die Seiten	*page(s)*
die Sekretärin	die Sekretärinnen	*secretary (ies)*
die Sprache	die Sprachen	*language(s)*
die Straße	die Straßen	*street(s)*
die Stunde	die Stunden	*hour(s)*
die Universität	die Universitäten	*university (ies)*
die Woche	die Wochen	*week(s)*
die Zigarette	die Zigaretten	*cigarette(s)*
die Zone	die Zonen	*zone(s)*

EXCEPTIONAL FEMININE POLYSYLLABICS

die Mutter	die Mütter	*mother(s)*
die Tochter	die Töchter	*daughter(s)*

HUNDERTSECHSUNDVIERZIG

PRACTICE

J. Example: Lesen Sie **diese Seite!** (zehn)
Lesen Sie **zehn Seiten!**

Change the nouns and, where necessary, the verbs to plural, using the words indicated as noun modifiers (Tape 10):

1. Hier ist eine Adresse. (beide) 2. Lesen Sie diese Geschichte! (die beiden)
3. Ich gebe Ihnen noch eine Zigarette. (zwei) 4. Wo ist die Assistentin? (die)
5. Die Antwort ist falsch. (beide) 6. Sie hat eine Tochter. (zwei) 7. Kennen Sie meine Schwester? (meine) 8. Er spricht diese Sprache. (viele) 9. Beantworten Sie die Frage! (beide). 10. In diesem Gebäude wohnt eine Familie. (vier)

Group II: Neuter Polysyllabics

EXAMPLE: **das Ufer** **die Ufer** *river bank(s)*

Neuter nouns ending in **-er, -en, -el, -chen, -lein** add no ending in the plural.

Examples:

das Theater	die Theater	*theater(s)*
das Wunder	die Wunder	*wonder(s)*
das Verkehrsmittel	die Verkehrsmittel	*means of transportation*
das Mädchen	die Mädchen	*girl(s)*
das Päckchen	die Päckchen	*pack(s)*
das Fräulein	die Fräulein	*young lady (ies)*

EXCEPTIONAL NEUTER POLYSYLLABICS

das Gebäude	die Gebäude	*building(s)*
das Gebirge	die Gebirge	*mountain(s)*
das Auto	die Autos	*automobile(s)*
das Büro	die Büros	*office(s)*
das Hotel	die Hotels	*hotel(s)*
das Restaurant	die Restaurants	*restaurant(s)*

HUNDERTSIEBENUNDVIERZIG

PRACTICE

> **K.** Example: **Das Fräulein ist** im Büro. (beide)
> **Beide Fräulein sind** im Büro.

Express in the plural, using the words indicated as modifiers for the nouns; also change the verbs to plural, where necessary (Tape 10):

1. Hat diese Stadt ein Theater? (viele)   2. Auf dem rechten Ufer liegt ein Gebirge. (zwei)   3. Welches Ufer des Rheins ist interessant? (beide)   4. Hier finden Sie ein Häuschen aus dem neunzehnten Jahrhundert. (viele)   5. Nennen Sie ein Verkehrsmittel! (drei)

4. Four Cases in the Plural

	der Zug (*train*)	die Frage (*question*)	das Kind (*child*)
SINGULAR			
PLURAL	die Züge	die Fragen	die Kinder

NOMINATIVE	die Züge	die Fragen	die Kinder
ACCUSATIVE	die Züge	die Fragen	die Kinder
DATIVE	den Zügen	den Fragen	den Kindern
GENITIVE	der Züge	der Fragen	der Kinder

The form of the nominative plural recurs in the remaining plural cases, except that **-n** is added in the dative of nouns which do not already end in **-n**: **die Fragen, die Adressen.**

III. READING

Text 2

„Wohin fährt eure College-Gruppe in den kommenden Sommerferien? Fahrt ihr wieder nach Spanien?"

„Nein, diesmal fahren wir nach Norddeutschland."

„Nach Norddeutschland? Nicht nach Bayern oder an den Rhein mit seinen
5   Weinbergen, alten Burgen und seinen malerischen kleinen Städten?"

„Weinberge gibt es in Norddeutschland allerdings nicht, aber malerische kleine Städte und Dörfer gibt es in Norddeutschland auch, z.B. in Schleswig-Holstein. Dort gibt es auch eine malerische Großstadt: Lübeck. Weißt du etwas von Lübeck?

„Nein. Du weißt, ich bin kein Deutscher, sondern Deutschamerikaner, 5
zweite Generation, und in Geographie war ich immer schlecht.“

„Gehst du nie in ein Delikatessengeschäft? Da kannst du Lübecker Marzipan kaufen. Bist du auch schlecht in Literatur? Kennst du Thomas Mann nicht?“

„Natürlich kenne ich ihn. Dies Semester lesen wir ‚Buddenbrooks‘ in B 18.“ 10
„Was ist B 18?“

„Deutsche Literatur in Übersetzung. Was hat aber Thomas Mann mit Lübeck zu tun?“

„Sehr viel. Lübeck ist seine Geburtsstadt, und die Familie Buddenbrook lebt und stirbt in Lübeck.“ 15

„Ich bin erst auf Seite achtzehn im Roman.“

„Liest du den Roman in einer Übersetzung? Du kannst ihn doch in der Originalsprache lesen. Du kannst doch genug Deutsch.“

„Ich lese ihn auf deutsch. Ich kann übrigens auch die plattdeutschen Sätze verstehen. Plattdeutsch steht dem Englischen näher als Hochdeutsch. Warte, 20
ich zeige dir so einen Satz. Ich habe das Buch hier. — Hier ist er: Der alte Christian Buddenbrook lacht über den kleinen siebenjährigen Christian Buddenbrook, einen erstklassigen Lehrerimitator: ‚n Aap is hei!‘ Der Satz ist Wort für Wort mit dem Englischen verwandt: ‚n ape is he‘. Im Hochdeutschen heißt das: ‚ein Affe ist er‘. Aber sag mal: Willst du die ganze Zeit in Lübeck 25
bleiben?“

„Ich? Ich bin doch mit meiner Gruppe zusammen. Ich glaube, wir bleiben nur zwei Tage in Lübeck, aber zwei Wochen auf der Badeinsel Sylt.“

„Was kann man denn da tun außer schwimmen und in der Sonne liegen?“

„Man kann am Strand entlang wandern oder auf einer Düne sitzen und das 30
Meer, die Schiffe und die Sommergäste beobachten.“

„Du weißt sehr viel über Norddeutschland. Erzähl mir aber lieber mehr von den Buddenbrooks! Ich habe morgen B 18.“

IV. ORAL AND WRITTEN EXERCISES

1. *Give the plural of the following nouns:*

(a) der Freund, der Stuhl, der Teil, der Tisch; der Hafen, der Teller, der Vater, der Dampfer; der Herr, der Mensch, der Student, der Tourist.

(b) die Dame, die Schwester, die Reise, die Stelle, die Frau, die Zeit; die Hand, die Nacht, die Stadt.

(c) das Schiff, das Stück, das Beispiel; das Fräulein, das Mädchen, das Wunder, das Gebäude, das Gebirge; das Buch, das Haus, das Feld.

2. *Change all plural forms to singular. Add the indefinite article where necessary:*

1. Zeigen Sie mir die Städte auf der Karte! 2. Westlich von der Küste liegen Inseln. 3. Wie heißen die Hafenstädte an der Nordseeküste? 4. Die Kanäle sind nicht tief genug für diese Dampfer. 5. Welche Teile dieses Landes kennen Sie gut? 6. Die Sprachen dieser Völker sind bekannt. 7. Ich kenne diese Damen nicht. 8. Kennen Sie die Namen der Assistenten? 9. Die Schiffe sind in den Häfen. 10. Wir bleiben drei Monate auf diesen Inseln.

3. *Form complete sentences, changing all singular nouns to plural as far as it makes sense:*

EXAMPLE: Vor / die Nordseeküste / liegen / viel / Insel.
Vor der Nordseeküste liegen viele Inseln.

1. Ich / haben / zwei / Bruder / und / drei / Schwester. 2. Deutschland / bestehen / aus / drei / Zone. 3. Wir / sehen / in / Norddeutschland / viel / Feld / und / Dorf. 4. Bremerhaven / und / Hamburg / sein / Hafenstadt. 5. Der Wagen / die drei Amerikaner / stehen / vor / das Hotel. 6. Viel / Leute / besuchen / diese / Insel / während / ihre Ferien. 7. Bremerhaven / sein / der Hafen / die Fischer (pl.). 8. Der Deutsche / essen / gern / Fisch. 9. Norddeutschland / haben / nicht / viel / Gebirge. 10. In / das Dorf Norddeutschlands / hören / man / Plattdeutsch. 11. Im Sommer / fahren / viel / Leute / aus / die Stadt Norddeutschlands / an / die Nordsee. 12. Von / die Düne / sehen / man / Welle / Vogel / und / Schiff.

4. *Say, then write in German:*

1. These buildings are very old. 2. I have two sisters, but only one brother. 3. He doesn't make any mistakes. 4. Does he know only Americans? 5. Show me your books and pictures. 6. He always compares his mistakes

with my mistakes. 7. Here you see fields, rivers, and villages. 8. We like to go with our friends to this restaurant. 9. German tourists visit these old small towns during their vacation. 10. Look for the cities and islands on this map.

V. CONVERSATION (*Tape 10*)

Repeat until you are thoroughly familiar with the dialogue:

„Fahren Sie diesen Sommer wieder nach Europa?"

„Ja, diesen Sommer besuche ich Norddeutschland und besonders eine der Badeinseln."

„Die bekannteste Badeinsel heißt Sylt. Sie ist auch der nördlichste Punkt Deutschlands." 5

„Dort gibt es gute Hotels und viele Gäste aus Deutschland und dem Ausland."

„Hier ist ein Bild vom Strand. Sehen Sie die vielen Strandkörbe. Der ganze Strand ist bedeckt."

„Hoffentlich finde ich Platz, um in der Sonne zu liegen und mich zu bräunen." 10

„Die Nordsee ist groß genug. Da ist genug Platz zum Schwimmen."

„Wenn zu viele Menschen am Strand sind, dann steige ich auf eine der hohen Dünen."

„Gut. Von dort können Sie die Wellen, die Vögel und die Schiffe beobachten." 15

VI. WRITING

Write a short description of North Germany.

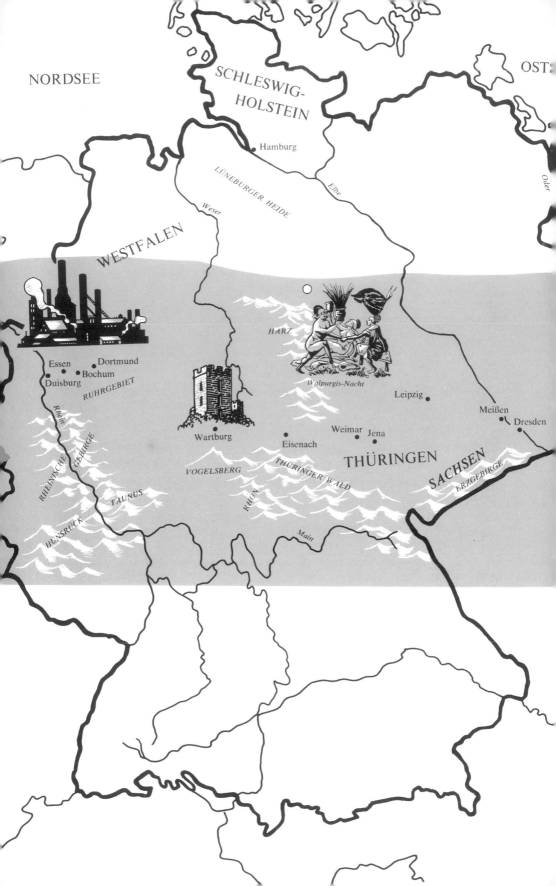

11

Mitteldeutschland

I. TEXT (*Tape 11*)

Viele amerikanische Touristen nehmen ihr eigenes Auto nach Europa mit
oder kaufen sich dort eins. Auf diese Art zu reisen, kann billig[1] sein, wenn
man mit Passagieren reist. Diane Bennett z.B.,[2] eine junge Sekretärin aus
USA, fährt mit drei Freundinnen in ihrem Wagen von Hamburg nach Süden.
Eine ihrer Freundinnen fährt gerne und will ihr auf der langen Strecke[3] helfen;   5
eine andere hat einen guten Reiseführer[4], und die dritte kann gut Deutsch.

Stundenlang[5] fahren die vier Amerikanerinnen in ihrem Wagen in südlicher
Richtung[6] durch die Lüneburger Heide.[7] Lange sehen sie keinen Berg,[8] aber
dann erscheint[9] einer am Horizont, dann noch einer, dann mehrere[10], ein
ganzes Gebirge liegt vor ihnen.   10

Marie, die Freundin mit dem guten Reiseführer, sagt: „Das ist der Harz."[11]
Dann liest sie mit lauter Stimme:[12] „Der Brocken, der höchste Berg des
Harzgebirges, verdient einen Besuch. Er ist berühmt in deutschen Sagen[13] und
in der deutschen Literatur. Einmal im Jahr, in der Nacht[14] vom dreißigsten
April zum ersten Mai, besuchen Teufel,[15] Hexen[16] und Geister den Brocken   15

1. **billig** *cheap, inexpensive*. 2. **z.B.** = **zum Beispiel** *for example*. 3. **die Strecke, -n**
distance, stretch. 4. **der Reiseführer, -** *travel guide*. 5. **stundenlang** *for hours*.
6. **die Richtung, -en** *direction*. 7. **die Lüneburger Heide** *Lüneburg Heath*. 8. **der
Berg, -e** *mountain*. 9. **erscheinen** *to appear*. 10. **mehrere** *several*. 11. **der Harz**
Harz Mountains. 12. **die Stimme, -n** *voice*. 13. **die Sage, -n** *legend*. 14. **die Nacht,
⸗e** *night*. 15. **der Teufel, -** *devil*. 16. **die Hexe, -n** *witch*.

Lüneburger Heide

Die Berge auf beiden Ufern des Rheins geben diesem Fluß seine große Schönheit

und feiern[17] die Walpurgisnacht.[18] Man sitzt ums Feuer, man kocht,[19] man schwatzt[20] und lacht, man tanzt[21] . . . ."

Diane unterbricht sie mit der Bemerkung:[22] „Steht in deinem Reiseführer nichts anderes[23] über Mitteldeutschland als die Beschreibung[24] der Walpurgisnacht?"

Marie überschlägt[25] mehrere Seiten und liest: „Die Gebirge Mitteldeutschlands reichen[26] von der Mosel und dem Rhein im Westen bis zur Oder im Osten. Große Wälder[27] bedecken noch heute diese Gebirge. Wie ist es möglich,[28] daß Deutschland noch heute so viele schöne Wälder hat? Eine Antwort auf diese Frage ist: Die Deutschen lieben ihre Wälder. Das Rauschen[29] der Bäume[30] hört man in deutschen Märchen,[31] in deutschen Volksliedern[32] und in deutschen Gedichten."[33]

Plötzlich[34] bemerkt[35] Diane, daß der Benzintank fast[36] leer[37] ist und hält bei einer Tankstelle.[38] Sie müssen warten, denn[39] mehrere Leute brauchen[40] Benzin. Während der ganzen Zeit liest Marie laut: „Das schönste Land Mitteldeutschlands ist Thüringen, ,das grüne Herz[41] Deutschlands'. Tief im Thüringer Wald liegt die berühmte Wartburg. Hier begann Luther 1521 seine Bibelübersetzung. Sie ist die Grundlage[42] der hochdeutschen Sprache. Im Jahre 1817 wird die Wartburg das Symbol der Studentenrevolte gegen die reaktionäre Regierung[43] Deutschlands und Österreichs. Im Westen Mitteldeutschlands liegen die Rheinischen[44] Gebirge. Die Berge und die Weinberge auf beiden Ufern des Rheins geben diesem Fluß seine große Schönheit. Das Ruhrgebiet[45] im Nordwesten Mitteldeutschlands ist das Industriezentrum Deutschlands. Seine großen Industriestädte liegen alle im Tal[46] der Ruhr, eines Nebenflusses[47] des Rheins. Eine dieser Städte, Essen, ist das deutsche Pittsburgh. Die Ruhrindustrie verdankt[48] ihre wichtige Stellung[49] den schwarzen Diamanten, den Steinkohlen."[50]

17. **feiern** *to celebrate.* 18. **Walpurgisnacht** *Walpurgis Night* (name given to the eve of May Day, the witches' sabbath according to German tradition, and made famous through Goethe's *Faust*). 19. **kochen** *to cook.* 20. **schwatzen** *to chat, yap.* 21. **tanzen** *to dance.* 22. **die Bemerkung, -en** *remark.* 23. **nichts anderes** *nothing else.* 24. **die Beschreibung, -en** *description.* 25. **überschlagen** *to turn, skip.* 26. **reichen** *to reach, extend.* 27. **der Wald, ⸗er** *forest.* 28. **möglich** *possible.* 29. **das Rauschen** *rustle.* 30. **der Baum, ⸗e** *tree.* 31. **das Märchen, -** *fairy tale.* 32. **das Volkslied, -er** *folksong.* 33. **das Gedicht, -e** *poem.* 34. **plötzlich** *suddenly.* 35. **bemerken** *to notice.* 36. **fast** *almost.* 37. **leer** *empty.* 38. **die Tankstelle, -n** *service station.* 39. **denn** *for, because.* 40. **brauchen** *to need.* 41. **das Herz, -en** *heart.* 42. **die Grundlage** *basis, foundation.* 43. **die Regierung, -en** *government.* 44. **Rheinisch** *Rhenish.* 45. **das Ruhrgebiet** *Ruhr district.* 40. **das Tal, ⸗er** *valley.* 41. **der Nebenfluß, ⸗sse** *tributary.* 48. **verdanken** *to owe.* 49. **die Stellung, -en** *position.* 50. **die Steinkohlen** (pl.) (*hard*) *coal.*

Der Tankwart[51] kommt ans offene Fenster.[52] „Ich höre, die Damen inter-
essieren sich für Mitteldeutschland. Ich kann Ihnen einige Sehenswürdig-
keiten[53] und sogar[54] ein paar gute Hotels empfehlen. Aber bleiben Sie doch
eine Weile in unserem romantischen Städtchen . . .‟
40   „Danke, danke‟, unterbricht ihn Diane, „wir haben einen guten Reise-
führer; außerdem[55] wollen wir zuerst[56] auf den Brocken tanzen gehen. Auf
Wiedersehen!‟

51. der Tankwart, -e *attendant.*   52. das Fenster, - *window.*   53. die Sehenswürdig-
keit, -en *thing worth seeing.*   54. sogar *even.*   55. außerdem *besides, moreover.*
56. zuerst *at first, first of all.*

II. STRUCTURE AND PRACTICE

1. New Words

GROUP I

der **Baum**, ⸗e	*tree*
der **Berg**, -e	*mountain*
das **Gedicht**, -e	*poem*
der **Nebenfluß**, ⸗sse	*tributary*
der **Tankwart**, -e	*attendant*
der **Tanz**, ⸗e	*dance*
die **Nacht**, ⸗e	*night*

Exceptional

das **Herz**, -ens,[1] -en	*heart*
das **Tal**, ⸗er	*valley*
das **Volkslied**, -er	*folksong*
der **Wald**, ⸗er	*forest*

GROUP II

der **Reiseführer**, -	*travel guide*
der **Teufel**, -	*devil*
das **Fenster**, -	*window*
das **Märchen**, -	*fairy tale*
die **Grundlage**, -n	*basis,*
	foundation

die **Hexe**, -n	*witch*
die **Sache**, -n	*affair, thing*
die **Sage**, -n	*legend*
die **Stimme**, -n	*voice*
die **Strecke**, -n	*distance,*
	stretch
die **Tankstelle**, -n	*service*
	station
die **Bemerkung**, -en	*remark*
die **Beschreibung**, -en	*description*
die **Regierung**, -en	*government*
die **Richtung**, -en	*direction*
die **Stellung**, -en	*position*
die **Sehenswürdigkeit**, -en	*thing worth*
	seeing
die **Leute** (pl.)	*persons,*
	people
bemerken	*to notice*
brauchen	*to need*
erscheinen	*to appear*
feiern	*to celebrate*
kochen	*to cook*

[1] Note irregular genitive ending.

reichen	*to reach, extend*	möglich	*possible*
scheinen	*to shine; to seem*	plötzlich	*suddenly*
		außerdem	*besides, moreover*
schwatzen	*to chat, yap*	fast	*almost*
tanzen	*to dance*	denn	*for, because*
überschlagen	*to turn, skip*	sogar	*even*
verdanken	*to owe*	zuerst	*at first, first of all*
billig	*cheap, in-expensive*	IDIOMS	
ehemalig	*former*	nichts anderes	*nothing else*
leer	*empty*	stundenlang	*for hours*
mehrere	*several*	z.B. = zum Beispiel	*for example*

2. Adjective Endings in the Plural

(a) Adjective preceded by der-word or ein-word

NOM. Die **jungen** Leute sind hungrig.
The young people are hungry.

ACC. Ich kenne keine **modernen deutschen** Romane.
I don't know any modern German novels.

DAT. Das finden Sie nur in den **großen** Städten.
That you find only in the large cities.

GEN. Schubert ist der Komponist dieser **beiden** Lieder.
Schubert is the composer of these two songs.

All plural adjectives preceded by a **der-** or **ein-**word have the same ending in all four cases: **-en.**

PRACTICE

A. Example: Sehen Sie **das grüne Licht?**
Sehen Sie **die grünen Lichter?**

Change the nouns with their adjectives to plural (Tape 11):

1. Wir lieben unseren grünen Wald. 2. Das verdanke ich meinem amerikanischen Freund. 3. Kennen Sie die kleine Stadt am Rhein? 4. Sprechen

Sie mit dem alten Herrn! 5. Kennen Sie diese interessante Sage? 6. Wer kauft dieses teure Buch?

(b) **Unpreceded adjectives**

NOM. (diese) **Alte** Städte sind interessant.
Old towns are interesting.
ACC. (diese) Er kennt **deutsche** Professoren.
He knows German professors.
DAT. (diesen) Er arbeitet mit **deutschen** Studenten.
He works with German students.
GEN. (dieser) Die Komponisten **alter** Lieder kennen wir oft nicht.
We often don't know the composers of old songs.

Unpreceded plural adjectives have the endings of **der**-words.

PRACTICE

> **B.** Example: **Ein neuer Wagen** ist nicht billig.
> **Neue Wagen** sind nicht billig.

Change the nouns with their adjectives to plural; where necessary, change the verbs as well (Tape 11):

1. Er kauft immer ein billiges Buch. 2. Geben Sie uns einen großen Fisch! 3. Er kauft nur einen deutschen Wagen. 4. Wir singen oft ein altes Volkslied. 5. Das ist eine gute Antwort auf eine schwere Frage. 6. Er macht immer eine interessante Bemerkung.

> **C.** Example: Er spielt mit **einem guten Freund** Tennis.
> Er spielt mit **guten Freunden** Tennis.

Change the nouns with their adjectives to plural (Tape 11):

1. Das findet man in einer kleinen Stadt. 2. Erzählst du das einem kleinen Kind? 3. Sagen Sie das einem jungen Studenten! 4. Sie finden das in einem modernen Flugzeug. 5. Er arbeitet mit einem neuen deutschen Assistenten. 6. Diese Leute kommen aus einem kleinen Dorf.

3. Numerical Adjectives

The following adjectives, called numerical adjectives, always have plural meaning:

alle	*all*	**mehrere**	*several*
beide	*both*	**viele**	*many*
einige	*some*	**wenige**	*few*

(a) Unpreceded numerical adjectives

NOM. (diese)   **Alle** Züge halten hier.
All trains stop here.

ACC. (diese)   In Ost-Berlin sieht man **wenige** Touristen.
In East Berlin one sees few tourists.

DAT. (diesen) Sie finden das in **vielen** Städten.
You'll find that in many cities.

GEN. (dieser) Hier sind die Namen **einiger** Hotels.
Here are the names of some Hotels.

Numerical adjectives function like unpreceded adjectives and hence have the endings of **der**-words.

PRACTICE

> **D.** Examples: Studieren Amerikaner an dieser Universität? (viele)
> **Viele Amerikaner** studieren an dieser Universität.
>
> Fahren Sie mit einem Freund nach Europa? (einige)
> Ich fahre mit **einigen Freunden** nach Europa.

Answer the following questions, using the appropriate form of the noun in the plural and the numerical adjective indicated (Tape 11):

1. Kennen Sie einen Amerikaner? (einige) 2. Lesen Sie einen Roman auf deutsch? (mehrere) 3. Helfen ihm die Assistenten? (nur wenige) 4. Kennen Sie einen Professor an diesem College? (viele) 5. Findet man das in dieser Stadt? (viele) 6. Kennen Sie ein Volkslied? (mehrere)

(b)   Numerical adjective followed by descriptive adjective

NOM. Am Rhein finden Sie **viele alte** Weinberge.
       Along the Rhine you will find many old vineyards.
ACC. Diese Karte zeigt Ihnen **alle größeren** Städte.
       This map shows you all the larger towns.
DAT. Das finden Sie in **vielen alten** Städten.
       You'll find that in many old cities.
GEN. Schubert ist der Komponist **vieler schöner** Lieder.
       Schubert is the composer of many beautiful songs.

Numerical adjectives function like descriptive adjectives; **alle** and **beide**, however, function like a **der**-word.

PRACTICE

E. Example: Junge Leute glauben das. (viele)
              Viele junge Leute glauben das.

Precede the adjective in the following sentences by the numerical adjective indicated (Tape 11):

1. Er spricht europäische Sprachen. (mehrere)   2. Er arbeitet mit jungen Assistenten. (einige)   3. Wir sehen die Ruinen alter Burgen. (viele)   4. Europäische Länder arbeiten an diesem Projekt. (nur wenige)   5. Das ist die Arbeit deutscher Spezialisten. (einige)   6. Er ist der Komponist schöner Lieder. (viele)

F. Example: Ich kenne **viele große** Städte in England. (alle)
              Ich kenne **alle großen** Städte in England.

*Replace the numerical adjective by **alle** (Tape 11):*

1. Viele deutsche Stewards sprechen Englisch.   2. Kennen Sie einige neue Studenten?   3. In einigen alten Städten finden Sie interessante Gebäude.   4. Das ist der Fehler vieler junger Studenten.

4. Ein-Words Used as Pronouns

(**der** Wagen) Ist das Ihr Wagen? — Ja, das ist **meiner.**
Is that your car? — Yes, that's mine.
(**die** Kabine) Ist das meine Kabine? — Ja, das ist **Ihre.**
Is that my cabin? — Yes, that's yours.
(**das** Büro) Ist das sein Büro? — Nein, das ist **meins.**
Is that his office? — No, that's mine.

Ein-words used without a noun, that is, functioning as pronouns, have the
endings of **der**-words.

PRACTICE

G. Example: Ist das sein Wagen? (mein)
Nein, das ist **meiner.**

Answer the following questions by substituting the **ein**-*words indicated for the*
noun (*Tape 11*):

1. Fahren wir mit seinem Wagen? (mein) 2. Hat er ein Auto? (kein) 3. Ist
das sein Salat? (mein) 4. Kennen Sie ein deutsches Lied? (kein) 5. Ist das
Ihre Kamera? (sein) 6. Haben Sie eine Zigarette? (kein)

III. READING

Text 2

Viele amerikanische Touristen sagen: Deutschland ist ein gutes Reiseland. Es
gibt dort viele interessante Sehenswürdigkeiten: Burgen, malerische Klein-
städte und Dörfer, aber auch große moderne Industriestädte. Mit dem Auto
reist man billig, besonders wenn mehrere Personen in e i n e m Auto reisen.
Wenn man keins hat, reist man mit dem Zug.   5
 Die Entfernungen sind in Deutschland, wie in allen europäischen Ländern
außer Rußland, nicht groß. Nicht nur von Großstadt zu Großstadt fahren
jeden Tag mehrere Züge, sie fahren auch nach den kleineren Städten in den
schönen oder kulturell interessanten Teilen Deutschlands.

HUNDERTEINUNDSECHZIG

Man kann während der Ferien den Westen und den Osten Mitteldeutschlands besuchen. Aber die meisten Touristen haben nicht genug Zeit für beide Teile Mitteldeutschlands. Im Westen Mitteldeutschlands ist natürlich der Rhein mit seinen vielen Weinbergen, mit den alten Burgen und kleinen Städten das Zentrum des Interesses.

Das größte Industriegebiet Europas liegt an dem Nebenfluß des Rheins, an der Ruhr. Die Städte im Ruhrgebiet, z.B. Duisburg, Essen, Bochum und Dortmund, sind Industriestädte. Der östliche Teil Mitteldeutschlands liegt in der DDR, der Deutschen Demokratischen Republik. Man kann eine Reise in die DDR in Berlin beginnen oder man kann vom Harz in die DDR fahren.

Der höchste Berg des Harzgebirges ist der Brocken. Am besten steigt man in der Nacht vom dreißigsten April zum ersten Mai, der Walpurgisnacht, auf den Brocken. Mit etwas Phantasie kann man in dieser Nacht Geister, Teufel und Hexen auf dem berühmten Berg sehen. In dem Faust-Drama Goethes führt Mephistopheles seinen Herrn, den Doktor Faust, auf den Brocken und erklärt ihm die Lage:

> Man tanzt, man schwatzt, man kocht, man trinkt, man liebt;
> Nun sage mir, wo es was (etwas) Bessers gibt?

Südlich vom Harz gibt es zwar nichts Besseres aber auch etwas sehr Interessantes: die Wartburg. Sie liegt in Thüringen. Es ist das „grüne Herz Deutschlands", aber außer der schönen Landschaft hat dies Gebiet auch interessante Städte wie die Luther-Stadt Eisenach, die Stadt Goethes und Schillers, Weimar, und die alte Universitätsstadt Jena. In Sachsen verdienen Dresden die Barockstadt, Leipzig die Bücherstadt und Meißen die Porzellanstadt einen längeren Besuch.

IV. ORAL AND WRITTEN EXERCISES

1. *Give the plurals of the following nouns:*

1. die Stadt 2. das Lied 3. der Fluss 4. der Herr 5. das Kind 6. das Haus 7. die Karte 8. das Bild 9. das Gedicht 10. das Dorf

2. *Say, then write in German:*

1. She has many new girl friends. 2. Show me all (the) new pictures. 3. Old villages are especially interesting. 4. Even these small villages are known. 5. He likes to read modern poems. 6. Do you know these modern poems? —

I know only one. 7. Do you have a map? — I have one, but it's old. 8. He knows several old legends. 9. Not all German composers are as well known as Beethoven. 10. Do you sometimes sing German songs in your class? 11. Ask these new students. 12. That's a beautiful house. Is it yours? 13. They have four children. We have only one. 14. This is your glass. Where is mine? 15. You find this in many old cities.

V. CONVERSATION (*Tape 11*)

Repeat until you are thoroughly familiar with the dialogue:

„Wir fahren schon mehrere Stunden. Brauchen Sie kein Benzin?"

„Ich glaube, ich habe noch fünf bis sechs Liter, aber ich halte bei der nächsten Tankstelle."

„Wir sind hier in einem schönen Städtchen."

„Vielleicht kann uns der Tankwart ein gutes und billiges Restaurant emp-   5
fehlen."

„Vielleicht kann er uns sogar etwas über den Brocken sagen."

„Aber Sie haben doch einen Reiseführer."

„Richtig. — Hier, Mitteldeutschland. Ich überschlage ein paar Seiten."

„Sogar i c h weiß etwas über den höchsten Berg im Harz."   10

„Wahrscheinlich kennen Sie Goethes Faust."

„Der Teufel Mephistopheles führt seinen Herrn, Doktor Faust, auf den Brocken."

„Hier im Reiseführer finde ich sogar zwei Verse aus dem Faust: ‚Man tanzt,
man schwatzt, man kocht, man trinkt, man liebt. . . .' "   15

„Ich erinnere mich an den zweiten Vers: ‚Nun sage mir, wo es was Bessers
gibt?' "

„Für mich — ein gutes billiges Restaurant. Ich bin hungrig."

„Ich auch."

VI. WRITING

Write a short description of Thüringen.

12

Süddeutschland

I. TEXT (*Tape 12*)

Wo ist es in Deutschland am schönsten?[1] Diese Frage können Sie oft in deutschen Reisebüros hören. Was soll[2] der arme[3] Angestellte[4] dem Reisenden[5] antworten? Darf[6] er sagen: „Das weiß ich nicht. Mir persönlich gefällt[7] Hamburg am besten, denn Hamburg ist meine Heimatstadt." So eine Antwort dürfen die Angestellten in den Reisebüros natürlich nicht geben. Ein Angestellter muß diplomatisch sein. Er sagt also: „Amerikaner mögen[8] Bayern am liebsten,[9] und die meisten amerikanischen Studenten in Deutschland wollen in München studieren."

München ist allerdings eine sehr schöne und interessante Stadt. Es ist die größte Stadt Bayerns und die zweitgrößte Stadt Deutschlands, eine Industriestadt und ein Verkehrszentrum.[10] Mit mehreren berühmten Museen ist sie aber vor allem[11] die Stadt der Kunst.[12] Die Münchener Universität ist im Ausland sehr bekannt und beliebt.[13]

Wahre Lebensfreude[14] ist eine Spezialität Münchens wie sein ausgezeichnetes[15] Bier. Im Münchener Hofbräuhaus,[16] einem der bekanntesten Restau-

5

10

15

---

1. **am schönsten** *most beautiful.* 2. **sollen (er soll)** *to be supposed to.* 3. **arm** *poor.* 4. **der Angestellte, -n, -n** *employee.* 5. **der Reisende, -n, -n** *traveler.* 6. **dürfen (er darf)** *to be permitted.* 7. **gefallen: mir gefällt** *I like.* 8. **mögen** *to like.* 9. **am liebsten** *best of all.* 10. **das Verkehrszentrum** *transportation center.* 11. **vor allem** *above all.* 12. **die Kunst, ⸚e** *art.* 13. **beliebt** (*much*) *liked, popular.* 14. **die Lebensfreude, -n** *joy of life.* 15. **ausgezeichnet** *excellent.* 16. **das Hofbräuhaus** *name of a restaurant.*

Hofbräuhaus

Oktoberfest

Rathaus

rants der Welt, sitzt der Bankdirektor neben dem Bauarbeiter,[17] und der Professor auf der anderen Seite des Tisches nennt sie „Herr Nachbar". Wenn man miteinander Bier trinkt, gibt es in Bayern kein Klassenbewußtsein.[18]

5 Ein ähnlicher[19] Geist herrscht[20] beim Münchener Oktoberfest. Mancher amerikanische Tourist hat das Fest in einem der großen Zelte[21] erlebt[22] und kann die Musik, das Singen, das Essen und das Bier nicht vergessen.

Das andere große Münchener Fest ist der Fasching.[23] Hunderte von Künstlern[24] malen[25] Tausende von Plakaten,[26] erfinden[27] Kostüme, Masken und Dekorationen. Tagelang[28] lebt München zur Faschingszeit in festlicher

10 Freude.[29] Nur im Rheinland gibt es etwas Ähnliches. In Norddeutschland kennt man solche Feste nicht.

Wer will, kann von München in die Bayrischen Alpen fahren. Das Zentrum des Wintersports, Garmisch Partenkirchen, kann man mit dem Auto in ein paar Stunden erreichen.[30] Die Bayrischen Alpen bilden[31] die Südgrenze[32]

15 Deutschlands. Der Bodensee, der größte See Deutschlands, begrenzt[33] die Alpen im Westen; der Königsee, der schönste See Deutschlands, begrenzt sie im Osten. Die Zugspitze ist übrigens ihr höchster Berg.

Von den Alpen bis[34] zur Donau[35] reicht die süddeutsche Hochebene.[36] Die Donau ist ein viel längerer Fluß als der Rhein. Sie ist nach der Wolga der

20 längste Fluß Europas.

Westlich von Bayern liegt das Land Baden-Württemberg. Die Südwestecke des Landes bildet der Schwarzwald,[37] das am meisten erwähnte[38] deutsche Gebirge. Nordöstlich vom Schwarzwald liegt Heidelberg am Neckar, die älteste und in Amerika bekannteste deutsche Universitätsstadt. Ein roman-

25 tisches Drama aus dem Jahr 1901, „Alt Heidelberg", ist für den Ruhm[39] dieser Universität vielleicht verantwortlicher[40] als ihre Professoren und wissenschaftlichen[41] Institute.

Sie wollen wahrscheinlich noch mehr über Heidelberg wissen, aber leider müssen wir jetzt aufhören,[42] sonst[43] wird dieser Text der längste von allen.

---

17. **der Bauarbeiter, -** *construction worker.* 18. **das Klassenbewußtsein** *class consciousness.* 19. **ähnlich** *similar.* 20. **herrschen** *to prevail.* 21. **das Zelt, -e** *tent.* 22. **erleben** *to experience.* 23. **der Fasching** *carnival.* 24. **der Künstler, -** *artist.* 25. **malen** *to paint.* 26. **das Plakat, -e** *poster.* 27. **erfinden** *to invent;* here: *design.* 28. **tagelang** *for days.* 29. **die Freude, -n** *joy, merriment.* 30. **erreichen** *to reach.* 31. **bilden** *to form, make up.* 32. **die Grenze, -n** *border, boundary.* 33. **begrenzen** *to bound.* 34. **bis** *up to, to; until.* 35. **die Donau** *Danube.* 36. **die Hochebene, -n** *plateau.* 37. **der Schwarzwald** *Black Forest.* 38. **erwähnt** past participle of **erwähnen** *to mention.* 39. **der Ruhm** *fame, renown.* 40. **verantwortlich** *responsible.* 41. **wissenschaftlich** *scientific.* 42. **auf-hören** *to stop.* 43. **sonst** *otherwise.*

Die Geschichte Heidelbergs von den Tagen der Romantik bis zu den Stu-
dentenrevolten der sechziger Jahre[44] verlangt[45] ein ganzes Kapitel.

44. **der sechziger Jahre** *of the sixties.* 45. **verlangen** *to require, demand.*

II. STRUCTURE AND PRACTICE

1. New Words

GROUP I

der **Ruhm**	*fame, renown*
die **Kunst, ⸗e**	*art*
das **Zelt, -e**	*tent*
das **Kostüm, -e**	*costume*
das **Plakat, -e**	*poster*

GROUP II

der **Künstler, -**	*artist*
der **Bauarbeiter, -**	*construction worker*
der **Angestellte,**[1] **-n**	*employee*
der **Reisende,**[1] **-n**	*traveler*
die **Dekoration, -en**	*decoration*
die **Freude, -n**	*joy*
die **Grenze, -n**	*border, boundary*
die **Hochebene, -n**	*plateau*
die **Maske, -n**	*mask*

auf-hören	*to stop*
begrenzen	*to bound*
bilden	*to form*
dürfen	*to be permitted*
erfinden	*to invent*

erleben	*to experience*
erreichen	*to reach*
erwähnen	*to mention*
gefallen: mir gefällt	*I like*
herrschen	*to prevail*
malen	*to paint*
mögen	*to like*
sollen	*to be supposed to*
verlangen	*to require, demand*
arm	*poor*
ähnlich	*similar*
ausgezeichnet	*excellent*
beliebt	*liked, popular*
festlich	*festive*
verantwortlich	*responsible*
wissenschaftlich	*scientific*
bis	*up to, until*
sonst	*otherwise*

IDIOMS

am schönsten	*most beautiful*
am liebsten	*best of all*
tagelang	*for days*
vor allem	*above all*

2. Modal Auxiliaries

German, like English, has a group of verbs expressing the manner (or mode)

[1] These nouns are derived from adjectives **(angestellt, reisend),** hence are inflected like
adjectives.

in which an action takes place. For example, the statement "I must work late today" implies necessity. "You may visit the patient" implies permission.

German has six verbs of this type, called modal auxiliaries:

(a) **können** (expressing ability and possibility) *can, to be able to; may*

Ich **kann** diese Frage nicht beantworten.

I can't answer this question.

Das **kann** sein.

That may be.

(b) **mögen** (expressing liking or preference) *to like to*

Er **mag** sie.

He likes her.

(c) **dürfen** (expressing permission) *to be permitted to, may*

Darf ich es mitnehmen?

May I take it along?

(d) **müssen** (expressing necessity, compulsion) *to have to, must*

Er **muß** eine diplomatische Antwort geben.

He must give a diplomatic answer.

(e) **sollen** (expressing obligation) *to be supposed to*

Was **soll** er antworten?

What is he supposed to answer?

(f) **wollen** (expressing desire or wishing) *to want to*

Er **will** in Deutschland studieren.

He wants to study in Germany.

3. Position of the Infinitive

Ich kann Ihnen eine gute Karte von Deutschland **geben**.
I can give you a good map of Germany.

Note a basic difference in German and English word order: A German infinitive always stands at the end of the clause.

4. Present Tense of Modals

	können	mögen	müssen	dürfen	wollen	sollen
ich	kann	mag	muß	darf	will	soll
du	kannst	magst	mußt	darfst	willst	sollst
er, sie, es	kann	mag	muß	darf	will	soll
wir	können	mögen	müssen	dürfen	wollen	sollen
ihr	könnt	mögt	müßt	dürft	wollt	sollt
sie	können	mögen	müssen	dürfen	wollen	sollen
Sie	können	mögen	müssen	dürfen	wollen	sollen

Note: Modal auxiliaries have no endings in the first and third persons singular.

PRACTICE

A. Example: (können)   Ich arbeite heute nicht. Er arbeitet heute nicht.
Ich **kann** heute nicht **arbeiten.**
Er **kann** heute nicht **arbeiten.**

Change the following sentences by using the modal auxiliary indicated:

1. (dürfen) Ich rauche nicht. Er raucht nicht.   2. (müssen) Ich schreibe ihr noch heute. Er schreibt ihr noch heute.   3. (mögen) Ich esse nicht allein. Er ißt nicht allein.   4. (wollen) Ich werde Doktor. Er wird Doktor.   5. (sollen) Ich esse nicht so viel. Er ißt nicht so viel.

B. Example: (können)   Du hilfst ihm. Sie helfen ihm.
Kannst du ihm **helfen?**
Können Sie ihm **helfen?**

Respond with questions, using the modal auxiliary indicated:

1. (müssen) Du arbeitest heute. Sie arbeiten heute.   2. (wollen) Du fährst mit mir. Sie fahren mit mir.   3. (können) Du verstehst das. Sie verstehen das.   4. (sollen) Du besuchst ihn. Sie besuchen ihn.   5. (können) Du tust das. Sie tun das.

5. Wissen

The verb **wissen** (*to know*) is not a modal auxiliary but is conjugated like one:

ich **weiß**
du **weißt**
er, sie, es **weiß**
wir **wissen**
ihr **wißt**
sie **wissen**
Sie **wissen**

PRACTICE

C. Example: **Er weiß** alles. (wir)
Wir wissen alles.

Substitute the pronouns indicated and make the necessary changes in the verb:

1. Er weiß nichts. (du)   2. Sie weiß noch mehr. (Sie)   3. Wir wissen das. (er)
4. Man weiß das nicht. (ihr)   5. Sie wissen nicht viel. (ich)

6. Three Verbs Meaning "to know"

(a)   **kennen** *to know* (to be acquainted with) persons, books, places, etc.

Ich **kenne** ihn nicht.   *I don't know him.*
Ich **kenne** Manns "Zauberberg".   *I know Mann's "Magic Mountain."*

(b)   **wissen** *to know*, followed by a dependent clause

Wissen Sie, wo er wohnt?   *Do you know where he lives?*
Ich **weiß** nicht, was er will.   *I don't know what he wants.*

Observe also the following expressions:

Ich **weiß nicht.**   *I don't know.*
Er **weiß alles.**   *He knows everything.*
Er **weiß das.**   *He knows that.*
Er **weiß nichts.**   *He knows nothing.*

(c) **können** *to know how* to do something; *to be able to* speak, understand and write a language; *to know* a language

Können Sie schwimmen?   *Do you know how to swim?*
Er **kann** Deutsch.   *He knows German.*

PRACTICE

> **D.** Example: Sie weiß, wer Herr Behrend ist.
> **Sie kennt** Herrn Behrend.

Recast the following sentences by using **kennen** *(Tape 12)*:

1. Ich weiß, wer diese Dame ist. 2. Sie weiß, was in dem Buch steht. 3. Er weiß, wo man in Paris gut wohnt. 4. Weißt du, wie schön der Rhein ist? 5. Weiß er, wer dieser Herr ist? 6. Wissen Sie, wie alt sein Bruder ist?

> **E.** Examples: Wir sprechen Deutsch. — Wir **können** Deutsch.
> Er schwimmt. — Er **kann schwimmen.**

Change the following sentences using the correct form of **können** *(Tape 12)*:

1. Ich spreche Deutsch und Englisch. 2. Das kleine Mädchen schreibt schon. 3. Er repariert Radios. 4. Sprechen Sie Spanisch? 5. Sie ißt nichts. 6. Der kleine Junge liest noch nicht.

7. Comparison of Adjectives

(a) **Comparative and superlative**

Dänemark ist **klein.**   *Denmark is small.*
Belgien ist **kleiner.**   *Belgium is smaller.*
Luxemburg ist das **kleinste** Land.   *Luxemburg is the smallest country.*

Diese Methode ist **primitiv.**   *This method is primitive.*
Seine Methode ist noch **primitiver.**   *His method is still more primitive.*
Dies ist die **primitivste** Methode.   *This is the most primitive method.*

English forms the comparative and superlative of adjectives either by adding

-er and -est (*smaller, smallest*) or by using *more* and *most* (*more interesting, most interesting*).

German forms the comparative of all adjectives by adding **-er** and the superlative by adding **-st,** regardless of the length of the adjective:

POSITIVE	COMPARATIVE	SUPERLATIVE
klein	kleiner	das klein**ste** Land
primitiv	primitiver	die primitiv**ste** Methode

(b)   Umlaut in comparatives and superlatives

Der Rhein ist 800 (achthundert) Meilen **lang.**
Die Donau ist **länger** als der Rhein.
Die Wolga ist der **längste** Fluß Europas.

Many adjectives of one syllable add umlaut in the comparative and superlative:

lang	**länger**	der **längste** Fluß
warm	**wärmer**	der **wärmste** Tag
arm	**ärmer**	der **ärmste** Mann

(c)   Endings of comparatives and superlatives

Der Rhein ist 800 Meilen lang, aber die Donau ist **länger.** Der Donau ist ein **längerer** Fluß als der Rhein. Die Wolga ist der **längste** Fluß.

Like any adjective, the comparative form has no ending when not preceding a noun: Die Donau ist **länger** als der Rhein. Standing before a noun, comparatives and superlatives have the usual adjective endings: ein längerer Fluß, der längere Fluß, der längste Fluß.

PRACTICE

F. Example: Spanien ist größer als Portugal. (das Land)
Spanien ist **das größere Land.**

Respond in accordance with the example, using the words indicated (Tape 12):

1. Die Donau ist länger als der Rhein. (der Fluß)   2. Afrika ist wärmer als

Amerika. (der Kontinent)   3. Der Tiger ist stärker als der Leopard. (das Tier)
4. London ist größer als Berlin. (die Stadt)   5. Köln ist älter als München.
(die Stadt)

> **G.** Example: Hamburg hat einen großen zoologischen Garten.
> Hamburg hat **den größten** zoologischen Garten.

Substitute superlative forms of the adjectives (Tape 12):

1. Wir wohnen in einer großen Stadt Amerikas.   2. Die Wolga ist ein langer
Fluß in Europa.   3. Dies ist ein warmer Tag.   4. Hier sehen Sie einen schönen
Teil des Rheins.   5. Kennen Sie ein schönes Gebäude in New York?   6. Unser
Direktor wohnt immer in einem teuren Hotel.

(d)   Two ways of making comparisons

Sie ist **so alt wie** meine Schwester.	*She is as old as my sister.*
Sie ist **älter als** meine Schwester.	*She is older than my sister.*

The above sentences illustrate two ways of making comparisons.

PRACTICE

> **H.** Example: Ich bin alt. (mein Bruder)
> Ich bin **so alt wie mein Bruder.**

*Establish comparisons in accordance with the example, using the words indicated
(Tape 12):*

1. Hier ist es schön. (am Rhein)   2. Hier ist es kühl. (im Haus)   3. Er spricht
langsam. (meine Schwester)   4. Er ist stark. (ein Pferd)   5. Er spricht gut
Deutsch. (ein Deutscher)   6. Es ist hier kalt. (in Alaska)

> **I.** Example: Portugal ist klein. (Spanien)
> Portugal ist **kleiner als Spanien.**

*Establish comparisons in accordance with the example, using the words indicated
(Tape 12):*

1. Im Garten ist es kühl. (im Haus)   2. Die Elbe ist tief. (die Weser)   3. Ist

Russisch schwer? (Deutsch)   4. Ich finde München interessant. (Berlin)   5. In Amerika ist es im Sommer heiß. (in Deutschland)   6. Mein Bruder ist klein. (meine Schwester)

(e)   Special meanings of comparatives

Seine Mutter ist eine **ältere** Dame.	*His mother is an elderly lady.*
Er ist schon **längere** Zeit in Hamburg.	*He has been in Hamburg for some time.*

Note the special meanings of the comparatives of **alt** und **lang.**

(f)   Superlative forms adding -est

Heidelberg ist die **älteste** Universität in Deutschland.
Dies ist der **heißeste** Tag des Jahres.

Adjectives ending in **-d, -t, ß, -z** add -est to form the superlative. The one important exception is **groß**: Berlin ist die **größte** Stadt.

PRACTICE

> **J.** Example: Heute haben wir einen heißen Tag. (des Jahres)
> Heute haben wir **den heißesten Tag** des Jahres.

Substitute superlatives, adding the words indicated (Tape 12):

1. „Der Zauberberg" ist der Titel eines bekannten Romans. (Thomas Manns)
2. Wie heißt der interessante Film? (des Jahres)   3. Wir sind während der kalten Tage (des Winters) in Florida.   4. Sie stehen hier in dem alten Dom. (Europas)   5. Sie sehen hier einen wilden Tiger. (des Zirkus)   6. Geben Sie mir den kurzen Roman! (des Autors)

(g)   Superlatives not preceding a noun

Wo ist es in Deutschland **am schönsten**?
Where is it most beautiful in Germany?

Er schwimmt **am schnellsten**.
He swims fastest.

When used as predicate adjective or adverb, the superlative has this form: **am schönsten; am schnellsten.**

(h)   **Irregular comparatives and superlatives**

A few adjectives and **gern** have irregular comparatives and superlatives:

groß (*large*)	**größer**	**größt-**
hoch (*high*)	**höher**	**höchst-**
nahe (*near*)	**näher**	**nächst-**
gut (*good*)	**besser**	**best-**
viel (*much*)	**mehr**	**meist-**
gern (*gladly*)	**lieber**	**am liebsten**

PRACTICE

> **K.** Example: Hier kaufen Sie billig.
> Hier kaufen Sie **am billigsten.**

Replace the adjective by its superlative (Tape 12):

1. Hier sind die neuen Wagen teuer. 2. Der Roman ist gegen Ende interessant. 3. Fritz soll das Gedicht lesen; er liest schön. 4. Hier ist die Weser tief. 5. Dort ist es kalt. 6. Wer ist bekannt?

> **L.** Examples: Der Freiburger Dom ist hoch. (der Kölner Dom) (das Empire State Building)
> Der Kölner Dom ist **höher.**
> Das Empire State Building ist **am höchsten.**

Establish comparisons in accordance with the examples:

1. Der Goetheplatz ist nahe. (die Schillerstraße) (der Domplatz) 2. Als Tennisspieler ist Fritz gut. (Max) (Heinz) 3. Die Leute kaufen das jetzt viel. (im Sommer) (im Winter)

> **M.** Examples: Ich zeige Ihnen jetzt einen guten Wagen.
> Ich zeige Ihnen jetzt einen **besseren** Wagen.
> Ich zeige Ihnen jetzt **den besten** Wagen.

Change the following sentences in accordance with the examples:

1. Sehen Sie dort den hohen Berg? 2. Geben Sie ihm ein gutes Stück!
3. Jetzt ist der Sommer nahe. 4. Geben Sie ihm viel!

8. Four Expressions Meaning "to like"

(a)   **mögen** *to like* followed by an accusative object, usually used in a negative sense:

Ich **mag** ihn nicht.   *I don't like him.*
Er **mag** keinen Fisch.   *He doesn't like fish.*

(b)   The subjunctive form **möchte**, used with an infinitive, expresses a desire on the part of the subject.

Ich **möchte** es sehen.   *I would like to see it.*
Ich **möchte** Kaffee (trinken).   *I would like coffee.*

Note the following forms: **ich möchte, du möchtest, er möchte, wir möchten, ihr möchtet, sie möchten; Sie möchten.**

(c)   verb + **gern** *to like* followed by an infinitive (*She likes to dance*):

Sie **tanzt gern.**   *She likes to dance.*
Er **liest lieber.**   *He prefers to read.*
Er **spielt am liebsten** Golf.   *He likes to play golf best (of all).*

(d)   **gefallen** *to like* in the sense of "to have pleasure in" (*I like this picture. This picture pleases me.*):

Dieses Bild **gefällt** mir (gut).   *I like this picture.*

Note: The German says: *This picture pleases me.* The object in English is the subject in German; the subject in English is the dative object in German:

Hamburg **gefällt** ihm besser.   *He likes Hamburg better.*
Diese zwei Geschichten **gefallen** ihr   *She likes these two stories best.*
    am besten.

PRACTICE

> **N.** Example: spielen, Golf
> Er **spielt gern** Golf.
> Er **spielt lieber** Golf.
> Er **spielt am liebsten** Golf.

In accordance with the example, express three degrees of liking for the following:

1. spielen, Tennis 2. hören, moderne Musik 3. essen, zu Hause 4. lesen, Gedichte 5. sprechen, Deutsch

O. Example: diese Oper, ich
Diese Oper **gefällt mir.**
Diese Oper **gefällt mir besser.**
Diese Oper **gefällt mir am besten.**

In accordance with the example, express three degrees of liking:

1. das Dürer-Bild, er 2. dieses Drama, wir 3. München, viele Amerikaner
4. der Rhein, mein Bruder 5. dieses Gedicht, ich

P. Example: ich / er / besuchen
Ich **möchte ihn besuchen.**

Using the correct form of **möchte,** *form sentences with each group of words:*

1. ich / nach Europa / fahren 2. wir / heute / ins Theater / gehen 3. er / Wasser 4. Marie / ein Glas Coca-Cola 5. was / ihr? 6. was / Sie?

9. Adjectives Used as Nouns

MASCULINE	FEMININE	NEUTER
der Alte (*the old man*)	**die Alte** (*the old woman*)	**das Alte** (*the old*)
ein Alter (*an old man*)	**eine Alte** (*an old woman*)	**etwas Altes** (*something old*)

PLURAL

die Alten (*the old people*)

In the expression "the poor and the rich," the word *people* is understood: The adjectives function as nouns.

In German, adjectives may be used as nouns with singular as well as plural meaning. The definite article indicates gender: **der Alte** *the old man;* **die Alte** *the old woman*. Adjectives used as nouns are capitalized, but their endings are those of preceded adjectives:

der Deutsche, den Deutschen, dem Deutschen, des Deutschen
ein Deutscher, einen Deutschen, einem Deutschen, eines Deutschen.

III. READING

Text 2

Sollen wir im kommenden Sommer ans Meer oder in die Berge fahren? Die
Frage kann man viel in deutschen Familien hören. Vielleicht wollen die
Kinder an die Nordsee, der Vater will in die Berge und Mutter will Verwandte
besuchen. Also fährt die Familie in die Berge? — Wahrscheinlich nicht. Die
5   patriarchalische Familie gibt es fast nicht mehr. Wahrscheinlich müssen Vater
und Mutter dann auch an die Nordsee fahren.

Bei solchen Diskussionen darf ein deutscher Vater nicht nein sagen. Bei den
amerikanischen Touristen scheint so ein Problem nicht zu existieren. Sie
mögen Süddeutschland und die Alpen lieber. Die Touristenstatistik zeigt, daß
10   amerikanische Touristen München im Sommer lieber besuchen als irgendeine
andere deutsche Stadt.

Was tun Amerikaner in München? Die Statistik sagt das nicht, aber die
Angestellten von Reisebüros, die Managers von Hotels und die Ober in
Restaurants wissen es. Amerikaner wollen zuerst das Hofbräuhaus besuchen
15   und das ausgezeichnete bayrische Bier trinken. Hier sitzt der Bankdirektor
neben dem Bauarbeiter und spricht über das Wetter und über die Inflation.
Der Bauer neben ihnen will seine Zigarre rauchen und sagt zum Bankdirektor:
„Herr Nachbar, Feuer bitte". Hier gibt es kein Klassenbewußtsein, hier
herrscht wahre Lebensfreunde. Diese Demokratie der Freude ist Jahrhunderte
20   alt.

München ist natürlich viel mehr als eine Bierstadt. Es ist eine Universi-
tätsstadt, eine Kunststadt mit Museen und Theatern, es produziert Filme und
ist das Verkehrszentrum für ganz Süddeutschland.

Im Süden, ein paar Stunden mit dem Auto entfernt, sind die Bayrischen
25   Alpen mit ihren malerischen Dörfern und Städtchen, und nördlich von
München, ein paar Stunden mit dem Auto entfernt, ist die Donau. Sie ist
Europas zweitlängster Fluß. Nur die Wolga in Rußland ist länger.

Kleiner als Bayern aber nicht weniger reich an schönen Landschaften ist das
Land Baden-Württemberg. Den amerikanischen Touristen gefallen dort am
30   meisten der Schwarzwald und Heidelberg. Die romantische Universitätsstadt
ist heute auch berühmt wegen ihrer antiromantischen Studentenrevolten, aber
die Stadt Heidelberg ist immer noch eine der romantischsten Städte Deutsch-
lands.

In den Bayrischen Alpen

IV. ORAL AND WRITTEN EXERCISES

1. *Change the modal auxiliaries to the* **Sie**-*form:*

1. Will sie das nicht? 2. Ich kann das nicht erlauben. 3. Magst du ihn nicht? 4. Mußt du gehen? 5. Er darf ihn nicht unterbrechen. 6. Sie soll das Fenster schließen.

2. *Change the modal auxiliaries to the* **er**-*form:*

1. Wir können das nicht sagen. 2. Sie mögen es nicht. 3. Wohin wollen Sie gehen? 4. Sie müssen langsamer sprechen. 5. Dürfen wir bei der Dekoration helfen? 6. Sie sollen etwas bestellen.

3. *Complete the sentences with* **kennen, wissen,** *or* **können:**

1. _____ Sie, was er will? 2. _____ Sie die Geschichte nicht? 3. _____ Sie, wie er heißt? 4. _____ Sie Englisch? 5. _____ Sie den jungen Herrn dort? 6. Nein, ich _____ ihn nicht, aber ich _____, daß er Amerikaner ist.

4. *Change the following sentences by using comparatives:*

EXAMPLE: Sein Auto ist **so teuer wie** meins.
　　　　　Sein Auto ist **teurer als** meins.

1. Er liest soviel wie ich. 2. Ich fahre gern mit dem Zug. 3. Ich verstehe Sie jetzt gut. 4. Das Wetter hier gefällt mir gut. 5. Welcher Fluß ist tief? 6. Haben Sie keinen billigen Mantel? 7. Zeigen Sie mir bitte ein großes Auto. 8. Ich kann Ihnen ein gutes Restaurant empfehlen. 9. Er ist so stark wie sein Bruder. 10. Ich finde Hamburg so interessant wie Frankfurt.

5. *Change the following sentences by using superlatives:*

EXAMPLES: Hier ist es **schön.**　　　　　Er ist **ein starker** Mann.
　　　　　Hier ist es **am schönsten.**　　Er ist **der stärkste** Mann.

1. Im Sommer ist es am Hudson schön. 2. Wie heißt der hohe Berg? 3. Er ißt immer viel. 4. Welches ist das moderne Gebäude? 5. Sie singt schön. 6. Wo ist ein gutes Restaurant? 7. Empfehlen Sie uns ein billiges Hotel! 8. Er ist ein bekannter Autor. 9. Es gefällt mir hier gut. 10. Viele Amerikaner möchten gern München besuchen.

6. *Say, then write in German* (*use only modal auxiliaries*):

1. What do you want? 2. She wants to go now. 3. You must read that.

4. He doesn't like it. 5. We don't like that. 6. Can you describe him? 7. It's supposed to be very inexpensive. 8. May I see the picture? 9. May we visit him? 10. You must speak more slowly. 11. He can never give a diplomatic answer. 12. She knows German better than I. 13. Can you tell me where he is? 14. Must you go already? 15. Doesn't he like you?

7. *Say, then write in German (use the correct equivalent of "know"):*

1. Do you know where he is? 2. Do you know what he wants? 3. Do you know this gentleman? 4. Do you know Goethe's drama *Faust?* 5. I know him, but I don't know where he is. 6. Does he know German? 7. Do you know how to write such a letter? 8. We know Mr. Becker. 9. He knows English. 10. I know him personally.

8. *Say, then write in German (use the correct equivalent of "like"):*

1. She likes to drink coffee. 2. I don't like this picture. 3. I don't like her. 4. He likes Hamburg best. 5. Do you like (to eat) fish? 6. I prefer (to drink) water. 7. I like modern music better. 8. I like it here. 9. He likes to play tennis best of all. 10. How do you like America? 11. Don't you like her? 12. What do you like best to drink? 13. I would like fish. 14. She doesn't like fish. 15. How do you like my coat? 16. I like it. 17. I like it better here than in Frankfurt. 18. Why doesn't she like it here?

9. *Translate:*

1. Der moderne Staat hilft den Armen. 2. Erzähl mir etwas Interessantes! 3. Ich möchte mit der Deutschen dort tanzen. 4. Blinde können oft sehr gut hören. 5. Ich weiß nichts Neues. 6. Gib der Armen Suppe und Brot! 7. Die höchsten Ideen in Platos Philosophie sind das Gute, das Wahre und das Schöne.

V. CONVERSATION *(Tape 12)*

Repeat until you are thoroughly familiar with the dialogue:

„Ich höre, Sie fahren diesen Sommer wieder nach Deutschland."

„Ja, nach Süddeutschland, dort gefällt es mir am besten."

„Ich fahre direkt nach München, um meine Verwandten zu besuchen."

„Dort muß ich auch ein paar Tage verbringen."

„Ich glaube, München ist die zweitgrößte Stadt Deutschlands und sehr interessant." 5

„Besonders während des Oktoberfestes.“

„Nicht für mich, dann gibt es zu viele Menschen da.“

„Dann gehen Sie wohl auch nicht ins bekannte Hofbräuhaus?“

„Ich besuche lieber die berühmten Museen, Theater und Konzerte.“

5   „Schön, München ist vor allem eine Kunststadt aber auch eine Stadt wahrer Lebensfreude.“

„In meinem Reiseführer steht übrigens, in München gibt es kein Klassen-bewußtsein.“

„Ja, im Hofbräuhaus herrscht ein besonderer demokratischer Geist.“

10   „Ist das wirklich wahr?“

„So etwas muß man selbst erleben. Sie müssen also doch ins Hofbräuhaus gehen!“

VI. WRITING

Write a short description of **Süddeutschland.** Begin: **Süddeutschland ist sehr schön. Viele amerikanische Studenten studieren an der Münchener Universität, denn. . . .**

Wiederholung 2

1. Der-Words

der, die, das	*the, that*
dieser, diese, dieses	*this, that*
jeder, jede, jedes	*every, each*
mancher, manche, manches; PLURAL: **manche**	*many a; some*
solcher, solche, solches;[1] PLURAL: **solche**	*such a, such*
welcher, welche, welches	*which, what*

THE FOUR CASES			
SINGULAR			
	MASCULINE	FEMININE	NEUTER
NOM.	(der) dies**er** Freund	(die) jede Stadt	(das) manches Land
ACC.	(den) dies**en** Freund	(die) jede Stadt	(das) manches Land
DAT.	(dem) dies**em** Freund(e)	(der) jed**er** Stadt	(dem) manch**em** Land(e)
GEN.	(des) dies**es** Freundes	(der) jed**er** Stadt	(des) manches Landes

PLURAL: ALL GENDERS	
NOM.	(die) solche Freunde
ACC.	(die) solche Freunde
DAT.	(den) solch**en** Freunden
GEN.	(der) solch**er** Freunde

[1] The singular is rarely used; **so ein** usually takes its place:

So einen Reiseführer gibt es nicht. *There isn't such a travel guide.*

PRACTICE

A.   *Translate:*

1. Mit welchem Dampfer fahren Sie? 2. Solche Probleme haben wir auch.
3. Sie finden das in jedem modernen Hotel. 4. Geben Sie mir bitte das Buch
da! 5. Manche Leute verstehen das nicht. 6. Geben Sie mir bitte auch so
eine Karte! 7. Solche kleinen Dörfer haben wir in Amerika nicht. 8. Kennen
Sie den Namen dieses Studenten? 9. Sehen Sie den Dampfer da am Horizont?
10. Das Restaurant kann ich Ihnen empfehlen.

B.   *Say, then write in German:*

1. You find that in every travel guide. 2. Every century has its problems.
3. Don't you know that man? 4. Which mountain range is that? 5. I don't
know these people. 6. Such a trip is very expensive.

2. Ein-Words

ein, eine, ein	*a*	mein, meine, mein	*my*
kein, keine, kein	*no, not any*	dein, deine, dein	*your*
		sein, seine, sein	*his*
		ihr, ihre, ihr	*her*
		sein, seine, sein	*its*
		unser, unsere, unser	*our*
		euer, euere, euer	*your*
		ihr, ihre, ihr	*their*
		Ihr, Ihre, Ihr	*your*

Note: There are three forms meaning *your:* **dein, euer** (familiar forms), **Ihr**
(conventional form).

THE FOUR CASES		
SINGULAR		
	MASCULINE	FEMININE
NOM.	(ein) kein Student	(eine) meine Hand
ACC.	(einen) keinen Studenten	(eine) meine Hand
DAT.	(einem) keinem Studenten	(einer) meiner Hand
GEN.	(eines) keines Studenten	(einer) meiner Hand

NEUTER		
NOM.	(ein)	unser Haus
ACC.	(ein)	unser Haus
DAT.	(einem)	unserem Haus(e)
GEN.	(eines)	unseres Hauses

PLURAL: ALL GENDERS		
NOM.	(keine)	Ihre Freunde
ACC.	(keine)	Ihre Freunde
DAT.	(keinen)	Ihren Freunden
GEN.	(keiner)	Ihrer Freunde

PRACTICE

C. *Translate:*

1. Das ist für Ihre Schwester. 2. Geben Sie das bitte ihrer Schwester!
3. Haben Sie meinen Reiseführer? 4. Einige unserer Gäste wollen länger
bleiben. 5. Habt ihr das in euerem Hotel auch? 6. Zeig mir sein Bild!
7. Hast du deinen Volkswagen hier? 8. Ihre Freunde sind auch meine
Freunde, Herr Becker. 9. Unsere Regierung tut nichts. 10. Der kleine
Junge und das Mädchen sind ohne ihre Mutter hier.

D. *Say,* then write in German:

1. Where is your brother, Hilde? 2. I have no time. 3. He has no friends.
4. Many of our professors eat here. 5. Do you know our house? 6. We are
traveling in his Volkswagen. 7. Show me your new car.

3. Gender of Nouns

The gender of English nouns can usually be determined by their meaning
(*boy* — *he, girl* — *she, table* — *it*). German differs in one important respect:
Objects have either masculine, feminine, or neuter gender (**der Teller** — **er, die
Brücke** — **sie, das Bild** — **es),** but there are no rules by which the gender of all
nouns can be determined. Nevertheless, the gender of many nouns can be de-
termined by their meaning or by their ending.

HUNDERTSIEBENUNDACHTZIG

(a)   **Masculine gender**

1. Male beings: **der Mann, der Bruder, der Tiger.**

2. Nouns which denote an occupation, activity, profession, and the like, with which we normally associate a man: **der Fischer, der Lehrer, der Soldat, der Doktor, der Philosoph, der Demokrat.**

3. Names of seasons, months, and days: **der Sommer, der Januar, der Montag.**

4. Nouns ending in -e denoting male beings: **der Junge, der Deutsche, der Russe.**

(b)   **Feminine gender**

1. Female beings: **die Frau, die Schwester, die Kuh.**

2. Nouns ending in -in (in most cases the female counterpart of words like those mentioned under (a),2, above): **die Fischerin, die Lehrerin, die Philosophin.**

3. Nouns ending in -e not denoting male beings: **die Karte, die Reise.**

4. All nouns ending in -ung, -heit, -keit, -schaft: **die Richtung, die Freiheit, die Möglichkeit** (*possibility*), **die Landschaft.**

5. All nouns ending in -ie, -ion, -tät: **die Philosophie, die Nation, die Universität.**

(c)   **Neuter gender**

1. All nouns ending in -chen and -lein: **das Mädchen, das Fräulein, das Städtchen.**

2. Infinitives used as nouns: **das Essen.**

3. Names of continents, countries, and cities [1]: **(das) Amerika, (das) Europa, (das) Deutschland, (das) Berlin.** Exceptions [2]: **die Schweiz, die Türkei, die Tschechoslowakei.**

---

[1] Words belonging to this category do not normally use the article, unless they are modified: **in Europa, im alten Europa; in Berlin, im modernen Berlin.**
[2] Words in this category are used with the article: **in der Türkei** *in Turkey.*

PRACTICE

E. *Determine the gender of the following nouns and give the article. Explain your choice:*

1. _die_ Seite 2. _der_ Vater 3. _der_ Herr 4. _der_ Nachbar
5. _die_ Nachbarin 6. _der_ Freund 7. _die_ Freundin 8. _der_
Passagier 9. _der_ Sonntag 10. _die_ Symphonie 11. _das_ Rußland
12. _der_ Sommer 13. _das_ Städtchen 14. _die_ Klasse 15. _die_
Freiheit

F. *Determine the gender of the following nouns, none of which have been used in this book before:*

1. _die_ Rose 2. _der_ Löwe (*lion*) 3. _der_ Kunde (*customer*)
4. _die_ Kundin (*lady customer*) 5. _das_ Tanzen (*dancing*) 6. _der_
Tänzer (*dancer*) 7. _die_ Tänzerin 8. _die_ Fakultät (*faculty*) 9. _die_
Legion 10. _das_ Afrika 11. _der_ Herbst (*autumn*) 12. _der_ Sams-
tag (*Saturday*) 13. _die_ Hausfrau 14. _der_ Zauberer (*sorcerer*)
15. _der_ Fleischer (*butcher*) 16. _____ Geologie 17. _der_ Prophet
18. _die_ Dunkelheit (*darkness*) 19. _die_ Tapferkeit (*courage*) 20.
die Übung (*practice*)

4. Plural of Nouns

To determine the plural of a noun, you need to keep in mind the following points of identification:

(a) Most nouns of one syllable (monosyllabics) whether used by themselves **(der Tag)** or as the last part in a compound noun **(der Geburtstag),** add **-e.** Most masculine nouns also umlaut the stem vowel; feminine nouns always take the umlaut; neuter nouns never. Examples: **der Baum, die Bäume; die Stadt, die Städte; das Stück, die Stücke; der Bleistift, die Bleistifte.**

(b) Most nouns of more than one syllable (polysyllabics), form the plural as follows:

1. Masculine and neuter nouns ending in **-er, -en, -el** and neuter nouns in **-chen, -lein** add no ending. Some masculine nouns umlaut the stem vowel; neuter nouns do not. Examples: **der Garten, die Gärten; das Ufer, die Ufer.**

2. Masculine and neuter nouns ending in **-e** add **-n.** Example: **der Deutsche, die Deutschen; das Auge, die Augen.**

3. Masculine nouns of non-German derivation with the stress on the last syllable and nouns ending in **-or** add **-en.** Examples: **der Student, die Studenten; der Professor, die Professoren.**

4. All feminine nouns of more than one syllable add **-(e)n.** Nouns ending in **-in** add **-nen.** Examples: **die Frage, die Fragen; die Schwester, die Schwestern; die Antwort, die Antworten; die Stellung, die Stellungen; die Amerikanerin, die Amerikanerinnen.**

Note: Polysyllabic masculine and neuter nouns not belonging to the above categories add **-e,** unless their last component is one of the exceptional nouns listed under **(c): der Abend, der Dialekt, das Problem, das Modell.**

PRACTICE

G. *Give the plural of the following nouns and indicate why each noun has a particular plural ending:*

1. der Baum 2. die Nacht 3. die Großstadt 4. der Mittelpunkt 5. die Antwort 6. die Kabine 7. die Landschaft 8. das Auge 9. der Dampfer 10. die Stellung 11. der Wagen 12. der Professor 13. der Komponist 14. die Insel 15. die Schwester 16. die Regierung 17. der Teller 18. der Kanal 19. das Märchen 20. der Student 21. die Studentin

H. *Give the plural of the following nouns, which have not yet been used in this book as active vocabulary:*

1. die Mannschaft (*team*) 2. die Region 3. die Ansprache (*speech*) 4. der Feiertag (*holiday*) 5. der Prophet 6. der Löwe 7. das Dreieck (*triangle*) 8. der Flugzeugmotor 9. der Vogel (*bird*) 10. der Handschuh (*glove*) 11. der Ofen (*stove*) 12. der Diener (*servant*) 13. der Spaziergang (*walk*) 14. der Wintermantel 15. die Gelegenheit (*opportunity*)

(c)   Exceptional nouns

Monosyllabic masculine, feminine, and neuter nouns forming their plural in **-en:**

der Herr	**die Herren**	*gentleman*	**die Burg**	**die Burgen**	*castle*
der Mensch	**die Menschen**	*man, pl. men,*	**die Frau**	**die Frauen**	*woman*
		people	**die Tür**	**die Türen**[1]	*door*

[1] Word occurs here for the first time.

die Uhr	die Uhren[1]	watch,	das Bett	die Betten	bed
		o'clock	das Ohr	die Ohren[1]	ear
die Zahl	die Zahlen	number	das Hemd	die Hemden[1]	shirt
die Zeit	die Zeiten	time	das Herz	die Herzen	heart

Monosyllabic masculines and neuter nouns forming their plural in ⸚er:

der Mann	die Männer	man	das Kind	die Kinder	child
der Wald	die Wälder	forest	das Kleid	die Kleider[1]	dress
das Bild	die Bilder	picture	das Land	die Länder	country
das Buch	die Bücher	book	das Licht	die Lichter	light
das Dorf	die Dörfer	village	das Lied	die Lieder	song
das Ei	die Eier	egg	das Schloß	die Schlösser[1]	castle
das Feld	die Felder	field	das Volk	die Völker	people
das Glas	die Gläser	glass	das Wort	die Wörter	word
das Haus	die Häuser	house			

Polysyllabics:

der Nachbar	die Nachbarn	neighbor	die Tochter	die Töchter	daughter
der Name	die Namen	name	das Gebäude	die Gebäude	building
die Mutter	die Mütter	mother	das Gebirge	die Gebirge	mountain range

PRACTICE

I.   *Give the plural of the following exceptional nouns:*

1. die Frau 2. das Buch 3. der Herr 4. die Zeit 5. die Burg 6. das Gebäude 7. der Nachbar 8. das Licht 9. das Lied 10. der Mensch.

5. Declension of Nouns

	MASCULINE	FEMININE	NEUTER
	SINGULAR		
NOM.	der Bruder	die Stadt	das Land
ACC.	den Bruder	die Stadt	das Land
DAT.	dem Bruder	der Stadt	dem Land(e)
GEN.	des Bruders	der Stadt	des Landes

1 Word occurs here for the first time.

	MASCULINE	FEMININE	NEUTER
	PLURAL		
NOM.	die Brüder	die Städte	die Länder
ACC.	die Brüder	die Städte	die Länder
DAT.	den Brüdern	den Städten	den Ländern
GEN.	der Brüder	der Städte	der Länder

Note two mandatory case endings:

1. In the genitive singular, masculine and neuter nouns add **-s** (preferably **-es** when the noun consists of one syllable).

2. In the dative plural, all nouns add **-n,** unless the nominative plural already ends in **-n (die Häfen, die Frauen).**

In the dative singular, monosyllabic masculine and neuter nouns may add **-e.** This ending is not mandatory.

Special Group A

SINGULAR

NOM.	der Mensch	der Junge
ACC.	den Menschen	den Jungen
DAT.	dem Menschen	dem Jungen
GEN.	des Menschen	des Jungen

PLURAL

NOM.	die Menschen	die Jungen
ACC.	die Menschen	die Jungen
DAT.	den Menschen	den Jungen
GEN.	der Menschen	der Jungen

The above examples illustrate the declensional pattern of a fairly large group of masculine nouns whose plurals end in **-(e)n.** Such nouns end in **-(e)n** in every case except in the nominative singular.

Note that the word **Herr** ends in **-n** in all singular forms except the nominative: **der Herr, den Herrn, dem Herrn, des Herrn;** all plural forms end in **-en: die Herren, die Herren, den Herren, der Herren.**

Special Group B

The following common nouns add **-(e)s** in the genitive singular and **-(e)n** in the plural:

NOMINATIVE	GENITIVE	PLURAL
der Nachbar	des Nachbars	die Nachbarn
das Auge	des Auges	die Augen
das Bett	des Bettes	die Betten
das Hemd	des Hemdes	die Hemden
das Ohr	des Ohres	die Ohren

To this group also belong all masculine nouns ending in **-or: der Doktor, des Doktors, die Doktoren; der Professor, des Professors, die Professoren; der Motor, des Motors, die Motoren.**

Special Group C

The following nouns are irregular in the singular:

der Gedanke, den Gedanken, dem Gedanken, des Gedankens;
PLURAL: die Gedanken, etc.

der Name, den Namen, dem Namen, des Namens;
PLURAL: die Namen, etc.

das Herz, das Herz, dem Herzen, des Herzens;
PLURAL: die Herzen, etc.

Special Group D

Many words of non-German origin (mostly English and French words) retain their original plural **-s**. In the singular, such words add -s in the genitive; in the plural, all forms end in -s. Examples: **das Auto, die Autos; das Café, die Cafés; das Hotel, die Hotels; das Restaurant, die Restaurants; das Reisebüro, die Reisebüros.**

PRACTICE

J. *Say, then write in German:*
1. The name of this gentleman is Becker. 2. The passengers of this Volkswagen are sitting at that table. 3. Do you know the name of this village?

4. The new shirts are very expensive.   5. I don't know the name of this city.
6. Do you know the composer of this song?   7. This is for Mr. Maurer.
8. Give the gentlemen a menu.   9. Please give me the names of some hotels.
10. This is my neighbor's car.

6. Adjective Declensions

In Lesson 7, you learned the endings of adjectives preceded by a **der**-word or **ein**-word. Here we will summarize and simplify the system of adjective endings. Memorize the following patterns:

MASCULINE	FEMININE
NOM. **der** junge Mann **ein** junger Mann	NOM. & ACC. **die** junge Frau **eine** junge Frau
NEUTER	
NOM. & ACC. **das** kleine Kind **ein** kleines Kind	

In the remaining cases of the singular (accusative masculine and all gentives and datives) and in all cases of the plural, adjectives end in **-en** when preceded by a **der-** or **ein**-word.

PRACTICE

K.   *Form sentences starting with the words indicated:*

EXAMPLE: Der Amerikaner ist jung. (Hier kommt)
Hier kommt der junge Amerikaner.
Hier kommt ein junger Amerikaner.

1. Das Mädchen ist jung. (Hier kommt)   2. Das Dorf ist klein. (Ich sehe)
3. Das Gebäude ist berühmt. (Beschreiben Sie!)   4. Das Haus ist schön. (Er wohnt in)   5. Das Buch ist interessant. (Kennen Sie?)   6. Der Roman ist neu. (Empfehlen Sie?)   7. Der Wagen ist teuer. (Er kommt in)   8. Die Garage ist alt. (Der Wagen ist in)   9. Die Dame ist alt. (Ich arbeite für)   10. Der Assistent ist jung. (Ich arbeite mit)   11. Das Bild ist bekannt. (Zeigen Sie mir!)

L. *Form sentences:*

EXAMPLE: Er fährt nach Italien / sein neuer Wagen / mit
Er fährt mit seinem neuen Wagen nach Italien.

1. Er schwimmt gerne / die kalte Nordsee / in 2. Er ißt gerne / dieses kleine Restaurant / in 3. Hier ist ein Stipendium / unsere armen Studenten / für 4. Er wohnt / ein kleines bayrisches Dorf / in 5. Ich kann nicht schlafen / diese kalten Nächte / während 6. Wir fahren / das schlechte Wetter / trotz 7. Siehst du die Fische / das klare Wasser / in 8. Wir fahren / mein alter Wagen / in 9. Viele Touristen fahren / diese kleinen Dampfer / mit 10. Wie lange wohnen Sie / Ihr neues Haus / in

7. Present Tense of Irregular Verbs

a BECOMES ä	e BECOMES i(e)	
schlafen (*to sleep*)	**sprechen** (*to speak*)	**sehen** (*to see*)
ich schlafe	ich spreche	ich sehe
du schläfst	du sprichst	du siehst
er, sie, es schläft	er, sie, es spricht	er, sie, es sieht
wir schlafen	wir sprechen	wir sehen
ihr schlaft	ihr sprecht	ihr seht
sie schlafen	sie sprechen	sie sehen
Sie schlafen	Sie sprechen	Sie sehen

Note: 1. When the stem ends in **s**, only **t** is added in the second person singular (verlassen: du verläßt; vergessen: du vergißt).
2. Note these irregular forms: halten: er **hält**; nehmen: du **nimmst**, er **nimmt**.

8. Imperative

Review the forms of the imperative on pages 113–115.

PRACTICE

M. *Change the following statements to singular familiar imperative:*

EXAMPLE: **Du sollst** mich zum Theater **fahren.**
Fahr mich zum Theater!

1. Du sollst mehr essen. 2. Du darfst das nicht vergessen. 3. Du darfst in deiner Deutschklasse nicht schlafen. 4. Du mußt lauter sprechen. 5. Du sollst es noch einmal lesen. 6. Du sollst langsamer fahren. 7. Du sollst dein blaues Kleid tragen. 8. Du sollst ihm ein Glas Wasser geben. 9. Du sollst nach Hause fahren. 10. Du sollst mir ein gutes Restaurant empfehlen.

9. Modal Auxiliaries

Review the forms and meanings of modals on pages 169–171.

PRACTICE

N. *Translate:*

1. Müssen Sie schon gehen? 2. Das will sie nicht. 3. Er will es morgen tun. 4. Du darfst ihn nicht immer unterbrechen. 5. Ich soll ihm ein gutes Restaurant empfehlen. 6. Sie mag ihn nicht. 7. Er soll sehr arm sein. 8. Kann ich hier einen Mantel kaufen? 9. Sie will diesen Winter nach Florida fahren. 10. Ich muß ihm eine Antwort geben.

10. Comparative and Superlative

Review comparatives and superlatives on pages 173–177.

PRACTICE

O. *Change the adjectives to comparative forms:*

EXAMPLE: Amerika ist ein **junges** Land. Deutschland ist ein **altes** Land.
Amerika ist ein **jüngeres** Land als Deutschland.
Deutschland ist ein **älteres** Land als Amerika.

1. Die Elbe ist lang. Die Weser ist kurz. 2. Ich trinke viel Tee. Du trinkst wenig Tee. 3. Der Kieler Hafen ist klein. Der Hamburger Hafen ist groß. 4. Mein Auto ist alt. Dein Auto ist neu. 5. Russisch ist schwer. Deutsch ist leicht. 6. Mein Bruder ist alt. Ich bin jung.

P. *Change the adjectives to superlative forms:*

EXAMPLE: Die Zugspitze ist **ein hoher** Berg in Deutschland.
Die Zugspitze ist **der höchste** Berg in Deutschland.

1. „Der Zauberberg" ist ein bekannter Roman Thomas Manns. 2. Heidelberg ist eine berühmte deutsche Universitätsstadt. 3. Viele Amerikaner fahren im Sommer nach Europa. 4. Rußland hat kalte Winter. 5. Dies ist ein heißer Sommer. 6. Ich kenne hier ein gutes Hotel.

Q. *Change the adjectives and adverbs to superlative forms:*

EXAMPLE: Wo können wir das Auto **billig** kaufen?
Wo können wir das Auto **am billigsten** kaufen?

1. Wo ist es im Sommer warm und im Winter kalt? 2. In meinem Hotel ißt man gut. 3. Er weiß viel. 4. Ich trinke Milch gern. 5. Mir gefällt es am Rhein gut. 6. Mit dem Bus kommen Sie schnell nach Bremen.

IM FLUGZEUG NACH FRANKFURT

> *The following passage is based on Lessons 1–12. Read it for comprehension and answer the questions at the end in complete sentences:*

Hoch über dem Atlantischen Ozean blinken zwei Lichter in der Nacht. Das ist ein Flugzeug der Lufthansa. Es fliegt nach Frankfurt. Der Pilot und der Kopilot sitzen vor den Instrumenten.

„Ist alles in Ordnung?" fragt der Kopilot.

„Ja", antwortet der Pilot, „wir landen pünktlich um sieben Uhr zehn, wenn   5
alles gut geht. Sieh mal!" Er zeigt mit dem Finger auf ein Licht tief unten auf dem Meer: „Das ist die ‚Hamburg'. Sie ist noch zwölfhundert Meilen von Southampton entfernt."

Die Stewardeß kommt und fragt: „Was wünschen die Herren, Tee oder
Kaffee?"   10

„Tee für mich", sagt der Pilot, „und für den jungen Mann hier eine Tasse Kaffee."

„Und der junge Mann möchte einen starken, schwarzen Kaffee", sagt der Kopilot. „Bevor Sie gehen, sehen Sie das Licht da unten? Das ist die ‚Hamburg'."   15

Die Stewardeß lächelt: „Es muß schön sein, da unten in einem Bett in der Kabine zu schlafen. Am Morgen geht man zum Frühstück (*breakfast*). Dann kommt der Tischsteward und fragt: ‚Was wünscht die Dame zum Frühstück, Tee oder Kaffee?' Später setzt der Decksteward einen Deckstuhl in die Sonne

5   und fragt: ‚Möchten Sie heute wieder Ping Pong spielen?' Dann kommt der erste Offizier und sagt: ‚Schönes Wetter heute, nicht wahr? Der Kapitän gibt morgen einen Ball. Können Sie kommen?' So schön kann das Leben sein."

Die Piloten lächeln, und der Kopilot sagt: „Mein Nachbar hier ist der Kapitän dieses Schiffes. Vielleicht gibt er auch einen Ball. Dann bin ich der

10   erste Offizier und führe (*take*) Sie zum Tanz."

Im blauen Licht der Kabine schlafen die Passagiere. Nur ein alter Herr hat das kleine elektrische Licht an und liest eine deutsche Zeitschrift (*magazine*).

„Wünschen Sie etwas?" fragt ihn die Stewardeß.

„Ja", sagt der alte Herr, „ich möchte schlafen, aber ich kann nicht, wenn ich

15   nicht in meinem Bett liege."

Tief unten fährt die „Hamburg" über den Atlantischen Ozean. Das Meer ist ruhig (*calm*), und das Mondlicht glitzert auf dem Wasser. Zwei junge Leute stehen an der Reling. Sie ist ein junges Mädchen aus Kalifornien und er ein

20   junger Mann aus Missouri. Sie will nach England fahren, dann eine Deutsch-landreise machen und ihre Großmutter in der deutschen Schweiz besuchen. Der junge Mann reist für seine Firma nach London. Er sagt: „Bei dem guten Wetter sind wir am Montag in Southampton. Es sind nur noch zwölfhundert Meilen."

25   „Sehen Sie die Lichter da oben (*above*)?" fragt das Mädchen, „das muß ein Flugzeug sein."

„Ja", sagt der junge Mann, „es fliegt nach Europa. Wenn wir in Southamp-ton landen, ist es schon wieder in New York. Mit dem Flugzeug geht es schneller. Man kann aber im Flugzeug nicht an der Reling stehen und aufs

30   Meer sehen."

Die Sonne kommt über den Horizont, und in der Flugzeugkabine wird es hell (*light*). Charles, ein junger Amerikaner, wacht auf. „Good morning", sagt der alte Herr neben ihm.

35   Charles sieht die deutsche Zeitschrift in der Hand seines Nachbars und sagt: „Guten Morgen! Sie können mit mir deutsch sprechen. Ich lerne Deutsch im College, und meine Großmutter ist aus Deutschland." Er gibt dem Herrn die Hand. „Mein Name ist Bauerman, Charles Bauerman, mit einem N."

Der alte Herr lächelt: „Mit einem N also! — Ich heiße Schröder, mit o-Umlaut. Das ist schön, Herr Bauerman, daß Sie Deutsch können. Sie können auch gut schlafen."

„Ja", sagt Charles, „ich schlafe gut, aber nicht genug. Ich habe Acht-Uhr-Klassen, jedes Semester habe ich Acht-Uhr-Klassen. Jetzt will ich aber nicht   5 schlafen, es ist hell, und ich möchte Europa sehen. Wo sind wir jetzt, Herr Schröder?"

„Wir sind über dem Atlantischen Ozean, aber Sie können nichts sehen, wir fliegen über den Wolken (*clouds*)."

Charles sieht aus dem Flugzeugfenster. Sie fliegen über ein Meer von   10 weißen Wolken. Das Flugzeug scheint in der Luft zu hängen.

Der alte Herr unterbricht Charles' Gedanken und fragt: „Wollen Sie eine Reise durch Deutschland machen, oder wollen Sie dort studieren?"

„Ich möchte während des nächsten Jahres — ich meine natürlich das nächste akademische Jahr — in München studieren. Natürlich möchte ich   15 mehr von Deutschland sehen als nur München und Bayern. Auch nach Wien möchte ich fahren und . . ."

Die Stewardeß kommt und fragt: „Was wünschen die Herren zum Frühstück: Eier, Toast mit Marmelade, Kaffee, Tee oder Schokolade?"

Herr Schröder sagt: „Bringen Sie mir bitte nur eine Tasse Tee und etwas   20 Toast."

„Und der junge Herr?" fragt die Stewardeß wieder.

„Dies ist meine erste Reise", sagt Charles, „und ich weiß nicht, wie groß ein Frühstück in einem Flugzeug ist. Ich möchte gern ein richtiges Frühstück, ein ganzes Frühstück, und Kaffee, schwarzen, starken Kaffee!"   25

Herr Schröder lächelt. „Sie haben guten Appetit. Es ist gut, daß Sie nach München fahren. Dort ißt man viel und gut. Eine Münchener Speisekarte liest man nicht, man studiert sie. Da finden Sie bayrische Spezialitäten, aber auch Fisch Holsteiner Art, französische Suppe, russische Eier, italienischen Salat und dann die Münchener Spezialität, das wunderbare . . ."   30

Der Pilot unterbricht Herrn Schröder: „Auf der rechten Seite können Sie den Rhein sehen."

Charles sieht aus dem Fenster. Sie fliegen jetzt unter den Wolken, und da, tief unter dem Flugzeug, da ist der große Strom.

„Ja", sagt Herr Schröder, „da sehen Sie den Rhein, den schönen alten   35 Rhein. Sie müssen den Rhein aber auch mit den Augen der Phantasie sehen. Dort auf dem linken Ufer marschiert eine römische Legion. Sie muß noch heute in Colonia Agrippina sein. Wie die Legionäre marschieren! Das ist

römische Disziplin. — Und nun sehen Sie keine Römer mehr. Die Reiter auf dem rechten und linken Ufer sind deutsche Ritter (*knights*). Ihre Panzer (*armor*) glitzern in der Sonne. Sie kommen von den Burgen zu beiden Seiten des Rheins Wohin reiten sie? nach Italien? nach Palästina? — Sehen Sie den
5   kleinen Mann auf dem weißen Pferd (*horse*)? Das ist Napoleon. Er reitet nach Osten und hinter ihm folgen die Grenadiere und Kanonen. Armes Europa, armes Deutschland! Kriegsjahre (*years of war*) kommen. — Und sehen Sie die Brücke dort? Amerikanische Tanks rollen über die Brücke, aber diese Tanks glitzern nicht in der Sonne. Soldaten marschieren hinter den Tanks. — Jetzt
10   sind wir wieder in unserer Zeit, im schönen Monat Juni. Sehen Sie den kleinen Dampfer dort? Amerikaner sind auf diesem Dampfer. Sie stehen an der Reling und photographieren die schönen Ufer des Rheins, seine Weinberge, seine alten Burgen und Städtchen."

Beide schweigen. Dann sagt Charles: „Das waren zweitausend Jahre
15   Geschichte in einer Minute. Ich danke Ihnen."

Das Flugzeug fliegt wieder durch Wolken, und von Zeit zu Zeit fällt es plötzlich oder es bockt (*rears*; *bumps*) wie ein wildes Pferd. Charles fühlt, daß auch sein Frühstück fällt und macht die Augen zu. Nach einer Weile sagt Herr Schröder:
20   „Jetzt sind wir nicht mehr weit von Frankfurt. Bleiben (*stay*) Sie ein paar Tage dort, oder fahren Sie heute noch nach München?"

„Ich bleibe zwei Tage und fahre dann nach München."

„Mit dem Zug?"

„Ich fahre im Auto. Ich habe einen amerikanischen Freund in Frankfurt.
25   Er hat ein Auto und will mit mir nach München fahren."

„Das ist schön. Da fahren Sie durch den schönsten Teil Süddeutschlands. Haben Sie noch etwas Zeit in München, oder beginnt das Semester schon?"

„Wir haben noch etwas Zeit. Wir wollen in die Alpen fahren und nach Salzburg. Dort möchte ich ‚Die Zauberflöte‘ hören."
30   „Vergessen Sie nicht, Mozarts Geburtshaus zu besuchen, wenn Sie in Salzburg sind. Sie können dort vieles sehen: alte Musikinstrumente und interessante Bilder der Familie Mozart, Theaterprogramme und andere Dokumente aus dem 18. (achtzehnten) Jahrhundert. In Salzburg ißt man auch sehr gut. Die österreichische Küche ist weltberühmt. Sie müssen . . ."
35   Wieder unterbricht der Pilot Herrn Schröder. Er sagt über den Lautsprecher: „In fünf Minuten landen wir. Bitte . . ."

Charles hört ihn nicht mehr. Das Flugzeug fliegt tief. Jetzt sieht er Bäume, Häuser, kleine deutsche Autos und Leute auf den Straßen, dann den Flughafen, und plötzlich fühlt er einen kleinen Stoß (*jolt*). Das Flugzeug rollt eine Weile, die Motoren donnern (*roar*), und dann fährt der Pilot das Flugzeug langsam vor das große Gebäude am Ende des Flughafens. Die Stewardeß macht die Kabinentür auf — Frankfurt.

QUESTIONS

1. Wie kann man Flugzeuge sehen, wenn es Nacht ist?
2. Wohin fliegt das Flugzeug?
3. Wann soll das Flugzeug in Frankfurt sein?
4. Wo sieht der Pilot ein Licht?
5. Wo ist die „Hamburg" jetzt?
6. Wer will Kaffee haben und wer Tee?
7. Wie trinkt der Kopilot seinen Kaffee?
8. Wer bringt den Passagieren eines Dampfers das Essen?
9. Für welchen Decksport interessiert sich die Stewardeß?
10. Was gefällt der Stewardeß besonders?
11. Schlafen alle Passagiere?
12. Warum hat der alte Herr das Licht an?
13. Warum kann der alte Herr nicht schlafen?
14. Warum ist es eine schöne Nacht?
15. Warum will das Mädchen die deutsche Schweiz besuchen?
16. Warum fährt der junge Mann nach London?
17. In welchem Hafen landet die „Hamburg"?
18. Wo ist das Flugzeug am Montag?
19. Warum wacht Charles auf?
20. Wie kann Charles wissen, daß der alte Herr Deutsch spricht?
21. Wer ist Charles älteste Deutschlehrerin?
22. Wie schreibt der alte Herr seinen Namen?
23. Warum kann Charles zu Hause in Amerika nicht genug schlafen?
24. Warum will Charles nicht mehr schlafen?
25. Welche zwei „Meere" liegen unter dem Flugzeug?
26. Was will Charles in München tun?
27. Welche Reisepläne hat Charles?
28. Hat der alte Herr guten Appetit?
29. Was trinken Charles und der Kopilot gern?
30. Welche osteuropäische Spezialität kann man auf einer Münchener Speisekarte finden?
31. Warum unterbricht der Pilot Herrn Schröder?
32. Beschreiben Sie die Reiter!

33. Wie nennt man die Soldaten Napoleons?
34. Geben Sie zwei Übersetzungen des deutschen Wortes Panzer!
35. Was tun die Amerikaner auf dem Dampfer?
36. Warum kann Charles nichts mehr sehen?
37. Wie reist Charles von Köln nach München?
38. Wie heißt der Komponist der „Zauberflöte"?
39. In welchem Land liegt Salzburg?
40. Beschreiben Sie die Landung!

13

Nützliche[1]

Zahlen

I. TEXT (*Tape 13*)

In Deutschland, wie in Europa, gebraucht[2] man das Dezimalsystem. Anstatt „inch", „yard" und „mile" gebraucht man Zentimeter, Meter und Kilometer. Man sagt also, dieser Mann ist 1,82 m (einen Meter zweiundachtzig) groß anstatt sechs Fuß. Der müde amerikanische Autoreisende[3] liest auf dem Verkehrsschild:[4] 60 km (sechzig Kilometer) bis München. Nun will er natürlich wissen, ob[5] er bald[6] sein Bad nehmen und zu Abend essen[7] kann, wieviel Meilen er also noch fahren muß. Eine praktische Methode, so eine Entfernung auszurechnen,[8] ist die folgende: Multiplizieren Sie die Kilometerzahl mit sechs, und lassen Sie die letzte Stelle[9] weg![10] Sechzig Kilometer sind also ungefähr sechsunddreißig Meilen.

Auch für Gewichte[11] gebraucht der Deutsche das Dezimalsystem. Sie hören in einem deutschen Laden: „Geben Sie mir bitte ein Kilo (oder Kilogramm)

5

10

1. **nützlich** *useful.* 2. **gebrauchen** *to use.* 3. **der Autoreisende, -n,* -n** *motorist* 4. **das Verkehrsschild, -er** *traffic sign.* 5. **ob** *whether.* 6. **bald** *soon.* 7. **zu Abend essen** *to eat dinner.* 8. **aus-rechnen** *to calculate.* 9. **die Stelle, -n** *place, position;* here: *digit.* 10. **weg-lassen** *to drop, omit.* 11. **das Gewicht, -e** *weight.*

* This ending (or **-en, -ns, -ens**) will henceforth be indicated for singular genitive forms that do not end in **-(e)s.**

Postkarte 1

Absender: Walter Kremer

1 26 Berlin
Postleitzahl
Potsdamerstrasse 57
(Straße und Hausnummer oder Postfach)

Berlin, den 1. Sept.

Lieber Alter!²⁷

Ich brauche Geld!²⁸

Dein Walter

POSTKARTE

Herrn

Oskar Kremer

6 Frankfurt am Main
Postleitzahl

Bahnhofstrasse 29
(Straße und Hausnummer oder Postfach)

Postkarte 2

Absender: Oskar Kremer

6 Frankfurt am Main
Postleitzahl
Bahnhofstrasse 29
(Straße und Hausnummer oder Postfach)

d. 4. 9.

Lieber Walter!

Ich auch!!!

Dein Alter

POSTKARTE

Herrn

Walter Kremer

1 Berlin
Postleitzahl

Potsdamerstrasse 57
(Straße und Hausnummer oder Postfach)

Zucker,[12] zweihundertfünfzig Gramm Leberwurst und hundertfünfundzwanzig Gramm Butter!" Man kann aber auch sagen: „Wieviel kosten zwei Pfund[13] Zucker, ein halbes Pfund Leberwurst und ein Viertel[14] Pfund Butter." Von einem Schwergewichtler[15] sagt man auf deutsch: Er wiegt[16] zweihundert Pfund, oder er wiegt 100 Kilogramm. Das ist schwerer, als es klingt.[17] Das amerikanische Pfund ist leichter als das deutsche Pfund: ein amerikanisches Pfund ist 454 g (vierhundertvierundfünfzig Gramm). Das deutsche Pfund ist soviel wie ein halbes Kilogramm, also fünfhundert Gramm. Man kann sich aber leicht ausrechnen, wieviel der Boxer in amerikanischen Pfund wiegt. Man braucht nur zehn Prozent zu addieren. In Amerika wiegt der Mann also ungefähr 220 Pfund. Wenn eine Frau 120 amerikanische Pfund wiegt, dann wiegt sie in Deutschland nur ungefähr 108 Pfund. Sie müssen in diesem Fall[18] zehn Prozent abziehen.[19]

In Deutschland gebraucht man mehr und mehr die Zahlen 13 bis 24 für die Nachmittagsstunden.[20] Im täglichen Leben sagt man allerdings noch: „Kommen Sie heute nachmittag[21] um ein Uhr ins Hotel!" anstatt um dreizehn Uhr. „Nächsten Freitag arbeite ich nur bis vier Uhr im Büro" anstatt sechzehn Uhr. Auf Fahrplänen,[22] Theaterprogrammen und an Briefkästen[23] lesen Sie aber nur 14.02 (vierzehn Uhr zwei), 20.30 (zwanzig Uhr dreißig) usw. Wissen Sie jetzt, was 14.02 und 20.30 bedeuten?

Nun müssen Sie noch lernen, wie man im Deutschen das Datum[24] schreibt. Die Korrespondenz zwischen Vater und Sohn auf Seite 204 kann Ihnen das zeigen.

Oben[25] auf der Postkarte sehen Sie den Namen des Absenders. Dann kommt das Datum. Auf Walters Postkarte müssen Sie das so lesen: den ersten September; auf der des Vaters: den vierten neunten oder den vierten September.[29]

In Amerika schreiben wir die Hausnummer vor den Namen der Straße. In Deutschland steht die Hausnummer auf einem Brief oder einer Postkarte immer hinter dem Straßennamen. Dann gibt es noch einen Unterschied.[30] In Deutschland schreibt man den Namen der Stadt nicht unter, sondern über den Straßennamen und die Hausnummer.

12. **der Zucker** *sugar*. 13. **das Pfund** *pound*. 14. **das Viertel, -** *quarter*. 15. **der Schwergewichtler, -** *heavyweight boxer*. 16. **wiegen** *to weigh*. 17. **klingen** *to sound*. 18. **der Fall, ⸗e** *case*. 19. **ab-ziehen** *to subtract*. 20. **der Nachmittag, -e** *afternoon;* **die Stunde, -n** *hour*. 21. **heute nachmittag** *this afternoon*. 22. **der Fahrplan, ⸗e** *timetable*. 23. **der Brief, -e** *letter;* **der Kasten, ⸗** *box*. 24. **das Datum, pl. Daten** *date*. 25. **oben** *on top, above*. 26. **die Postleitzahl, -en** *zip code*. 27. **Lieber Alter!** *Dear Old Man!* (meant affectionately). 28. **das Geld** *money*. 29. Note that German puts the day before the month. 30. **der Unterschied, -e** *difference*.

ZWEIHUNDERTFÜNF

In Deutschland gebraucht man das Dezimalsystem

II. STRUCTURE AND PRACTICE

1. New Words

GROUP I

der **Brief, -e**	*letter*
der **Fahrplan, ⸗e**	*timetable*
der **Fall, ⸗e**	*case*
der **Nachmittag, -e**	*afternoon*
der **Sohn, ⸗e**	*son*
der **Unterschied, -e**	*difference*
das **Gewicht, -e**	*weight*
das **Prozent, -e**	*percent*

Exceptional

das **Bad, ⸗er**	*bath*

GROUP II

der **Absender, -**	*sender*
der **Briefkasten, ⸗**	*mailbox*
das **Viertel, -**	*quarter*
die **Methode, -n**	*method*
die **Stelle, -n**	*place; digit*
die **Hausnummer, -n**	*street number*

UNCLASSIFIED

das **Geld**	*money*

das **Kilogramm**	*kilogram*
das **Pfund**	*pound*
der **Zucker**	*sugar*
das **Datum, Daten**	*date*
ab-ziehen	*to subtract*
addieren	*to add*
aus-rechnen	*to calculate*
gebrauchen	*to use*
klingen	*to sound*
kosten	*to cost*
multiplizieren	*to multiply*
wiegen	*to weigh*
leicht	*light; easy*
nützlich	*useful*
bald	*soon*
ob	*if, whether*
oben	*on top, above,*
	upstairs
täglich	*daily*

IDIOMS

heute nachmittag	*this afternoon*
zu Abend essen	*to eat dinner*

2. Numerals

	CARDINAL NUMBERS			ORDINAL NUMBERS	
null					
0					
eins	**elf**		**einundzwanzig**	**der erste**	
1	*11*		*21*	*the 1st*	
zwei	**zwölf**	**zwanzig**	**zweiundzwanzig**	**der zweite**	**der zwanzigste**
2	*12*	*20*	*22*	*the 2nd*	*the 20th*
drei	**dreizehn**	**dreißig**	**dreiunddreißig**	**der dritte**	**der dreißigste**
3	*13*	*30*	*33*	*the 3rd*	*the 30th*
vier	**vierzehn**[1]	**vierzig**[1]	**vierundvierzig**[1]	**der vierte**	**der vierzigste**[1]
4	*14*	*40*	*44*	*the 4th*	*the 40th*

[1] The **ie** in **vierzehn** and **vierzig** is pronounced as short **i**.

	CARDINAL NUMBERS			ORDINAL NUMBERS	
fünf	fünfzehn	fünfzig	fünfundfünfzig	der fünfte	der fünfzigste
5	*15*	*50*	*55*	*the 5th*	*the 50th*
sechs	sechzehn	sechzig	sechsundsechzig	der sechste	der sechzigste
6	*16*	*60*	*66*	*the 6th*	*the 60th*
sieben	siebzehn	siebzig	siebenundsiebzig	der siebte	der siebzigste
7	*17*	*70*	*77*	*the 7th*	*the 70th*
acht	achtzehn	achtzig	achtundachtzig	der achte	der achtzigste
8	*18*	*80*	*88*	*the 8th*	*the 80th*
neun	neunzehn	neunzig	neunundneunzig	der neunte	der neunzigste
9	*19*	*90*	*99*	*the 9th*	*the 90th*
zehn					
10					

100	hundert
105	hundertfünf
287	zweihundertsiebenundachtzig
1000	tausend
1939	eintausendneunhundertneununddreißig

As a date read: **neunzehnhundertneununddreißig**
(Do not omit **hundert** as you may do in English.)

PRACTICE

1. *Count even numbers* (*Tape 13*): zwei, vier, sechs to vierzig.
2. *Count uneven numbers* (*Tape 13*): eins, drei, fünf to einundvierzig.
3. Zwanzig, achtzehn, sechzehn; *continue to* Null (*Tape 13*).
4. Einundzwanzig, neunzehn; *continue to* eins (*Tape 13*).
5. Im Jahre hundertdreiundneunzig; Im Jahre zweihundertdreiundneunzig; *continue to* Im Jahre achtzehnhundertdreiundneunzig.

3. Formation and Use of Ordinal Numbers

Der **erste** Tag unserer Reise war schön.	*The first day of our trip was beautiful.*
Sie sitzt in der **zweiten** Reihe.	*She sits in the second row.*
Dies ist sein **drittes** Auto.	*This is his third car.*
Es ist mein **viertes** Jahr hier.	*It's my fourth year here.*
Dies ist schon unser **zwanzigstes** Experiment.	*This is already our twentieth experiment.*

In German, as in English, the ordinal numbers **der erste** (*first*), **der zweite** (*second*), **der dritte** (*third*) are quite different from the cardinal numbers **eins** (*one*), **zwei** (*two*), **drei** (*three*). The ordinals *fourth* to *nineteenth* are formed by adding **-t** to the cardinal numbers **(der vierte)**, the ordinals *twentieth* and on, by adding **-st (der zwanzigste).** Note the irregular forms **der siebte, der siebzigste, der achte.**

Ordinal numbers are declined like adjectives: der erste Tag; in der zweit**en** Reihe; sein dritt**es** Buch.

4. Dates

Heute ist **der fünfte November.**	*Today is the 5th of November.*
Wann haben Sie Geburtstag?	*When is your birthday?*
Am einundzwanzigsten August.	*On the 21st of August.*

Common idioms are:

Der wievielte ist heute?	*What is today's date?*
Den wievielten haben wir heute?	*What is today's date?*
Welcher Wochentag ist heute?	*Which day of the week is today?*
Welchen Wochentag haben wir heute?	*Which day of the week is today?*

PRACTICE

Das war am zweiten Januar; Das war am dritten Januar; *continue to* Das war am dreißigsten Januar.

5. Names of Days

(der) **Sonntag**	**Donnerstag**
Montag	**Freitag**
Dienstag	**Sonnabend (Samstag)**
Mittwoch	

6. Names of Months

(der) **Januar**	**Juli**
Februar	**August**
März	**September**
April	**Oktober**
Mai	**November**
Juni	**Dezember**

7. Telling Time

Wie spät ist es? or **Wieviel Uhr ist es?** *What time is it?*

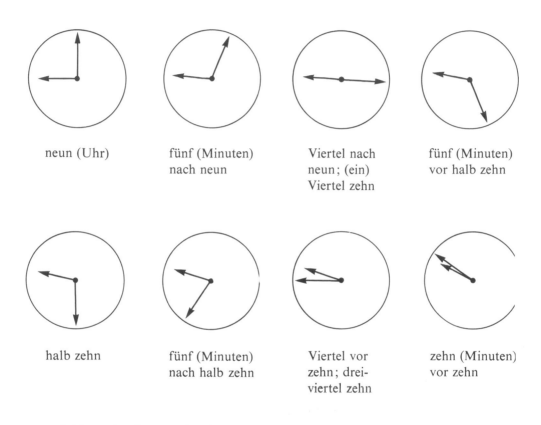

neun (Uhr)	fünf (Minuten) nach neun	Viertel nach neun; (ein) Viertel zehn	fünf (Minuten) vor halb zehn

halb zehn	fünf (Minuten) nach halb zehn	Viertel vor zehn; dreiviertel zehn	zehn (Minuten) vor zehn

1:00   **es ist eins** or **es ist ein Uhr**
9:00   **es ist neun (Uhr)**
9:05   **es ist fünf (Minuten) nach neun**
9:15   **es ist Viertel nach neun** or **es ist (ein) Viertel zehn** (that is, a quarter of the tenth hour has passed)
9:25   **es ist fünf (Minuten) vor halb zehn**
9:30   **es ist halb zehn** (that is, half of the tenth hour has passed)
9:35   **es ist fünf (Minuten) nach halb zehn**
9:45   **es ist Viertel vor zehn** or **es ist dreiviertel zehn**
9:50   **es ist zehn (Minuten) vor zehn**

PRACTICE

1. Es ist Viertel nach eins; es ist Viertel nach zwei; *continue to* es ist Viertel nach zwölf (*Tape 13*).
2. Es ist Viertel zwei; es ist halb zwei; es ist dreiviertel zwei; es ist zwei. *Shift by quarter hours until you reach* zwölf (*Tape 13*).

8. Expressions of Time

(a) **Eines Tages** kam er plötzlich von Amerika zurück.
One day he suddenly returned from America.

The genitive expresses indefinite time but has limited application. Use only the following expressions: **eines Tages** *one day;* **eines Morgens** *one morning;* **eines Abends** *one evening.*

(b) Er schreibt mir **jeden Tag.**   *He writes me every day.*
          jede Woche.   *every week.*
          jedes Jahr.   *every year.*

Sie war **den ganzen Tag** krank.   *She was ill all day.*
          die ganze Woche.   *all week.*
          das ganze Jahr.   *the whole year.*

Kommen Sie **nächsten Montag!**   *Come next Monday.*
          nächste Woche!   *next week.*
          nächstes Jahr!   *next year.*

The accusative expresses definite time. Note the use of the definite article.

(c) Ich sehe Sie **am Sonntag.**   *I'll see you Sunday.*
          am Morgen.   *in the morning.*
          im Frühling.   *in spring.*
          in zwei Tagen.   *in two days.*

Ich habe ihn **vor Jahren** in Bonn gesehen.
I saw him in Bonn years ago.

Prepositions which take either the dative or the accusative are used with the dative in expressions of time. Note the use of the definite article.

ZWEIHUNDERTELF

9. Word Order

Kommen Sie **um vier Uhr ins Hotel!**
Come to the hotel at four o'clock.

Contrary to English, an expression of time precedes one of place in German.

III. ORAL AND WRITTEN EXERCISES

1.   *Read aloud:*

1. Die höchsten Berge Europas sind: in Frankreich der Montblanc, 4810 m; in der Schweiz das Matterhorn, 4505 m; in Deutschland die Zugspitze, 2963 m; in Griechenland (*Greece*) der Olymp, 2911 m.   2. Der größte See in Europa ist der Ladogasee in der Sowjetunion, 18 180 Quadratkilometer (qkm). 3. Der größte See Deutschlands ist der Bodensee, 539 qkm.   4. Der größte See in den Vereinigten Staaten ist der Michigansee, rund 60 000 qkm.   5. Der Rhein ist 1320 km lang.   6. Der Mississippi-Missouri, einer der längsten Flüsse der Welt, ist 6051 km lang.   7. Die Bundesrepublik Deutschland ist 248 000 qkm groß, hat 58 700 000 Einwohner (*inhabitants*), und auf jeden Quadratkilometer der Bundesrepublik kommen 237 Einwohner.   8. Die UdSSR ist 22 400 000 qkm groß, hat 241 700 000 Einwohner, und auf jeden qkm kommen 11 Einwohner.   9. Die Vereinigten Staaten sind 9 360 000 qkm groß und haben 203 200 000 Einwohner, und auf jeden qkm kommen 20 Einwohner. Die Zahlen in den Sätzen 7 bis 9 sind für das Jahr 1970.

2.   *You pay for the following items with a 5-mark coin. How much change do you get back in each case? The mark has 100 pfennigs. (Note that the decimal is set off by a comma in German, not by a period.):*

1. 2 DM (zwei Deutsche Mark)   5. 87 Pfennig
2. 2,30 DM (zwei Mark dreißig)   6. 1,45 DM
3. 4,10 DM   7. 4,93 DM
4. 15 Pfennig

3.   *Give the following clock times in German according to the 24-hour system:*

1. 5 P.M.   2. 7 P.M.   3. 7:30 P.M.   4. 12 midnight.   5. 3:20 P.M.

4.   *Give the following clock times according to the 12-hour system:*

1. 16.25   2. 20.30   3. 13.00   4. 14.00   5. 24.00

5. *Give the following dates in German:*

EXAMPLE: 21. 3. 1908
am einundzwanzigsten März neunzehnhundertacht

1. 7. 1915   30. 1. 1904   28. 8. 1749   7. 12. 1938   2. 2. 1971

6. *Read, in German, the years when the following universities were founded:*

1. Heidelberg (im Jahre) 1386 2. Leipzig 1409 3. Freiburg 1457 4. Berlin
1809 (seit 1948 Freie Universität West-Berlin) 5. Bonn 1818 6. München
1826 7. Hamburg 1919

7. *Answer in German:*

1. Wieviel Uhr ist es? 2. Wann haben Sie Geburtstag? 3. Der wievielte ist
heute? 4. Welcher Wochentag ist heute? 5. Wann beginnen die Ferien?
6. Wann ist Washingtons Geburtstag? 7. In welchem Jahrhundert leben
wir?

8. *Say, then write in German:*

1. He works all day. 2. He sleeps all afternoon. 3. He works in his office
every Saturday. 4. He is in his office now. 5. He goes to his office at 8
o'clock. 6. We go to Florida every year.

IV. READING

*In the preceding chapters the reading in Text 2 and the conversations
were based on Text 1 of the lesson and did not contain new vocabu-
lary. Beginning with this chapter the reading in Section IV deals with
experiences of a young American in Germany; new words are ex-
plained in footnotes.*

Im Zug

,,Zeitungen,[1] Zeitschriften,[2] Taschenbücher![3] — Der Verkäufer[4] auf dem
Münchener Bahnhof[5] ruft diese Worte halb singend aus[6] und beobachtet einen
jungen Mann. Der junge Mann steht nur zwei Meter von ihm entfernt und

---

1. **die Zeitung, -en** *newspaper.* 2. **die Zeitschrift, -en** *periodical.* 3. **das Taschen-
buch, ⸗er** *paperback.* 4. **der Verkäufer, -** *vendor.* 5. **der Bahnhof, ⸗e** *station.* 6. **aus-
rufen** *to call out.*

LH 480 Boeing Jet F/Y ①④	LH 851 Boeing Jet Y	LH 902 Boeing Jet Y	LH 821 Boeing Jet	LH 801 Boeing Jet Y	LH 026 Boeing Jet F/Y	LH 935 Boeing Jet Y	LH 581 Boeing Jet F/Y 26 Aug — 11 Sep 72	LH 279 Boeing Jet Y	958 Boeing Jet Y ①②③ ④⑤	781 Boeing Jet Y ①②③ ④⑤	Boeing Jet ①②③ ④⑤	Boeing Jet ①②③ ④⑤	Jet Y ①②③ ④⑤
						11.30	11.40		11.45 12.25	12.55		12.00	14.10
													15.10
13.00 13.35	13.40 14.15	13.20 14.00	13.05	13.05 13.55	13.05 14.05		12.30	12.40 14.20	13.30		13.50	13.05 14.15 14.50	

	LH 904 Boeing Jet Y	LH 823 Boeing Jet Y				LH 784 Boeing Jet F/Y ①②③ ④⑤ C	LH 317 Boeing Jet ①②③ ④⑤	1812 N 262 Jet	LH 757 Boeing Jet ①②③ ④⑤	LH 176 N ①②③ ④
				16.49					17.20 18.15	

nd zurück

	D 1391	D 711	D 791	E 1949	E 1925	IC 173 1. ◇
	9.20	9.33	9.37	9.39	10.00	10.23
	9.43	9.50	9.56		10.22	C
					10.36	◇
10.03		10.17			10.48	②
10.21	10.26	10.35		10.45		11.07
					11.06	

	E 1931	TEE 50	E 1955	IC 177	E 1935	D 652
	1. ✕	a ■		1. ◇		
15.22	16.15	16.24	16.33	16.43	17.05	
15.4				17.06		A
15.5			17.00			
16.16						

München — Lindau — Schweiz — Italien

Zug Nr		D 360	D 1266	D 366	D 362	E 2186	TEE 66	D 364	3185
		🍴		🍴			1. ✕ 17.46	18.09
Hbf } 78 ab an		7.59 8.43	10.37 11.22	14.29 15.12				18.52 16.19
Hbf 80 ab	6.03	9.24		12.37			18.08
Hbf } 73 an	8.05 8.31	10.54 11.21		14.30 15.02	17.20 15.52		18.44 18.55
(Allgäu) Hbf } 78 ab an	8.45 9.33	11.34		15.14 16.01	18.01 18.53	19.00	19.43 20.56
	10.40	13.14		17.10	an 19.59		21.08
ab	10.49	13.27		17.25		20.04	21.18
an	10.58	13.37		17.34		20.12	21.21
ethen ■ ab	11.00	13.40		17.37		20.27	21.36
■ an	11.16	13.56		17.53			21.41 22.55
ethen ■ ab	11.40	14.01		18.13	19.08		
art an	12.42	15.00		20.43		BAVARIA	23.06
Platz an	14.39	16.22		19.21			
an	12.54	15.13		20.42			
itz an	14.43	16.30		21.36		(148)	
an	15.52	17.28					

Zug Nr				(124)		(548)		(140)	
			11.19	14.00	18.00		20.28	21.46
grethen ab		11.28	14.09	18.09		20.51	21.56
ch bn		11.46	14.25	18.26		21.30	22.13 23.03
n HB an		12.34	15.07	19.10		21.52	23.25
nur an		12.56	15.29	19.32			
HB ab		13.10	16.20	19.42		22.13	23.42
HB an		14.40	17.50	21.12		24.00	1.22
an		15.39	19.13	22.21			
erlaken West ab		15.47	19.00	22.22		22.56	23.32
nne F 1/2 an		16.23	19.36	22.58		23.45	0.36
		13.29	15.42	19.47	21.02	23.53

E 1/2   Italien — Schweiz —

				18.38	20.35	
Ventimiglia OEZ ab				22.28	22.46	
Genova PP OEZ ab				1.35	0.20	Jan
Milano C OEZ ab				2.40		
Como S G MEZ ab				2.37		
Chiasso ■ ab				3.01		
Lugano ab				3.33		
Bellinzona an				6.37		
Zürich HB ab				5.21		7
Luzern ab				6.37		
Zürich HB ab				22.30		1
Genève F 1/2 ab				23.06		
Lausanne ab						
Interlaken West ab				4.44		
Bern an				6.37		
Zürich HB an						

Zug Nr		3118	(101)	420
Zürich HB ab		6.53		
Winterthur		7.13		
St Gallen HB ↓		8.03		
Rorschach		8.20		
St Margrethen		8.31		
St Moritz ab		5.15		6.27
Arosa ab		6.46		8.10
Chur ab		5.02		6.3
Davos Platz ab		6.58		8.2
Landquart an		8.15		8.1
St Margrethen				

Zug Nr				D 365
St Margrethen ■ ab				8.39 8.52
Bregenz ■ ab				8.55 9.07
Lindau Hbf ■ } 78 ab an				9.17 10.33 11.19
Kempten (Allgäu) Hbf } 78 ab an				11.24 11.54
Buchloe				

interessiert sich für die Zeitungen, Zeitschriften und Taschenbücher. Der
Verkäufer sagt dann in seinem besten Englisch: "What would you like, Sir?"
„Sprechen Sie nur[7] deutsch mit mir! Ich weiß, ich trage[8] einen amerika-
nischen Anzug,[9] aber ich kann Deutsch. Wieviel kostet das Taschenbuch da
mit dem Titel ‚Österreich‘?"   5
„Drei Mark fünfzig. Viele Leute kaufen dies Buch, besonders Studenten.
Sie sind Student, nicht wahr?"
Der junge Amerikaner lacht: „Das ist schon ihre zweite richtige Beobach-
tung, und alles in einer Minute. Sie haben Talent zum Detektiv. Hier sind die
drei Mark fünfzig."   10
Zehn Minuten später sitzt der amerikanische Student auf einem Fenster-
platz im München-Wien Expreß. Er schreibt Larry Burn in das kleine Buch
und beginnt das erste Kapitel[10] zu lesen. Ihm gegenüber[11] sitzt eine alte Dame
und neben ihr sitzt eine junge Dame. Sie liest das Buch „Slaughterhouse Five".
Der Zug fährt jetzt mit einer Geschwindigkeit[12] von 120 km die Stunde.   15
Larry sieht die schöne bayrische Landschaft an sich vorüberfliegen.[13] Er
ist traurig, denn sein Junior Year in München ist zu Ende. Die junge Dame
seufzt[14] beim Lesen, und Larry fragt sich: Amerikanerin, Engländerin,
deutsche Studentin?
Plötzlich sagt die alte Dame zu ihm: „Sie, junger Mann, machen Sie doch[15]   20
bitte das Fenster auf, es ist so heiß im Abteil!"
Larry tut es, aber er stolpert[16] und stößt[17] dabei[18] der jungen Leserin das
Buch aus der Hand.
„O, das tut mir leid",[19] sagt er, hebt das Buch auf[20] und gibt es ihr, „jetzt
habe ich natürlich auch noch[21] Ihre Stelle verloren."[22]   25
Das Mädchen lächelt. „Machen Sie sich keine Sorgen![23] Ich werde die
Stelle schon[24] wiederfinden."
„Entschuldigen[25] Sie!" sagt Larry. „Sie lesen ein englisches Buch. Ich

7. Particles such as **nur, denn, ja, auch** are characteristic features of spoken German,
adding a certain flavor to a sentence. When used with an imperative, **nur** lends em-
phasis to the entire statement and can be expressed by *just.* 8. **tragen** *to wear.*
9. **der Anzug,** ꞊e *suit.* 10. **das Kapitel,** - *chapter.* 11. **gegenüber** *opposite.* 12. **die
Geschwindigkeit** *speed.* 13. **vorüber-fliegen** *to fly past.* 14. **seufzen** *to sigh.* 15. The
particle **doch** strengthens an imperative: *Do open . . ., Will you open.* 16. **stolpern**
to stumble. 17. **stoßen** *to knock.* 18. **dabei** *in so doing.* 19. **das tut mir leid** *I'm
sorry.* 20. **auf-heben** *to pick up.* 21. **noch** reinforces **auch** with an implied meaning
of *in addition.* 22. **verlieren** *to lose.* 23. **sich Sorgen machen** *to worry.* 24. The
particle **schon** lends assurance and emphasis to a statement and is equivalent to *no
doubt.* 25. **entschuldigen** *to excuse.*

glaube aber nicht, daß Englisch Ihre Muttersprache ist. Ist es vielleicht Österreichisch?"

Das Mädchen sieht ihn erstaunt[26] an. „Sie haben ein gutes Ohr für Sprachen. Sie sind Amerikaner, nicht wahr?"

5 „Ich kann das Kompliment auch Ihnen machen. Sie haben auch ein gutes Ohr für Sprachen."

„Das war nicht schwer zu erkennen,[27] denn Sie tragen einen amerikanischen Anzug. Sie haben übrigens kaum[28] einen Akzent."

„Nun", sagt Larry, „ich verdiene nicht so viel Lob. Ich habe Deutsch nicht 10 nur auf der High School und auf der Universität gelernt, ich hatte auch eine deutsche Großmutter. Da spreche ich von meiner Großmutter, und Sie wissen noch nicht, wie ich heiße. — Larry Burns, Student der deutschen Sprache und Literatur — entschuldigen Sie —, so sagt man das nicht auf deutsch — also Student der Germanistik,[29] Heimatstaat Iowa, wo der Mais hoch wächst,[30] 15 Heimatstadt Davenport, unverheiratet,[31] einundzwanzig Jahre alt."

Das Mädchen lacht. „Sehe ich aus[32] wie ein Polizist, daß Sie mir das alles sagen? Mein Name ist Inge Hörling; ich bin Wienerin."

„Aber im Augenblick[33] kommen Sie von München!"

„Ja, ich studiere am Amerika-Institut."

20 Larry findet das interessant. Sie sprechen noch eine Weile über das Amerika-Institut, und schließlich[34] sagt Inge: „Wenn ich Gelegenheit[35] habe, amerikanisches Englisch zu hören, dann spreche ich lieber Englisch als Deutsch. Bitte sprechen Sie eine Weile Englisch mit mir! — bis Linz vielleicht? Von dort bis Wien sprechen wir dann wieder Deutsch."

25 „Gerne", sagt Larry, „sehr gerne. Aber warum sprechen wir nicht Englisch, bis wir in Wien ankommen.[36]

Damit verliert das Gespräch[37] der beiden für uns alles Interesse, denn Sie wollen natürlich kein Englisch lesen.

V. CONVERSATION (*Tape 13*)

„Lesen Sie auch Werke der deutschen Literatur in Ihren Schulen?"

30 „Aber Fräulein Hörling? Sie machen der amerikanischen Kultur kein

---

26. **erstaunt** *astonished.* 27. **erkennen** *to recognize.* 28. **kaum** *hardly.* 29. **die Germanistik** *German Language and Literature.* 30. **wachsen** *to grow.* 31. **unverheiratet** *unmarried.* 32. **aus-sehen** *to look.* 33. **der Augenblick, -e** *moment.* 34. **schließlich** *finally.* 35. **die Gelegenheit, -en** *opportunity.* 36. **an-kommen** *to arrive.* 37. **das Gespräch, -e** *conversation.*

Kompliment. Das verdienen wir nicht. Glauben Sie, wir lernen Deutsch aus Kinderbüchern?"

„Entschuldigen Sie. Wenn wir anfangen, eine Fremdsprache zu lernen, dann lesen wir zuerst kleine Anekdoten und Biographien."

„Wir tun das auch in den Klassen des ersten Jahres, aber dann lesen wir   5
bald Geschichten von Böll, Brecht, Hesse, Dürrenmatt . . ."

„Auch Dürrenmatt? Was lesen Sie zum Beispiel von ihm?"

„Ein Drama, ‚Besuch der alten Dame'."

„Gefällt Ihnen Dürrenmatt?"

„Er gefällt mir, aber er ist schwer. Er spricht oft wie ein Dichter. Er hat   10
nicht den realistischen Stil Brechts."

„Sie haben nicht nur ein gutes Ohr für Sprachen, sondern Sie verstehen auch
etwas von Stil."

„Ich verdiene das Kompliment nicht. Ich wiederhole ja nur die Worte
unseres Lehrers."   15

„Aber Sie verstehen, was Ihr Lehrer sagt."

„Hm. Der Dümmste in der Klasse war ich auch nicht."

„Das ist nicht schwer zu erkennen; das höre ich, wenn Sie Deutsch
sprechen."

„So viel Lob verdiene ich nicht. — Aber hier kommen wir eben im Wiener   20
Bahnhof an. Ich muß doch wieder Englisch mit Ihnen sprechen."

VI. WRITING

Schreiben Sie einen kurzen Aufsatz über das Thema: „Herr Burn lernt
Fräulein Hörling kennen".

14
Westdeutschland
und
Ostdeutschland

I. TEXT (*Tape 14*)

Amerikanische und englische Truppen eroberten[1] 1945 Deutschland bis zur
Elbe und machten dort halt, um auf die Russen zu warten. Nach der Eroberung[2]
Berlins trafen[3] die russischen Truppen ihre westlichen Verbündeten[4] bei
Torgau an der Elbe, ungefähr fünfundsechzig Kilometer südlich von Berlin.

5   Die Soldaten feierten den Sieg[5] mit Wodka und Whisky und wünschten sich
einen langen Frieden[6] und alles Gute. Ein paar Wochen später war der Zweite
Weltkrieg zu Ende, — und der kalte Krieg begann.[7]
    Amerikaner, Engländer und Franzosen blieben[8] in Westdeutschland, die

---

1. **eroberten** *conquered;* past tense of **erobern.** 2. **die Eroberung, -en** *capture.* 3. **trafen** *met;* past tense of **treffen.** 4. **der Verbündete, -n, -n** *ally.* 5. **der Sieg, -e** *victory.*
6. **der Friede, -ns** (gen.) *peace.* 7. infinitive **beginnen.** 8. infinitive **bleiben.**

Russen blieben im heutigen[9] Ostdeutschland, und die westlichen Verbündeten disputierten[10] mit den Sowjets über Deutschlands Zukunft.[11] Die Verbündeten wollten Deutschland teilen,[12] die Russen wollten aus bestimmten[13] Gründen[14] ein ungeteiltes Deutschland. Die Russen mußten nachgeben[15] und bekamen[16] das heutige Ostdeutschland als ihre Zone, die Verbündeten besetzten[17] Westdeutschland.

So endete das alte Deutsche Reich,[18] der Traum[19] vergangener[20] Jahrhunderte, und doch war es ein verhältnismäßig[21] junges Reich im Vergleich mit dem Alter europäischer Staaten. Von 1871, seinem Gründungsjahr,[22] dauerte[23] es nur vierundsiebzig Jahre, bis es 1945 unterging.[24]

An seine Stelle traten[25] zwei neue und ganz verschiedene Staatsgebilde:[26] die Bundesrepublik[27] Deutschland (BRD) und die Deutsche Demokratische Republik (DDR). Die westdeutschen Länder schufen[28] unter der Kontrolle der westlichen Verbündeten die BRD. In ihrer Verfassung[29] sind Menschenrechte[30] und Freiheit wieder Grundlagen des zivilisierten Lebens.

Amerika behandelte[31] Deutschland mehr wie einen Juniorpartner als wie einen besiegten[32] Feind.[33] Es erkannte[34] die Lage früh und konnte kein Machtvakuum[35] innerhalb Europas dulden.[36] Das erklärt den Marshall-Plan. Diese große Hilfe und die ungebrochene Energie der Deutschen schufen das „Wirtschaftswunder". In erstaunlich kurzer Zeit wurde[37] Westdeutschland eins der produktivsten Industrieländer der Welt.

So ein Wirtschaftswunder gab[38] es in der DDR nicht. Die Russen verlangten von ihrer Besatzungszone[39] gegen Ende der fünfziger Jahre Reparationen in Höhe von[40] dreißig bis fünfzig Milliarden.[41] Die DDR konnte ihr zerstörtes Land nur langsam aufbauen, aber auch sie wurde schließlich ein produktives Industrieland.

5

10

15

20

25

---

9. **heutig** *present(-day), modern.* 10. **disputieren** *to debate, argue.* 11. **die Zukunft** *future.* 12. **teilen** *to divide.* 13. **bestimmt** *special, definite.* 14. **der Grund, ⸗e** *reason.* 15. **nach-geben** *to give in, yield.* 16. infinitive **bekommen** *to get, receive.* 17. **besetzen** *to occupy.* 18. **das Reich, -e** *empire.* 19. **der Traum, ⸗e** *dream.* 20. **vergangen** *past;* past participle of **vergehen** *to pass.* 21. **verhältnismäßig** *relatively.* 22. **die Gründung, -en** *establishment, foundation.* 23. **dauern** *to last, take.* 24. **unter-gehen** *to come to an end.* 25. **an seine Stelle traten** (inf. of **treten** *to step) (in its place stepped); it was replaced by.* 26. **das Staatsgebilde, -** *form of government.* 27. **die Bundesrepublik** *Federal Republic.* 28. **schaffen** *to create.* 29. **die Verfassung, -en** *constitution.* 30. **das Menschenrecht, -e** *human right.* 31. **behandeln** *to treat.* 32. **besiegt** *defeated;* past participle of **besiegen** *to defeat.* 33. **der Feind, -e** *enemy.* 34. infinitive **erkennen.** 35. **das Machtvakuum** *power vacuum.* 36. **dulden** *to tolerate.* 37. infinitive **werden.** 38. past tense of **es gibt.** 39. **die Besatzung, -en** *occupation.* 40. **in Höhe von** *in the amount of.* 41. **die Milliarde, -n** *billion.*

Westberlin

VOR UND
HINTER DER
MAUER...

Ostberlin

Das Leiden[42] Deutschlands ist heute politisch, nicht wirtschaftlich. Schon am 30. Juni 1946 sperrten[43] die vier Mächte die Grenze zwischen den beiden Staaten, der „Eiserne Vorhang" fiel.[44] Heute ist dieser Eiserne Vorhang eine Mauer[45] mit Stacheldraht[46] und einer Todeszone.[47]

5

Vor und hinter der Mauer wird der Unterschied zwischen den beiden deutschen Staaten immer größer. Westdeutschland, gegründet[48] im Geiste der amerikanischen Demokratie, gehört[49] zum Westen. Ostdeutschland, gegründet im Geiste des Kommunismus, gehört zum Osten. Die tragische Spaltung[50] der Welt geht mitten durch das Deutschland der Vergangenheit.[51]

10

---

42. **das Leiden, -** *suffering.* 43. **sperren** *to close.* 44. infinitive **fallen.** 45. **die Mauer, -n** *wall.* 46. **der Stacheldraht** *barbed wire.* 47. **der Tod** *death.* 48. **gegründet;** past participle of **gründen** *to establish, found.* 49. **gehören** *to belong.* 50. **die Spaltung** *division.* 51. **die Vergangenheit** *past.*

II. STRUCTURE AND PRACTICE

1. New Words

GROUP I

der **Feind, -e**	*enemy*
der **Grund, ⸗e**	*reason*
der **Sieg, -e**	*victory*
der **Stacheldraht**	*barbed wire*
der **Tod**	*death*
der **Traum, ⸗e**	*dream*
die **Zukunft**	*future*
das **Menschenrecht, -e**	*human right*
das **Reich, -e**	*empire*

GROUP II

der **Verbündete, -n, -n**	*ally*
die **Besatzung, -en**	*occupation*
die **Bundesrepublik**	*Federal Republik*
die **Eroberung, -en**	*capture, conquest*
die **Gründung, -en**	*establishment, foundation*
die **Mauer, -n**	*wall*
die **Milliarde, -n**	*billion*

die **Spaltung, -en**	*division*
die **Verfassung, -en**	*constitution*
die **Vergangenheit**	*past*

Exceptional

der **Friede, -ns, -n**	*peace*
bestimmt	*special, definite*
heutig	*present(day), modern*
verhältnismäßig	*relatively*

WEAK VERBS

behandeln	*to treat*
besetzen	*to occupy*
dauern	*to last, take*
disputieren	*to debate, argue*
dulden	*to tolerate*
erobern	*to conquer*
gehören	*to belong*
sperren	*to close*
teilen	*to divide*

STRONG VERBS		IDIOMS	
unter-gehen (ging unter)	to come to an end	an seine Stelle treten	to be replaced by
nach-geben (gab nach)	to give in, yield	in Höhe von	in the amount of

2. Past Tense

In German, as in English, verbs belong to one of two groups, depending upon how they form their past tense. One group, which includes the larger number of verbs, forms the past tense by adding to the verb stem the characteristic past-tense symbol **-t-** (*-ed* in English) plus personal endings: spielen: spiel**t-**

Ich spiel**te** Tennis.	*I played tennis.*
Sie frag**te** mich.	*She asked me.*

Verbs which form their past tense by adding the past-tense **-t-** are called WEAK VERBS.

3. Past-Tense Endings of Weak Verbs

besuchen

ich besuch**te** ihn	*I visited him*
du besuch**test** ihn	*you visited him*
er, sie, es besuch**te** ihn	*he, she, it visited him*
wir besuch**ten** ihn	*we visited him*
ihr besuch**tet** ihn	*you visited him*
sie besuch**ten** ihn	*they visited him*
Sie besuch**ten** ihn	*you visited him*

Note: To facilitate pronunciation, verbs whose stem ends in **d** or **t** insert **e** between the stem and the past-tense symbol **-t-**: er bild**e**te, sie wart**e**ten. This applies also to verbs whose stem ends in **m** or **n** if these letters are preceded by a different consonant other than **l** and **r**: sie öffn**e**te, er atm**e**te (*breathed*); BUT er lern**te**, ich warn**te**.

4. Meanings of the Past Tense

Depending on the context, **Er spielte Tennis** may mean either *He played tennis* or *He was playing tennis.*

PRACTICE

> **A.** Example: **Ich spiele** oft Tennis mit ihm. (damals)
> **Damals spielte ich** oft Tennis mit ihm.

Substitute the past tense for the present tense, beginning each sentence with the words indicated:

1. Viele suchen Gold in Kalifornien. (im neunzehnten Jahrhundert) 2. Meine Familie reist jeden Sommer nach Europa. (vor dem Kriege) 3. Viele Amerikaner studieren in Göttingen. (früher) 4. Ich spiele auch Fußball. (vor etwa zehn Jahren) 5. Amerika behandelt Deutschland gut. (nach dem Krieg) 6. Sie liebt ihn. (damals) 7. Ich reise jeden Sommer durch Europa. (vor dem Krieg) 8. Die Soldaten feiern die Eroberung. (ein paar Tage später) 9. Die Russen verlangen Reparationen. (bis 1958) 10. Die Sieger teilen das Deutsche Reich. (nach der Kapitulation)

> **B.** Example: **Sie arbeiten** für eine Autofirma. (vor zehn Jahren)
> **Vor zehn Jahren arbeiteten sie** für eine Autofirma.

Substitute the past tense for the present tense, beginning each sentence with the words indicated (Tape 14):

1. Das Leben eines Menschen bedeutet nichts. (in diesen Zeiten) 2. Der Zweite Weltkrieg endet. (nach sechs Jahren) 3. Station B antwortet nicht mehr. (drei Stunden später) 4. Die ersten Flugzeuge landen. (eine Stunde später) 5. Er wartet auf sie. (eine halbe Stunde) 6. Er atmet sehr schnell. (kurz vor seinem Tode) 7. Dieses Haus kostet viel weniger. (vor dem Krieg) 8. Sie öffnet alle Fenster. (später)

5. Past Tense of Strong Verbs

Er **schrieb** nach Hause. (schreiben)
He wrote home.

Sie **fanden** seinen Wagen im Walde. (finden)
They found his car in the woods.

In German, as in English, a substantial group of verbs forms the past tense by changing the stem vowel: **finden,** stem vowel **-i-**; PAST TENSE: **er fand,** stem vowel **-a-.**

6. Past-Tense Endings of Strong Verbs

trinken

ich **trank**	*I drank*
du **trankst**	
er, sie, es **trank**	
wir **tranken**	
ihr **trankt**	
sie **tranken**	
Sie **tranken**	

7. Past-Tense Forms of Some Strong Verbs

Before you can use the past tense of a strong verb, you must know what the stem vowel of its past tense is. You will learn more about vowel changes in strong verbs in the following lessons. Here are the infinitive and the past (**ich** and **er** forms) of some familiar strong verbs. Memorize them:

1.	**bleiben**	**blieb**	12.	**essen**	**aß**
2.	**schreiben**	**schrieb**	13.	**geben**	**gab**
3.	**fliegen**	**flog**	14.	**lesen**	**las**
4.	**finden**	**fand**	15.	**sehen**	**sah**
5.	**trinken**	**trank**	16.	**liegen**	**lag**
6.	**beginnen**	**begann**	17.	**sitzen**	**saß**
7.	**schwimmen**	**schwamm**	18.	**fahren**	**fuhr**
8.	**helfen**	**half**	19.	**heißen**	**hieß**
9.	**nehmen**	**nahm**	20.	**gefallen**	**gefiel**
10.	**sprechen**	**sprach**	21.	**schlafen**	**schlief**
11.	**kommen**	**kam**	22.	**gehen**	**ging**

PRACTICE

> C. Example: **Meine Freunde blieben** drei Tage. (ich)
> **Ich blieb** drei Tage.

Substitute the indicated subjects with the correct verb forms:

1. Wir schrieben viele Briefe. (er) 2. Die Leute halfen ihm. (keiner) 3. Wir

schliefen im Walde. (ich) 4. Er trank Milch. (wir) 5. Marie aß Fisch. (alle)
6. Zwei Flugzeuge flogen über die Stadt. (ein Flugzeug) 7. Kein Mensch
sprach mit ihm. (ich) 8. Sie nahmen uns damals alles. (du) 9. Warum
bliebt ihr damals zu Hause? (du) 10. Das Hotel gefiel uns nicht. (die kleinen
Restaurants) 11. Der junge Mann fuhr immer zu schnell. (du) 12. Sie las
immer viel. (ihr)

> **D.** Example: **Wir bleiben** drei Tage in Berlin.
> **Wir blieben** drei Tage in Berlin.

Substitute the past tense for the present tense (Tape 14):

1. Sie schreibt nicht oft. 2. Wir fliegen nach Frankfurt. 3. Sie schläft nicht
gut. 4. Der neue Präsident heißt Becker. 5. Viele Truppen kommen aus
dem Osten. 6. Der Motor beginnt, heiß zu werden. 7. Wir trinken nicht
genug Wasser. 8. Die Kinder finden nichts zu essen. 9. Die Jahre kommen
und gehen. 10. Die Oper gefällt mir nicht. 11. Du fährst immer zu schnell.
12. Er sitzt an unserem Tisch. 13. Hier liegt ein Dorf. 14. Du siehst ihn,
wie ich ihn sehe. 15. Ihr lest nicht genug. 16. Du gibst mir immer etwas zu
essen. 17. Wir sprechen mit dem Direktor. 18. Sie schwimmt jeden Tag im
Meer. 19. Diese Medizin hilft mir nicht. 20. Er nimmt nichts für seine
Hilfe.

8. Past of **kennen, nennen, senden, denken, bringen**

kennen	**nennen**	**senden**
ich **kannte** (*I knew*)	ich **nannte** (*I named*)	ich **sandte** (*I sent*)
er **kannte**	er **nannte**	er **sandte**

denken	**bringen**
ich **dachte** (*I thought*)	ich **brachte** (*I brought*)
er **dachte**	er **brachte**

A few verbs change their stem vowel to **a** and add the tense symbol **-t-** to form
the past tense. These verbs take the personal endings of weak verbs.

PRACTICE

> **E.** Example: Wir kennen ihn.
> Wir kannten ihn. (ich)
> Ich kannte ihn.

First change the verbs in the following sentences to the past, then substitute the subject indicated (Tape 14):

1. Keiner sendet Geld. (alle)   2. Die Journalisten nennen ihn einen Diktator. (wir)   3. Wir kennen Berlin nicht gut. (sie)   4. Wir erkennen sie nicht. (ich) 5. Sie bringt uns jeden Tag frische Eier. (Marie)   6. Wir denken oft an ihn. (ich)

9. Past of <u>haben, sein, werden</u>

Because these irregular verbs are used frequently, we are listing all their past-tense forms. Memorize them:

haben	sein	werden
ich **hatte** (*I had*)	**war** (*I was*)	**wurde** (*I became, got*)
du **hattest**	**warst**	**wurdest**
er, sie, es **hatte**	**war**	**wurde**
wir **hatten**	**waren**	**wurden**
ihr **hattet**	**wart**	**wurdet**
sie **hatten**	**waren**	**wurden**
Sie **hatten**	**waren**	**wurden**

PRACTICE

> **F.** Example: **Sie haben** keine Zeit.
> **Sie hatten** keine Zeit. (er)
> **Er hatte** keine Zeit.

First change the verb to the past, then substitute the subject indicated (Tape 14)

1. Sie hat einen guten Vater. (wir) 2. Ich habe nicht viel Geld. (Sie)
3. Deutschland hat viele Nachbarn. (wir) 4. Diese Firma hat einen neuen
Direktor. (ihr) 5. Sie haben Talent, Fräulein Schröder. (Marie) 6. Du hast
immer Zeit. (ihr)

> **G.** Example: **Er ist** Lehrer.
> **Er war** Lehrer. (ich)
> **Ich war** Lehrer.

First change the verb to the past, then substitute the subject (Tape 14):

1. Ich bin noch jung. (Herbert) 2. Hilde ist blond. (mein Vater und meine
Mutter) 3. Wir sind hungrig und durstig. (ich) 4, Die Wagen sind in der
Garage. (der Wagen) 5. Ihr seid zu klein. (du) 6. Es ist zu heiß. (der
Sommer)

> **H.** Example: **Es wird** kalt.
> **Es wurde** kalt. (die Nächte)
> **Die Nächte wurden** kalt.

First change the verb to the past, then substitute the subject indicated (Tape 14):

1. Wir werden älter. (Oskar) 2. Ihre Suppe wird kalt. (es) 3. Er wird
berühmt. (die beiden Brüder) 4. Du wirst größer. (ihr) 5. In dieser schönen
Landschaft werden alle romantisch. (auch ich). 6. Sie werden immer jünger.
(sie)

10. Past of Modal Auxiliaries

können:	ich **konnte**	*I was able to*
mögen:	ich **mochte**	*I liked to*
dürfen:	ich **durfte**	*I was permitted to*
müssen:	ich **mußte**	*I had to*
sollen:	ich **sollte**	*I was supposed to, I was to*
wollen:	ich **wollte**	*I wanted to*

The past tense of modals is formed like the past tense of weak verbs: add **-t-**
and the personal endings to the stem; also drop the umlaut.

11. Past of <u>wissen</u>

ich **wußte**	(*I knew*)	wir **wußten**
du **wußtest**		ihr **wußtet**
er, sie, es **wußte**		sie **wußten**
		Sie **wußten**

The verb **wissen** forms its past tense like modal auxiliaries.

PRACTICE

> **I.** Example: **Wir können** ihm nicht helfen.
> **Wir konnten** ihm nicht helfen. (sein eigener Vater)
> **Sein eigener Vater konnte** ihm nicht helfen.

First change the verb to the past, then substitute the subject indicated (Tape 14):

1. Ich mag ihm das nicht sagen. (seine eigene Mutter) 2. Wir dürfen nur sieben Tage in Ostdeutschland bleiben. (ich) 3. Er muß nach Frankfurt fliegen. (wir) 4. Sie sollen um acht Uhr im Büro sein, Herr Becker. (ich) 5. Willst du nicht oder kannst du nicht? (ihr) 6. Will sie nicht Lehrerin werden? (du) 7. Mußt du das tun? (sie) 8. Ich will ihm helfen. (wir alle) 9. Ich weiß nicht, wo er ist. (wir) 10. Weißt du das nicht? (ihr) 11. Ich weiß nicht, was sie will. (ihr eigener Vater)

III. ORAL AND WRITTEN EXERCISES

1. *Substitute the correct verb forms in the past tense:*

(a) *Weak verbs:*

1. Sie erzählen uns von ihrem Besuch in Berlin. 2. Jeden Morgen öffnet sie alle Fenster. 3. Wir brauchen das Geld. 4. Wir warten nicht lange auf Sie. 5. Im 19. Jahrhundert studieren viele Amerikaner an deutschen Universitäten. 6. Wir besuchen ihn jeden Tag. 7. Er arbeitet in unserem Büro. 8. Er bestellt zwei Glas Wasser. 9. Wir wünschen ihm guten Appetit. 10. Er liebt sie sein ganzes Leben lang.

(b) *Strong verbs:*

1. Er liest einen neuen Roman. 2. Er schreibt für Zeitungen in der DDR.

3. Sie spricht nicht laut genug. 4. Das Bild gefällt mir nicht. 5. Er schläft bis zehn Uhr. 6. Wir bleiben drei Wochen in Berlin. 7. Er fährt zu langsam. 8. Er ißt immer zuviel. 9. Er liegt noch im Bett und schläft. 10. Es gibt dort kein gutes Hotel. 11. Er bekommt nicht viel Geld. 12. In der Römerzeit heißt die Stadt Koblenz Confluentes. 13. Nichts hilft ihm. 14. Wer sitzt neben ihr?

(c)   *Irregular verbs:*

1. Er bringt mir jeden Morgen die Zeitung. 2. Wir haben keine Zeit. 3. Er denkt immer an sie. 4. Sein Kaffee wird kalt. 5. Wir bringen ihn ins Hotel. 6. Er weiß immer mehr als ich. 7. Ist sie noch im Hotel? 8. Wissen Sie das nicht? 9. Er erkennt seine Heimatstadt nicht mehr. 10. Man nennt mehrere Straßen in Deutschland nach Kennedy.

(d)   *Modals:*

1. Er kann uns in den ersten Jahren nicht helfen. 2. Warum muß Hilde so schwer arbeiten? 3. Was will sie von ihm? 4. Der Junge darf nicht mit anderen Kindern spielen. 5. Sie muß allein nach Deutschland reisen. 6. Als Kind mag ich keinen Fisch essen. 7. Er kann nicht alles wissen. 8. Sie soll um neun Uhr hier sein. 9. Er liebt Marie, aber sie mag ihn nicht. 10. Muß das sein?

2.   *Say, then write in German:*

1. Many travelers visited the BRD. 2. They brought us something to eat. 3. We did not know him well. 4. He lived there one year. 5. We read the newspaper and drank a glass of milk. 6. Where was he? 7. He liked the picture. 8. We were unable to help him. 9. I wanted to go with him. 10. We were supposed to tell him everything. 11. It was getting cold. 12. Who wanted to divide Germany? 13. America helped Germany with money. 14. I had to walk three kilometers every day. 15. We thought of you often.

IV. READING

Zwei in einem Wiener Café

Eine Reise von München nach Wien dauert nicht lange, aber für Larrys pädagogische Ziele[1] dauerte sie nicht lange genug. Er brauchte mehr Zeit, um als Privatlehrer seine Schülerin in das gesprochene Amerikanisch einzuführen.[2]

1. **das Ziel, -e** *aim, goal.*   2. **ein-führen** *to introduce.*

So bat[3] er auf dem Wiener Bahnhof um eine Fortsetzung[4] des Unterrichts,[5] und seine Schülerin und Lehrerin hielt[6] auch weitere[7] Privatstunden für nötig.[8] Es folgten zwei Spaziergänge[9] durch die Stadt mit Gesprächen auf deutsch und englisch und ein Besuch eines bekannten Wiener Cafés.

Das Café war nicht voll, Lehrerin und Schüler setzten sich an einen der kleinen Tische, und der Schüler bestellte mit Hilfe seiner Privatlehrerin zwei Tassen[10] Kaffee. Dann wollte Larry auch etwas zu essen haben, und der Ober empfahl frischen Gugelhupf.[11] Larry wußte nicht, was das war, aber Inge erklärte es und zeichnete[12] außerdem einen Gugelhupf auf die Papierserviette.

Der Ober wartete eine Weile, und schließlich sagte Larry: „Bringen Sie uns bitte zwei Stück Gugel-, Gugel-. . .“

„. . . -hupf“, sagte der Ober, und dann fragte er mit einem freundlichen Lächeln: „Wünschen die junge Dame und der Herr Student noch etwas?“ Es gab keine Wünsche mehr, und der Ober ging weg.

„Woher wußte der Mann, daß ich Student bin?“ fragte Larry. Inge lächelte: „Das wußte er nicht. Es ist ein alter Brauch[13] der Kellner,[14] junge Herren mit ‚Herr Student‘ und ältere Herren mit ‚Herr Doktor‘ oder ‚Herr Direktor‘ anzureden.“[15]

„Will sich der Ober damit ein besseres Trinkgeld[16] verdienen?“

„Ich glaube nicht, daß das der Hauptgrund ist. Wien war als kaiserliche[17] Residenz jahrhundertelang ein Kulturzentrum. In der guten alten Zeit konnte man in jeder Kutsche[18] Grafen,[19] Barone und andere Adlige[20] sehen, und die Herren im Café waren Doktoren, Professoren und Künstler. Das machte das Leben interessant, und das einfache[21] Volk freute sich,[22] so viele Zelebritäten sehen zu können. Daß diese Zeit vorüber ist, will das Volk vielleicht nicht glauben, und so füllen die Kellner und Hotelangestellten[23] die Stadt mit künstlichen[24] Doktoren und Direktoren. Aber nicht nur die einfachen Leute, wir alle hängen an[25] unserer Vergangenheit.“

3. infinitive **bitten um** (plus acc.) *to request, ask for.* 4. **die Fortsetzung, -en** *continuation.* 5. **der Unterricht** *instruction.* 6. infinitive **halten für** *to consider.* 7. **weiter-** (adj.) *additional.* 8. **nötig** *necessary.* 9. **der Spaziergang, ⸗e** *walk.* 10. **die Tasse, -n** *cup.* 11. **der Gugelhupf** a kind of Viennese coffee cake. 12. **zeichnen** *to draw.* 13. **der Brauch, ⸗e** *custom.* 14. **der Kellner, -** *waiter.* 15. **an-reden** *to address.* 16. **das Trinkgeld, -er** *tip.* 17. **kaiserlich** *imperial.* 18. **die Kutsche, -n** *carriage.* 19. **der Graf, -en, -en** *count.* 20. **der Adlige, -n, -n** *nobleman.* 21. **einfach** *simple, plain.* 22. **sich freuen** *to be happy.* 23. **die Hotelangestellten** (pl.) *hotel personnel.* 24. **künstlich** *artificial, false.* 25. **hängen an** *to cling to.*

Larry nickte[26] mit dem Kopf. „Also das ist der Grund. Sie wurden gestern so melancholisch vor dem Denkmal[27] der Kaiserin Maria Theresia."[28]

„Sie haben recht. Da sitzt diese Riesenfrau[29] aus Metall schon seit vielen Jahrzehnten unter dem österreichischen Himmel.[30] Die Kaiserin starb vor ungefähr zweihundert Jahren, aber für viele von uns Wienern ist sie immer noch eine Art Landesmutter."[31]

„Sie hatte viele Kinder, nicht wahr?"

„Ich bin überrascht;[32] Mr. Larry Burn kennt die Geschichte Österreichs. Ja, die Kaiserin hatte sechzehn Kinder. Ich glaube eins dieser Kinder kennen Sie."

„Kaum, ich war nie gut in Geschichte."

„Ich glaube Sie kennen eins der Kinder. Ich mache es wie beim Fernsehen,[33] ich helfe Ihnen etwas."

„Und wenn ich die richtige Antwort gebe, bekomme ich einen Mercedes, eine Weltreise und eine Waschmaschine."

„Wenn Sie die richtige Antwort geben, bekommen Sie noch ein Stück Gugelhupf. Ich sehe, der Kuchen[34] schmeckt[35] Ihnen gut. — Also, Mozart war ein kleiner Junge von sechs Jahren. Er gab Konzerte an europäischen Höfen.[36] Am Wiener Hof spielte er nach dem Konzert mit den Kindern der Kaiserin. Eins dieser Kinder, ein kleines Mädchen, gefiel ihm ganz besonders. Wie heißt das Kind? — Keine Antwort? — Der kleine Mozart gab dem Mädchen einen Kuß[37] und versprach[38] ihr, sie später zu heiraten.[39] Die kleine Prinzessin heiratete später natürlich keinen armen Komponisten, sondern einen König.[40] Der König und die Königin fanden beide ein trauriges Ende — auf der Guillotine."

„Halt, das Kind hieß Marie Antoinette."

„Sie haben sicherlich eine Eins in Geschichte gehabt."

„Eine Eins? — Ach so, ein A. Bei uns sagt man dafür meistens A. Nein, ich habe nur eine Zwei, also ein B gehabt. Ich interessiere mich übrigens im Augenblick für etwas spezifisch Wienerisches. Es ist auch etwas spezifisch Amerikanisches. Können Sie das raten?"[41]

26. **nicken** *to nod.* 27. **das Denkmal,** ⸗er *monument.* 28. Maria Theresa (1717–1780), Empress of Austria, was an aristocratic, pious, and beautiful woman; she possessed a keen and practical sense for politics and established the unified and centrally administered government of Austria. 29. **die Riesenfrau** *gigantic woman.* 30. **der Himmel, -** *sky.* 31. **die Landesmutter** *mother of our country.* 32. **überrascht** *surprised.* 33. **das Fernsehen** *television.* 34. **der Kuchen, -** *cake.* 35. **schmecken** *to taste.* 36. **der Hof,** ⸗e *court.* 37. **der Kuß,** ⸗sse *kiss.* 38. **versprechen** *to promise.* 39. **heiraten** *to marry.* 40. **der König, -e** *king.* 41. **raten** *to guess.*

„Nein, das ist mir zu schwer. Österreicher und Amerikaner sind doch ganz andere Menschentypen. Amerika ist das Land der ‚efficiency' und Österreich ist das Land der Gemütlichkeit.[42] Allerdings spreche ich jetzt mehr vom alten Österreich, das moderne . . ."

5 „Inge, ich sehe du verstehst nicht, was ich meine. Ich spreche vom Tanzen. Wien ist doch die Stadt des Tanzes, die Stadt des Walzers, und heute tanzt ihr amerikanische Tänze. Hast du Lust[43], mit mir tanzen zu gehen?"

„Hörte ich richtig? Sagtest du eben[44] ‚du' zu mir?"

„Hörte i c h richtig? Sagtest du eben ‚du' zu m i r? — Liebe Inge, ich
10 hoffe, du fühlst wie . . ."

42. **die Gemütlichkeit** approximate meaning: *congeniality.* 43. **Lust haben** *to like.* 44. **eben** *just now.*

V. CONVERSATION (*Tape 14*)

„Fräulein Hörling, Sie sind eine ausgezeichnete Sprachlehrerin. Ich hatte kaum eine bessere und nie eine jüngere und charmantere, aber als meine Schülerin muß ich Ihnen im Englischen ein D, entschuldigen Sie, eine Vier geben."

15 „Ich bin überrascht. Warum? Ist meine Aussprache schlecht?"

„Das ist es nicht. Sie lassen mir nicht genug Zeit, Sie im amerikanischen Englisch zu unterrichten."

„Aber wir hatten doch unsere Englischstunde vor drei Tagen, und nächsten Freitag haben wir doch wieder eine."

20 „Bis zum nächsten Freitag sind es wieder drei Tage. In der Zeit vergessen Sie all die schönen amerikanischen ‚Idioms' und was sie bedeuten. You must tackle the problem harder."

„Was bedeutet ‚tackle'?"

„Sehen Sie, ich habe recht. Das Verb ‚tackle' ist ein typisch amerikanisches
25 Verb. Es . . ."

„Nicht jetzt, Herr Burn. Heute wollen wir doch über ‚Die Bedeutung des Cafés im Kulturleben Wiens' sprechen. Haben Sie das vergessen?"

„Ich vergesse nichts, was mir Fräulein Hörling sagt, aber ich glaube noch immer, e i n e Englischstunde die Woche ist nicht genug."

30 „Aber es ist doch keine ‚Stunde'; wir sprechen doch stundenlang Englisch an so einem Nachmittag oder Abend."

„Du verstehst mich nicht, Inge.“

„Höre ich richtig? Gebrauchen Sie das richtige Personalpronomen?“

„Du hörst richtig, and I used the right personal pronoun.“

VI. WRITING

Schreiben Sie ein kurzes Gespräch zwischen Inge und Larry! Gebrauchen Sie die du-Form! Die beiden sprechen über den Gugelhupf, den Brauch der Kellner, ihren Gästen Titel zu geben, Kaiserin Maria Theresia, Wien, die Walzerstadt usw.

15

Goethe

(1749–1832)

I. TEXT (*Tape 15*)

Johann Wolfgang Goethe, „der zornige[1] junge Mann" der siebziger Jahre des
achtzehnten Jahrhunderts war schon mit seinem ersten Roman, „Die Leiden
des jungen Werther"[2] (1774), weltberühmt geworden.[3] Im neunzehnten und in
der ersten Hälfte des zwanzigsten Jahrhunderts hatte man in diesem Werk nur
eine sentimentale Liebesgeschichte[4] gesehen.   5

Das ist heute anders. In Amerika z.B. hat der kleine Roman in den sechziger
Jahren eine Renaissance[5] gehabt. Die Leiden Werthers sind heute wieder die
Leiden der Jugend[6] und nicht nur der Jugend geworden. Der junge Held[7] hat
z.B. einen Wutausbruch[8] über das Fällen[9] von zwei herrlichen[10] alten Nuß-
bäumen.[11] Er verdammt[12] das mangelnde[13] Naturgefühl der Frau des Pa-   10

1. **zornig** *angry.* 2. *The Sorrows of Young Werther.* 3. infinitive **werden; war
geworden** *had become.* 4. **die Liebesgeschichte, -n** *love story.* 5. **die Renaissance**
revival. 6. **die Jugend** *youth.* 7. **der Held, -en, -en** *hero.* 8. **der Wutausbruch, ⸗e**
fit of rage. 9. **das Fällen** *felling, cutting down.* 10. **herrlich** *magnificent.* 11. **der
Nußbaum, ⸗e** *nut tree.* 12. **verdammen** *to condemn.* 13. **mangelnd** *lacking.*

stors[14] — sie gab den Befehl[15] zum Fällen der Bäume, er verdammt die Stumpfheit[16] des Holzhackers[17] und die Geldgier[18] des Pastors — er wollte das Holz verkaufen.[19] Mit erstaunlicher intuitiver Einsicht[20] in den beginnenden Vernichtungskrieg[21] des Menschen gegen alles Lebendige[22] ver-

5   dammt der junge Held die Menschen „ohne Sinn und ohne Gefühl an dem Wenigen,[23] was auf Erden noch einen Wert hat". Heute ist das Wenige noch weniger geworden, und nicht nur die Jugend verdammt die Gefühllosigkeit[24] ihrer Mitmenschen und den Vernichtungskrieg gegen alles Lebendige.

Auch Goethes Gedichte haben bis heute nichts von ihrem Ruhm verloren.

10   Noch heute lesen und singen Deutsche und Ausländer diese lyrischen Meisterwerke. Die größten Liederkomponisten — Schubert, Schumann, Mendelssohn, Brahms, Wolf und Richard Strauß — haben seine Gedichte in Musik gesetzt. Natürlich sind die genannten[25] Komponisten nicht die einzigen[26] geblieben.[27] Zu Beginn unseres Jahrhunderts hat man über zwei-

15   tausend Kompositionen von Goetheschen[28] Gedichten gezählt.[29]

Man spricht in Deutschland von einem Goetheschen Zeitalter,[30] denn Goethe hat lange gelebt und viele Zeitgenossen[31] in ihrem Fühlen und Denken beeinflußt.[32] In seinem Geburtsjahr 1749 verbrannte[33] man in Europa noch immer Hexen. Als er 1832 starb, fuhren die ersten Eisenbahnen[34] in England.

20   So viel Wichtiges[35] war in diesen dreiundachtzig Jahren geschehen![36] Die französische Revolution hatte Europa erschüttert,[37] Napoleons Stern[38] war gestiegen und gesunken, auf dem fernen[39] amerikanischen Kontinent war ein neuer Staat entstanden,[40] das Zeitalter der Technik hatte begonnen.

Diese wichtigen Entwicklungen[41] haben Ausdruck[42] in Goethes Werken

25   gefunden. So beginnt z.B. sein großes Drama „Faust" in der Enge[43] der mittelalterlichen[44] Welt und endet mit Fausts Vision von einer freien, glück-

---

14. **die Pastorsfrau** *wife of the minister.* 15. **der Befehl, -e** *order.* 16. **die Stumpfheit** *apathy.* 17. **der Holzhacker, -** *wood cutter.* 18. **die Geldgier** *greed for money.* 19. **verkaufen** *to sell.* 20. **die intuitive Einsicht** *vision.* 21. **der Vernichtungskrieg** *war of extermination.* 22. **alles Lebendige** *all that is alive.* 23. **an dem Wenigen** *for the few things.* 24. **die Gefühllosigkeit** *callousness.* 25. **genannt** *named, referred to.* 26. **einzig** *only.* 27. infinitive **bleiben; sind geblieben** *have remained.* 28. **Goetheschen** *Goethe's* (The suffix -sche is added to a proper noun used as an adjective.). 29. **zählen** *to count.* 30. **das Zeitalter, -** *age, era.* 31. **der Zeitgenosse, -n, -n** *contemporary.* 32. **beeinflussen** *to influence.* 33. **verbrennen** *to burn.* 34. **die Eisenbahn, -en** *railroad, train.* 35. **So viel Wichtiges** *So many important things.* 36. **geschehen** *to happen.* 37. **erschüttern** *to shake.* 38. **der Stern, -e** *star.* 39. **fern** *far, distant.* 40. **entstehen** *to come into being.* 41. **die Entwicklung, -en** *development.* 42. **der Ausdruck, ⸗e** *expression.* 43. **die Enge** *narrowness.* 44. **mittelalterlich** *medieval.*

Goethes Drama „Faust" auf der Bühne

lichen[45] Menschheit[46] der Zukunft. Der sterbende Faust weiß aber auch, daß diese Freiheit und dieses Glück[47] von der Lösung[48] technischer und sozialer Probleme abhängen.[49]

5   Kein Künstler des Abendlandes,[50] mit Ausnahme[51] von Leonardo da Vinci, hat auf so vielen Gebieten[52] so viel geleistet[53] und sich für so vieles interessiert wie Goethe. Er war nicht nur Dichter,[54] sondern auch Staatsmann und Wissenschaftler[55] und vor allem eine große Persönlichkeit. Man staunt,[56] wenn man sieht, wie dieser Mann die großen und kleinen Menschen seiner Zeit durch seine Persönlichkeit beeinflußt hat.

10   Wie Faust, der Held seines Lebenswerkes, sah der alte Goethe in der Vervollkommnung[57] des freien Individuums und in der Arbeit für die Mitmenschen den wahren Sinn[58] des Lebens, und diesen Lebenssinn erkennt der Westen heute wieder als den seinen.[59]

45. **glücklich** *happy*. 46. **die Menschheit** *mankind*. 47. **das Glück** *happiness*. 48. **die Lösung, -en** *solution*. 49. **ab-hängen** *to depend*. 50. **das Abendland** *Occident*. 51. **die Ausnahme, -n** *exception*. 52. **das Gebiet, -e** *field*. 53. **leisten** *to achieve, accomplish*. 54. **der Dichter, -** *poet*. 55. **der Wissenschaftler, -** *scientist*. 56. **staunen** *to be astonished*. 57. **die Vervollkommnung** *perfection*. 58. **der Sinn, -e** *meaning, sense*. 59. **als den seinen** *as his own*.

II. STRUCTURE AND PRACTICE

1. New Words

GROUP I		GROUP II	
der **Ausdruck**, ⸗e	*expression*	der **Held**, -en, -en	*hero*
der **Befehl**, -e	*order*	der **Mitmensch**, -en, -en	*fellow man*
der **Nußbaum**, ⸗e	*nut tree*	der **Zeitgenosse**, -n, -n	*contemporary*
der **Sinn**, -e	*meaning, sense*	der **Ausländer**, -	*foreigner*
der **Stern**, -e	*star*	der **Dichter**, -	*poet*
der **Vernichtungskrieg**,	*war of ex-*	der **Holzhacker**, -	*wood cutter*
-e	*termination*	der **Wissenschaftler**, -	*scientist*
der **Wutausbruch**, ⸗e	*fit of rage*	das **Zeitalter**, -	*age*
das **Gebiet**, -e	*field*	die **Ausnahme**, -n	*exception*
das **Glück**	*happiness*	die **Entwicklung**, -en	*development*
		die **Jugend**	*youth*
Exceptional		die **Liebesgeschichte**,	*love story*
		-n	
das **Abendland**	*Occident*	die **Lösung**, -en	*solution*
		die **Menschheit**	*mankind*

einzig	*only*	verfluchen	*to curse*
fern	*far, distant*	verkaufen	*to sell*
glücklich	*happy*	zählen	*to count*
herrlich	*magnificent*		
mittelalterlich	*medieval*	STRONG VERBS	
zornig	*angry*	ab-hängen (hing ab)	*to depend*
		entstehen	*to come into*
WEAK VERBS		(entstand)	*being*
beeinflussen	*to influence*	geschehen	*to happen*
erschüttern	*to shake*	(geschah)	
leisten	*to achieve,*	verbrennen	*to burn*
	accomplish	(verbrannte)	
staunen	*to be*		
	astonished		

2. Present Perfect of Weak Verbs

(a) Formation

Ich **habe** ihm nichts von dir **gesagt.**
I have told him nothing about you.
I told him nothing about you.

The present perfect of most verbs consists of the present tense of **haben** (*to have*) and the past participle of a verb. The past participle stands *last* in a main clause.

The past participle of weak verbs has the prefix **ge-** and the ending **-t,** which are added to the stem of the verb: **gesagt.**

(b) Meanings

Depending on the context, **Ich habe ihm nichts gesagt** may mean either *I have told him nothing* or *I told him nothing.*

(c) Present perfect of verbs in **-ieren**

Er **hat** in Heidelberg **studiert.**
He (has) studied in Heidelberg.

The infinitive of **studiert** is **studieren.** Verbs ending in **-ieren** do not have the prefix **ge-** in the past participle. Such verbs are derived from French or Latin verbs and almost always have an equivalent cognate in English: **exportieren** (*to export*), **telefonieren** (*to telephone*), **illustrieren** (*to illustrate*).

(d) Functions of the simple past and present perfect

Vor vielen Jahren **lebte** eine Prinzessin in einem großen Schloß. Sie **hatte** einen Bruder, und beide **gingen** oft . . .
Many years ago there lived a princess in a large castle. She had a brother and both went often . . .

In German, as in English, the simple past is used to relate connected events in the past.

Damals **studierte** ich in München.
At that time I studied (was studying) in Munich.

Here the narrator refers to a past event which he may or may not connect with other past events. The important point is that he reports the event as a continuing action in the past without indicating when it ended. In German, as in English, we use the simple past to report such continuing actions or events in past time.

Sieh, Martha, ich **habe** mir gestern ein neues Kleid **gekauft!**
Look, Martha, I bought myself a new dress yesterday.

This event or action is definitely completed. What is important here is the *result* of the action, not the action itself. In everyday conversation or informal writing, we often refer to an action that was completed or a condition that existed in the past. In English, such an action or condition is normally reported in the simple past (*bought*); in German by the present perfect **(habe gekauft).**
HERE LIES THE CHIEF DIFFERENCE IN THE USE OF THESE TWO TENSES IN GERMAN AND ENGLISH.[1]

PRACTICE

> **A.** Examples: Tennis spielen / gestern / ich
> **Ich habe gestern** Tennis **gespielt.**
> **Gestern habe ich** Tennis **gespielt.**

Form sentences in the present perfect, using normal word order; next, start each sentence with the expression of time, using inverted word order:

[1] As we mentioned in Lesson 3, the English progressive construction *He has been studying German for two years* is expressed in German by the present tense with **seit** followed by a dative. Often **schon** is added for emphasis: **Er lernt schon seit zwei Jahren Deutsch.**

1. Tischtennis spielen / dann / wir 2. von Brot und Wasser leben / lange / sie 3. ihn lieben / nie / sie 4. mich fragen / schon gestern / du 5. in diesem Haus wohnen / nicht lange / wir 6. ihn warnen / oft / ich

> **B.** Example: das Buch illustrieren / wer
> **Wer hat** das Buch **illustriert?**

Form questions in the present perfect (*Tape 15*):

1. trainieren / die Fußballspieler / wie lange 2. in Deutschland studieren / Sie / wo 3. ihn über die Situation informieren / wer 4. ihn kritisieren / Sie / warum 5. telephonieren / mein Vater / wann 6. das / photographieren / wer

(e)   **Inseparable prefixes**

Er **hat** zwei Stunden Tennis **gespielt.**
He played tennis for two hours.
Er **hat** seinen letzten Dollar **verspielt.**
He has gambled away his last dollar.

A large number of German verbs begin with an unaccented prefix: **be-, emp- ent-, er-, ge-, ver-, zer-.** These prefixes usually change the meaning of the simple verb:

spielen (*to play*)	**verspielen** (*to gamble away*)
zählen (*to count*)	**erzählen** (*to tell*)
suchen (*to look for*)	**besuchen** (*to visit*)

Verbs with inseparable prefixes form their tenses in the same way as verbs without prefixes, with one difference. They do not add **ge-** in the past participle:

Er hat sein Geld **gezählt.**	(but)	Er hat die Geschichte **erzählt.**
Er hat uns **gesucht.**	(but)	Er hat uns **besucht.**

PRACTICE

> **C.** Example: Beantworten Sie die Frage! (er)
> **Er hat** die Frage **beantwortet.**

Change the following imperatives to sentences in the present perfect, using as subjects the words indicated (*Tape 15*):

1. Bestellen Sie uns etwas zu essen! (Martha)   2. Erlauben Sie es ihm nicht! (Vater)   3. Besuchen Sie Fritz im Krankenhaus! (wir)   4. Erzählen Sie uns die Geschichte seines Lebens! (er)   5. Erklären Sie ihm die Frage! (Sie) 6. Verkaufen Sie das Haus nicht! (sie)

(f)   Past participle ending in -et

Er hat viel **geleistet.**   *He has accomplished much.*

Verbs whose stems end in **d, t,** or **n** preceded by a different consonant other than **l** and **r** add -et to form the past participle: **geendet, geleistet, geöffnet.**

PRACTICE

> **D.** Example: Antworten Sie ihr nicht?
> **Ich habe** ihr nicht **geantwortet.**

Answer the following questions in the present perfect (Tape 15):

1. Arbeiten Sie in München?   2. Leistet er viel?   3. Warten Sie nicht auf ihn?   4. Beantworten Sie seinen Brief?   5. Bedeutet ihr das nichts?   6. Kostet das nicht zuviel?

3. Present Perfect of Strong Verbs

(a)   Past participle

Ich habe ihm einen Brief **geschrieben.**
I [have written] wrote him a letter.
Er hat ihn gut **beschrieben.**
He (has) described him well.

The past participle of a strong verb has the prefix **ge-,** in many cases a stem vowel different from that of the infinitive, and the ending -en. A strong verb with an inseparable prefix does not add **ge-.** Compare: ich habe **geschrieben,** ich habe **beschrieben.**

(b)   Principal parts

| **schreiben** | **schrieb** | **geschrieben** | *to write* |

Since vowel changes in strong verbs cannot be predicted, you must practice the principal parts of a strong verb until you have mastered them. The principal parts are (1) the infinitive: **schreiben** (*to write*); (2) the first person of the simple past: **schrieb** (*wrote*); (3) the past participle: **geschrieben** (*written*).

The **er**-form given with some strong verbs indicates that a vowel change occurs in the second and third persons of the present tense:

helfen	(*to help*)	**half**	**geholfen**	**er hilft**

So far you have had the following strong verbs:

1. **scheinen**	(*to shine; seem*)	**schien**	**geschienen**	
2. **schreiben**	(*to write*)	**schrieb**	**geschrieben**	
3. **schweigen**	(*to be silent*)	**schwieg**	**geschwiegen**	
4. **schließen**	(*to close*)	**schloß**	**geschlossen**	
5. **verlieren**	(*to lose*)	**verlor**	**verloren**	
6. **ziehen**	(*to pull*)	**zog**	**gezogen**	
7. **finden**	(*to find*)	**fand**	**gefunden**	
8. **singen**	(*to sing*)	**sang**	**gesungen**	
9. **trinken**	(*to drink*)	**trank**	**getrunken**	
10. **beginnen**	(*to begin*)	**begann**	**begonnen**	
11. **helfen**	(*to help*)	**half**	**geholfen**	**er hilft**
12. **nehmen**	(*to take*)	**nahm**	**genommen**	**er nimmt**
13. **sprechen**	(*to speak*)	**sprach**	**gesprochen**	**er spricht**
14. **versprechen**	(*to promise*)	**versprach**	**versprochen**	**er verspricht**
15. **treffen**	(*to meet*)	**traf**	**getroffen**	**er trifft**
16. **werfen**	(*to throw*)	**warf**	**geworfen**	**er wirft**
17. **vergessen**	(*to forget*)	**vergaß**	**vergessen**	**er vergißt**
18. **essen**	(*to eat*)	**aß**	**gegessen**	**er ißt**
19. **geben**	(*to give*)	**gab**	**gegeben**	**er gibt**
20. **lesen**	(*to read*)	**las**	**gelesen**	**er liest**
21. **sehen**	(*to see*)	**sah**	**gesehen**	**er sieht**
22. **liegen**	(*to lie*)	**lag**	**gelegen**	
23. **bitten**	(*to request*)	**bat**	**gebeten**	
24. **sitzen**	(*to sit*)	**saß**	**gesessen**	
25. **tragen**	(*to wear*)	**trug**	**getragen**	**er trägt**
26. **gefallen**	(*to please, like*)	**gefiel**	**gefallen**	**es gefällt**
27. **lassen**	(*to leave; to let*)	**ließ**	**gelassen**	**er läßt**
28. **schlafen**	(*to sleep*)	**schlief**	**geschlafen**	**er schläft**
29. **heißen**	(*to be called*)	**hieß**	**geheißen**	

Irregular verbs you have had so far:

1. **haben**	(*to have*)	**hatte**	**gehabt**	**er hat**

2.	bringen	(to bring)	brachte	gebracht	
3.	verbringen	(to spend)	verbrachte	verbracht	
4.	denken	(to think)	dachte	gedacht	
5.	wissen	(to know)	wußte	gewußt	er weiß
6.	kennen	(to know)	kannte	gekannt	
7.	erkennen	(to recognize)	erkannte	erkannt	
8.	nennen	(to name)	nannte	genannt	
9.	stehen	(to stand)	stand	gestanden	
10.	bestehen	(to consist)	bestand	bestanden	
11.	verstehen	(to understand)	verstand	verstanden	

PRACTICE

E. Example: Wir **lesen** Goethes „Werther" in der Schule.
Wir **lasen** Goethes „Werther" in der Schule.
Wir **haben** Goethes „Werther" in der Schule **gelesen**.

Change the verb forms to simple past and present perfect (Tape 15):

1. Wir singen gerne alte Lieder. 2. Sie verliert alles. 3. Er nimmt kein Geld. 4. Er trinkt zuviel Kaffee. 5. Die Medizin hilft mir nicht. 6. Der Fisch liegt auf Eis. 7. Diese Woche lese ich den „Zauberberg". 8. Wir essen gerne Fisch. 9. Er spricht wie ein Mann. 10. Sie vergißt mich nicht. 11. Er verspricht ihr alles. 12. Sie geben dem Ober zuviel. 13. Wir sehen ihn im Theater. 14. Sie sitzt am runden Tisch. 15. Sie trägt ihr blaues Kleid. 16. Wie gefällt es Ihnen in Deutschland? 17. Ich schlafe nicht gut. 18. Sie schreibt ihm nicht. 19. Die Oper beginnt. 20. Sie sieht mich nicht.

F. Example: Ich **denke** oft an dich.
Ich **dachte** oft an dich.
Ich **habe** oft an dich **gedacht**.

Change the verb forms to simple past and present perfect (Tape 15):

1. Er hat nichts zu essen. 2. Martha bringt uns etwas zu lesen. 3. Er denkt den ganzen Tag ans Examen. 4. Wir wissen nicht, wo du wohnst. 5. Sie kennt mich nicht. 6. Wie nennt man das Bild? 7. Ich verstehe kein Wort. 8. Stehen Sie nicht an der falschen Stelle? 9. Sie verbringt eine Woche in Berlin. 10. Er erkennt uns nicht.

4. Present perfect with <u>sein</u>

Er **ist** mit uns **gekommen.**	*He* [*has come*] *came with us.*
Sie **sind** in die Stadt **gegangen.**	*They* [*have gone*] *went to town.*

In German, the verb **sein** is required as an auxiliary in compound tenses of verbs which express a change of position or condition. Some of the most common verbs of this type are: **fahren** (*to go, drive*), **gehen** (*to go*), **kommen** (*to come*), **werden** (*to become*); not covered by the above rule but also very common are: **sein** (*to be*), **bleiben** (*to remain*), **geschehen** (*to happen*).

Here are the principal parts of strong verbs learned so far requiring **sein** as an auxiliary. We will precede past participles of such verbs by **ist** as a signal that this particular verb has **sein** as its auxiliary:

1.	**bleiben**	(*to remain*)	**blieb**	**ist geblieben**	
2.	**erscheinen**	(*to appear*)	**erschien**	**ist erschienen**	
3.	**steigen**	(*to climb*)	**stieg**	**ist gestiegen**	
4.	**fliegen**	(*to fly*)	**flog**	**ist geflogen**	
5.	**sinken**	(*to sink*)	**sank**	**ist gesunken**	
6.	**schwimmen**	(*to swim*)	**schwamm**	**ist geschwommen**	
7.	**sterben**	(*to die*)	**starb**	**ist gestorben**	**er stirbt**
8.	**kommen**	(*to come*)	**kam**	**ist gekommen**	
9.	**geschehen**	(*to happen*)	**geschah**	**ist geschehen**	**es geschieht**
10.	**fahren**	(*to go, drive*)	**fuhr**	**ist gefahren**	**er fährt**
11.	**wachsen**	(*to grow*)	**wuchs**	**ist gewachsen**	**er wächst**
12.	**fallen**	(*to fall*)	**fiel**	**ist gefallen**	**er fällt**

Irregular verbs you have had so far:

1.	**sein**	(*to be*)	**war**	**ist gewesen**	**er ist**
2.	**werden**	(*to become*)	**wurde**	**ist geworden**	**er wird**
3.	**gehen**	(*to go*)	**ging**	**ist gegangen**	
4.	**entstehen**	(*to originate*)	**entstand**	**ist entstanden**	
5.	**vergehen**	(*to pass*)	**verging**	**ist vergangen**	

PRACTICE

> **G.** Example: Er **kommt** wieder zu spät.
> Er **kam** wieder zu spät.
> Er **ist** wieder zu spät **gekommen.**

Change the verb forms to simple past and present perfect (Tape 15):

1. Dieser Mann schwimmt über den Kanal. 2. Sie geht oft mit ihm ins Kino.
3. Wir bleiben einen Monat in München. 4. Wie entstehen Volkslieder?
5. Es wird sehr kalt. 6. Wir fliegen in wenigen Stunden nach Frankfurt.
7. Das Schiff sinkt an einer Stelle, wo das Meer nicht tief ist. 8. Was geschieht
hier? 9. Er fährt zu schnell. 10. Das Wetter ist sehr schön. 11. Die Ferien
vergehen zu schnell. 12. Wer kommt ins Haus?

5. Past Perfect

(a) Er **hatte** das Telephon nicht **gehört.**
He hadn't heard the telephone.

(b) Er **hatte** den Roman schon **gelesen.**
He had already read the novel.

(c) Er **war** schon nach Hause **gegangen.**
He had already gone home.

The past perfect consists of the simple past of either **haben** (a,b) or **sein** (c) and
the past participle of a verb. What we have said above about **haben** and **sein**
as auxiliaries applies also to the past perfect. Remember: Verbs which express
a change of position or condition have **sein** as their auxiliary:

er war gefahren (gegangen, gekommen, gestiegen, gestorben, geworden)

Also:
er war gewesen
er war geblieben
es war geschehen

PRACTICE

> **H.** Examples: Wir **suchen** dich.   Er **geht** noch nicht.
>   Wir **hatten** dich **gesucht.** Er **war** noch nicht **gegangen.**

Change the verb forms to past perfect (Tape 15):

1. Ich spiele Tennis. 2. Er photographiert jede Kirche. 3. Ich warne ihn
oft. 4. Wir fliegen nach Frankfurt. 5. Das Wetter ist nicht schön. 6. Er

raucht zuviel.   7. Das Schiff sinkt.   8. Er verspricht ihm mehr Geld.   9. Er schwimmt über den Kanal.   10. Sie fahren zu schnell.   11. Sie zeigen mir die Stadt.   12. Er leistet nichts.   13. Er kommt schon nach Hause.   14. Wir landen in Hamburg.   15. Ich erlaube das nicht.   16. Wir besuchen ihn jeden Tag.   17. Wir glauben das nicht.   18. Wir bleiben einen Monat in München. 19. Sie geht oft mit ihm ins Kino.   20. Was geschieht?

6. Position of <u>nicht</u> and Other Negatives

Ich habe heute die Zeitung **nicht** gelesen.
I haven't read the newspaper today.
Du hast deine Verwandten in Deutschland **nie** besucht.
You have never visited your relatives in Germany.

When **nicht** or other negatives, such as **nie, nicht mehr, nichts, nirgends** (*nowhere*), negate the verb, they stand before the participle in compound tenses.

PRACTICE

> **I.** Example: Ich **sah** ihn **nicht.**
> Ich **habe** ihn **nicht gesehen.**

Change the verb forms to present perfect (*Tape 15*):

1. Man verstand Goethes „Werther" damals nicht.   2. Er fand das Dokument nirgends.   3. Nach Europa fuhr ich 1971 nicht.   4. Der Film gefiel uns allen nicht.   5. Wir blieben trotz des schönen Wetters nicht.   6. Ich verstand Einsteins Theorie nie.   7. Ich sah ihn seit Ende des Krieges nicht mehr. 8. Auch wir hörten nichts.

III. ORAL AND WRITTEN EXERCISES

1.   *Form sentences from the following word groups* (*each of which is in correct word order*) *by inserting in their proper places the appropriate present perfect forms of the verbs indicated:*

(a)   EXAMPLE: (spielen): er / den ganzen Nachmittag / Tennis
Er hat den ganzen Nachmittag Tennis gespielt.

1. (finden): ich / zehn Mark / auf der Straße. 2. (sagen): er / uns / nichts / davon. 3. (studieren): Sie / Geologie? 4. (wissen): Sie / das? 5. (sitzen): wir / an einem runden Tisch. 6. (verstehen): wir / ihn / nicht. 7. (schlafen): ich / wieder / sehr schlecht. 8. (bekommen): Sie / nicht / genug / für ihre Arbeit? 9. (verlieren): der arme Mensch / alles. 10. (schreiben): Elisabeth / nur einmal. 11. (tragen): der junge Mann / alles / ins Hotel. 12. (nehmen): er / das Geld / wirklich / nicht? 13. (gefallen): Ihnen / der Film /nicht? 14. (schreiben): er / uns / nur / eine Postkarte / aus Deutschland. 15. (bewundern): wir / ihn / alle.

(b) EXAMPLE: (kommen): er / schon / um drei Uhr/ nach Hause
Er ist schon um drei Uhr nach Hause gekommen.

1. (werden): es / kalt. 2. (geschehen): viel / während dieser Woche. 3. (sterben): sein Vater / letztes Jahr. 4. (bleiben): wir / einen ganzen Monat / in München. 5. (sinken): der Dampfer / in wenigen Minuten. 6. (vergehen): die Ferien / wieder / sehr schnell. 7. (gehen): Ihr Mann / schon / ins Büro? 8. (fliegen): Sie / nach Europa? 9. (fahren): Nein / wir / mit dem Dampfer. 10. (werden): der Roman / in wenigen Wochen / sehr berühmt.

2. *Say, then write in German:*

1. Where did you study? 2. Why didn't you go home? 3. How long did they stay in Germany? 4. How much did you give him? 5. Where did you spend your vacation? 6. I got very cold. 7. Didn't it get cold? 8. What did you tell him? 9. I didn't tell him anything. 10. He came alone. 11. She went with him. 12. Why didn't you ask her. 13. Why didn't you answer his question. 14. Had he already gone home? 15. She had never seen him. 16. Didn't you like the film? 17. It happened so suddenly. 18. He had promised her everything. 19. We never saw him again. 20. He had not heard me.

IV. READING

Drei in einem Wiener Café

In diesem hoch dramatischen Augenblick sagt ein alter Herr am Nebentisch: „Junger Herr, Ihre hübsche[1] junge Freundin hat sehr interessant über Österreich gesprochen, aber ich möchte[2] noch etwas zu diesem Thema[3] sagen. Sie

1. **hübsch** *pretty.* 2. **ich möchte** *I would like to.* 3. **das Thema, die Themen** *topic.*

müssen ja alles richtig verstehen, und Sie dürfen[4] keine falschen Ideen nach Amerika mitnehmen. — Erlauben Sie, ich höre besser, wenn ich mich an Ihren Tisch setze."

Ohne auf eine Antwort zu warten, setzt der alte Herr sich zu Larry und Inge an den Tisch. „Sie haben eben vom Tanzen gesprochen. Die ganze Welt denkt, in Österreich tanzt und lacht man nur. Das ist aber falsch. Wir Österreicher sind eher[5] ein wenig melancholisch, denn wir haben viel Unglück in unserer Geschichte gehabt. — Haben Sie schon die Krone[6] des Heiligen Römischen Reiches Deutscher Nation[7] in der Schatzkammer[8] der Hofburg[9] gesehen? — Ja? — Also diese Krone hat von 1438 bis 1806 uns Österreichern gehört. Aber dann kam Napoleon. Wissen Sie, ich glaube, dieser unruhige Mensch hat in seinem ganzen Leben nicht e i n e Tasse Kaffee in Ruhe[10] getrunken. Das war das Ende des alten Kaiserreiches."

Larry zeichnet mit einem Bleistift etwas auf seine Papierserviette, und Inge versucht, ihm ein Signal zu geben. Er sieht es aber nicht.

„Na", fuhr der alte Herr fort,[11] „dann kam das Kaiserreich Österreich und bald auch unser Kaiser Franzel, d.h.[12] Franz Joseph. Damals hatten wir unser Burgtheater[13] in Wien, das feinste Theater in Europa. Und was für Dramatiker wir damals hatten! Da waren Franz Grillparzer und Johann Nestroy und viele andere bis zu Hofmannsthal und Schnitzler. Und dann unsere Wiener Musik. Sie ist unsterblich[14] geworden, und die ganze Welt kennt sie. Da hatten wir den Walzerkönig Johann Strauß und Franz Schubert und Richard Strauß und Gustav Mahler. Übrigens, Österreich hat der Welt auch das berühmteste Weihnachtslied[15] geschenkt:[16] ‚Stille Nacht', Melodie von Franz Gruber, Text von Joseph Mohr.

Und dann ist unser alter Kaiser Franz Joseph gestorben, und mit ihm starb die gute alte Zeit. Der gute Kaiser hat in seinem Leben so viel Unglück gehabt! Sein Bruder war Kaiser von Mexiko gewesen, aber die Mexikaner haben ihn erschossen.[17] Das war 1867 geschehen. Aber das war nur der Anfang.[18] Sein einziger Sohn, der Kronprinz Rudolf, hatte sich in eine Tänzerin verliebt,[19]

---

4. **dürfen** in a negative construction *must not.* 5. **eher** *rather.* 6. **die Krone, -n** *crown.* 7. Holy Roman Empire of German Nationality, which began with the papal crowning of Charlemagne in 800 A.D. and ended with the resignation of Francis II of Austria in 1806. 8. **die Schatzkammer** *jewel room.* 9. **die Hofburg** *imperial palace.* 10. **in Ruhe** *in peace, leisurely.* 11. **fort-fahren, fuhr fort, fortgefahren** *to continue.* 12. **d.h.** = **das heißt** *that is.* 13. Famous theater founded by Maria Theresa in 1741. 14. **unsterblich** *immortal.* 15. **das Weihnachtslied, -er** *Christmas carol.* 16. **schenken** *to give (as a present).* 17. **erschießen, erschoß, erschossen** *to shoot.* 18. **der Anfang, ⸗e** *beginning.* 19. **sich verlieben** *to fall in love.*

Die Krone des Heiligen Römischen Reiches

Die österreichische Kaiserkrone

Der Zylinder des Präsidenten

Donau

Wien

Stil - le Nacht, hei - li - ge Nacht! Al - les schläft, ein - sam wac

nur das trau - te hoch - hei - li - ge Paar. Hol - der Kna - be im lok - ki - gen Ha

schlaf in himm - li - scher Ruh, schlaf in himm - li - scher Ruh!

aber er durfte sie nicht heiraten — Franz Joseph erlaubte es nicht — und da hat der unglückliche Prinz das Mädchen und sich selbst erschossen. Das ist die berühmte, tragische Liebesgeschichte von Schloß Mayerling.

Das war 1889, und 1898 erstach[20] ein italienischer Anarchist die schöne Kaiserin. Auch das war noch nicht genug. Ein politischer Fanatiker erschoß 1914 den Thronfolger Franz Ferdinand und seine Frau. Dann kam der Erste Weltkrieg und am 12. November 1918 wurde Österreich eine Republik. Ja, und dann kamen schwere Zeiten für unser armes Land."

Larry sieht Inge traurig an. Inge spielt nervös mit ihrem Teelöffel.[21] Plötzlich sagt sie: „Larry, du hast mir doch versprochen, heute mit mir in den Prater[22] zu gehen. Es ist schon halb fünf."

„O, o", sagt der alte Herr und geht an seinen Tisch zurück, „ich sehe, ich halte Sie auf,[23] das tut mir leid."

„O nein", sagt Larry. „Die junge Dame ist Wienerin, aber sie hat einen Zeitsinn wie eine Amerikanerin. Wir sind aber wirklich zu lange hier im Café geblieben. Übrigens vielen Dank für den historischen Vortrag.[24] Ich habe viel gelernt."

Der Ober kommt und Larry zahlt.[25] Der Ober will gehen, aber da sieht er auf der Papierserviette Larrys Zeichnungen und sagt bewundernd: „Der Herr Student ist wirklich ein Künstler!" Jetzt sieht auch Inge, was Larry gezeichnet hat und sagt: „Larry, du hast Talent! Das wußte ich nicht. Ich weiß überhaupt[26] so wenig von dir. Bitte, erzähl mir etwas von dir!"

„Da ist nicht viel zu erzählen. Das erste große Ereignis[27] meines Lebens ist meine Reise nach Europa."

Mit diesen Worten treten[28] die beiden auf die Straße hinaus. Sie gehen Arm in Arm und schweigen.

„Erzähl mir doch etwas von deiner Reise", bittet Inge nach einer Weile, „aber von Anfang an. Beginn mit der Ozeanreise auf dem Schiff!"

„Ich habe eine Idee", sagt Larry. „Ich habe versucht,[29] meine Eindrücke[30] von meiner Deutschlandreise in meinem Tagebuch[31] aufzuschreiben. Ich gebe

20. **erstechen, erstach, erstochen, er ersticht** *to stab.* 21. **der Teelöffel, -** *teaspoon.* 22. **der Prater** large park in Vienna; one section is an amusement park. 23. **aufhalten, hielt auf, aufgehalten, er hält auf** *to detain, keep.* 24. **der Vortrag, ⸗e** *lecture.* 25. **zahlen** *to pay.* 26. The particle **überhaupt** (*at all*), like other particles, helps the speaker express feelings without attaching a particular meaning to the particle itself; here **überhaupt** suggests: *come to think of it.* 27. **das Ereignis, -se** *event.* 28. **treten, trat, getreten, er tritt** *to step.* 29. **versuchen** *to try.* 30. **der Eindruck, ⸗e** *impression.* 31. **das Tagebuch, ⸗er** *diary.*

es dir, dann kannst du es in Ruhe lesen, und ich brauche nicht immer von mir zu sprechen. — And now tell me something about yourself.“

Da sprechen die beiden wieder Englisch. Wir überspringen also einen Tag. Am Abend des nächsten Tages sitzt Inge in ihrem Zimmer.[32] Vor ihr auf dem

5   Tisch liegt Larrys Tagebuch. Sie beginnt zu lesen. . . .

32. **das Zimmer,** - *room.*

V. CONVERSATION (*Tape 15*)

„Max! Wie geht's? Was machst du hier in Wien? Ich dachte du läufst Ski in den Alpen?“

„Das wollte ich zuerst, aber dann bin ich auch nach Wien gefahren. Ich habe hier Verwandte. Und was machst du in Wien?“

10   „Im Augenblick gehe ich ins Café Niemeier. Ich treffe dort meine Freundin. Warum kommst du nicht mit?“

„Das ist eine gute Idee. Ich brauche eine Tasse Kaffee.“

„Übrigens, du siehst etwas melancholisch aus. Was ist geschehen?“

„Ich war beim American Express. Wieder kein Brief für mich. Doris

15   schreibt mir nicht mehr.“

„Doris, die Tennisspielerin aus Frankfurt mit den schönen Augen?“

„Ja, aber ich glaube, sie erinnert sich nicht mehr an mich.“

„Dort kommt Inge. Sie ist Wienerin. Ich habe sie im Zug kennengelernt. Du siehst, sie ist sehr pünktlich. Sie hat einen Zeitsinn wie eine Amerikanerin. Sie

20   spricht auch sehr gut Englisch.“

„Und vergiß nicht, sie ist auch hübsch!“

VI. WRITING

Schreiben Sie einen kurzen Aufsatz über das Thema: „Unglück in der Geschichte Wiens“.

16

Schiller

(1759–1805)

I. TEXT (*Tape 16*)

Goethe und Schiller — die beiden Namen gehören zusammen, und doch, was
für ein Unterschied zwischen diesen beiden großen Männern!

Goethes Eltern waren wohlhabende[1] Bürger[2] der freien Stadt Frankfurt.
Schillers Eltern waren arm und lebten unter einem tyrannischen Fürsten,[3] dem
Herzog[4] Karl Eugen von Württemberg. Dieser Herzog hatte den jungen   5
Friedrich Schiller gegen seinen Willen und gegen den Willen der Eltern in seine
Militärschule „aufgenommen".[5] Dort bereitete sich Friedrich ohne Liebe auf
den Beruf[6] eines Militärarztes[7] vor.[8] Er haßte[9] das Leben in dieser Mili-
tärschule. Die Schüler standen auf Kommando um sechs Uhr auf,[10] zogen sich
auf Kommando an,[11] setzten sich auf Kommando hin[12] und marschierten in   10
militärischer Formation in ihre Klassenzimmer oder auch in die Kirche.

---

1. **wohlhabend** *well-to-do.* 2. **der Bürger, -** *citizen.* 3. **der Fürst, -en, -en** *prince,*
sovereign. 4. **der Herzog, ∸e** *duke.* 5. **auf-nehmen, nahm auf, aufgenommen, er**
nimmt auf *to admit.* 6. **der Beruf, -e** *profession.* 7. **der Militärarzt, ∸e** army doctor.
8. **sich vor-bereiten auf** *to prepare (oneself) for.* 9. **hassen** *to hate.* 10. **auf-stehen,**
stand auf, ist aufgestanden *to get up.* 11. **sich an-ziehen, zog sich an, sich angezogen**
to get dressed. 12. **sich hin-setzen** *to sit down.*

In den letzten Jahren seiner Schulzeit war es ihm fast unmöglich,[13] das Leben in der Militärschule auszuhalten.[14] Aber er hielt es aus, denn er hatte einen Trost:[15] sein Drama. Die Schüler der Militärschule hatten nicht viel freie Zeit am Tage, deshalb[16] schrieb Schiller sein erstes Drama in den Nachtstunden. Er nannte es „Die Räuber".[17] Das Motto des Dramas hieß „in   5 tyrannos" (gegen Tyrannen), und sein Inhalt[18] verdiente dieses Motto auch.

Als[19] Schiller schon ein Jahr Regimentsarzt war, führte der Direktor des Mannheimer Theaters „Die Räuber" auf,[20] und diese Aufführung war ein großer Erfolg. Der junge Regimentsarzt war ohne Urlaub[21] zur Aufführung seines Stückes nach Mannheim gefahren, und der Herzog war wütend,[22] als er   10 das erfuhr.[23] Er wurde noch wütender, als er „Die Räuber" las. Er verbot[24] Schiller das Dichten.[25] Da floh[26] Schiller über die Grenze.

Nun war er dem einen Tyrannen entflohen,[27] aber wirklich frei war er noch nicht.[28] Ein anderer Tyrann fing an,[29] ihn zu unterdrücken:[30] die Armut.[31] Schiller gab nicht nach. Er kämpfte[32] auch mit diesem Feinde, bis er ihn   15 geschlagen[33] hatte. Er schrieb Dramen und Gedichte, er studierte Geschichte und Philosophie und wurde Professor für Geschichte an der Universität Jena. Schließlich kamen die beiden großen Erfolge seines Lebens. Herzog Karl August rief[34] ihn nach Weimar, und Goethe wurde sein Freund.

Doch bald begann sein letzter und schwerster Kampf,[35] der Kampf mit   20 einer tödlichen[36] Krankheit,[37] der Tuberkulose. Er schrieb seinem Freund Goethe: „Ich werde das Wichtigste[38] aus dem brennenden[39] Gebäude retten,[40] ehe[41] es zusammenbricht."[42] Und er rettete das Wichtigste. Von Schmerzen gequält[43] und den nahen Tod vor Augen, arbeitete der Dichter weiter.[44] Er schrieb seine Meisterwerke: *Wallenstein, Maria Stuart, Die Jungfrau von*   25 *Orleans*[45] und *Wilhelm Tell*.

13. **unmöglich** *impossible*. 14. **aushalten, hielt aus, ausgehalten, er hält aus** *to endure, stand*. 15. **der Trost** *consolation*. 16. **deshalb** *therefore*. 17. *The Robbers*. 18. **der Inhalt** *content*. 19. **als** *when*. 20. **auf-führen** *to perform*. 21. **der Urlaub** *leave*. 22. **wütend** *furious*. 23. **erfahren, erfuhr, erfahren, er erfährt** *to find out*. 24. **verbieten, verbot, verboten** *to forbid*. 25. **das Dichten** *writing* (especially of poetry). 26. **fliehen, floh, ist geflohen** *to flee*. 27. **entfliehen, entfloh, ist entflohen** *to escape*. 28. **noch nicht** *not yet*. 29. **an-fangen, fing an, angefangen, er fängt an** *to begin*. 30. **unterdrücken** *to oppress*. 31. **die Armut** *poverty*. 32. **kämpfen** *to fight, struggle*. 33. **schlagen, schlug, geschlagen, er schlägt** *to beat, defeat*. 34. **rufen, rief, gerufen** *to call*. 35. **der Kampf, ⸗e** *struggle, fight*. 36. **tödlich** *fatal, mortal*. 37. **die Krankheit, -en** *illness*. 38. **das Wichtigste** *the most important things*. 39. **brennen, brannte, gebrannt** *to burn*. 40. **retten** *to save, salvage;* **ich werde retten** *I'm going to salvage*. 41. **ehe** *before*. 42. **zusammenbrechen, brach zusammen, ist zusammengebrochen, er bricht zusammen** *to break down, collapse*. 43. **quälen** *to torment*. 44. **weiterarbeiten** *to continue to work*. 45. *The Maid of Orleans*.

Schiller lebt in der Erinnerung[46] des deutschen Volkes als Dichter der Freiheit. In dem Drama „Die Jungfrau von Orleans" führt ein gottbegeistertes[47] Mädchen ein ganzes Volk zum Kampf gegen den Unterdrücker. Im „Wilhelm Tell" treiben[48] die tapferen[49] Schweizer einen fremden Tyrannen
5 aus ihrem Land. Diese beiden Dramen begeisterten[50] die Deutschen in ihrem Freiheitskampf gegen Napoleon.

Außerhalb[51] Deutschlands ist Schillers frühes Drama „Don Carlos" am besten bekannt, denn der Komponist Verdi gebrauchte es für seine Oper. Coleridge führte die Wallenstein Trilogie durch eine gute Übersetzung in
10 England ein.[52]

Thomas Mann hat wiederholt[53] über Goethe und Schiller geschrieben. Einmal hat er ungefähr das Folgende von beiden gesagt: Goethe war ein Gott, Schiller ein Held; aber es ist leichter, ein Gott zu sein als ein Held.

46. die Erinnerung -en *memory*. 47. gottbegeistert *divinely inspired*. 48. treiben, trieb, getrieben *to drive*. 49. tapfer *courageous*. 50. begeistern *to inspire*. 51. außerhalb *outside of*. 52. ein-führen *to introduce*. 53. wiederholt *repeatedly*.

II. STRUCTURE AND PRACTICE

1. New Words

GROUP I

der **Arzt**, ⸗e	*doctor, physician*
der **Beruf**, -e	*profession*
der **Herzog**, ⸗e	*duke*
der **Kampf**, ⸗e	*struggle, fight*
der **Trost**	*consolation*

GROUP II

der **Bürger**, -	*citizen*
der **Fürst**, -en, -en	*prince, sovereign*
die **Erinnerung**, -en	*memory*
die **Krankheit**, -en	*illness*

UNCLASSIFIED

die **Armut**	*poverty*
der **Inhalt**	*content*
der **Urlaub**	*leave*

tapfer	*courageous*
tödlich	*fatal, mortal*
unmöglich	*impossible*
wohlhabend	*well-to-do*
wütend	*furious*
als	*when*
außerhalb	*outside of*
deshalb	*therefore*
ehe	*before*
wiederholt	*repeatedly*

IDIOM

| noch nicht | *not yet* |

WEAK VERBS

auf-führen	*to perform*
begeistern	*to inspire*
ein-führen	*to introduce*

hassen	*to hate*		unterdrücken	*to oppress*
sich hin-setzen	*to sit down*		sich vor-bereiten	*to prepare*
kämpfen	*to fight, struggle*		weiter-arbeiten	*to continue to work*
retten	*to save, salvage*			

STRONG VERBS

an-fangen	(*to begin, start*)	fing an	angefangen	er fängt an
sich an-ziehen	(*to get dressed*)	zog sich an	sich angezogen	
auf-stehen	(*to get up*)	stand auf	ist aufgestanden	
aus-halten	(*to endure, stand*)	hielt aus	ausgehalten	er hält aus
brennen	(*to burn*)	brannte	gebrannt	
entfliehen	(*to escape*)	entfloh	ist entflohen	
erfahren	(*to find out*)	erfuhr	erfahren	er erfährt
fliehen	(*to flee*)	floh	ist geflohen	
rufen	(*to call*)	rief	gerufen	
schlagen	(*to beat, defeat*)	schlug	geschlagen	er schlägt
treiben	(*to drive*)	trieb	getrieben	
verbieten	(*to forbid*)	verbot	verboten	
zusammen-brechen	(*to break down, collapse*)	brach zusammen	ist zusammen-gebrochen	er bricht zusammen

2. Separable Prefixes

(a) Present and past tenses; imperative

Ich **stehe** jeden Morgen um sieben Uhr **auf.**
I get up every morning at 7 o'clock.

Ich **stand** jeden Morgen um sieben Uhr **auf.**
I got up every morning at 7 o'clock.

Stehen Sie um sieben Uhr **auf!**
Get up at 7 o'clock.

Verbs like **aufstehen** (*to get up*), **aussehen** (*to look, appear*), **nachgeben** (*to give in*), consist of a prefix and a simple verb. Unlike the prefixes **be-, ge-, emp-, ent-, er-, ver-, zer-,** prefixes such as **ab, an, auf, aus, mit, nach, vor** have independent meanings, bear the main stress, and are separated from the verb in the present, simple past, and imperative.

English, too, has a large number of verbs forming a close relationship with adverbs (*to get up, to get down, to get out*). German adverbs, however, are prefixed to the infinitive **(aufstehen)** and, when spearated from the verb, stand *last* in the clause:

Er steht immer um sieben Uhr **auf.**
Er steht immer um sieben Uhr **auf,** es ist aber schon acht Uhr.
Er steht immer um sieben Uhr **auf** und geht um acht Uhr ins Büro.

The end of a clause may be indicated by a period, another punctuation mark or the coordinating conjunctions **und, oder, aber, sondern, denn.**

PRACTICE

A. Examples: Unser Theater will Goethes „Faust" aufführen.
Unser Theater **führt** Goethes „Faust" **auf.**
Unser Theater **führte** Goethes „Faust" **auf.**

Change the verbs to present and past; the past of strong verbs is given in parentheses (Tape 16):

1. Ich muß mich auf das Examen vorbereiten. 2. Ich soll jeden Morgen um sechs Uhr aufstehen (stand). 3. Er will diesen Dichter in Amerika einführen.
4. Sie kann um acht Uhr anfangen (fing). 5. Wir müssen bald aufhören.
6. Die Brücke muß unter den großen Tanks zusammenbrechen (brach).

B. Examples: Er steht jetzt auf.
Steh jetzt **auf!**
Steht jetzt **auf!**
Stehen Sie jetzt **auf!**

Change the following statements to imperatives:

1. Er führt den Herrn bei uns ein. 2. Wir fangen jetzt an. 3. Wir hören um zehn Uhr auf. 4. Sie geben nicht nach. 5. Warum siehst du mich an?
6. Sie bringen das Bild mit.

(b)   Present perfect and past perfect

Sie **hat** ihn **mitgebracht.**	*She brought him along.*
Sie **hatte** ihn **mitgebracht.**	*She had brought him along.*
Ich **bin** früh **aufgestanden.**	*I got up early.*
Ich **war** früh **aufgestanden.**	*I had gotten up early.*

In the compound tenses, the prefix is attached to the past participle.

ZWEIHUNDERTSECHZIG

PRACTICE

> **C.** Examples: Unser Theater führt Goethes „Faust" auf.
> Unser Theater **hat** Goethes „Faust" **aufgeführt.**
> Unser Theater **hatte** Goethes „Faust" **aufgeführt.**

Change the verbs to present perfect and past perfect (Tape 16):

1. Sie bereitet sich auf das Examen vor. 2. Die Oper hört um elf Uhr auf.
3. Er sieht mich nicht an. 4. Ich gebe nicht nach. 5. Die Kinder ziehen sich
an. 6. Wir nehmen ihn mit.

> **D.** Examples: Ich muß um sieben Uhr aufstehen.
> Ich **bin** um sieben Uhr **aufgestanden.**
> Ich **war** um sieben Uhr **aufgestanden.**

Change the verbs to present perfect and past perfect (Tape 16):

1. Sie will mit Hans ausgehen. 2. Die Brücke muß in einer Minute zusam-
menbrechen. 3. Du sollst um sechs Uhr aufstehen. 4. Er will nicht mit-
kommen. 5. Der Zug soll um drei Uhr ankommen. 6. Er will nicht
einsteigen.

(c) **Position of** <u>zu</u>

Es war mir unmöglich, so früh aufzustehen.
It was impossible for me to get up so early.

When the infinitive of a verb with separable prefix is used with **zu, zu** stands
between the prefix and the infinitive, and the three parts become one word.

PRACTICE

> **E.** Example: Es ist schwer. Ich muß um sechs Uhr aufstehen.
> Es ist schwer, **um sechs Uhr aufzustehen.**

Combine the two sentences by making an infinitive phrase of the second (Tape 16):

1. Ist es möglich? Wir wollen heute schon abfahren. 2. Ist uns erlaubt? Wir

ZWEIHUNDERTEINUNDSECHZIG

wollen jetzt aufhören.   3. Es ist nicht leicht für mich. Ich fange früh an.
4. Es ist gut. Wir geben jetzt nach.   5. Es war unser Ziel. Wir wollten Brecht
aufführen.   6. Sie hatte nicht genug Zeit. Sie muß sich vorbereiten.

(d)   Principal parts

The principal parts of a verb with separable prefix are given in the following
way:

aufstehen	**stand auf**	**ist aufgestanden**
sich anziehen	**zog sich an**	**sich angezogen**

3. Variable Prefixes

über-setzen	(*to ferry across*)	er **setzte über**	er **hat übergesetzt**
übersetzen	(*to translate*)	er **übersetzte**	er **hat übersetzt**

A small number of prefixes, of which the most common are **über, unter,** and
wieder, may be used as either separable or inseparable prefixes. When a
variable prefix does not bear the stress, it is inseparable from its verb and does
not take **ge-** in the past participle. In addition to **übersetzen,** you have had the
following verbs belonging to this group:

überfallen	(*to attach*)	er **überfiel**	er **hat überfallen**
überraschen	(*to surprise*)	er **überraschte**	er **hat überrascht**
unterbrechen	(*to interrupt*)	er **unterbrach**	er **hat unterbrochen**
unterdrücken	(*to oppress*)	er **unterdrückte**	er **hat unterdrückt**
unterrichten	(*to instruct*)	er **unterrichtete**	er **hat unterrichtet**
unterscheiden	(*to distinguish*)	er **unterschied**	er **hat unterschieden**
wiederholen	(*to repeat*)	er **wiederholte**	er **hat wiederholt**

PRACTICE

> **F.** Example: Jesse James überfiel den Zug.
> Jesse James **hat** den Zug **überfallen.**
> Jesse James **hatte** den Zug **überfallen.**

Change the verbs to present perfect and past perfect (Tape 16):

1. Er übersetzte das Gedicht ins Deutsche.   2. Du unterbrichst mich schon
wieder.   3. Er wiederholt alles für sein Examen.   4. Er überraschte uns alle.

5. Er unterrichtete immer gern.   6. Sie unterscheidet sich von den andern Studenten.

4. Position of <u>nicht</u> (continued)

Die Russen führten Brecht zu Stalins Zeit **nicht** auf.
The Russians did not perform Brecht's plays during the time of Stalin.

When **nicht** negates a compound verb (**auf-führen**), it precedes the separable prefix. The same is true of other negatives such as **nie, nichts, nirgends.**

PRACTICE

> **G.** Example: Er will mich nicht ansehen.
> Er **sieht** mich nicht **an.**

Change the following sentences in accordance with the example (Tape 16):

1. Sie will nicht mitkommen.   2. Er kann jetzt nicht aufstehen.   3. Ohne Fritz können wir nichts anfangen.   4. Er darf es nicht mitnehmen.   5. Sie können das Stück nirgends aufführen.   6. Sie kann den Schmerz nicht aushalten.

5. Past Participle Used as Adjective

dieser viel **gelesene** Roman   *this much-read novel*
ein viel **gelesener** Roman   *a much-read novel*

dieses **illustrierte** Buch   *this illustrated book*
ein **illustriertes** Buch   *an illustrated book*

A past participle used as an adjective has endings like any other adjective.

PRACTICE

> **H.** Example: Er hat das Kind gerettet. (Kennen Sie?)
> Kennen Sie das **gerettete** Kind?

Form questions using the past participle as adjective:

1. Er hat ein Buch illustriert. (Ist es?) 2. Ich habe den Brief angefangen. (Wo ist?) 3. Er hat das Buch übersetzt. (Wie heißt?) 4. Wir haben die Eier gekocht. (Wann essen Sie?) 5. Man hat das Stück oft aufgeführt. (Wie heißt?) 6. Sie hat den Fisch gebacken. (Mögen Sie?)

III. ORAL AND WRITTEN EXERCISES

1. *Form sentences from the following word groups by inserting in their proper places the appropriate present, past, and present perfect forms of the verbs indicated:*

EXAMPLES: (anfangen): das Theater / eine Stunde später.
     Das Theater **fängt** eine Stunde später **an.**
     Das Theater **fing** eine Stunde später **an.**
     Das Theater **hat** eine Stunde später **angefangen.**

1. (mitnehmen): er / seinen Freund / nicht. 2. (aussehen): sie / immer schön. 3. (nachgeben): er / nicht. 4. (aufhören): die Aufführung / um zehn Uhr. 5. (aufführen): in München / man / dieses Jahr / Schillers Wallenstein. 6. (mitnehmen): er / ihn / nach Berlin. 7. (anfangen): die Oper / pünktlich. 8. (aufstehen) (ist): ich / jeden Morgen / um halb sieben. 9. (zusammenbrechen) (ist): der Boxer / in seiner Ecke. 10. (ankommen) (ist): wann / der Bus / in Berlin.

1. *Form imperatives of the following verbs:*

EXAMPLE: (abfahren): nicht / ohne mich.
     Fahren Sie nicht ohne mich **ab!**

1. (aufstehen) schnell. 2. (vorbereiten) alles. 3. (anfangen) jetzt / bitte. 4. (aufhören) endlich. 5. (nachgeben) bitte / nicht. 6. (mitnehmen) bitte / Max.

3. *Form past participles from the infinitives and use them as adjectives with the proper endings:*

EXAMPLE: sinken / der Dampfer
    der gesunkene Dampfer

1. gut anziehen / ein Mädchen 2. versprechen / das Geld 3. anfangen / die Arbeit 4. schlagen / der Feind 5. viel gebrauchen / ein Wort 6. gut schreiben / ein Brief 7. oft wiederholen / eine Frage 8. gut vorbereiten / eine Reise 9. gut übersetzen / das Gedicht 10. schön illustrieren / ein Buch

4. *Say, then write in German (use the German present perfect for the English past-tense forms):*

1. Get up! It's late. 2. Don't translate the sentence. 3. Please repeat it. 4. No, he isn't here; he has gone away. 5. We took her along. 6. Look at me. 7. Why didn't you interrupt her? 8. Please begin now. 9. Don't always give in. 10. She always looks pretty. 11. They did not perform the play. 12. This is an often read drama. 13. He surprised us. 14. Didn't he teach German in Chicago? 15. I have already repeated the question. 16. It is difficult for me to get up early. 17. It is impossible to translate this poem. 18. We stopped at ten o'clock. 19. What did he bring along? 20. She is preparing for an examination.

IV. READING

Der Augenblick der Abreise[1]

Dies ist eigentlich[2] kein Tagebuch, denn ich will nur wichtige Eindrücke aufschreiben, und die hat man nicht jeden Tag. Dies ist schon der zweite Tag der Ozeanreise, der Wind ist stärker geworden, die Wellen donnern gegen das Schiff, und dann und wann[3] kommen die Propeller aus dem Wasser, dann zittert[4] das Schiff. Unsere Kabine liegt ziemlich[5] hoch, aber von Zeit zu Zeit 5
rollt eine Welle über das Kabinenfenster. — Kabinenfenster, das ist sicherlich nicht das richtige Wort. Da kommt der Steward. . . . Er sagt mir das runde Ding[6] heißt Bullauge.[7] Das schreibe ich gleich auf die Liste meiner neugelernten Wörter.

Da sitze ich, beschreibe das Wetter, schreibe neue Wörter auf, tröste[8] 10
meinen seekranken Kabinengenossen,[9] aber ich habe noch nichts über den Beginn meines großen Abenteuers,[10] über den Augenblick der Abreise aufgeschrieben. Wie hat das eigentlich alles angefangen?

Es gab wirklich mehrere solche Augenblicke. Da war der Abschied[11] von den Eltern in Chicago. Dann besuchte ich Onkel Max in New York, aber das 15
habe ich früher schon einmal getan. Dann ging ich an Bord, aber da war ich

---

1. **die Abreise** *departure.* 2. **eigentlich** *actually.* 3. **dann und wann** *now and then.* 4. **zittern** *to tremble, vibrate.* 5. **ziemlich** *rather.* 6. **das Ding, -e** *thing.* 7. **das Bullauge, -n** *porthole.* 8. **trösten** *to console.* 9. **der Kabinengenosse, -n, -n** *cabin partner.* 10. **das Abenteuer, -** *adventure.* 11. **der Abschied** *parting.*

noch in Amerika und Onkel Max stand neben mir. Dann rief jemand: „Wir bitten alle Besucher, das Schiff zu verlassen." Jetzt fühlte ich einen kleinen Schmerz. Es wurde mir jetzt klar: „Du gehst und die bleiben." Von meinem Platz an der Reling konnte ich Onkel Max unter den Leuten auf dem Pier gut

5 sehen. Jetzt machten zwei Hafenarbeiter das letzte Seil[12] los, die letzte Verbindung[13] mit dem Land. Das Schiff begann sich zu bewegen,[14] und langsam, ganz langsam wurde die Entfernung zwischen dem Schiff und dem Pier größer. Das Winken[15] und Rufen an Bord und an Land verstärkte sich, die Schiffskapelle[16] spielte einen Marsch, und viele Taschentücher winkten nicht mehr,

10 sondern bedeckten Augen. Ich gebrauchte mein Taschentuch natürlich nur zum Winken. Ich muß aber gestehen,[17] daß ich doch traurig war. Ich machte aber die Augen zu[18] und sagte mir: Larry, das größte Abenteuer deines Lebens beginnt. Werde bitte nicht sentimental! — Da fühlte ich mich besser.

Während ich das dachte, drehte sich[19] unser Schiff etwas, und ich konnte

15 den Pier nicht mehr sehen. Bald waren wir in der Mitte des Hudson. Dies ist der eigentliche Augenblick der Abreise, dachte ich. Unser Schiff hat seine lange Reise begonnen. Ich starrte auf das Wasser und dann auf die Möwen.[20] Plötzlich ging eine Bewegung[21] durch die Passagiere: Wir fuhren an der Freiheitsstatue, dem letzten Gruß[22] unseres Landes an die Passagiere, vor-

20 über. Ein wenig später hielten wir an.[23] Der Lotse[24] kletterte in sein kleines Motorboot hinab.[25] Er winkte, die Propeller arbeiteten wieder, und nun ging es „Volldampf voraus"[26] nach Osten. Der letzte Augenblick, der noch zur Abreise gehörte, war vorüber.

Etwas später gingen wir alle in den Speisesaal,[27] um unsere Tischkarte zu

25 holen.[28] Durch ein — wie hieß das Fenster doch? — ja richtig, durch ein Bullauge des Speisesaales sah ich in rhythmischem Wechsel[29] den blauen Himmel und dann wieder das blaue Meer. Fast mechanisch und bestimmt[30] etwas verspätet[31] sagte ich mir, was man kurz nach der Abreise zu sagen pflegt:[32] We're off! Ich glaube, das heißt auf deutsch: Jetzt geht's los!

---

12. **das Seil, -e** *rope.* 13. **die Verbindung, -en** *connection.* 14. **bewegen** *to move.*
15. **das Winken** *waving* (of handkerchiefs). 16. **die Schiffskapelle** *ship's orchestra.*
17. **gestehen, gestand, gestanden** *to confess.* 18. **zu-machen** *to close.* 19. **sich drehen**
to turn. 20. **die Möwe, -n** *sea gull.* 21. **die Bewegung, -en** *movement, stir.* 22. **der**
Gruß, ⸗e *greeting.* 23. **an-halten, hielt an, angehalten, er hält an** *to come to a stop.*
24. **der Lotse, -n, -n** *pilot.* 25. **hinab-klettern** *to climb down.* 26. *Full steam ahead!*
27. **der Speisesaal, ... säle** *dining room.* 28. **holen** *to get, pick up.* 29. **der Wechsel, -**
change. 30. **bestimmt** *definitely.* 31. **verspätet** *belatedly.* 32. **pflegen** *to be ac-*
customed to.

V. CONVERSATION (*Tape 16*)

„O Herr Müller, das tut mir leid. Ich habe Sie gestört."

„Nein, Herr Burn, ich schlafe nicht. Ich habe nur die Augen zugemacht, dann fühle ich meine Seekrankheit nicht so sehr."

„Soll ich den Schiffsarzt rufen?"

„Aber Herr Burn, bei diesem Wetter ist in jeder dritten Kabine jemand   5
seekrank, und wir haben nur einen Arzt an Bord."

„Soll ich Ihnen etwas Tee und Toast holen?"

„Nein, danke, aber machen Sie bitte den Vorhang am Bullauge zu! Ich sehe immer nur Wasser."

„Das sind hohe Wellen. Sie rollen über unser Bullauge."   10

„Herr Steward, Herr Müller hat seit gestern nichts gegessen."

„Das ist nicht tragisch. Morgen soll das Wetter wieder besser werden. Da wird auch Herr Müller sich besser fühlen. Übrigens heute abend zeigen wir einen Film."

„Das ist schön. Wie heißt er?"   15

„Sturm über Tahiti."

„Das klingt interessant. Ich glaube aber nicht, daß so ein Film Herrn Müller interessiert. Wissen Sie, wer die Hauptrolle spielt?"

„Maria Schell. Kennen Sie sie?"

„Ja, ich habe sie in den Staaten in dem Film ‚Die Brüder Karamasow'   20
gesehen."

VI. WRITING

Beschreiben Sie die letzten Minuten vor Larrys Abreise (die Besucher, Onkel Max, die Hafenarbeiter, die Schiffskapelle, die Leute auf dem Pier usw.)

17

Heinrich Heine

(1797–1856)

I. TEXT (*Tape 17*)

Die besten Komponisten des neunzehnten Jahrhunderts haben Heines Jugend-
gedichte[1] — nicht immer die besten — in Musik gesetzt, und die Deutschen
sangen sie, zitierten[2] sie, hörten sie in Konzertsälen,[3] wußten sie auswendig[4]
und verehrten[5] sie. Auch England und Amerika liebten diese Lieder, und die
5   Franzosen vergaßen den „deutschen Voltaire mit der romantischen Seele"[6]
nie. Obgleich[7] Heine der Lyriker die Deutschen begeisterte,[8] haßten viele seine
politische Polemik im Namen der Menschenrechte. Auch daß er in Frank-
reich eine Geliebte[9] hatte, die er erst[10] spät heiratete, daß er ein Epikureer war,
und daß er sich in Paris wohlfühlte,[11] wollte man ihm nicht vergeben.[12] Wenn
10   man auch[13] dem großen Goethe ähnliche „Sünden"[14] vergab, so vergab man

1. **das Jugendgedicht, -e** *youthful poem, early poem.* 2. **zitieren** *to quote.* 3. **der
Saal, die Säle** *hall.* 4. **auswendig** *by heart.* 5. **verehren** *to admire.* 6. **die Seele, -n**
soul. 7. **obgleich** *although.* 8. **begeistern** *to fill with enthusiasm.* 9. **die Geliebte, -n**
sweetheart. 10. **erst** *not until.* 11. **sich wohl-fühlen** *to feel at home.* 12. **vergeben,
vergab, vergeben, er vergibt** *to forgive.* 13. **wenn** *if;* **wenn . . . auch** *even though.*
14. **die Sünde, -n** *sin.*

Heinrich Heine

sie dem großen Heine nicht, denn Goethe war ein Rheinfranke[15], und Heine war ein rheinischer Jude.[16]

Heine den Juden, Heine den Kämpfer für die Menschenrechte, Heine den Feind des Preußentums[17] verfolgten[18] Haß, Unglück und Mißverständnis sein ganzes Leben lang. Mißverständnis verfolgt seinen Ruhm noch heute. Während[19] man z.B. in Westdeutschland nur die Jugendwerke Heines kennt und ihn aus Unkenntnis[20] für einen sentimentalen Nachahmer[21] der Romantik hält, sehen die Ostdeutschen in ihm einen Vorläufer[22] des Kommunismus, und Schule und Universität beschäftigen sich[23] mit ihm. In Ostberlin gibt es sogar eine Heinestraße an der Mauer, wo man Stacheldraht und Volkspolizisten[24] mit ihren Polizeihunden sieht. Eine Heinestraße wollten auch viele Israelis in Tel Aviv haben, aber die orthodoxe Partei unter ihnen erlaubte es nicht, denn Heine hatte sich taufen[25] lassen, wenn er auch diese Taufe nicht sehr ernst[26] nahm.

Heine hatte über den Kommunismus geschrieben: Für Schönheit und Genie wird es in der Gesellschaft[27] unserer neuen Puritaner keinen Platz geben,[28] und beide werden noch viel mehr mißachtet werden[29] als unter dem älteren Regime.

China hat diese Prophezeiung fast erfüllt, aber eine Gruppe von jungen Kulturrevolutionären bat eine Deutsche, die China besuchte, ihnen Heines „Loreley" vorzusingen.[30] Von Lenin weiß man, daß er ins sibirische Exil auch einen Heineband[31] mitnahm. Nur Marx verstand Heine. Obgleich er die soziale Dichtung[32] seines jungen Freundes liebte, wußte er, daß Heine ein großer Dichter und Epikureer, aber kein Revolutionär war.

Die Deutschen haben Heines Haß des Preußentums und seine witzigen[33] satirischen Gedichte über die mittelmäßigen[34] Hohenzollernkönige[35] falsch verstanden. Sie hielten Heine für einen Feind Deutschlands. Daß Deutschland und Preußentum nicht dasselbe sind, hatten sie von ihm nicht gelernt. Die reaktionären Regierungen Preußens und Österreichs zwangen[36] den jungen

---

15. **der Rheinfranke, -n, -n** *Rhenish Franconian.*   16. **ein rheinischer Jude** *a Rhenish Jew.*   17. **das Preußentum** *Prussianism.*   18. **verfolgen** *to pursue.*   19. **während** *while.* 20. **die Unkenntnis** *ignorance.*   21. **der Nachahmer, -** *imitator.*   22. **der Vorläufer, -** *forerunner.*   23. **sich beschäftigen** *to concern oneself.*   24. **der Volkspolizist, -en, en** *policeman of the D.D.R.*   25. **taufen** *to baptize.*   26. **ernst** *serious.*   27. **die Gesellschaft** *society.*   28. **es wird geben;** future of **es gibt** *there will be.*   29. **werden mißachtet werden** *will be despised.*   30. **ihnen vorzusingen** *to sing for them.*   31. **der Band, ꞉e** *volume.*   32. **die Dichtung** (*literary*) *writing.*   33. **witzig** *witty.*   34. **mittelmäßig** *mediocre.*   35. **der Hohenzollernkönig, -e** *king of the Hohenzollern dynasty.* 36. **zwingen, zwang, gezwungen** *to force, compel.*

politischen Dichter, das Land zu verlassen, und er wählte[37] sich Paris als Stadt seines Exils: Paris, die Stadt der großen politischen Ereignisse, der Wissenschaft,[38] der Künste, der Lebenskunst, der Geld-Bourgeoisie, der Armut und der Ausbeutung.[39] Heine der Historiker — seine deutschen Feinde und er selbst gebrauchten das Wort Journalist — gibt uns ein gutes Bild   5 dieser Zeit in seinem brillianten Stil. Heine hat siebzehn Jahre lang in Paris gelebt und hat acht Jahre lang halb blind, halb paralysiert, unter großen Schmerzen bis zu seinem Tod in der „Matratzengruft"[40] gelitten.[41]

Aber sein Geist[42] blieb bis zum letzten Augenblick lebendig. In einem seiner Testamente schrieb er: „Leb wohl,[43] auch du, deutsche Heimat, Land der   10 Rätsel[44] und der Schmerzen, werde hell,[45] werde glücklich!" Dieser kranke[46] Dichter im Exil wußte besser, was gut für Deutschland war, als alle späteren deutschen Könige, Kaiser und der Führer.[47] In seinen langen einsamen[48] Stunden fragte er sich: Was wird die Zukunft bringen? Was wird aus unserer europäischen Kultur werden? Seine Antwort klingt grimmig,[49] da[50] sie so   15 modern klingt: „Es wird dann vielleicht nur einen Hirten[51] geben und eine Herde,[52] einen freien Hirten mit einem eisernen Stab[53] und eine gleichgeschorene,[54] gleichblökende[55] menschliche Herde."

37. **wählen** *to choose.* 38. **die Wissenschaft, -en** *science.* 39. **die Ausbeutung** *exploitation.* 40. **die Matratzengruft** *mattress grave.* 41. **leiden, litt, gelitten** *to suffer.* 42. **der Geist** *mind.* 43. **Leb wohl** *farewell.* 44. **das Rätsel, -** *riddle.* 45. **hell** *clear.* 46. **krank** *sick.* 47. **der Führer** *leader* (Hitler). 48. **einsam** *lonely.* 49. **grimmig** *grim.* 50. **da** *since.* 51. **der Hirt, -en, -en** *shepherd.* 52. **die Herde, -n** *herd.* 53. **der Stab, ⸗e** *staff.* 54. **gleichgeschoren** *shorn alike.* 55. **gleichblökend** *baaing alike.*

II. STRUCTURE AND PRACTICE

1. New Words

Group i

der **Band, ⸗e**	*volume*
der **Saal, Säle**	*hall*
das **Mißverständnis**	*misunderstanding*

Group ii

der **Führer, -**	*leader*
der **Nachahmer, -**	*imitator*

der **Vorläufer, -**	*forerunner*
das **Rätsel, -**	*riddle*
der **Komponist, -en, -en**	*composer*
die **Dichtung**	*writing*
die **Geliebte, -en**	*sweetheart*
die **Gesellschaft**	*company*
die **Herde, -n**	*herd*
die **Seele, -n**	*soul*
die **Sünde, -n**	*sin*
die **Wissenschaft, -en**	*science*

einsam	*lonely*	wenn	*if*
ernst	*serious*	wenn . . . auch	*even though*
hell	*clear, light*		
krank	*sick*	WEAK VERBS	
mittelmäßig	*mediocre*	sich beschäftigen	*to concern*
schlimm	*bad*		*oneself*
witzig	*witty*	erfüllen	*to fulfill*
auswendig	*by heart*	taufen	*to baptize*
da	*since*	verehren	*to admire*
erst	*first; only, not*	verfolgen	*to pursue*
	until	wählen	*to choose*
obgleich	*although*	zitieren	*to quote*
während	*while*		

STRONG VERBS

leiden	(*to suffer*)	litt	gelitten	
vergeben	(*to forgive*)	vergab	vergeben	er **vergibt**
zwingen	(*to force, compel*)	zwang	gezwungen	

2. Future Tense

(a) Formation

Wir **werden** ihm alles **erklären**.
We will explain everything to him.

In German, as in English, the future tense consists of the present tense of an auxiliary and the infinitive of a verb. German uses the present tense of **werden** as the auxiliary. The future in German is generally used as in English. Note that, in German, the infinitive stands *last* in the clause:[1]

ich **werde** ihm alles **erklären**
du **wirst** ihm alles **erklären**
er, sie, es **wird** ihm alles **erklären**
wir **werden** ihm alles **erklären**
ihr **werdet** ihm alles **erklären**
sie **werden** ihm alles **erklären**
Sie **werden** ihm alles **erklären**

[1] The present tense may be used in German with future meaning if futurity is clear from the context:

Ich **fliege** morgen nach Berlin.
I'll fly or *I am flying to Berlin tomorrow.*

(b) Expressing probability

The future tense (most commonly with the adverb **wohl**) may be used to express probability in the present, that is, something that is probably happening now:

Er **wird wohl** zu Hause **sein.**
He is probably at home.

PRACTICE

A. Example: Haben Sie das in Ihrem Buch erwähnt?
Werden Sie das in Ihrem Buch erwähnen?

Change the following sentences to future (Tape 17):

1. Haben Sie das Experiment versucht? 2. Er wohnt im Studentenheim.
3. Wir sind Ende Januar zurückgekommen. 4. Ich schreibe alles auf.
5. Wer übersetzt so ein Buch? 6. Ich stehe um sieben Uhr auf. 7. Die Oper hat um acht Uhr angefangen. 8. Wir haben das im Reisebüro erfahren.
9. Herr Pfeifer gibt nicht gerne nach. 10. Nichts ist geschehen.

3. Future Perfect

Bis nächsten Dienstag **werde** ich das Buch **gelesen haben.**
By next Tuesday I will have read the book.

In German, as in English, there are six tenses. So far you have had five. The sixth, the future perfect, is mentioned here for completeness. It is rarely used, occurring in German primarily to express past probability, that is, something that probably happened in the past:

Er **wird** nicht dort **gewesen sein.**
He probably wasn't there.

4. Subordinating Conjunctions

Note the statement: *I will tell you more about it, if you are interested.* The clause *if you are interested* is a dependent clause because it is dependent on a main clause to complete its meaning.

Many dependent clauses are introduced by subordinating conjunctions, such as: **als** (*when*), **da** (*since*), **daß** (*that*), **ehe** (*before*), **wenn** (*if*), **wenn auch** (*even though*), **obgleich** (*although*). Additional conjunctions will be listed in Wiederholung 3.

5. Word Order in Dependent Clauses

(a)   Ich weiß, daß er um sechs Uhr nach Hause **geht.**

                                        ging.

                                        gegangen ist.

                                        gegangen war.

                                        gehen wird.

In a dependent clause, the inflected form of the verb stands last, immediately preceded by a past participle or an infinitive. This type of word order is called dependent word order.

(b)   Er **steht** immer früh **auf.**
        Ich weiß, daß er immer früh **aufsteht.**

In a main clause, a prefix separated from the verb stands last, but the verb remains the second element. In a dependent clause, the finite verb stands at the end of the clause, and prefix and verb remain one word.

PRACTICE

B. Examples: Ich glaube nicht. Er besucht ihn. (daß)
        Ich glaube nicht, **daß er ihn besucht.**

        Ich glaube nicht. Er hat ihn besucht. (daß)
        Ich glaube nicht, **daß er ihn besucht hat.**

Connect the two sentences in each group by the conjunction indicated (*Tape 17*):

1. Wir helfen ihm. Er verdient es nicht. (obgleich)   2. Wir helfen ihm. Er hat es nicht verdient. (obgleich)   3. Sagen Sie es ihm! Er kommt nach Hause. (wenn)   4. Diese Gebäude standen hier noch nicht. Ich kam vor zehn Jahren

nach Chicago. (als) 5. Ich verstehe kein Wort. Sie sprechen so schnell.
(wenn) 6. Schreiben Sie es auf! Sie vergessen es. (ehe) 7. Er kam wieder
zurück. Er hatte keinen Erfolg. (da) 8. Du mußt zu Dr. Müller gehen. Es
wird nicht besser. (wenn) 9. Er konnte nicht antworten. Er hatte kein Wort
von Goethe gelesen. (da) 10. Sie ist zu ihren Kindern nach Amerika gefah-
ren. Ihr Mann war gestorben. (da)

> **C.** Example: Wir hoffen. Er kommt vor Abend zurück. (daß)
> Wir hoffen, **daß er vor Abend zurückkommt.**

Connect the two sentences in each group by the conjunction indicated (Tape 17):

1. Ich will nicht. Sie schreiben jedes Wort auf. (daß) 2. Sag, was du zu sagen
hast! Der Film fängt an. (ehe) 3. Ich sehe ihn nur am Abend. Er steht jeden
Tag sehr sehr früh auf. (da) 4. Wissen Sie? Jedes größere Theater führt jedes
Jahr diese Stücke auf. (daß) 5. Es war schon sieben Uhr. Er kam an. (als)
6. Schreiben Sie ihm! Er kommt nach Hause zurück. (ehe) 7. Sie fühlt sich
wohl. Sie sieht schlecht aus. (obgleich) 8. Wir freuen uns. Sie geht wieder
mit (daß).

6. Word Order in Main Clauses

Ich werde alles sagen, ehe es zu spät ist.
Ehe es zu spät ist, **werde ich** alles sagen.

In a dependent clause, word order is the same whether the dependent clause
follows or precedes a main clause. In the main clause, however, inverted word
order must be used when the dependent clause precedes it.

PRACTICE

> **D.** Example: Ich sehe ihn nur am Abend, **da er jeden Tag früh aufsteht.**
> **Da er jeden Tag früh aufsteht,** sehe ich ihn nur am Abend.

*Reverse the order of main clause and dependent clause in the following sentences
(Tape 17):*

1. Sie weiß es, da sie jedes Wort aufschreibt. 2. Es war schon sieben Uhr, als
ich abfuhr. 3. Sie macht viele Reisen, obgleich sie nicht viel Geld verdient.

4. Sie werden mehr von Heine lesen wollen, wenn Sie dieses Werk interessiert hat.   5. Sie trug ein schönes grünes Kleid, als ich sie zum ersten Mal sah.   6. Viele Deutsche liebten Heines Gedichte, wenn sie auch seine politischen Ideen haßten.

7. Indirect Questions

When a question (**Wo wohnt er jetzt?**) is subordinated to a statement or question, it becomes an indirect question:

Ich weiß nicht, **wo er jetzt wohnt.**

Wissen Sie, **wo er jetzt wohnt?**

Note that German uses dependent word order in indirect questions. Compare the position of the verbs in the following direct and indirect questions:

DIRECT QUESTION	INDIRECT QUESTION
Indirect Word Order	*Dependent Word Order*
Wie spät **ist** es jetzt?	Wissen Sie, wie spät es jetzt **ist?**
What time is it now?	*Do you know what time it is now?*
Wann **wird** er nach Hause **kommen?**	Wissen Sie, wann er nach Hause **kommen wird?**
When will he come home?	*Do you know when he'll come home?*
Wer **hat** das **gesagt?**	Ich weiß nicht, wer das **gesagt hat.**
Who said that?	*I don't know who said that.*
Wann **stehen** Sie **auf?**	Sagen Sie mir, wann Sie **aufstehen!**
When do you get up?	*Tell me when you get up.*

PRACTICE

> **E.** Example: Wann wollen Sie aufstehen? — Sagen Sie mir!
> Sagen Sie mir, wann Sie aufstehen wollen!

Form indirect questions from the following direct questions, using the introductory words indicated (Tape 17):

1. Wie alt ist sie jetzt? — Wissen Sie   2. Wer wird der nächste Präsident sein? — Keiner weiß   3. Wo ist hier ein gutes Restaurant? — Können Sie uns sagen   4. Wann fährt der nächste Dampfer? — Fragen Sie den Mann   5. Was

schreibt er in seinem Brief? — Sagen Sie uns   6. Wohin fahren Sie im Sommer? — Wissen Sie schon   7. Wie heißt sie? — Wissen Sie

III. ORAL AND WRITTEN EXERCISES

1.   *Change to future tense:*

EXAMPLE: Ich lese es später.
        Ich werde es später lesen.

1. Wir versuchen das.   2. Kommt er bald zurück?   3. Hier baut unsere Universität ein neues Laboratorium.   4. Bist du bald mit der Arbeit fertig? 5. Ich schreibe Ihnen morgen.   6. Wo wohnen Sie in Berlin?   7. Es wird kalt. 8. Ich schreibe es auf.   9. Die Schmerzen hören bald auf.   10. Er freut sich über den Brief.

2.   *Using the conjunction* **obgleich,** *make each of the following sentences a dependent clause of* **Ich bin immer müde:**

1. Ich schlafe gut.   2. Ich gehe nicht aus dem Hause.   3. Ich stehe immer spät auf.   4. Ich muß nicht viel arbeiten.

3.   *Connect the two sentences in each group by the conjunction indicated. First begin with the main clause, then with the dependent clause:*

EXAMPLES: Er geht nach Hause. (da) Er ist müde.
          Er geht nach Hause, da er müde ist.
          Da er müde ist, geht er nach Hause.

1. Ich weiß. (daß) Er wird uns nicht besuchen.   2. Er muß hier nicht bekannt sein. (da) Er sitzt immer zu Hause.   3. Sie reist sehr viel. (obgleich) Sie hat wenig Geld.   4. Geben Sie ihm das Geld! (wenn) Sie kommen zurück.   5. Ich werde Ihnen das Haus zeigen. (wenn) Sie interessieren sich dafür.   6. Er liest das. (da) Er interessiert sich für alles.   7. Wir werden diesen Sommer nach Europa reisen. (obgleich) Wir haben nicht viel Geld.   8. Wir müssen nach Hause gehen. (ehe) Es wird zu spät.   9. Viele Deutsche verstanden Amerika nicht. (da) Sie hatten nur Cooper und Mark Twain gelesen.   10. Sie wird mehr Gedichte von Heine lesen. (wenn) Ihr gefällt dieses Gedicht.

4.   *Change the direct questions to indirect questions by making them dependent on* **Wissen Sie?**

EXAMPLE: Wie heißt der junge Mann?
        Wissen Sie, wie der junge Mann heißt?

1. Wo wohnt sie jetzt? 2. Wo kann ich Herrn Weber finden? 3. Wie alt ist sie? 4. Wie spät ist es? 5. Wann fängt die Oper an? 6. Was hat er gesagt? 7. Wieviel kostet das? 8. Wer hat das gesagt? 9. Warum kommt er nicht zurück? 10. Wann ist er gestorben?

5. *Say, then write in German:*

1. I will write tomorrow. 2. He will see him tomorrow. 3. Will you visit me tomorrow? 4. I will not fly to New York alone. 5. Will you get up early? 6. When will you come home? 7. Do you know when you will be at home? 8. I don't know when he will show him the picture. 9. He is not tired, although he didn't sleep well. 10. She is not tired, although she always gets up very early. 11. Although I always get up early, I'm not tired. 12. I will show you the building if you come with me. 13. If you come with me, I will show you the building. 14. Tell him that we will come back soon. 15. Do you know where he lives? 16. Even though he doesn't earn much, he goes to Europe every year. 17. Tell me what he told you. 18. I don't know when his father died. 19. Do you know where he lost his money? 20. When I arrived, they had already left.

IV. READING

Die Leiden eines Untermieters[1]

Obgleich ich schon einen Monat in München bin, habe ich das Gefühl, hier lange gelebt zu haben. Amerika ist so weit[2] von hier und nicht nur im geographischen Sinne. Ich kann es mir gar nicht vorstellen,[3] daß ich vor etwa[4] sieben Wochen jeden Tag in meinem Auto fuhr. Jetzt ist die Straßenbahn[5]
5   mein Haupttransportmittel,[6] und manchmal[7] höre ich im Schlaf den Schaffner rufen: „Fahrscheine[8] bitte . . . Sonst noch jemand zugestiegen?"[9]

Jeden Morgen springe ich also vom zweiten Wagen, da der erste meistens voll ist und eile[10] ins Universitätsgebäude, um im Hörsaal[11] 43 eine Vorlesung[12] über moderne Literatur und im Hörsaal 108 eine Vorlesung über
10   „Faust" zu hören. Ein bißchen[13] Heimweh[14] habe ich noch immer, ich sehne

---

1. **der Untermieter, -** *roomer.* 2. **weit** *far.* 3. **sich vor-stellen** *to imagine.* 4. **etwa** *about, approximately.* 5. **die Straßenbahn, -en** *streetcar.* 6. **das Haupttransportmittel, -** *chief means of transportation.* 7. **manchmal** *sometimes.* 8. **der Fahrschein, -e** *ticket, transfer.* 9. **Sonst noch jemand zugestiegen?** (lit., *Has anyone else got on?*) *Anyone else without a ticket?* 10. **eilen (ist)** *to hurry.* 11. **der Hörsaal, . . . säle** *lecture room.* 12. **die Vorlesung, -en** *lecture.* 13. **ein bißchen** *a little bit.* 14. **das Heimweh** *homesickness.*

mich[15] manchmal nach Davenport und nach meiner Familie, besonders nach
Betty — und natürlich auch nach Spotty, dem Feind des Briefträgers.

Ich bin froh,[16] daß ich ein Studentenheim gewählt habe und nicht eine
Privatwohnung,[17] denn dort bin ich in Gesellschaft von Studenten. Ich habe
das Für und Wider[18] der beiden Arten des Wohnens mit einigen Studenten   5
besprochen[19] und das Folgende erfahren: In einem Studentenheim hat man
immer Ruhe, Ordnung und Sauberkeit.[20] In einem gemieteten[21] Zimmer aber
manchmal nicht. Außerdem zeigt eine neugierige Wirtin[22] oft zu großes
Interesse für die Post und die Telephongespräche des Untermieters.

Barbara Stenton, eine Studentin, die schon über ein Jahr hier studiert,   10
hatte interessante Erfahrungen[23] als Untermieterin gemacht. Erst, so erzählte
sie uns, wohnte sie bei der Familie Müller, und das war eine reizende[24]
Familie. Papa Müller las ihr abends immer die interessantesten Stellen aus der
Zeitung vor. Mama Müller behandelte sie wie ihre Tochter, und außerdem
aßen Müllers Schwarzbrot,[25] das Mama Müller auf dem Lande[26] einkaufte. —   15
Ach, das gute deutsche Schwarzbrot! Alles war also schön bei Müllers, nur
war Barbaras Zimmer nie warm genug, und die mütterliche Liebe der Frau
Müller ersetzte[27] leider nicht die Heizung.[28]

Barbara zog um.[29] Ihr zweites Zimmer war schön gelegen,[30] mit Balkon,
hatte moderne Möbel,[31] aber die Wirtin war weder[32] schön noch modern. Den   20
ganzen Tag kritisierte sie die arme Barbara: „Gestern haben Sie das elektrische
Licht bis zwei Uhr morgens brennen lassen."—„Ich habe studiert."—„Junge
Mädchen sollten um zehn Uhr zu Bett gehen und morgens früher aufstehen,
als Sie das tun. Heute früh[33] haben Sie zu viel warmes Wasser für Ihr Bad
gebraucht. Warmes Wasser kostet Geld, und wir haben nicht soviel Geld wie   25
Sie in Amerika." Das wurde der armen Barbara bald zuviel, und so zog sie
wieder um.

Ich habe oft Klagen[34] über geizige[35] Wirtinnen von den Studenten gehört.
Es gibt offenbar[36] viele dieser Art in Deutschland. Übertriebene[37] Sparsam-

---

15. **sich sehnen** *to long for.* 16. **froh** *glad.* 17. **die Privatwohnung, -en** *private
residence.* 18. **das Für und Wider** *the pros and cons.* 19. **besprechen, besprach,
besprochen, er bespricht** *to discuss.* 20. **die Sauberkeit** *cleanliness.* 21. **mieten** *to
rent.* 22. **die Wirtin, -nen** *landlady.* 23. **die Erfahrung, -en** *experience.* 24. **reizend**
charming. 25. **das Schwarzbrot, -e** *rye bread.* 26. **auf dem Lande** *in the country.*
27. **ersetzen** *to replace, take the place of.* 28. **die Heizung** *heating.* 29. **um-ziehen,
zog um, ist umgezogen** *to move.* 30. **gelegen** *situated.* 31. **die Möbel** (pl.) *furniture.*
32. **weder . . . noch** *neither . . . nor.* 33. **heute früh** *this morning.* 34. **die Klage, -n**
complaint. 35. **geizig** *stingy, miserly.* 36. **offenbar** *evidently.* 38. **übertrieben**
excessive.

keit[38] ist eine der schlechten Eigenschaften[39] der Deutschen. Sie hat aber ihren guten historischen Grund. Der deutsche Mittelstand[40] ist lange sehr arm gewesen. Diese Armut hat die Deutschen immer wieder gezwungen, arbeitsam[41] zu sein und gegen ihre Armut zu kämpfen. So kann man verstehen, daß
5   sich eine schlechte Eigenschaft wie übertriebene Sparsamkeit entwickeln konnte. Das ist für Amerikaner, die im reichsten Lande der Welt wohnen, vielleicht schwer zu verstehen. — Nein, das verstehe ich sehr gut. So viel weiß ich nun auch, daß jedes Land durch seine Vergangenheit beeinflußt ist. Da rede[42] ich wieder wie ein Philosoph. Aber das ist die deutsche Atmosphäre.
10   Wer unter deutschen Studenten lebt, der beginnt zu philosophieren. Und wer im Studentenheim wohnt, der lebt unter Studenten. Ich kann es nicht oft genug sagen, wie wohl ich mich hier fühle.[43] Es gibt kaum Lärm.[44] Wer sich unterhalten[45] will, geht in das Gesellschaftszimmer,[46] wo es eine Bibliothek[47] und oft eine interessante Debatte gibt.

15   Wenn ich meinen deutschen Freunden erzähle, wie wohl ich mich im Studentenheim fühle, dann nicken sie und sagen, daß sie das verstehen, aber sie loben auch die Privatwohnung, denn diese hat auch ihre Vorteile.[48] Manchmal ist nämlich die Wirtin eine richtige[49] Studentenmutter, die die Leiden und Freuden des Studenten gut kennt, da schon manche Studenten-
20   generation bei ihr gewohnt hat. So ein Studentenzimmer oder „Bude", wie es in der deutschen Studentensprache heißt, ist mit seinem altmodischen[50] Sofa, seinem Federbett[51] und dem altmodischen Spiegel[52] an der Wand[53] doch sehr gemütlich.[54] Die Bude gehört zur Tradition des alten Studentenlebens, von der wir Amerikaner uns keinen Begriff mehr machen[55] können, und das ist
25   eigentlich schade.[56]

38. **die Sparsamkeit** *thrift*. 39. **die Eigenschaft, -en** *quality*. 40. **der Mittelstand** *middle class*. 41. **arbeitsam** *hard-working, industrious*. 42. **reden** *to talk*. 43. **sich wohl fühlen** *to feel content*. 44. **der Lärm** *noise*. 45. **sich unterhalten, unterhielt sich, sich unterhalten, er unterhält sich** *to talk, converse*. 46. **das Gesellschaftszimmer, -** *social room*. 47. **die Bibliothek, -en** *library*. 48. **der Vorteil, -e** *advantage*. 49. **richtig** *real*. 50. **altmodisch** *old-fashioned*. 51. **das Federbett, -en** *featherbed*. 52. **der Spiegel, -** *mirror*. 53. **die Wand, ⁼e** *wall*. 54. **gemütlich** *cozy*. 55. **sich einen Begriff machen** *to form an idea*. 56. **schade sein** *to be a pity*.

V. CONVERSATION (*Tape 17*)

„Na, Larry, wie geht es dir? Gefällt es dir in Deutschland? Sehnst du dich nach deiner Familie?"

„Das sind drei Fragen. Hier sind drei Antworten. Antwort eins: Gut.
Antwort zwei: Ja. Antwort drei: Ich sehne mich nach meinem Auto."

„Typischer Amerikaner! Du sehnst dich also nicht nach deinen Eltern, nach
deiner Schwester, nach deinem Bruder, sondern nur nach deinem Auto."

„Ich habe keinen Bruder, nur eine Schwester; sie heißt Betty."   5

„Sag mal, warum hast du dir nicht ein Zimmer in einer Privatwohnung
gemietet? Es gibt hier in der Nähe manche gemütliche Bude mit altmodischem
Federbett und altmodischer Wirtin. Das sind übrigens die besten. Sie sind
manchmal richtige Studentenmütter."

„Ich brauche keine Mutter und bin gerne mit anderen Studenten zusammen.   10
Ich will mein Deutsch üben, mich über Deutschland informieren und inter-
essanten Debatten zuhören."

„Kennst du auch Studentinnen?"

„Ja, ich kenne eine charmante Münchnerin. Sie ist Assistentin im chemi-
schen Labor hier an der Uni."   15

„Du bist erst zwei Wochen hier und hast schon eine Freundin, du amerika-
nischer Casanova."

„Ich bin kein Casanova. Ich habe sie beim Tanz kennengelernt. Wenn du
Hilfe brauchst, gehe ich mit dir zum nächsten Tanz."

„Danke! Danke!"   20

VI. WRITING

Beschreiben Sie die Vorteile einer altmodischen Studentenbude! Gemütlich-
keit, Studentenmutter, altmodische Möbel usw.

Thomas Mann

18

Thomas Mann

(1875-1955)

I. TEXT (*Tape 18*)

Thomas Mann kam 1875 als Bürger der Hansestadt Lübeck zur Welt und
verließ sie 1955 als amerikanischer Bürger und bekanntester deutscher Dichter.
In diesen achtzig Jahren hatte Europa aufgehört, das Machtzentrum der Welt
zu sein. Hitler und Stalin, Vorläufer des „Hirten mit dem eisernen Stab",
waren erschienen, die Kultur des Abendlandes schien ihrem Ende entgegen-   5
zugehen.[1] In der letzten Hälfte[2] des neunzehnten Jahrhunderts, Jahrzehnte vor
den Weltkriegen und Weltrevolutionen des zwanzigsten Jahrhunderts, warn-
ten die ersten „modernen" Dichter und Denker vor dem kommenden[3] Un-
heil.[4] Sie zeigten, daß die europäische Kultur trotz Technik und Reichtum[5]
krank war.   10
  Der junge Thomas las diese moderne Literatur, obgleich sie in der Schule
verboten war. Er las auch die Kulturkritiker Schopenhauer und Nietzsche. Sie
lehrten ihn zuerst, das problematische Verhältnis[6] von Leben und Geist zu
erkennen. Es sollte das Hauptthema[7] seiner späteren Werke werden.

1. **dem Ende entgegengehen** *to come to an end.* 2. **die Hälfte, -n** *half.* 3. **kommend**
coming. 4. **das Unheil** *disaster.* 5. **der Reichtum, ≠er** *richness, wealth.* 6. **das**
Verhältnis *relation(ship).* 7. **das Hauptthema, . . . themen** *main subject.*

Diese Problematik[8] erlebte er bald selber. Der literarisch[9] und musikalisch begabte[10] Schüler Thomas fühlte sich nicht wohl unter seinen robusteren Schulkameraden. Wenn sie sich über ihn lustig machten,[11] schämte er sich[12] und fühlte sich ihnen gleichzeitig[13] überlegen.[14]

5   Diese Jungen machten keine Verse, fürchteten sich[15] zwar[16] vor ihren Lehrern, aber freuten sich[17] auf den Kampf mit dem Leben. Seine Vorfahren[18] hatten tapfer mit dem Leben gekämpft. Sie hatten die große Kornfirma[19] geschaffen, aber er interessierte sich nicht für das Geschäftsleben, er spielte Geige[20] und schrieb Gedichte.

10   Da starb sein Vater, und die Familie sowohl als[21] die Firma lösten sich auf.[22] Generationen tüchtiger[23] Kaufleute[24] hatten diese Firma geschaffen, und was war das Endresultat? Zwei Künstler, zwei Männer des Geistes: Thomas und sein Bruder Heinrich. Hatten seine Vorfahren dafür[25] gearbeitet? War der Geist der Feind des Lebens?

15   Thomas Mann schrieb darüber[26] einen Roman: „Buddenbrooks. Verfall[27] einer Familie". Die „Buddenbrooks" machten den Dichter schnell berühmt. Es folgten[28] meisterhafte[29] Erzählungen[30] über das Problem des Künstlers: „Tonio Kröger" und „Der Tod in Venedig".[31] Unter den Gebildeten[32] der Welt sind diese beiden Werke wahrscheinlich die bekanntesten. In Amerika
20   z.B. lesen sie Tausende von Studenten jedes Jahr in englischer Übersetzung.

Im Ersten Weltkrieg hatte Mann sich viel mit politischen und kulturellen Problemen beschäftigt. Es waren die Vorarbeiten[33] für seinen bekanntesten Roman: „Der Zauberberg". Im Mittelpunkt des großen Werkes stehen die leiblichen und geistigen Abenteuer[34] Hans Castorps, eines jungen Ingenieurs
25   aus Hamburg. Aber im Roman ist Castorp mehr; er ist auch ein Vertreter[35] der deutschen Seele.

In einem Sanatorium in Davos kämpfen ein Vertreter demokratischer

---

8. **die Problematik** *uncertainties.* 9. **literarisch** *literary; as a writer.* 10. **begabt** *gifted, talented.* 11. **sich lustig machen über** *to make fun of.* 12. **sich schämen** *to feel small; to feel ashamed.* 13. **gleichzeitig** *at the same time.* 14. **überlegen** *superior.* 15. **sich fürchten** *to be afraid.* 16. **zwar** *to be sure.* 17. **sich freuen** *to be glad;* **sich freuen auf** *to look forward to.* 18. **die Vorfahren** (pl.) *ancestors.* 19. **die Kornfirma** *grain dealership.* 20. **die Geige, -n** *violin.* 21. **sowohl als** *as well as.* 22. **sich auf-lösen** *to dissolve.* 23. **tüchtig** *able, competent.* 24. **der Kaufmann, . . . leute** *merchant, businessman.* 25. **dafür** *for it, for that.* 26. **darüber** *about it.* 27. **der Verfall** *decline.* 28. **es folgten** *there followed.* 29. **meisterhaft** *masterly, masterful.* 30. **die Erzählung, -en** *narration.* 31. *Death in Venice.* 32. **die Gebildeten** (pl.) *the educated classes.* 33. **die Vorarbeiten** (pl.) *preliminary studies.* 34. **die leiblichen und geistigen Abenteuer** *adventures in body and soul.* 35. **der Vertreter, -** *representative.*

liberaler Ideen, ein Vertreter des Westens also, und ein Jesuit mit kommunistischen Ideen um Castorps Seele. Der Vertreter des Westens nennt Castorp ein „Sorgenkind",[36] und um dieses eine Sorgenkind bilden sich[37] immer neue Aspekte des Themas „Sorgenkind". Der Deutsche erscheint als Sorgenkind der westlichen Kultur, diese[38] wieder als Sorgenkind der Menschheit. Schließlich offenbart sich[39] der Mensch als Sorgenkind des Lebens, ja das Leben selber scheint ein Sorgenkind des Universums zu sein. Der heutige Mensch sieht sich in diesem Roman zwischen zwei Grundformen[40] seiner kulturellen Entwicklung: Da ist die humanistische Lebensform,[41] wie sie sich aus Antike und Renaissance entwickelt hat, und dagegen kämpft vor allem der Kommunismus. Im Roman siegt[42] das humanistische Ideal des freien Menschen, des geistig und seelisch[43] voll entwickelten Individuums, über das Ideal des Menschen im anonymen Kollektiv.

Im Leben siegten zuerst Hitler und seine Barbaren. Thomas Mann ging ins Exil, erst in die Schweiz, dann nach Amerika. An der kalifornischen Palmenküste wohnend, schrieb er sein längstes Werk über die kulturelle Entwicklung des Menschen, den vierbändigen[44] Roman „Joseph und seine Brüder".

Nicht einmal die Titel seiner späteren Romane, Erzählungen und Essays können wir hier erwähnen; es sind zu viele. Auch in Amerika fand der alte Dichter keine Ruhe. Der letzte große Vertreter des Humanismus in der Literatur war vielen Amerikanern zu links. Ohne Haß ging er ins letzte Exil, in die Schweiz, wo er, bis ans Ende arbeitend, achtzigjährig starb.

Auf seinem Grabstein[45] steht[46] nur: Thomas Mann. Solange es noch eine humanistische Kultur gibt, wird das genügen.

5

10

15

20

36. **das Sorgenkind, -er** *problem child.* 37. **sich bilden** *to form, arise.* 38. **diese** *the latter.* 39. **sich offenbaren** *to reveal oneself.* 40. **die Grundform, -en** *basic pattern.* 41. **die Lebensform, -en** *life pattern.* 42. **siegen** *to be victorious.* 43. **seelisch** *spiritually.* 44. **vierbändig** *four-volume.* 45. **der Grabstein, -e** *gravestone.* 46. **steht** *it says, is imprinted;* literally, of course, **steht** means *stands.*

II. STRUCTURE AND PRACTICE

1. New Words

GROUP I

der **Grabstein, -e**   *gravestone*

der **Verfall**   *decline*
das **Verhältnis, ... nisse**   *relation(ship)*

GROUP II

		sich fürchten	to be afraid
der **Vertreter**, -	representative	sich lustig machen	
die **Erzählung**, -en	narrative	über	to make fun of
die **Geige**, -n	violin	sich **offenbaren**	to reveal
die **Hälfte**, -n	half		oneself
		sich **schämen**	to feel small,
Exceptional			ashamed
der **Reichtum**, ⸗er	richness,	siegen	to be victorious
	wealth	**begabt**	gifted, talented
das **Sorgenkind**, -er	problem child	**gleichzeitig**	at the same
UNCLASSIFIED			time
		meisterhaft	masterly,
die **Gebildeten** (pl.)	the educated		masterful
	classes	**tüchtig**	able,
der **Kaufmann**, ... leute	merchant,		competent
	businessman	**überlegen**	superior
die **Vorarbeiten** (pl.)	preliminary	**sowohl als**	as well as
	studies	**zwar**	to be sure
die **Vorfahren** (pl.)	ancestors	IDIOM	
sich **auf-lösen**	to dissolve	dem **Ende**	to come to an
sich **bilden**	to form, arise	**entgegengehen**	end
sich **freuen**	to be glad		
sich **freuen auf**	to look		
	forward to		

2. Reflexive Pronouns

(a)   Direct object

Ich frage **ihn**.	*I ask him.*
Ich frage **mich**.	*I ask myself.*

In both sentences above, the verb is used with a direct object. In the first sentence, the action is directed toward *another person* (**ihn**). In the second sentence, however, the action refers *back to the subject*.

English uses distinct pronouns in such reflexive situations (*myself, yourself,* and so on), called reflexive pronouns. In German, reflexive pronouns are identical with the personal object pronouns (**mich, dich,** and so on), except in the third persons singular and plural, where the special form **sich** is used:

ich frage	**mich**	*I ask myself*
du fragst	**dich**	*you ask yourself*
er, sie fragt	**sich**	*he asks himself, she asks herself*

wir fragen **uns**	*we ask ourselves*
ihr fragt **euch**	*you ask yourself*
sie fragen **sich**	*they ask themselves*
Sie fragen **sich**	*you ask yourself* (*yourselves*)

A number of German reflexive verbs are used in English either reflexively (**sich fühlen** *to feel* [*oneself*], **sich rasieren** *to shave* [*oneself*]) or in idioms (**sich setzen** *to sit down*, **sich freuen auf** *to look forward to*).

PRACTICE

A. Example: **Ich rasiere mich** nicht oft genug. (er)
            Er rasiert sich nicht oft genug.

Change the verb forms and reflexive pronouns in accordance with the subjects indicated (*Tape 18*):

1. Ich wasche mich im Hotelzimmer. (er) 2. Wir erinnern uns noch sehr gut an ihn. (sie) 3. Sie zieht sich immer gut an. (ich) 4. Ich freue mich, daß du kommst. (wir) 5. Er interessiert sich nicht für den Roman. (ich) 6. Ich fürchte mich nicht. (sie) 7. Er fühlt sich wohl. (wir) 8. Hast du dich gut vorbereitet? (Sie) 9. Warum sollen wir uns schämen? (er) 10. Ich freue mich auf die Ferien. (wir)

B. Example: **Rasieren Sie sich!** (Hans)
            Rasier dich, Hans!

Change the imperatives in accordance with the persons indicated (*Tape 18*):

1. Frag dich, warum das so ist! (Herr Niemeier) 2. Zieh dich gut an! (Kinder) 3. Wascht euch; es ist schon sieben Uhr! (Hans) 4. Setzen Sie sich, meine Damen! (Ursula) 5. Fühlen Sie sich jetzt besser? (Anna) 6. Fürchten Sie sich nicht. (Peter)

(b) Indirect object

Ich kaufe **mir** ein Stück Seife. *I'm buying* (*for*) *myself a bar of soap.*

The reflexive pronoun may also be an indirect object. Here are the dative reflexive pronouns:

Ich	kaufe	**mir** ein Stück Seife.	*I buy myself a bar of soap.*
Du	kaufst	**dir** ein Stück Seife.	*You buy yourself, etc.*
Er (sie)	kauft	**sich** ein Stück Seife.	*He (she) buys himself (herself), etc.*
Wir	kaufen	**uns** ein Stück Seife.	*We buy ourselves, etc.*
Ihr	kauft	**euch** ein Stück Seife.	*You buy yourselves, etc.*
Sie	kaufen	**sich** ein Stück Seife.	*They buy themselves, etc.*
Sie	kaufen	**sich** ein Stück Seife.	*You buy yourself (yourselves), etc.*

Several reflexive verbs with dative reflexive object have no reflexive equivalents in English; for example: **sich ansehen** (*to look at*); **sich denken** (*to imagine*); **sich Sorgen machen** (*to worry*).

PRACTICE

C. Example: **Ich werde mir** ein neues Kleid **kaufen.** (sie)
      Sie wird sich ein neues Kleid **kaufen.**

Change the verb forms and reflexive pronouns in accordance with the subjects indicated (Tape 18):

1. Ich will mir den „Zauberberg" kaufen. (er) 2. Ich mache mir Sorgen. (Mutter) 3. Er bestellt sich immer Kuchen. (die Kinder) 4. Peter will sich ein neues Auto kaufen. (ich) 5. Wir wollen uns die Stadt ansehen. (ich) 6. Kannst du dir das vorstellen? (Sie)

D. Example: **Kaufen Sie sich** ein neues Kleid! (Hilde)
      Kauf dir ein neues Kleid, Hilde!

Change the imperatives in accordance with the persons indicated (Tape 18):

1. Sieh dir die Stadt an, Fritz! (Herr Weber) 2. Machen Sie sich keine Sorgen! (Vater) 3. Bestellen Sie sich etwas Gutes! (Grete) 4. Kauf dir das Haus! (Herr Martin) 5. Bestellt euch Milch! (Werner) 6. Stellen Sie sich das vor! (Herr Meier)

3. Present Participle

(a)   Er sprang auf den **fahrenden** Zug.   *He jumped on the moving train.*

(b)   Er sagte **lächelnd** . . .   *He said smilingly . . .*

The present participle is formed by adding **-d** to the infinitive: **fahrend, lächelnd.** It may be used as (a) an adjective or (b) an adverb.

PRACTICE

> **E.** Example: Ein junger Mensch braucht Vitamine. (wachsen)
> Ein **wachsender** junger Mensch braucht Vitamine.

Insert the infinitives as present participles (*Tape 18*):

1. Wir waren auf dem Schiff. (sinken) 2. Die Soldaten fanden ihren Kameraden. (sterben) 3. Ich habe den Diamanten an ihrer Hand gesehen. (glitzern) 4. Wohin werden Sie im Sommer fahren? (kommen) 5. In der Nacht fuhr er nach München. (folgen) 6. Er photographierte die Brücke. (explodieren)

4. Da-Compounds

Er stand hoch **über ihm.**
He stood high above him.
Es ist das Fenster mit dem Neonlicht **darüber.**
It's the window with the neon light (there above) above it.

A personal pronoun is frequently used with a preposition: **über ihm** (*above him*), **für sie** (*for her*), **nach ihnen** (*after them*). In these examples, the pronoun refers to one or more *persons*.

When a pronoun refers to one or more *objects* or *ideas*, the pronoun is replaced by **da-** (**dar-** before a vowel) and combined with the preposition: **damit** (*with it, with them*), **dafür** (*for it, for them*):

> Er macht sich **über mein Auto** lustig.
> Er macht sich **darüber** lustig.

> Geben Sie mir **diese drei Karten!**
> Ich gebe Ihnen drei Mark **dafür** (*for them*).

> Er ist sehr arm, aber wir sprechen nie **davon.**
> *He is very poor, but we never [speak thereof] mention that.*

PRACTICE

F. Example: Wir wohnen in diesem Haus. Die Garage ist **unter dem Haus.**
Die Garage ist **darunter.**

Repeat each second sentence and substitute a **da**-*compound for the repeated noun (Tape 18):*

1. Hier ist sein Brief. Was wollen Sie mit dem Brief? 2. Die Karte ist noch im Wagen. Auch Ihre Kamera ist noch im Wagen. 3. Ich höre, Sie haben Schmerzen. Was tun Sie gegen die Schmerzen? 4. Das Auto gefällt mir. Ich gebe Ihnen zweitausend Mark für das Auto. 5. Sehen Sie den Wald? Das Schloß liegt hinter dem Wald. 6. Er interessiert sich für die alten Volkslieder. Er hat ein Buch über die alten Volkslieder geschrieben.

5. Wo-Compounds

Womit hat er die Tür geöffnet?
With what did he open the door?

In questions, the interrogative **was,** when used with a preposition (**mit was**), is replaced by **wo-** (**wor-** before a vowel) and is combined with the preposition.

PRACTICE

G. Example: Sie interessiert sich für Musik.
Wofür interessiert sie sich?

Using a **wo**-*compound, ask questions to which the following statements are the answers:*

1. Er freut sich auf die Ferien. 2. Sie bereitet sich auf ihre Reise vor. 3. Sie haben sich über das alte Auto lustig gemacht. 4. Er denkt oft an seine Jugend. 5. Für das Haus hat er zuviel bezahlt.

III. ORAL AND WRITTEN EXERCISES

1.   *Form imperatives addressing* (*a*) *Hans and* (*b*) *Herr Schneider:*

EXAMPLES: sich nicht fürchten: (a) Fürchte dich nicht, Hans!
(b) Fürchten Sie sich nicht, Herr Schneider!

1. sich setzen 2. sich freuen 3. sich einen neuen Wagen kaufen 4. sich ein Stück Kuchen bestellen 5. sich den deutschen Film ansehen

2.   *Change the verb forms and reflexive pronouns in accordance with the subjects indicated:*

EXAMPLE: **Ich muß mir** helfen. (jeder)
Jeder muß sich helfen.

1. Sie muß sich ein neues Kleid kaufen. (ich) 2. Sie scheinen sich nicht für die Zeitschrift zu interessieren. (er) 3. Wir müssen uns zu helfen wissen. (der Mensch) 4. Sie bestellt sich eine Tasse Tee. (ich) 5. Sie fragt sich oft, wie sie anderen Menschen helfen kann. (ich) 6. Ich freue mich auf die Ferien. (alle)

3.   *Substitute a* **da-***compound for the repeated noun:*

EXAMPLE: Hier ist das wichtige Dokument. Schreiben Sie Ihren Namen **unter das Dokument!**
Schreiben Sie Ihren Namen **darunter!**

1. Dort ist das Hotel. Das bekannte Café ist neben dem Hotel. 2. Hier ist ein Messer. Können Sie den Brief mit dem Messer öffnen? 3. Sehen Sie den Laden dort? Wir wohnen über dem Laden. 4. Gib mir die Postkarten! Ich schreibe die Adressen auf die Postkarten. 5. Der kleine See ist schön. Aber man kann in diesem See nicht schwimmen. 6. Zehn Mark? Für zehn Mark kaufe ich so ein Bild nicht.

4.   *Insert the infinitives as present participles:*

EXAMPLE: Sie legt das Kind ins Bett. (schlafen)
Sie legt das **schlafende** Kind ins Bett.

1. Ich kann in einem Zug nicht lesen. (fahren) 2. Ein Mensch sagt das nicht. (denken) 3. Er sucht die Nummer der Zeitschrift. (fehlen) 4. So ein Buch interessiert das Publikum. (lesen) 5. Beantworten Sie die Fragen! (folgen) 6. Das ist unser Wunsch fürs Jahr. (kommen)

5.   *Say, then write in German:*

1. Where is my newspaper? — You are sitting on it.   2. Here is a magazine; the pictures in it are very good.   3. Aren't you interested in it?   4. I have five marks. What can I buy with (für) them?   5. Can't you write with it?   6. What can you give me for it?   7. Don't you want to sell your car? I'll give you 2000 marks for it.   8. She is not interested in him, and he is not interested in her. 9. Order something for yourself.   10. He doesn't shave often enough. 11. Please sit down.   12. He always takes the biggest piece for himself. 13. She buys nothing for herself.   14. Ice has formed on the lake.   15. During the following year he studied in Paris.   16. Aren't you glad?   17. Don't you look forward to the trip?   18. We remember him very well.   19. What is she interested in? [In what]   20. What are you thinking of? [Of what]

IV. READING

Im Walde

Gestern abend[1] kam ich von einer langen Wanderung mit Wilhelm Brückner und Fritz Henning zurück. Wilhelm ist trotz Atomzeitalter und Studentenrevolten ein naturliebender Romantiker. Fritz ist Realist, fast Zyniker, aber trotzdem fühlt auch er sich in der Natur wohl, wenn er es auch nicht zugibt.[2]

5 Die beiden irren sich[3] nie, debattieren deshalb oft und haben immer recht — d.h. jeder von den beiden bildet sich das ein.[4]

Ich war todmüde und bin heute am Sonntag erst[5] um zehn Uhr aufgewacht. Was für eine herrliche Wanderung das war! Erst jetzt verstehe ich, warum die Deutschen das Wandern so lieben und warum man das Wort „wandern" in

10 keine andere Sprache übersetzen kann.

Wir waren mit dem Bus von München nach Süden bis zum Walchensee gefahren. Dort stiegen wir aus[6] und wanderten auf einem Waldpfad[7] weiter. Jedesmal, wenn ich die wunderbaren Wälder sehe, wundere ich mich, wie ein so hoch industrialisiertes und so dicht[8] bevölkertes Land wie Deutschland

15 seine Wälder so beschützen[9] kann.

1. **gestern abend** *last night.*   2. **zu-geben, gab zu, zugegeben, er gibt zu** *to admit.* 3. **sich irren** *to be in error, be mistaken.*   4. **sich ein-bilden** *to imagine.*   5. **erst** in expressions of time means *not until* or, less often, *only.*   6. **aus-steigen, stieg aus, ist ausgestiegen** *to get off.*   7. **der Waldpfad, -e** *forest path.*   8. **dicht** *dense.*   9. **beschützen** *to protect.*

Ich sprach mit meinen Freunden darüber, während wir durch den dunklen[10] Wald wanderten und Fritz sagte: „Die vielen Fürsten haben Deutschland sehr geschadet,[11] aber in manchen Punkten haben sie uns Späteren genützt.[12] Die Jagdleidenschaft[13] dieser Herren machte es nötig, die Wälder und das Wild[14] zu schützen,[15] und als es keine Fürsten mehr gab, . . .“   5

„Es tut mir leid“, unterbrach ihn Wilhelm, „aber was du da sagst, ist nur die eine, die kleinere Hälfte der Wahrheit. Das deutsche Volk hat den Wald schon immer geliebt, er lebt im deutschen Märchen, in den Gedichten der Romantiker“ — und er zitierte Eichendorffs „Mondnacht“.[16] Es ist ein schönes Gedicht; ich lerne es vielleicht auch auswendig.   10

Ich kann die Landschaft nicht beschreiben; dazu muß man ein Dichter sein. Zum Glück[17] hatte ich genug Farbfilm[18] mitgenommen, aber leider können Photos nicht den Duft[19] des Waldes, die tiefe Stille und die Waldeinsamkeit[20] aufnehmen.[21]

Wir hatten uns warm gewandert, waren durstig und hungrig. Wilhelm   15 fragte Fritz, unseren Führer: „Willst du mich verhungern[22] lassen? Denk wenigstens[23] an unseren armen Gast aus Amerika!“

Fritz zeigt auf Starkstromdrähte[24] mitten im Walde. „Danach orientiere ich mich“, sagte er, „von hier bis zum Wirtshaus[25] ist es nicht mehr weit, un- gefähr zwanzig Minuten zu Fuß.“ Wir setzten uns ein paar Minuten hin, um   20 uns auszuruhen, denn wir waren lange gestiegen.

Er hatte sich nicht geirrt. Wir wanderten eine Viertelstunde, und schon sahen wir ein hübsches Dörfchen und das Wirtshaus in einem kleinen Tale liegen.

Wir traten in das kühle Gastzimmer[26] und setzten uns auf eine Holzbank an   25 einen der langen Tische. Das bayrische Bier schmeckte wunderbar nach der langen Wanderung. Wir bestellten uns Rehbraten[27] mit Kartoffeln und Pilzen.[28]

Auf dem Nachhauseweg begannen die beiden eine Debatte über das Thema: Technik und Natur. Ich sagte nichts, denn ich wollte die schöne   30

---

10. **dunkel (dunkl-)** *dark.*   11. **schaden** *to harm, hurt.*   12. **nützen** *to be useful.* 13. **die Jagdleidenschaft** *passion for hunting.*   14. **das Wild** *game.*   15. **schützen** *to protect.*   16. *Moonlit Night.*   17. **zum Glück** *fortunately.*   18. **der Farbfilm** *color film.*   19. **der Duft, ⸗e** *fragrance.*   20. **die Waldeinsamkeit** *forest solitude.*   21. **auf- nehmen, nahm auf, aufgenommen, er nimmt auf** *to take (a picture), capture, record.* 22. **verhungern** *to starve to death.*   23. **wenigstens** *at least.*   24. **der Starkstromdraht, ⸗e** *high tension wire.*   25. **das Wirtshaus, ⸗er** *inn.*   26. **das Gastzimmer, -** *tap room.* 27. **der Rehbraten** *roast venison.*   28. **der Pilz, -e** *mushroom.*

Landschaft genießen.[29] Nach einer Weile wurde ich aber doch in die Debatte gezogen. „Weißt du", fragte mich Wilhelm, „warum bei euch in Amerika Humuserde in Sandstürmen fortfliegt und warum Hochwasser sie ins Meer trägt?"[30] Ich wußte es nicht, und er sagte mit blitzenden[31] Augen: „Weil ihr Amerikaner eure Wälder nicht liebt und ehrt,[32] weil ihr so viele Wälder vernichtet[33] habt."

„Ich bin unschuldig",[34] antwortete ich. „Ich habe nicht einen Baum gefällt."

„Aber ihr habt Grislybären und Bisons geschossen", rief Fritz lachend. So ging es weiter, bis wir schließlich in den Bus stiegen. Von da an weiß ich nichts mehr, denn ich schlief sofort[35] auf meinem Sitz ein.[36]

29. **genießen, genoß, genossen** *to enjoy.* 30. **tragen, trug, getragen, er trägt** *to carry.* 31. **blitzend** *flashing.* 32. **ehren** *to respect, revere.* 33. **vernichten** *to destroy .*34. **unschuldig** *innocent.* 35. **sofort** *immediately.* 36. **ein-schlafen, schlief ein, ist eingeschlafen, er schläft ein** *to fall asleep.*

V. CONVERSATION (*Tape 18*)

Wilhelm: „Mitten in diesem herrlichen Wald Starkstromdrähte!"

Larry: „Warum wirst du darüber böse. Dazu hast du kein Recht."

Wilhelm: „Das verstehe ich nicht. Warum soll ich kein Recht dazu haben?"

Larry: „Weil du das größte Stück Rehbraten gegessen hast."

Wilhelm: „Es tut mir leid, aber ich verstehe dich noch immer nicht."

Larry: „Dann werde ich dir helfen. In einem kleinen Wirtshaus mitten im Walde kannst du dir im Sommer Rehbraten bestellen. Weißt du, woher der kommt?"

Wilhelm: „Aus unserem schönen bayrischen Wald, natürlich."

Larry: „Falsch, aus einem Tiefkühler kommt er, und der bekommt — wie sagt man ‚juice' auf deutsch?"

Wilhelm: „Elektrizität."

Larry: „Danke, der bekommt Elektrizität durch die Drähte mitten im Walde."

Fritz: „Ich werde eine Geschichte schreiben: Ein Connecticut Yankee und ein Romantiker im bayrischen Wald."

Larry: „Weißt du denn, wo Connecticut liegt?"

Fritz: „Natürlich, es ist ein Südstaat."

Larry: „Ich gebe dir eine Fünf. — Nein, eine Vier in Geographie. Du hast

gewußt, daß Connecticut etwas mit dem Süden zu tun hat, aber
das ist auch alles. Connecticut ist am südlichsten in Neuengland."

Fritz: „Das hast du schön gesagt, aber es ist besseres Deutsch, wenn du
sagst, Connecticut ist der südlichste Staat Neuenglands."

VI. WRITING

Schreiben Sie einen Aufsatz über eins der folgenden Themen:

Der deutsche Wald
Eine Wanderung im bayrischen Wald

Wiederholung 3

1. Present and Past of Modal Auxiliaries (*Review pages 169–171, 228*)

(a)   Forms

können (kann)	**konnte**	*be able, can*
mögen (mag)	**mochte**	*like to, may*
müssen (muß)	**mußte**	*have to, must*
dürfen (darf)	**durfte**	*be permitted to, may*
sollen (soll)	**sollte**	*be supposed to*
wollen (will)	**wollte**	*want to*

(b)   Present and Past

PRESENT	PAST
ich **kann**	**konnte**
du **kannst**	**konntest**
er, sie, es **kann**	**konnte**
wir **können**	**konnten**
ihr **könnt**	**konntet**
sie, Sie **können**	**konnten**

PRACTICE

A.   *Translate (notice that the implied infinitives* **gehen** *[to go] and* **tun** *[to do] may be omitted in German:*

1. Ich muß um zehn Uhr nach Hause.   2. Mußte sie schon nach Hause?

3. Das will ich nicht. 4. Er wollte es nicht. 5. Der alte Herr konnte nicht über die Straße. 6. Sie mußten es. 7. Wollen Sie nicht oder dürfen Sie nicht? 8. Das durften wir nicht, als wir Kinder waren. 9. Wir konnten, denn wir mußten. 10. Ich wollte diesen Sommer nach Deutschland fahren, aber ich hatte hier zuviel zu tun. 11. Er sollte um acht Uhr sein. 12. Sie mochten ihn nicht. 13. Er will nicht gehen. 14. Er soll sehr arm sein. 15. Er darf.

2. Reflexive Pronouns (*Review pages 286–288*)

PRACTICE

B. *Change the verb forms and reflexive pronouns in accordance with the subjects indicated:*

1. Er will sich ein gebrauchtes Auto kaufen. (ich) 2. Fühlt sie sich wohl? (Sie, *conventional*) 3. Bitte setzen Sie sich! (du) 4. Wir müssen uns das aufschreiben. (ich) 5. Rasiere dich schnell, wir haben nicht viel Zeit! (Sie, *conventional*) 6. Zieh dich gut an! (Sie, *conventional*) 7. Interessierst du dich für Psychologie? (sie, *fem.*) 8. Können Sie sich das nicht denken? (du) 9. Siehst du dich im Spiegel? (ihr) 10. Ich muß mich ausruhen. (wir)

3. Da-Compounds and Wo-Compounds (*Review pages 289–290*)

PRACTICE

C. *Substitute* **da**-*compounds for the prepositional phrases:*

1. Ich habe keine Zeit (fürs Kino). 2. Er bereitet sich (auf eine Reise nach Europa) vor. 3. Sie hat sich (über den Brief) gefreut. 4. Er hat uns etwas (von seinem neuen Roman) erzählt. 5. Hier hast du zehn Pfennig; kauf dir ein Stück Schokolade (für die zehn Pfennig)!

D. *Using a* **wo**-*compound, ask questions to which the following statements are the answers:*

EXAMPLE: Er hat **an die Frage** gedacht.
Woran hat er gedacht? *What was he thinking of?*

1. Er hat über seinen neuen Roman gesprochen. 2. Sie interessiert sich für Medizin. 3. Er erinnert sich noch an den Tag. 4. Er hat uns viel von der Reise erzählt. 5. Sie hat nur zehn Dollar für das Bild bezahlt.

ZWEIHUNDERTSIEBENUNDNEUNZIG

4. Strong Verbs (Ablaut Classes) (*Review pages 244–247*)

In the following list, we have arranged most strong verbs you have had in classes known as "Ablaut" classes. "Ablaut" denotes change of the stem vowel (*sing, sang, sung; write, wrote, written*). Irregularities are in heavy type.

You are not expected to identify the class to which a verb belongs. But grouping the verbs according to vowel changes will help you memorize their principal parts. Once you have learned the principal parts of simple verbs, you can easily derive the principal parts of verbs with prefixes. If you know **schreiben, schrieb, geschrieben,** you know also that the past and past participle of **beschreiben** must be **beschrieb, beschrieben.**

CLASS IA

bleiben	*to stay, remain*	blieb	ist geblieben
scheinen	*to shine; to seem*	schien	geschienen
schreiben	*to write*	schrieb	geschrieben

CLASS IB

beißen	*to bite*	biß	gebissen
leiden	*to suffer*	litt	gelitten
schneiden	*to cut*	schnitt	geschnitten

CLASS IIA

fliegen	*to fly*	flog	ist geflogen
fliehen	*to flee*	floh	ist geflohen
verbieten	*to forbid*	verbot	verboten
ziehen	*to pull; to move*	zog	(ist) gezogen
verlieren	*to lose*	verlor	verloren

CLASS IIB

schießen	*to shoot*	schoß	geschossen
genießen	*to enjoy*	genoß	genossen
schließen	*to close*	schloß	geschlossen

CLASS IIIA

finden	*to find*	fand	gefunden
singen	*to sing*	sang	gesungen
sinken	*to sink*	sank	ist gesunken
trinken	*to drink*	trank	getrunken
zwingen	*to force*	zwang	gezwungen

CLASS IIIB

beginnen	*to begin*	begann	begonnen
gewinnen	*to win*	gewann	gewonnen

schwimmen	*to swim*	schwamm	ist geschwommen	

CLASS IV

helfen	*to help*	half	geholfen	er hilft
nehmen	*to take*	nahm	genommen	er nimmt
sprechen	*to speak*	sprach	gesprochen	er spricht
sterben	*to die*	starb	ist gestorben	er stirbt
treffen	*to meet*	traf	getroffen	er trifft

CLASS V

essen	*to eat*	aß	gegessen	er ißt
geben	*to give*	gab	gegeben	er gibt
geschehen	*to happen*	geschah	ist geschehen	es geschieht
lesen	*to read*	las	gelesen	er liest
sehen	*to see*	sah	gesehen	er sieht
treten	*to step*	trat	ist getreten	er tritt
vergessen	*to forget*	vergaß	vergessen	er vergißt

CLASS VI

erfahren	*to find out*	erfuhr	erfahren	er erfährt
fahren	*to go, ride*	fuhr	ist gefahren	er fährt
wachsen	*to grow*	wuchs	ist gewachsen	er wächst
waschen	*to wash*	wusch	gewaschen	er wäscht
tragen	*to carry; to wear*	trug	getragen	er trägt

CLASS VIIA

fallen	*to fall*	fiel	ist gefallen	er fällt
halten	*to hold; to stop*	hielt	gehalten	er hält
raten	*to guess*	riet	geraten	er rät
schlafen	*to sleep*	schlief	geschlafen	er schläft
lassen	*to let, allow*	ließ	gelassen	er läßt
laufen	*to run*	lief	ist gelaufen	er läuft
heißen	*to be called*	hieß	geheißen	
rufen	*to call*	rief	gerufen	

CLASS VIIB

anfangen	*to begin*	fing an	angefangen	er fängt an

IRREGULAR STRONG VERBS

gehen	*to go*	**ging**	ist **gegangen**	
kommen	*to come*	**kam**	ist **gekommen**	
stehen	*to stand*	**stand**	**gestanden**	
verstehen	*to understand*	**verstand**	**verstanden**	
sein	*to be*	**war**	ist **gewesen**	er **ist**
werden	*to become, get*	**wurde**	ist **geworden**	er **wird**

ZWEIHUNDERTNEUNUNDNEUNZIG

bitten	*to request*	bat	gebeten	
sitzen	*to sit*	saß	gesessen	
liegen	*to lie*	lag	gelegen	

IRREGULAR WEAK VERBS

haben	*to have*	hatte	gehabt	er **hat**
bringen	*to bring*	brachte	gebracht	
denken	*to think*	dachte	gedacht	
wissen	*to know*	wußte	gewußt	er **weiß**
kennen	*to know*	kannte	gekannt	
brennen	*to burn*	brannte	gebrannt	
nennen	*to name*	nannte	genannt	
rennen	*to run*	rannte	ist gerannt	
senden	*to send*	sandte	gesandt	

PRACTICE

E.   *Translate:*

1. Er steht auf.   2. Er war schon aufgestanden.   3. Den versprochenen Besuch haben sie nie gemacht.   4. Der gesunkene Dampfer hieß Andria. 5. Wir sahen Passagiere auf dem sinkenden Dampfer.   6. Ich gab ihm die brennende Zigarette.   7. Der Winter ist gekommen.   8. Der Sommer war vergangen.   9. Er fuhr schnell.   10. Er erfuhr alles schnell.   11. Er war nach Hause gekommen.   12. Er war zu Hause.   13. Was war wirklich geschehen? 14. Haben Sie ihn getroffen?   15. Der Dampfer fing an zu sinken.   16. Wir sind alle älter geworden.   17. Wo ist das geschehen?   18. Er war lange krank gewesen.   19. Er war in ein Haus getreten und nach wenigen Minuten zusammengebrochen, ehe man ihm helfen konnte.   20. Wie ist es möglich, daß ein Mensch so etwas aushält?   21. Man kann sehen, daß daraus nichts werden wird.   22. Er will nicht aufhören.   23. Wir werden mit der Arbeit anfangen müssen, obgleich es noch sehr früh ist.   24. Woran haben Sie gedacht? 25. Worüber haben Sie gesprochen?

5. Subordinating Conjunctions (*Review pages 273–276*)

Dependent word order (the finite verb standing last in the clause) is used after the following conjunctions:

als	*when*	**nachdem**	*after*
bevor	*before*	**ob**	*if, whether*
da	*as, since*	**obgleich**	*although*

damit	so that	sobald	as soon as
daß	that	während	while
ehe	before	weil	because
falls	in case	wenn	if, when

PRACTICE

F. *Connect the two sentences of each group by the conjunction indicated:*

1. Viele Menschen fanden den Tod. (als) Das Schiff sank in der Mitte des Ozeans. 2. Er lief aus dem Haus. (ehe) Wir konnten ihn erreichen. 3. Er ging nach zwei Tagen zum Arzt. (da) Die Schmerzen kamen wieder. 4. Der Fürst nahm Schiller in seine Militärschule auf. (obgleich) Schiller wollte kein Soldat werden. 5. Du darfst bleiben. (wenn) Du hilfst mir. 6. Der alte Goethe wußte. (daß) Die gute alte Zeit war zu Ende gegangen. 7. Schiller entfloh. (da) Karl Eugen hatte ihm verboten, Dramen zu schreiben. 8. Wir werden ihn fragen. (sobald) Er kommt nach Hause. 9. Das Flugzeug startete. (obgleich) Das Wetter wurde von Minute zu Minute schlechter. 10. Nero sang (während) Das alte Rom brannte. 11. Viele Passagiere sangen: „Näher mein Gott zu dir." (als) Der Ozeandampfer „Titanic" begann zu sinken. 12. Wir können Ihre Geschichte nicht gebrauchen. (weil) Ihr Deutsch ist nicht gut genug. 13. Ich will mir schnell eine Zeitung kaufen. (bevor) Die letzte ist verkauft. 14. Ich kann Ihnen zehn Mark geben. (falls) Sie brauchen noch etwas. 15. Ich weiß nicht. (ob) Er ist um acht Uhr noch zu Hause gewesen.

G. *Begin the sentences in Practice F with the dependent clause. Remember: The word order in the dependent clause remains the same (verb in final position), but the main clause must be inverted (verb-subject) because it is preceded by the dependent clause.*

6. Indirect Questions (*Review page 276*)

PRACTICE

H. *Combine the sentences in each group, changing the second sentence to an indirect question:*

EXAMPLE: Können Sie mir sagen? — Wer ist der Herr im weißen Sweater?
Können Sie mir sagen, wer der Herr im weißen Sweater ist?

DREIHUNDERTEINS

1. Wissen Sie? — Wieviel kostet das? 2. Können Sie mir sagen? — Was bedeutet das Wort? 3. Haben Sie eine Idee? — Welcher von den beiden Herren ist Herr Böckel? 4. Auf dieser Tafel können Sie sehen. — Wann kommen die Züge an? 5. Zeigen Sie ihm die Stelle! — Wo hat das alte Haus gestanden? 6. Verstehen Sie? — Wie hat er das gemacht? 7. Ich kann Ihnen wirklich nicht sagen. — Wo wohnt der Mann? 8. Ich weiß nicht. — Wieviel Geld hat er verloren? 9. Wissen Sie? — Wie spät ist es? 10. Können Sie mir sagen? — Warum ist er nach Paris gefahren?

7. Three Words Meaning "When"

(a)   Er war müde, **als** er nach Hause kam.
He was tired when he came home.

Als is equivalent to *when* with a past tense, but not if *when* can be replaced by *whenever.*

(b)   Fragen Sie ihn, **wenn** er nach Hause kommt!
Ask him when he comes home.
Er hat mir immer geholfen, **wenn** ich Hilfe brauchte.
He has always helped me, when (whenever) I needed help.

Wenn is equivalent to *when* in the present or future and with all tenses if *when* can be replaced by *whenever.*

(c)   **Wann** waren Sie in Florida?
When were you in Florida?
Wissen Sie, **wann** es beginnt?
Do you know when it starts?

Wann is equivalent to *when* in both direct and indirect questions.

PRACTICE

I.   *Say, then write in German:*

1. When will he come home? 2. Where were you, when he came home? 3. She was always happy when he came home. 4. When will we be in Cologne? 5. I bought that when we were in Germany. 6. We'll write to you when we come to Munich. 7. Can you tell me when he will be home? 8. My parents moved to New York when I was a child. 9. He only comes to us when he needs money. 10. Did you ask him when?

19

Deutsche

Geschichte

im Überblick[1]

I. TEXT (*Tape 19*)

Die nationale Einheit[2] des deutschen Volkes wurde erst 1871 möglich. Die
Gründe dafür finden wir in der älteren deutschen Geschichte, d.h. in der
Geschichte der alten „Stämme":[3] der Bayern, Alemannen,[4] Franken,[5]
Sachsen,[6] Thüringer[7] und anderer mehr. Diese Stämme lebten unabhängig[8]
voneinander[9] und entwickelten ihr eigenes kulturelles Leben. Die Franken   5
waren der stärkste dieser germanischen[10] Stämme. Sie waren aus den Kämpfen

1. **im Überblick** *at a glance, in summary.* 2. **die Einheit** *unity.* 3. **der Stamm, ⸗e**
tribe. 4. **der Alemanne, -n** *Aleman.* 5. **der Franke, -n** *Frank, Franconian.* 6. **der
Sachse, -n** *Saxon.* 7. **der Thüringer, -** *Thüringian.* 8. **unabhängig** *independent.*
9. **voneinander** *of one another.* 10. **germanisch** *Germanic.* 11. **die Völkerwanderung**
migration of (Germanic) tribes.

1. Karl der Große
2. Luther
3. Friedrich der Große
4. Bach
5. Beethoven
6. Goethe
7. Schiller
8. Kant

der Völkerwanderung[11] siegreich hervorgegangen[12] und hatten die rechts-
rheinischen germanischen Stämme unterworfen.[13]

Im Jahre 800 krönte[14] Papst Leo III. den fränkischen König Karl in Rom
zum römischen Kaiser, was bedeuten sollte, daß das römische Reich nach
langem Todesschlaf[15] wieder lebte. Da es nun auf seinem Gebiet[16] nur   5
Christen gab, und die Deutschen es beherrschten,[17] nannte man es später das
Heilige Römische Reich Deutscher Nation.[18]

Karl der Große regierte über ein Reich, das eine Weltmacht war. Weder der
Kaiser von Konstantinopel noch der Kalif von Bagdad war mächtiger als
dieser Franke, dessen[19] Dom in seiner Residenzstadt Aachen das erste repre-   10
sentative Gebäude des werdenden Europa war. Karl regierte über ein Reich,
zu dem das ganze Gebiet gehörte, das heute Frankreich, Belgien, Holland,
die BRD und einen Teil der DDR, Luxemburg, die Schweiz und den größten
Teil Italiens umfaßt.[20]

Die Enkel Karls des Großen teilten sein Reich. Aus dem westfränkischen   15
Reich entwickelte sich Frankreich und aus dem ostfränkischen Reich Deutsch-
land, dessen Könige den Kaisertitel übernahmen.[21] Das war eine schwere
Bürde, denn der Papst mußte sie in Rom krönen. Es entstand nun ein jahr-
hundertelanger Kampf zwischen den deutschen Kaisern und dem Papst,
zwischen dem mächtigsten weltlichen und dem mächtigsten geistlichen[22]   20
Herrscher der christlichen Welt. Immer wieder[23] gingen deutsche Kaiser nach
Italien, um ihr Recht zu erkämpfen. Während andere europäische Könige ihre
Macht verstärkten,[24] wurden die deutschen Kaiser durch ihre Kämpfe mit
italienischen Städten und dem Papst stark geschwächt.[25] Die eigentliche[26]
Macht gehörte mehr und mehr den Territorialfürsten; die Zersplitterung[27]   25
Deutschlands hatte begonnen.

Während die anderen Länder Europas zur Zeit der Renaissance und danach
ihre Blütezeiten[28] erlebten, spaltete[29] Martin Luthers Reformation Deutsch-
land in ein katholisches und protestantisches Land, was zu einem furcht-

---

12. **hervor-gehen, ging hervor, ist hervorgegangen** *to come out, emerge.* 13. **unter-
werfen, unterwarf, unterworfen, er unterwirft** *to subjugate.* 14. **krönen** *to crown.*
15. **der Todesschlaf** *deathlike sleep.* 16. **das Gebiet, -e** *territory; field.* 17. **beherr-
schen** *to reign over, control.* 18. *Holy Roman Empire of the German Nation.*
19. **dessen** *whose.* 20. **umfassen** *to include.* 21. **übernehmen, übernahm, über-
nommen, er übernimmt** *to take on.* 22. **geistlich** *religious, spiritual.* 23. **immer
wieder** *again and again.* 24. **verstärken** *to strengthen, augment.* 25. **schwächen** *to
weaken.* 26. **eigentlich** *real.* 27. **die Zersplitterung** *fragmentation.* 28. **die
Blütezeit, -en** *time of flourishing, golden age.* 29. **spalten** *to split, divide.*

baren[30] Bürgerkrieg,[31] dem Dreißigjährigen Krieg, führte. An diesem Krieg nahmen auch Spanien, Frankreich und Schweden teil,[32] und als er endete, war Deutschland, einst[33] das blühendste[34] Land Europas, zum großen Teil zerstört. Millionen von Menschen waren durch Krieg und Krankheit umge-
5 kommen;[35] die deutsche Kultur und Sprache waren fast vernichtet.

Aber im 18. Jahrhundert erholte[36] es sich. Der Preußenkönig Friedrich der Große machte sein Land zur Großmacht. Auf kulturellem Gebiet entwickelte Deutschland eine schöpferische[37] Tätigkeit,[38] die nur in der italienischen Renaissance eine Parallele hatte. Goethe, Schiller und einige Romantiker
10 gaben der deutschen Dichtung Weltprestige, und Kant legte die Grundlage für eine neue Philosophie. Deutschland nannte man das Land der Dichter und Denker und wegen Komponisten wie Bach, Händel und Mozart auch das Land der großen Komponisten. Zu Beginn des 19. Jahrhunderts setzten Philosophen wie Schelling und Hegel, der große Beethoven und Wissenschaftler[39] von
15 Weltruf[40] das Werk des 18. Jahrhunderts fort.[41] Deutschland hatte ein kulturelles Prestige gewonnen, wie nie zuvor. Das zeigen z.B. die 10 000 amerikanischen Studenten, die zwischen Waterloo (1815) und dem Beginn des Ersten Weltkrieges (1914) an deutschen Universitäten studierten. In diesen rund hundert Jahren studierten nur ein paar Hundert an den anderen Universitäten
20 außerhalb Amerikas.

Das 19. Jahrhundert was das große Jahrhundert Preußens. Preußen und seine Verbündeten hatten Napoleon besiegt. 1866 besiegte es seinen Rivalen Österreich, und nach dem Sieg über Frankreich 1871 wurde Deutschland ein Kaiserreich, das unter der Führung des Reichskanzlers[42] Bismarck zum
25 wirtschaftlich und militärisch stärksten Staat des kontinentalen Europas wurde.

Auf der Seite der Alliierten führten Angst[43] um Weltmärkte, Angst vor dem säbelrasselnden[44] Kaiser Wilhelm II. und andere Faktoren und auf deutscher Seite der Unverstand[45] des Kaisers und andere Faktoren zum Weltkrieg, den
30 Deutschland verlor.

---

30. **furchtbar** *frightful, horrible, terrible.* 31. **der Bürgerkrieg, -e** *civil war.* 32. **teilnehmen, nahm teil, teilgenommen, er nimmt teil** *to take part, participate.* 33. **einst** *once.* 34. **blühend** *flourishing.* 35. **um-kommen, kam um, ist umgekommen** *to perish.* 36. **sich erholen** *to recover.* 37. **schöpferisch** *creative, original.* 38. **die Tätigkeit, -en** *activity.* 39. **der Wissenschaftler, -** *scholar.* 40. **der Weltruf** *worldwide renown.* 41. **fort-setzen** *to continue.* 42. **der Reichskanzler, -** *chancellor.* 43. **die Angst** *fear.* 44. **säbelrasselnd** *sabre-rattling.* 45. **der Unverstand** *lack of sense.*

Der Unverstand der Sieger, der die schwache[46] Weimarer Republik nicht stützte,[47] diese arme Republik mit ihren sechsunddreißig Parteien, die nicht handeln[48] konnten, machte eine dieser Parteien und ihren psychopathischen Führer mächtig. Die zwölf teuflischen[49] Jahre seiner Regierung sind weltbekannt.   5

Auf den Schneewüsten[50] Rußlands und unter dem Bombenhagel[51] der Alliierten ging das alte Deutschland zugrunde.[52] Heute ist das Land verkleinert, geteilt und steht unter dem Einfluß der neuen Weltmächte Amerika und Rußland. Seine Kraft[53] weiterzuleben hat Deutschland durch das Wirtschaftswunder bewiesen.[54]   10

46. **schwach** *weak*. 47. **stützen** *to support*. 48. **handeln** *to act*. 49. **teuflisch** *diabolic*. 50. **die Schneewüste, -n** *snowy desert*. 51. **der Bombenhagel** *hail of bombs*. 52. **zugrunde-gehen** *to perish*. 53. **die Kraft, ⸗e** *strength*. 54. **beweisen, bewies, bewiesen** *to prove*.

II. STRUCTURE AND PRACTICE

1. New Words

GROUP I

der **Bürgerkrieg, -e**	*civil war*
der **Stamm, ⸗e**	*tribe*
der **Weltruf**	*world-wide renown*
die **Angst, ⸗e**	*fear*
die **Kraft, ⸗e**	*strength*
das **Gebiet, -e**	*territory; field*

GROUP II

der **Reichskanzler, -**	*chancellor*
der **Wissenschaftler, -**	*scientist, scholar*
die **Einheit**	*unity*
die **Tätigkeit, -en**	*activity*
die **Völkerwanderung, -en**	*migration of (Germanic) tribes*
abhängig	*dependent*

furchtbar	*frightful, horrible, terrible*
geistlich	*religious, spiritural*
germanisch	*Germanic*
schöpferisch	*creative, original*
schwach	*weak*
unabhängig	*independent*
einst	*once*

IDIOMS

immer wieder	*again and again*
im Überblick	*at a glance*

WEAK VERBS

beherrschen	*to reign over, control*
sich erholen	*to recover*
fort-setzen	*to continue*
handeln	*to act*

krönen	to crown	stützen	to support
schwächen	to weaken	verstärken	to strengthen,
spalten	to split, divide		augment

Strong Verbs

beweisen	to prove	bewies	bewiesen	
teil-nehmen	to take part	nahm teil	teilgenommen	er nimmt teil
unterwerfen	to subjugate	unterwarf	unterworfen	er unterwirft
um-kommen	to perish	kam um	ist umgekommen	

2. Relative Pronouns

Der Mann, **der** neben Ihrem Wagen steht, . . .
The man who is standing beside your car . . .

Der Volkswagen, **der** neben Ihrem Wagen steht, . . .
The Volkswagen which is standing next to your car . . .

English uses three words as relative pronouns: *who,* referring to a person (*the man who* . . .); *which* or *that,* referring to a thing (*the house which, that* . . .). German uses only one word to refer to either a person or a thing. This word is similar to the definite article.

3. Forms of the Relative Pronoun

(a)   Masculine

SINGULAR **Der Herr, der** neben Ihrem Wagen steht, ist Dr. Heffner.
    The man   *who is standing next to the car is Dr. Heffner.*
        den Sie beschreiben, wohnt nicht hier.
        (*whom*) *you describe doesn't live here.*
        dem dieser Wagen gehört, ist hier im Restaurant.
        to whom this car belongs is here in the restaurant.
        dessen Adresse Sie haben wollen, wohnt nicht mehr in
          Hamburg.
        whose address you want to have doesn't live in Hamburg
        any more.

(b) Feminine

SINGULAR Es ist **die einzige Zeitung, die** viel bietet.
It's the only newspaper   *that offers a lot.*
die er liest.
(that) he reads.
der man glauben kann.
(that) one can believe.
deren politischen Teil ich lese.
whose political section I read.

(c) Neuter

SINGULAR **Das Hotel, das** mir so gut gefallen hat, ist nicht weit von hier.
The hotel (that) I liked so well is not far from here.
das er photographieren will, . . .
(that) he wants to photograph . . .
in **dem** er wohnt, . . .
in which he lives . . .
dessen Namen ich vergessen habe, . . .
whose name I have forgotten . . .

(d) All genders

PLURAL Hier sind die Namen **der Studenten, die** in München studieren
                                                    wollen.
Here are the names of the students who want to study in Munich.
die ich sprechen will.
to whom I want to speak.
denen wir helfen müssen.
whom we must help.
deren Adressen wir brauchen.
whose addresses we need.

(e) Summary of forms

	MASC.	FEM.	NEUTER	PLURAL	
NOM.	der	die	das	die	*who; which, that*
ACC.	den	die	das	die	*whom; which, that*
DAT.	dem	der	dem	denen	*to whom; to which*
GEN.	dessen	deren	dessen	deren	*whose; of which*

DREIHUNDERTNEUN

4. Gender, Number, and Case of Relative Pronouns

(a)   The examples in section 3 show that the relative pronoun agrees in gender and number with the noun to which it refers:

Der Herr, der neben Ihrem Wagen steht, . . .
Hier sind die Namen **der Studenten, die** ich sprechen will.

(b)   The case of the relative pronoun is determined by its function within the relative clause:

Der Herr, **den Sie beschreiben,** . . .
Die einzige Zeitung, **deren politischen Teil** ich lese, . . .

(c)   A relative clause is a dependent clause; hence the finite verb stands last in the clause:

Der Herr, dessen Adresse Sie haben **wollen, . . .**

(d)   A German relative clause is always set off by commas:

Der Herr, **der neben Ihrem Auto steht,** ist Dr. Heffner.

(e)   In English, the relative pronoun is sometimes omitted; in German, it may never be omitted:

Der Herr, **den** Sie beschreiben, wohnt nicht hier.

PRACTICE

> **A.** Example: Hier ist der Herr. Er will Sie sprechen.
> Hier ist der Herr, **der Sie sprechen will.**

Combine the following pairs of sentences, making a relative clause of the second sentence (use the correct gender of the relative pronoun) (Tape 19):

1. Wo ist der Wagen? Er hat Ihnen so gut gefallen. 2. Wie heißt der Arzt? Er hat Sie operiert. 3. Hier ist die Dame. Sie will Sie sprechen. 4. Das ist eine deutsche Zeitung. Sie ist auch in Amerika bekannt. 5. Wem gehört das Auto? Es steht vor dem Hotel. 6. Dies ist ein Haus. Er muß es verkaufen.

B. Example: Er ist ein Mann. Jeder kennt ihn.
Er ist ein Mann, **den jeder kennt.**

*Combine the following pairs of sentences, making a relative clause of the second
sentence* (*use the correct gender of the relative pronoun*) (*Tape 19*):

1. Hier ist der Herr. Sie suchen ihn. 2. Zeigen Sie mir den Wagen. Sie wollen
ihn verkaufen. 3. Es ist eine Zeitung. Viele Deutsche in Chicago lesen sie.
4. Das ist eine Szene aus Hamlet. Sie kennen sie wahrscheinlich. 5. Ich spiele
jetzt ein Motiv. Sie finden es bei Mozart. 6. Wo ist das Geld? Ich habe es dir
gestern gegeben.

C. Example: Wo ist der Mann? Sie haben ihm das Geld gegeben.
Wo ist der Mann, **dem Sie das Geld gegeben haben?**

*Combine the following pairs of sentences, making a relative clause of the second
sentence* (*use the correct gender of the relative pronoun*) (*Tape 19*):

1. Er ist ein Mensch. Keiner kann ihm helfen. 2. Es ist der Golfstrom.
Europa verdankt ihm sein warmes Wetter. 3. Wo ist die Dame? Ich soll ihr
das Zimmer zeigen. 4. Das ist ein Land. Wir müssen ihm helfen. 5. Das
Komitee ist hier. Wir sollen ihm das Experiment erklären. 6. Das ist eine
Theorie. Die moderne Physik verdankt ihr viel.

D. Example: Wie heißt der Kapitän? Sein Schiff ist in der Nordsee gesunken.
Wie heißt der Kapitän, **dessen Schiff in der Nordsee gesunken
ist?**

*Combine the following pairs of sentences, making a relative clause of the
second sentence* (*use the correct gender of the relative pronoun*):

1. Hemingway ist ein Dichter. Sein Name ist in der ganzen Welt berühmt.
2. Das ist ein Roman. Sein Autor ist nicht bekannt. 3. Köln ist eine Stadt.
Ihre Geschichte geht bis in die Römerzeit zurück. 4. Ist das die Assistentin?
Sie haben ihre Arbeit so gelobt. 5. Es ist ein Land. Die Regierung ist stark
kommunistisch. 6. Sie erwähnen hier ein Problem. Seine Lösung ist unmög-
lich.

DREIHUNDERTELF

E. Example: Hemingway und Faulkner sind Dichter. Sie sind in Deutschland bekannt.

Hemingway und Faulkner sind Dichter, **die in Deutschland bekannt sind.**

Combine the following pairs of sentences, making a relative clause of the second sentence (*Tape 19*):

1. Wo sind die Herren? Sie wollen uns sprechen. 2. Gibt es deutsche Zeitungen? Sie sind in Amerika bekannt. 3. Nennen Sie mir zwei Länder! Sie haben demokratische Regierungen.

F. Example: Washington und Lincoln sind Präsidenten. Jeder Deutsche kennt sie.

Washington und Lincoln sind Präsidenten, **die jeder Deutsche kennt.**

Combine the following pairs of sentences, making a relative clause of the second sentence (*Tape 19*):

1. Wie heißen die englischen Dichter? Man liest sie auf deutschen Schulen. 2. Wie schön die Rosen sind! Du hast sie mir gebracht. 3. Deutschland und Frankreich sind Länder. Ich möchte sie besuchen.

G. Example: Das sind Menschen. Man kann ihnen nicht helfen.

Das sind Menschen, **denen man nicht helfen kann.**

Combine the following pairs of sentences, making a relative clause of the second sentence (*Tape 19*):

1. Hier sind zwei Männer. Wir können ihnen glauben. 2. Nennen Sie Theorien! Die moderne Physik verdankt ihnen das meiste. 3. Wohin fahren die Autos? Wir folgen ihnen jetzt.

H. Example: Hemingway und Faulkner sind amerikanische Dichter. Ihre Werke sind in Deutschland gut bekannt.

Hemingway und Faulkner sind amerikanische Dichter, **deren Werke in Deutschland gut bekannt sind.**

Combine the following pairs of sentences, making a relative clause of the second sentence (Tape 19):

1. Es sind die beiden Dichter. Ihre Gedichte sind sehr bekannt. 2. Betsy Ross und Florence Nightingale sind zwei Frauen. Ihre Namen kennt hier jedes Kind. 3. Nennen Sie mir zwei Länder! Ihre Regierungen sind demokratisch.

5. Relative Pronouns after Prepositions

(a) Wie heißt die junge Dame, **mit der** sie gestern im Theater waren?
What's the name of the young lady with whom you were in the theater yesterday?

A relative pronoun may be dependent on a preposition.

(b) Dies ist das Auto, **worin** [in dem] er den Rekord gebrochen hat.
This is the car in which he broke the record.

When the relative pronoun refers to a thing, a compound form consisting of **wo(r)** and the preposition is sometimes substituted. (Compare: "The play's the thing *wherein* I'll catch the conscience of the king"). The use of such **wo**-compounds is subject to stylistic subtleties. Until you have mastered these subtleties, avoid **wo**-compounds in speaking and writing, although you should learn to recognize them in your reading.

PRACTICE

I. Example: Die junge Dame heißt Rose Karsten. Ich war gestern mit ihr im Theater.
Die junge Dame, **mit der ich gestern im Theater war,** heißt Rose Karsten.

Der Dampfer ist noch am Pier. Ich bin damit angekommen.
Der Dampfer, **mit dem ich angekommen bin,** ist noch am Pier.

Combine the following pairs of sentences, making a relative clause of the second sentence:

1. Der Herr heißt Max Hensel. Ich habe mit ihm gesprochen. 2. Die Kamera ist eine Leika. Ich habe Sie gestern damit photographiert. 3. Das Flugzeug

ist in einem Institut. Lindbergh ist damit über den Atlantic geflogen.   4. Die jungen Leute sind amerikanische Studenten. Dieses Flugzeug ist für sie reserviert.   5. Das ist das Kapitel. Ich habe die Stelle darin gefunden.   6. Das ist die Garage. Er ist dagegen gefahren.

6. Interrogative Pronouns

Wer ist die Dame?	*Who is the lady?*
Wen suchen Sie?	*Whom are you looking for?*
Wem gehört dieser Wagen?	*To whom does this car belong?*
Wessen Wagen ist das?	*Whose car is that?*

The interrogative pronouns **wer** (*who*) and **was** (*what*) are declined as follows:

NOM.	**wer**	*who*	**was**	*what*
ACC.	**wen**	*whom*	**was**	*what*
DAT.	**wem**	*to whom*		
GEN.	**wessen**	*whose*		

PRACTICE

> **J.** Examples: Die Villa gehört **Dr. Curtis.**
> **Wem** gehört die Villa?
>
> Helmut hat sich **eine Garage** gebaut.
> **Was** hat sich Helmut gebaut?

Form questions, assuming that you did not understand the main point of the statement (Tape 19):

1. Ein Herr wünscht Sie zu sprechen.   2. Sie werden neben Fräulein Landau sitzen.   3. Er hat Diphterie.   4. Dies ist die Villa des Neurologen Karstatt.   5. Er nennt ihn seinen besten Freund.   6. Der Park ist nach Humboldt genannt.

7. Use of <u>was</u> as Relative Pronoun

(a)   **After <u>alles, etwas, nichts, viel(es), wenig</u>**

Haben Sie jetzt **alles, was** Sie brauchen?
Do you now have everything you need?

Das ist **etwas, was** ich nicht verstehe.
That is something (that) I don't understand.
Hier ist **nichts, was** mich interessiert.
Here is nothing that interests me.

After **alles, etwas, nichts, viel(es), wenig,** the relative pronoun is **was.**

PRACTICE

K. Example: Das ist alles. Ich habe es in den paar Minuten gesehen.
Das ist alles, **was ich in den paar Minuten gesehen habe.**

Subordinate the second sentence of each pair as a relative clause, substituting **was** *for* **es:**

1. Ich weiß etwas. Er weiß es nicht. 2. Wir können nichts von dem gebrauchen. Sie zeigen es uns hier. 3. Hier ist etwas. Es wird Ihnen helfen. 4. Hier ist viel. Ich kann es gebrauchen. 5. Ich wiederhole nichts. Ich verstehe es nicht. 6. Sie hat alles verloren. Wir haben es ihr gegeben.

(b)   After a superlative

Es war **das Interessanteste, was** er uns erzählt hat.
It was the most interesting thing he told us.

The relative pronoun following a superlative is **was.**

PRACTICE

L. Example: Es ist für mich das Schönste. Goethe hat es gesagt.
Es ist für mich das Schönste, **was Goethe gesagt hat.**

Make a relative clause of the second sentence, substituting **was** *for* **es:**

1. Das ist das Beste. Ich kann es tun. 2. Das ist das Wenigste. Du kannst es ihm geben. 3. Dies ist das Billigste. Wir haben es. 4. Das ist das Interessanteste. Ich habe es über ihn gelesen. 5. Das war das Letzte. Ich habe es gehört. 6. Ist das nicht das Teuerste? Sie konnten es kaufen.

(c)   **After an entire clause**

Wir beginnen mit Hamburg, was Sie nicht überraschen wird.
We begin with Hamburg, (a fact) which will not surprise you.

The relative pronoun **was** is used to refer to an entire clause.

PRACTICE

M. Example: Sie singt den ganzen Tag laut und falsch. Es macht mich nervös.
Sie singt den ganzen Tag laut und falsch, **was mich nervös macht.**

Make a relative clause of the second sentence, changing es *to* **was:**

1. Er will nicht mehr studieren. Ich verstehe es nicht.   2. Er verdient nur 300 Mark im Monat. Es ist für einen Mann mit Familie nicht genug.   3. Er geht oft zu Fuß und schwimmt viel. Es ist sehr gut für ihn.   4. Er wird leicht müde. Es macht mir große Sorgen.   5. Sie werden nach der Operation keinen Appetit haben. Es ist normal.   6. Sie ist das Kind reicher Eltern. Sie kann es nicht vergessen.

8. <u>Wer</u> and <u>was</u> without Antecedents

Wer sich amüsieren will, fährt nach München.
(He) who [whoever] wants to have a good time goes to Munich.
Was er gesagt hat, ist wahr.
What [that which] he said is true.

Wer and **was** are used when the relative clause has no specific antecedent.

PRACTICE

N. Example: Die Leute, die ihn kennen, mögen ihn.
Wer ihn kennt, mag ihn.

Der Lärm, den du hörst, ist Straßenlärm.
Was du hörst, ist Straßenlärm.

Using **wer** *or* **was,** *begin each sentence as a relative clause:*

1. Ein Mensch, der ihn kennt, mag ihn. 2. Etwas, was ihn nervös macht, ist Lärm. 3. Ein Freund, der das von ihm sagt, versteht ihn nicht. 4. Ein Mann, der hier reich werden will, ist in der falschen Stadt. 5. Ein Problem, das mir Sorgen macht, ist seine Zukunft. 6. Die Sache, von der ich gestern gehört habe, war mir ganz neu.

III. ORAL AND WRITTEN EXERCISES

1. *Form relative clauses of the sentences in parentheses:*

EXAMPLE: Wir fanden ein Hotel. (Es war nicht zu teuer.)
Wir fanden ein Hotel, das nicht zu teuer war.

1. Die Weltstadt am Hudson (Wir kannten ihre Wolkenkratzersilhouette aus vielen Filmen.) lag klar vor unseren Augen. 2. Den Volkswagen (Er hatte ihn im vergangenen Jahre gekauft.) hat er schon wieder verkauft. 3. Wer waren die beiden jungen Damen? (Sie waren mit ihnen im Kino.) 4. Die Kirche (Sie sehen ihre Türme.) liegt am Rhein. 5. Es ist schwer, eine Stadt (Wir wissen nichts über ihre Geschichte.) mit einer anderen zu vergleichen. 6. Er ist ein Mensch. (Er interessiert sich für nichts.) 7. Ist dies der Turm? (Wir haben ihn schon von weitem gesehen.) 8. Wer kann mir die Geschichte erzählen? (Wir haben sie vor einigen Tagen gelesen.) 9. Das ist das Zimmer. (Luther übersetzte die Bibel darin.) 10. Der Volkswagen (Wir sind darin nach Bonn gefahren.) war nicht sehr teuer. 11. Das ist eine Krankheit. (Wir wissen noch nicht viel darüber.) 12. Im Hamburger Hafen sehen Sie viele Dampfer. (Sie kommen aus den Vereinigten Staaten.) 13. Das ist ein Thema. (Ich werde morgen darüber sprechen.) 14. Der Herr (Wir sind mit ihm durch die Stadt gefahren.) ist ein alter Hamburger. 15. Der Wissenschaftler (Sie kennen wahrscheinlich sein letztes Werk) hat an der Debatte nicht teilgenommen.

2. *Say, then write in German:*

1. A New Yorker who comes to Hamburg will find much that interests him. 2. The American with whom we went to the theater likes Frankfurt. 3. This is the Volkswagen in which we went to France. 4. The church whose tower we saw from the train is the oldest church in Bonn. 5. Please give me the travel guide in which you found the chapter on Hamburg. 6. There is no city you can compare with New York. 7. There is much I have to explain to you. 8. He was there last summer, (a fact) which I did not know. 9. I'll start with

the 16th century, which won't surprise you. 10. He told me something that I liked very much. 11. He who wants to stay must help. 12. What he doesn't know we can tell him. 13. That was the least I could do for her. 14. The lady who felt so weak at the theater last night, recovered quickly. 15. What are the names of the two students whose work the professor praised so much.

IV. READING

Einkäufe¹ und Preise

Wenn wir Amerikaner einkaufen gehen, gibt es oft sprachliche Schwierig-keiten² besonders in Bayern, wo man oft Dialekt spricht. Da fällt mir ein,³ was mir am Tage meiner Ankunft⁴ in München geschehen war. Ich wollte mich rasieren und merkte, daß ich einen Transformator für meinen elek-
5 trischen Rasierapparat brauchte, denn in Deutschland, wie in Europa überhaupt,⁵ gebraucht man 220 Volt. Mein amerikanischer Rasierapparat gebraucht aber 110 Volt. Das ist so eine typische Kleinigkeit,⁶ die man ge-wöhnlich⁷ beim Vorbereiten auf eine Europareise übersieht. Ich ging also am nächsten Morgen in einen kleinen Laden für elektrische Geräte.⁸ Als ich die
10 Ladentür öffnete, klingelte, wie oft in deutschen Läden, ein Glöckchen⁹ oben an der Tür, und bald darauf¹⁰ erschien ein riesiger alter Mann. Er hatte einen buschigen weißen Schnurrbart¹¹ wie ein Walroß und erinnerte¹² mich auch sonst in seinen Körperdimensionen an dieses arktische Tier.
Der alte Mann sah mich forschend¹³ an, und ich sagte in meinem besten
15 Hochdeutsch: „Ich möchte¹⁴ einen Transformator von 220 auf 110 Volt." Da sagte der riesige Ladenbesitzer¹⁵ auf bayrisch: „I hob Eanan net verstandn (Ich habe [Ihnen] Sie nicht verstanden)." Das verstand ich nun nicht sofort, und so wiederholte er langsam und laut: „I versteh Eanan net (Ich verstehe [Ihnen] Sie nicht)." Da kam mir aber ein etwa vierzehn Jahre altes Mädchen
20 zu Hilfe. Sie sprach sehr gut Englisch, wenn sie auch langsam sprach, und mit ihrer Hilfe hatte ich in wenigen Minuten meinen Transformator. Auf meine

1. **der Einkauf, ⁼e** *purchase.* 2. **die Schwierigkeit, -en** *difficulty.* 3. **ein-fallen, fiel ein, ist eingefallen** *to occur.* 4. **die Ankunft** *arrival.* 5. **überhaupt** *generally.* 6. **die Kleinigkeit, -en** *small matter, detail.* 7. **gewöhnlich** *usually.* 8. **das Gerät, -e** *appliance.* 9. **das Glöckchen, -** *small bell.* 10. **darauf** *after.* 11. **der Schnurrbart, ⁼e** *mustache.* 12. **erinnern** *to remind.* 13. **forschend** *searchingly.* 14. **ich möchte** *I would like to have.* 15. **der Besitzer, -** *owner.*

erstaunte Frage, wieso sie denn so gut Englisch kann, antwortete sie mir, daß sie schon drei Jahre Englisch auf der Oberschule[16] lernt. Man sagte mir später, daß diese alten Münchner, die nur Bayrisch sprechen, am Aussterben sind,[17] was eigentlich schade ist.

Eben kommt ein langer Brief von zu Hause. Mutter wundert sich darüber,[18] daß ich kochen gelernt habe, Vater, daß ich mit dem Geld so gut auskomme.[19] Er lobt mich und sagt: „Die deutsche Luft[20] hat dich sparsam[21] gemacht." Das Lob ist aber unverdient, denn mit dem Geld, das ich monatlich von zu Hause bekomme, kann ich gut leben und, wenn ich sparsam bin, auch noch eine kleine Reise nach Österreich, Frankreich oder Italien machen.

Das Teuerste in Deutschland, wie überhaupt in Europa, scheint das Benzin zu sein. Es kostet etwa viermal soviel wie bei uns. Trotzdem kaufen sich die Deutschen Motorräder, aber auch viele Volkswagen. Allerdings verbrauchen diese kleinen Transportmittel[22] viel weniger Benzin als die amerikanischen Straßenkreuzer,[23] wie man unsere langen, modernen Autos hier nennt.

Ich weiß, wenn ich nach Hause zurückkomme, werden mich viele fragen: Haben die Deutschen so viele Autos wie wir? Sind ihre Autos so gut wie unsere? Und wer nach den Autos fragt, fragt auch nach dem Lebensstandard, der ja bei uns mit der Zahl und Qualität der Autos identisch zu sein scheint.

Ich muß gestehen, ich bin mit der Meinung[24] nach Deutschland gekommen, dort einen niedrigeren[25] Lebensstandard als bei uns zu finden. Dieses Vorurteil[26] habe ich aber bald aufgegeben, und zwar lange, bevor ich Fred Fletcher kennenlernte.

---

16. modern secondary school. 17. **am Aussterben sein** *to die out.* 18. **darüber** *about the fact that.* 19. **aus-kommen, kam aus, ist ausgekommen** *to get along.* 20. **die Luft** *air.* 21. **sparsam** *economical, thrifty.* 22. **das Transportmittel, -** *means of transportation.* 23. **der Kreuzer, -** *cruiser.* 24. **die Meinung, -en** *opinion.* 25. **niedrig** *low.* 26. **das Vorurteil, -e** *prejudice.*

V. CONVERSATION (*Tape 20*)

„Das ist ja ein deutscher Transformator. Hast du den hier gekauft?"

„Ja, in der Straße, die mit unsrer parallel läuft, in dem kleinen Geschäft an der Ecke."

„Ich weiß, beim alten Xaver Moosbacher. Hat er dein schönes Hochdeutsch verstanden?"

„Nein, er hat mich nicht verstanden, aber ich habe mich gefreut, daß es noch so einen alten Bayern hier in der Großstadt gibt, der kein Hochdeutsch versteht."

„Nun, den Typus wird es nicht mehr lange geben."

5 „Das ist schade. Bald wird man wohl nur etwas über diese Menschen in Büchern finden oder in alten Filmen sehen."

„Wahrscheinlich. Übrigens, wie hat der alte Herr gewußt, was du wolltest?"

„Ein junges Mädchen kam in den Laden. Es merkte, daß ich Schwierigkeiten mit meinem Einkauf hatte."

10 „Das Mädchen verstand dich also."

„Ja, es sprach mich sogar auf englisch an."

VI. WRITING

Beschreiben Sie den Kauf eines Transformators!

20

Kulturgeschichte
von Krieg
zu Krieg

I. TEXT (*Tape 20*)

Deutschland hat in seiner tausendjährigen Geschichte mehr Katastrophen
durchleben müssen[1] als irgendein anderes Volk Europas. Die Reformation
Luthers im 16. Jahrhundert zerriß[2] das Land in Parteien, die sich bitterlich
haßten. Die religiösen Streitigkeiten[3] ließen keinen Raum für die Künste und
die Literatur. Schon damals begann man in Europa, die Deutschen als ein   5
unzivilisiertes Volk zu verachten.[4]

    Die schlimmste aller geschichtlichen Katastrophen war aber der Dreißig-
jährige Krieg. Er begann als Religionskrieg und endete als Machtkampf[5]
europäischer Völker, für den das ohnmächtige[6] Deutschland das Schlachtfeld[7]
war. Es dauerte ungefähr hundertfünfzig Jahre, bis Deutschland sich kulturell   10

---

1. **hat durchleben müssen** (pres. perf.) *has had to live through.* 2. **zerreißen, zerriß,
zerrissen** *to tear.* 3. **die Streitigkeiten** (pl.) *quarrels.* 4. **verachten** *to look down
upon, despise.* 5. **der Machtkampf** *power struggle.* 6. **ohnmächtig** *powerless, help-
less.* 7. **das Schlachtfeld, -er** *battle field.*

erholt hatte. Das Kulturvakuum nach diesem Kriege vermehrte[8] die Verach-
tung[9] der europäischen Nationen für die „barbarischen" Deutschen. Der
Franzose Bouhours behauptete[10] 1671: „Ein Deutscher kann kein bel esprit[11]
sein." Der Engländer Jonathan Swift nannte die Deutschen „the most stupid
5   people". Der Franzose Mauvillon konnte noch 1740 sagen: „Nennt mir einen
einzigen schöpferischen Geist auf eurem Parnaß."[12]

Die Deutschen wußten auch ohne diese Beispiele ihres Prestigeverlusts, daß
ihre Kultur zerstört war. Sogar die deutsche Sprache hatte fast aufgehört zu
existieren. Der preußische König Friedrich Wilhelm I. schrieb z.B. eine
10   Mischsprache voller orthographischer Fehler. Sein Sohn, der größte aller
preußischen Könige, Friedrich II., schrieb seine Werke auf französisch und
sprach ein sehr fehlerhaftes[13] Deutsch.

Den Inferioritätskomplex in Bezug auf[14] Kultur, den Deutschland in diesen
Jahrhunderten entwickelte, hat es bis tief ins 20. Jahrhundert behalten.[15] Auch
15   die Kompensation für diesen Komplex, Lust[16] am Großtun[17] mit deutscher
Kraft und Tüchtigkeit,[18] ist lange eine deutsche Eigenschaft geblieben.

Zu den größten Übeln[19] des Dreißigjährigen Krieges muß man die neue
Stellung der Fürsten rechnen.[20] Sie wurden nach dem Kriege die absoluten
Herrscher[21] in ihren großen und kleinen Fürstentümern.[22] Jahrhundertelang
20   haben die Deutschen lernen müssen, diesen manchmal sehr tyrannischen
Herren „von Gottes Gnaden"[23] als treue Untertanen zu dienen. Deutschland
wurde durch sie ein Land der Untertanen,[24] der unpolitischen Menschen,
denen das Gehorchen[25] zur zweiten Natur geworden war.

Als dann 1918 die Freiheit kam, als die Weimarer Republik an die Stelle des
25   Kaiserreiches mit seinen kleineren Königreichen und Fürstentümern trat,[26]
hatten die wohltrainierten Untertanen nicht so schnell umlernen[27] können,
denn sehr bald trat an die Stelle des kaiserlichen Herrn „der Führer", der
schlimmste Tyrann, den die deutsche Geschichte je[28] hervorgebracht hatte. Er
versprach „ein tausendjähriges Drittes Reich" deutscher Herrlichkeit,[29] und

---

8. **vermehren** *to increase.*   9. **die Verachtung** *contempt.*   10. **behaupten** *to maintain,*
say.   11. **bel esprit** (French, lit. *beautiful mind*) *a man of wit and sophistication.*
12. Mount Parnassus, *sacred in Greek mythology to Apollo and the Muses.*
13. **fehlerhaft** *imperfect.*   14. **in Bezug auf** *in regard to.*   15. **behalten, behielt,**
behalten, er behält *to keep, maintain.*   16. **die Lust** *pleasure, delight.*   17. **das**
Großtun *boasting.*   18. **die Tüchtigkeit** *efficiency.*   19. **das Übel, -** *evil.*   20. **rechnen**
zu *to include.*   21. **der Herrscher, -** *ruler.*   22. **das Fürstentum, ⸗er** *principality.*
23. *by the grace of God.*   24. **der Untertan, -en, -en** *subject.*   25. **das Gehorchen**
obeying, obedience.   26. **an die Stelle treten** *to take the place of.*   27. **um-lernen** *to*
relearn.   28. **je** *ever.*   29. **die Herrlichkeit** *magnificence, glory.*

*Schloß Augustusburg
in Brühl
(Nordrhein-Westfalen)*

*DIE FÜRSTEN
LIESSEN SICH IHRE
BAROCK- UND
ROKOKOSCHLÖSSER
BAUEN*

*Schloß Ludwigsburg
(Baden-Württemberg)*

zwölf Jahre halfen ihm seine Untertanen, sein Reich des Wahnsinns[30] und des Todes zu bauen.[31]

Nun hatten aber die vielen Königreiche und Fürstentümer eine gute Seite, die das Böse[32] gewiß[33] nicht aufwiegt,[34] die aber Erwähnung verdient.
5 Weltliche und geistliche Fürsten hielten es für ihre Pflicht,[35] den Lebensstil des Sonnenkönigs in Versailles, Ludwig XIV., nachzuahmen, soweit es die Steuergelder[36] ihrer Bürger und Bauern erlaubten. Sie ließen sich[37] ihre Barock- und Rokokoschlösser bauen, die noch heute mit ihren schönen Parks die Landschaft schmücken,[38] sie ließen sich Theater und Opernhäuser bauen,
10 sie sandten Kenner[39] in alle Länder, die Kunstschätze[40] für die Sammlungen ihrer Herren kauften. Die Folge[41] war, daß Deutschland heute mehr Theater, Opernhäuser und Museen hat als irgendein anderes Land der Welt. Die Pflege[42] des Theaters und der Musik ist eine deutsche Eigenschaft geworden.

Zu Beginn des 19. Jahrhunderts, zur Zeit der Napoleonischen Kriege, war
15 Deutschland ein besiegtes, zum Teil besetztes, politisch äußerst[43] schwaches Land, aber seine kulturellen Leistungen[44] hatten ihm den englischen Ehrentitel[45] „Nation of poets and critics" verdient, woraus bald „Volk der Dichter und Denker" wurde. Dieser internationale Titel ließ allerdings die großen deutschen Leistungen auf dem Gebiet der Musik aus. In der zweiten Hälfte
20 des Jahrhunderts wurde das Volk der Dichter, Denker und Komponisten auch die stärkste Industriemacht Europas und Führer auf dem Gebiet der Naturwissenschaften.[46] Kaiser Wilhelm II. war außerdem Höchstkommandierender des mächtigsten Heeres Europas, und er ließ auch eine Flotte[47] bauen, die stärker werden sollte als die englische.

25 Am Sylvesterabend[48] des 20. Jahrhunderts hob[49] dieser Kaiser sein Champagnerglas und sagte, wie so oft, etwas Naives und Falsches: „Ich führe euch herrlichen Zeiten entgegen."[50]

Ehe die Mitte des zwanzigsten Jahrhunderts erreicht war, hatte Deutschland schweres Leid[51] über große Teile der Menschheit gebracht und sich selbst fast
30 vernichtet.

---

30. **der Wahnsinn** *madness.* 31. **bauen** *to build.* 32. **das Böse** *the evil.* 33. **gewiß** *to be sure.* 34. **aufwiegen, wog auf, aufgewogen** *to outweigh, make up for.* 35. **die Pflicht, -en** *duty.* 36. **die Steuergelder** (pl.) *tax payments.* 37. **ließen sich . . . bauen** *had . . . built.* 38. **schmücken** *to adorn, lend beauty to.* 39. **der Kenner, -** *expert.* 40. **die Kunstschätze** (pl.) *art treasures.* 41. **die Folge, -n** *consequence.* 42. **die Pflege** *encouragement.* 43. **äußerst** *extremely.* 44. **die Leistung, -en** *achievement.* 45. **der Ehrentitel, -** *honorary title.* 46. **die Naturwissenschaften** (pl.) *natural sciences.* 47. **die Flotte, -n** *fleet.* 48. **der Sylvesterabend, -e** *New Year's Eve.* 49. **heben, hob, gehoben** *to raise.* 50. **entgegen** *toward.* 51. **schweres Leid** *severe suffering.*

II. STRUCTURE AND PRACTICE

1. New Words

GROUP I

der **Raum**, ⸗e	*room, space*
die **Lust**	*pleasure, delight*
die **Kunstschätze** (pl.)	*art treasures*

Exceptional

der **Untertan**, -en, -en	*subject*
die **Pflicht**, -en	*duty*
das **Schlachtfeld**, -er	*battle field*

GROUP II

der **Herrscher**, -	*ruler*
der **Kenner**, -	*expert*
das **Übel**, -	*evil*
die **Folge**, -n	*consequence*
die **Leistung**, -en	*achievement*
die **Naturwissenschaft**, -en	*natural science*
die **Sammlung**, -en	*collection*
die **Verachtung**	*contempt*

fehlerhaft	*imperfect*
geschichtlich	*historical*
ohnmächtig	*powerless, helpless*

treu	*true, faithful*
äußerst	*extremely*
gewiß	*to be sure*
je	*ever*

IDIOMS

an die Stelle treten	*to take the place of*
in Bezug auf	*in regard to, concerning*
sich . . . bauen lassen	*to have . . . built*
zum Teil	*partly*

WEAK VERBS

bauen	*to build*
behaupten	*to maintain, say*
nach-ahmen	*to imitate*
schmücken	*to adorn, lend beauty to*
verachten	*to look down upon, despise*
vermehren	*to increase*

STRONG VERBS

behalten	*to keep, maintain*	**behielt**	**behalten**	er **behält**
heben	*to raise*	**hob**	**gehoben**	
zerreißen	*to tear*	**zerriß**	**zerrissen**	

2. Compound Tenses of Modals

(a)   Present perfect and past perfect

Ich **habe** es nicht **gekonnt**.   *I haven't been able to.*
Ich **hatte** es nicht **gekonnt**.   *I hadn't been able to.*

All six modal auxiliaries use **haben** for the formation of the present perfect and past perfect.

The modals have two forms for the past participle. The regular form (**gekonnt**, **gemußt**, etc.) is used when they are employed alone. A form identical with the infinitive (**können**, **müssen**, etc.) is used when a dependent infinitive is expressed:

Er **hat** es **gemußt**.[1]   *He (has) had to.*
Er **hat** schwer **arbeiten müssen**.   *He (has) had to work hard.*

Sie **hatten** es nicht **gewollt**.[1]   *They had not wanted to.*
Sie **hatten** nicht **arbeiten wollen**.   *They had not wanted to work.*

(b)   Principal parts

INFINITIVE	PRESENT	PAST	PAST PARTICIPLE	
			1	2
können	kann	konnte	gekonnt	können
mögen	mag	mochte	gemocht	mögen
müssen	muß	mußte	gemußt	müssen
dürfen	darf	durfte	gedurft	dürfen
wollen	will	wollte	gewollt	wollen
sollen	soll	sollte	gesollt	sollen

PRACTICE

A. Examples: Warum kommen Sie nicht zu uns? (können)
Ich kann es nicht.

Warum sind Sie gestern nicht zu uns gekommen?
Ich habe es nicht gekonnt.

Answer the following questions, using the modal auxiliary indicated (Tape 20):
1. Warum arbeiten Sie jeden Abend so spät? (müssen) — Warum haben Sie gestern so spät gearbeitet? 2. Warum nehmen Sie das Geld nicht? (wollen) — Warum haben Sie das Geld nicht genommen? 3. Warum gehst du nicht mit ihr aus? (mögen) — Warum bist du nicht mit ihr ausgegangen? 4. Warum essen Sie nicht mehr? (dürfen) — Warum haben Sie nicht mehr gegessen? 5. Warum bleibt er zu Hause? (sollen) — Warum ist er zu Hause geblieben? 6. Warum beantwortet sie seine Frage nicht? (können) — Warum hat sie seine Frage nicht beantwortet?

(c)   Word order in main clauses

Er hat es **gemußt**.   *He had to.*
Er hat nach Berlin **fahren müssen**.   *He had to go to Berlin.*

[1] The neuter object pronoun **es** stands for the unexpressed dependent infinitive.

You have learned that the past participle stands last in a main clause. The past participle of a modal is no exception. Note that the two verbs **(fahren müssen)** are both infinitive forms. It is customary to call this construction a "double infinitive."

PRACTICE

B. Example: Haben Sie den Rhein vom Flugzeug gesehen? (können)
Haben Sie den Rhein vom Flugzeug **sehen können?**

Change each sentence by using the indicated modal in the present perfect (Tape 20):

1. Deutschland hat weitergelebt. (wollen) 2. Hat er die Frage beantwortet? (können) 3. Er hat den Fisch nicht gegessen. (mögen) 4. Sie hat das alles noch erlebt. (müssen) 5. Wer hat das getan? (sollen) 6. Wir haben uns Berlin nur ein paar Stunden lang angesehen. (dürfen)

(d)   **Word order in dependent clauses**

Ich weiß, daß er nach Berlin **hat fahren müssen.**
I know that he had to go to Berlin.

A double infinitive stands at the end of a dependent clause; the finite verb, which normally holds that position, precedes the double infinitive.

The double-infinitive construction in a dependent clause is generally avoided because of the awkward sequence of verb forms. It is rarely used in conversation and only little more frequently in literary and technical writings. Here are some examples:

1. Er **hat** gestern nicht für uns **arbeiten können.**
   Ich weiß nicht, warum er gestern für uns nicht **hat arbeiten können.**
2. Wir **haben** ihn während dieser drei Wochen nur einmal **besuchen dürfen.**
   Er war so krank, daß wir ihn während dieser drei Wochen nur einmal **haben besuchen dürfen.**
3. Er **hat** uns nicht alles **sagen wollen.**
   Ich verstehe nicht, warum er uns nicht alles **hat sagen wollen.**
4. Sie **hat** als Kind nie mit anderen Kindern **spielen mögen.**
   Es ist ein Symptom ihrer Krankheit, daß sie als Kind nie mit anderen Kindern **hat spielen mögen.**

(e)   **Double infinitive with hören, lassen, sehen, helfen, brauchen**

Hast du sie **singen hören?**
Did you hear her sing?
Wissen Sie, warum er ihn nicht hat **gehen lassen?**
Do you know why he did not let him go?
Ich habe ihn **fallen sehen.**
I saw him fall.
Sie haben es nicht **zu sagen brauchen.**
You didn't need (have) to say it.

Like the modals, **hören, lassen, sehen, helfen,** and **brauchen** combine with another infinitive, thus forming a double infinitive. Note that in the case of **brauchen,** the dependent infinitive is preceded by **zu.**

PRACTICE

> **C.** Example: Ich hörte ihn singen.
> Ich **habe** ihn **singen hören.**

Change the following sentences to present perfect (Tape 20):

1. Ich sah ihn Macbeth spielen.   2. Ich ließ meine Bücher zu Hause liegen.
3. Ich hörte ihn um vier Uhr nach Hause kommen.   4. Er half mir meinen Wagen reparieren.   5. Ich ließ es ihn allein tun.   6. Du brauchtest ihn nicht zu fragen.

III. ORAL AND WRITTEN EXERCISES

1.   *Change the following sentences to present perfect:*

EXAMPLE: Ich kann ihm leider nicht helfen.
Ich habe ihm leider nicht helfen können.

1. Er will seine Arbeit nicht beenden.   2. Er muß seine Familie verlassen.
3. Er kann die Frage nicht beantworten.   4. Er mag nicht in einer Industriestadt wohnen.   5. Dürfen Sie Ihren Freund nicht besuchen?   6. Ich muß um acht Uhr im Büro sein.   7. Ich höre ihn jeden Morgen aufstehen.   8. Er kann vor sieben nicht hier sein.   9. Die Regierung will für solche Experimente kein Geld ausgeben.   10. Er brauchte es nur einmal zu sagen.

2. *Change the second sentence of each group to present perfect and make it a dependent clause with the conjunction indicated:*

EXAMPLE: Ich bin so müde. (weil) Ich muß sehr lange arbeiten.
Ich bin so müde, weil ich sehr lange habe arbeiten müssen.

1. Wissen Sie? (daß) Er will uns nichts davon sagen. 2. Ich mußte mit dem Zug fahren. (weil) Ich konnte keinen Platz im Flugzeug bekommen. 3. Er ist bis jetzt nicht in Europa gewesen. (obgleich) Er will jedes Jahr eine Europareise machen. 4. Ich habe ihm die ganze Geschichte erzählt. (da) Er wollte sie noch einmal hören. 5. Ich glaube, sein Deutsch ist sehr gut. (obgleich) Ich höre ihn nie sprechen. 6. Ich bin gekommen. (weil) Ich höre dich rufen. 7. Freust du dich? (daß) Sie haben dich gehen lassen. 8. Die Deutschen litten viel. (da) Sie mußten die Katastrophe durchleben. 9. Weißt du? (daß) Seine Freunde helfen ihm das Haus bauen. 10. Sie freut sich. (weil) Sie braucht die Arbeit nicht zu schreiben.

3. *Say, then write in German (use present-perfect forms):*

1. Berlin wanted to go on living. 2. Why did you have to go alone? 3. I had to mention it. 4. I wanted to help her. 5. I told him that I wanted to help him. 6. Did you hear her sing? 7. We didn't know that he didn't want to come. 8. I heard something fall. 9. We let them go home. 10. Why did you let them go home? 11. They wanted to.[1] 12. We had to.[1] 13. She wasn't allowed to.[1] 14. Yes, I was able to.[1] 15. You were able to because you had to.[1] 16. I didn't have to pay anything. 17. He didn't need to promise me anything. 18. Did he really want to speak in German? 19. Do you know that he helped her write the essay? 20. I have always wanted to go to England but I have never been able to.[1]

[1] Use **es** for the unexpressed infinitive.

IV. READING

Vom deutschen Lebensstandard

Fred Fletcher kommt aus Minnesota, und da er gerne debattiert und immer sehr zynisch ist, nennen wir ihn den Minnesota Mephisto. Ich hatte ihn und Wilhelm Bunge, den Romantiker, zum Essen[1] in einem Restaurant eingeladen,[2]

1. **zum Essen** *for dinner.* 2. **ein-laden, lud ein, eingeladen, er lädt ein** *to invite.*

denn ich hatte Geburtstag. Ich weiß nicht mehr, wie es geschah, aber bald sprachen wir vom deutschen Lebensstandard. Ich schreibe unser Gespräch hier auf, soweit ich mich daran erinnern kann.

Wilhelm freute sich darüber, daß Deutschland noch nicht gänzlich[3] ameri-
5   kanisiert war; er lobte die vielen alten Häuser ohne Zentralheizung.[4] Fred machte sich darüber lustig und riet[5] Wilhelm, einmal einen Winter in so einem romantischen Hause zu leben. Schließlich sagte er: „Ihr Deutsche habt unseren Lebensstandard noch nicht erreicht, aber ihr seid die Amerikaner Europas, und bald werdet ihr ihn erreicht haben. Dann könnt ihr eure alten
10   Häuser ins Museum stecken[6] und im Sommer bequem[7] mit Klimaanlage,[8] im Winter bequem mit Zentralheizung leben."

Wilhelm wurde ärgerlich[9] und sagte: „Vielleicht will der Deutsche euren Lebensstandard nicht. Wir haben eine Kulturtradition, und das ist etwas Besseres als euer Lebensstandard. Hast du dir das schon einmal überlegt?[10]
15   Fred: „Überlegt habe ich mir diese Frage gründlich[11] und bin überzeugt,[12] ihr Deutsche werdet eines Tages eure Kulturtradition stückweise[13] ins Museum bringen und euch gänzlich amerikanisieren."

Wilhelm: „Was für ein gräßlicher[14] Gedanke! Ich glaube, du verstehst mich nicht. Wir Deutsche sind z.B. stolz auf unseren Wein, den Generationen
20   von Weinbauern durch die Jahrhunderte gepflegt[15] haben. Die Erde pflegen und bebauen[16] heißt auf lateinisch *colere*; es ist das Stammwort[17] für Kultur. Ihr Amerikaner seid stolz[18] auf eure Badewannen,[19] das ist nur äußerliche[20] Zivilisation."

Fred: „Das sagen eure Kulturkritiker, es ist aber trotzdem nicht richtig. Du
25   erwähntest die Römer. Bei denen gehörten gute Badewannen und riesige Badehäuser mit allem Komfort zum kultivierten Lebensstandard. Eine glitzernde emaillierte Badewanne, in die zu jeder Zeit kaltes und heißes Wasser strömt, ist genau so[21] ein Kulturprodukt wie ein guter Rheinwein, der eine Tradition von fast zweitausend Jahren hinter sich hat."
30   Wilhelm: „Eine Badewanne und ein guter Rheinwein! Wie kannst du zwei solche Dinge als gleichwertig[22] betrachten?[23] Die sind doch . . ."

3. **gänzlich** *entirely.* 4. **die Zentralheizung** *central heating.* 5. **raten, riet, geraten, er rät** *to advise.* 6. **stecken** *to put.* 7. **bequem** *comfortably.* 8. **die Klimaanlage** *air conditioning.* 9. **ärgerlich** *angry.* 10. **sich überlegen** *to think about.* 11. **gründlich** *thoroughly.* 12. **überzeugen** *to convince.* 13. **stückweise** *by the piece.* 14. **gräßlich** *ghastly.* 15. **pflegen** *to cultivate.* 16. **bebauen** *to till.* 17. **das Stammwort, =er** *root word.* 18. **stolz** *proud.* 19. **die Badewanne, -n** *bathtub.* 20. **äußerlich** *external.* 21. **genau so** *just as much.* 22. **gleichwertig** *of equal value.* 23. **betrachten** *to consider.*

Ich: „Anderswertig!"[24]

Wilhelm ärgerte sich[25] und Fred lachte: „Jawohl, das sind anderswertige Dinge, und deshalb ist jede Debatte, die das eine Ding über das andere setzt, sinnlos."

Ich: „Hör mal Fred, du gehst zu weit. Ich finde vieles, was typisch deutsch   5
ist, sehr schön, z.B. das Wandern der deutschen Jugend."

Fred: „Das Wandern der deutschen Jugend! Hör mal, Larry, du hast zu viel Hesse gelesen. Natürlich gibt es junge Menschen in Deutschland, die noch wandern, aber die meisten sind ehrgeizig[26] und wollen ein Motorrad oder einen Volkswagen haben, und am Wochenende helfen sie die Luft verschmut-   10
zen.[27] Ich glaube, die amerikanische Jugend wandert heute mehr als die deutsche Jugend. Statistische Zahlen kann ich dir leider nicht nennen, aber ich glaube nicht, daß ich mich irre."

Ich: „Herr Ober, drei Berliner Weiße[28] bitte!"

24. **anderswertig** *of different value*.   25. **sich ärgern** *to be annoyed*.   26. **ehrgeizig** *ambitious*.   27. **verschmutzen** *to pollute*.   28. **die Berliner Weiße** a wheat beer served with a shot of raspberry syrup.

V. CONVERSATION (*Tape 20*)

Fred: „Alle Menschen wollen es so bequem wie möglich im Leben haben   15
und sich amüsieren. Deshalb haben sie schon immer einen hohen Lebensstandard haben wollen."

Larry: „Das glaubst du doch selber nicht. Was du da sagst, ist doch geschicht-
lich gesehen gar nicht richtig. Seit wann wollten z.B. Spartaner, Puritaner, Preußen und alle ehrgeizigen Menschen ein bequemes   20
Leben haben?"

Fred: „Na ja, in dem Punkte hast du recht, aber diese Typen gibt es doch heute kaum noch."

Larry: „Wie kannst du das wissen! Außerdem hat es immer ehrgeizige Leute gegeben, und in der Zukunft wird es auch noch ehrgeizige Leute   25
geben."

Bill: „Ihr gebraucht das Wort ‚immer' zu viel. Kennt ihr die Zukunft so gut wie die menschliche Natur?"

Fred: „Es gibt keine menschliche Natur, es gibt nur Kulturformen, wenn wir vom Menschen reden."   30

Larry: „Fred, du hast ‚alle Menschen‘ gesagt. In Fräulein Jettners Klasse —
sie war meine Lehrerin in Des Moines — haben wir nie ‚alle Menschen‘
sagen dürfen.“

Fred: „Ihr habt dann in ihrer Klasse auch nichts Originelles sagen dürfen,
5　　　nicht wahr?“

Larry: „Nichts Falsches, das kann ich dir garantieren. Um noch einmal vom
bequemen Leben zu sprechen: Der tanzende Jüngling im Nachtklub
und der Skiläufer im eiskalten Wind führen stundenlang kein bequemes
Leben. Und wer im Konzert Beethoven hört oder Shakespeares
10　　　‚Othello‘ auf der Bühne sieht, amüsiert sich nicht. So ein Mann —“

Fred: „Langweilt sich. Theater und klassische Musik wird es nicht mehr
lange gebe.“

Larry: „Du sprichst wie ein Prophet. Nun sage mir, Prophet, wann wird der
Mensch aufhören, die Natur zu verschmutzen? Wer wird im einund-
15　　　zwanzigsten Jahrhundert die Welt regieren?“

VI. WRITING

Beschreiben Sie Unterschiede zwischen dem deutschen und dem amerika-
nischen Lebensstandard!

21

Soziale

Einrichtungen[1]

I. TEXT (*Tape 21*)

Was wird man im 21. Jahrhundert über die sozialen Einrichtungen des Westens
sagen? Wird unser Jahrhundert so hart kritisiert werden,[2] wie das 19. von uns
kritisiert wird?[3]

Oft wird die schnelle Entwicklung von Industrialisierung und Technik dafür
verantwortlich gemacht, daß so viel menschliches Elend,[4] so viel Leiden   5
entstand.[5] Die abendländische Menschheit hat sich nicht so schnell an diese
neuen Entwicklungen gewöhnen[6] können, behauptet man. Damit soll die
mitleidlose[7] Ausbeutung des Großstadtproletariats erklärt werden.[8]

Was läßt sich[9] über Deutschlands Rolle in dieser Tragödie sagen? In der
ersten Hälfte des 19. Jahrhunderts zeigte es ebensowenig[10] Mitleid mit mensch-   10
lichem Elend wie der Rest des christlichen Abendlandes. Das zeigten die

---

1. **die Einrichtung, -en** *institution.* 2. **wird kritisiert werden** (future tense of passive
voice) *will be criticized.* 3. **kritisiert wird** (present tense of passive voice) *is (being)
criticized.* 4. **das Elend** *misery.* 5. **entstehen, entstand, entstanden** *to result, come
about.* 6. **sich gewöhnen an** *to become accustomed to.* 7. **mitleidlos** *pitiless, merci-
less.* 8. **soll erklärt werden** *is to be explained.* 9. **läßt sich sagen** *can be said.*
10. **ebensowenig . . . wie** *just as little . . . as.*

Weberaufstände.[11] Als die Weber Europas gezwungen wurden, mit dem mechanischen Webstuhl[12] zu konkurrieren,[13] rebellierten sie in ihrer Not.[14] Sie versuchten, ihre Todfeinde, die Maschinen, 1811 in England, 1831 in Frankreich und 1844 in Deutschland zu zerstören. Der Preußenkönig, in dessen Provinz Schlesien diese Aufstände stattfanden,[15] tat, was seine königlichen Kollegen in England und Frankreich getan hatten. Er ließ die verhungernden und verzweifelten[16] Weber wie tolle[17] Hunde auf der Straße erschießen.

Das Los[18] der Fabrikarbeiter[19] war nicht viel besser als das der Weber. Männer, Frauen und Kinder hatten einen vierzehn- bis sechzehnstündigen[20] Arbeitstag in schmutzigen Fabriken. Nur langsam setzten sich Reformgesetze[21] gegen den Widerstand[22] konservativer Parteien durch.[23] Die Hartherzigkeit[24] der Regierung und der höheren Klassen, besonders der gut verdienenden Bourgeoisie, wurde mit Klassenhaß beantwortet. Die ersten sozialistischen Organisationen hatten messianische Programme. Eine neue Welt sollte geschaffen werden, in der es keine Klassen mehr geben sollte.

Deutschland war das Mutterland der sozialistischen Revolution. Die Deutschen Marx und Engels schufen die Grundlagen[25] des Kommunismus und gaben dieser Bewegung ihre „welterlösende"[26] Sendung.[27]

Viel gemäßigter[28] war der Gründer[29] der Sozialdemokratie, Ferdinand Lassalle, ein Schlesier.[30] Er schuf 1863 die erste wirkliche Arbeiterpartei, den „Allgemeinen Deutschen Arbeiterverein".[31] Hier sollte in friedlicher Zusammenarbeit mit dem Staat ein sozialistisches Programm verwirklicht[32] werden.

Die erste Phase der Sozialdemokratischen Partei war aber viel militanter, sie stand dem Kommunismus näher und wurde von der preußischen Regierung gehaßt. Als zwei sozialistische Fanatiker auf den alten Kaiser Wilhelm I. schossen, hatte der „eiserne" Reichskanzler Bismarck die Gelegenheit, auf die er gehofft hatte. In seinem „Sozialistengesetz"[33] von 1878 verbot er die

---

11. **der Weberaufstand, ⸗e** *uprising of the weavers.* 12. **der Webstuhl, ⸗e** *loom.* 13. **konkurrieren** *to compete.* 14. **die Not** *distress.* 15. **statt-finden, fand statt, stattgefunden** *to take place.* 16. **verzweifelt** (p.p.) *despairing.* 17. **toll** *mad.* 18. **das Los** *lot, fate.* 19. **der Fabrikarbeiter, -** *factory worker.* 20. **vierzehnstündig** *fourteen-hour.* 21. **das Reformgesetz, -e** *reform law.* 22. **der Widerstand** *opposition.* 23. **sich durch-setzen** *to win out.* 24. **die Hartherzigkeit** *hard-heartedness.* 25. **die Grundlagen** (pl.) *fundamentals.* 26. **welterlösend** *world-redeeming.* 27. **die Sendung, -en** *mission.* 28. **gemäßigter** *more moderate.* 29. **der Gründer, -** *founder.* 30. **der Schlesier, -** *Silesian* (Silesia was formerly a German state; now part of Poland). 31. *General German Workers Union.* 32. **verwirklichen** *to realize, put into practice.* 33. **das Sozialistengesetz** *law against socialists.*

Existenz sozialdemokratischer Vereine.[34] Das Gesetz wurde schlau[35] umgangen[36] und ist 1890 abgeschafft[37] worden.

Nun war aber Bismarck keineswegs[38] der harte Reaktionär, für den er noch heute von vielen gehalten wird. Schon 1880, zwei Jahre nach dem Sozialistengesetz, schuf er das „Gesetz zum Schutz[39] der Arbeit". Dadurch wurde in Deutschland ein System von sozialen Versicherungen[40] geschaffen, wie es damals in keinem anderen Land eins gab.

Zuerst wurde die Unfall- und Krankenversicherung[41] eingeführt, denen Altersversicherung, Witwen-[42] und Waisenversicherung[43] und schließlich Arbeitslosenversicherung folgten. Die Prämien für diese Versicherungen wurden vom Arbeitnehmer, vom Arbeitgeber und vom Staat bezahlt.[44] Jede Partei zahlte ein Drittel. Es war ein ausgezeichnetes System, das andere Nationen nachahmten.

Bismarcks soziale Versicherungen hat man weiter entwickelt, und besonders die Krankenversicherung bietet[45] den Mitgliedern[46] in der BRD und in der DDR große Vorteile.[47] Nicht nur die Arztkosten und Krankenhauskosten werden von der Versicherung bezahlt, sondern auch die Medikamente und sogar der Aufenthalt[48] in einem Heilbad.[49] Auch zahnärztliche[50] Behandlung bezahlt die Versicherung.

In der Verfassung der BRD wird Deutschland ein sozialer Rechtsstaat[51] genannt. Das läßt sich so definieren: Soziale Probleme müssen gelöst[52] werden, ohne daß dabei die Privatinitiative behindert oder das Privateigentum[53] abgeschafft[54] wird.

5

10

15

20

34. **der Verein, -e** *union.* 35. **schlau** *clever.* 36. **umgehen, umging, umgangen** *to bypass, break.* 37. **ab-schaffen** *to repeal.* 38. **keineswegs** *by no means.* 39. **der Schutz** *protection.* 40. **die Versicherung, -en** *insurance.* 41. *accident and sickness insurance.* 42. **die Witwe, -n** *widow.* 43. **die Waise, -n** *orphan.* 44. **bezahlen** *to pay.* 45. **bieten, bot, geboten** *to offer.* 46. **das Mitglied, -er** *member.* 47. **der Vorteil, -e** *benefit.* 48. **der Aufenthalt, -e** *stay.* 49. **das Heilbad, ⁼er** *therapeutic bath.* 50. **zahnärztlich** *dental.* 51. **der Rechtsstaat, -en** *constitutional state.* 52. **lösen** *to solve.* 53. **das Privateigentum** *private property.* 54. **ab-schaffen, schuf ab, abgeschaffen** *to abolish.*

II. STRUCTURE AND PRACTICE

1. New Words

GROUP I

| der **Aufenthalt, -e** | *stay* | der **Schutz** | *protection* |

der **Vorteil**, -e	*benefit,*	**abendländisch**	*western*
	advantage	**mitleidlos**	*pitiless,*
der **Widerstand**	*opposition*		*merciless*
die **Not**	*distress*	**schlau**	*clever*
das **Elend**	*misery*	**zahnärztlich**	*dental*
das **Gesetz**, -e	*law*	**ebensowenig . . . wie**	*just as little*
das **Los**	*lot, fate*		*. . . as*
		keineswegs	*by no means*
Exceptional			

WEAK VERBS

das **Mitglied**, -er	*member*		
das **Privateigentum**	*private*	**ab-schaffen**	*to abolish*
	property	**behindern**	*to hinder,*
			impede
GROUP II		**bezahlen**	*to pay*
der **Arbeitgeber**, -	*employer*	**sich gewöhnen an**	*to become*
der **Arbeitnehmer**, -	*employee*		*accustomed*
der **Fabrikarbeiter**, -	*factory worker*		*to*
der **Gründer**, -	*founder*	**konkurrieren**	*to compete*
das **Einkommen**, -	*income*	**lösen**	*to solve*
die **Versicherung**, -en	*insurance*	**verwirklichen**	*to realize, put*
die **Waise**, -n	*orphan*		*into practice*
die **Witwe**, -n	*widow*		

STRONG VERBS

bieten	*to offer*	**bot**	**geboten**
entstehen	*to result, come about*	**entstand**	ist **entstanden**
statt-finden	*to take place*	**fand statt**	**stattgefunden**

2. Passive Voice

ACTIVE: Bismarck **führte** soziale Versicherungen **ein**.
Bismarck introduced social insurances.

PASSIVE: Soziale Versicherungen **wurden** von Bismarck **eingeführt**.
Social insurances were introduced by Bismarck.

ACTIVE: Ein Blitz **zerstörte** das Haus.
A lightning bolt destroyed the house.

PASSIVE: Das Haus **wurde** durch einen Blitz **zerstört**.
The house was destroyed by a lightning bolt.

In the active voice, the subject of the sentence "acts"; in the passive voice, the subject is "acted upon"; hence is passive.

English expresses the passive voice by the auxiliary *to be* and the past participle of the verb; German uses **werden** and the past participle.

In English, the preposition *by* introduces the agent. In German two prepositions are used: **von** introduces the agent **(von Bismarck)**; **durch** introduces the means **(durch einen Blitz)**.

3. Forms of the Passive

Das Auto	**wird**	vom Mechaniker	**repariert.**	*is being repaired*
	wurde		**repariert.**	*was repaired*
	ist		**repariert worden.**	*has been [was] repaired*
	war		**repariert worden.**	*had been repaired*
	wird		**repariert werden.**	*will be repaired*
	wird		**repariert worden sein.**	*will have been repaired*

The principal parts of **werden** are **werden, wurde, ist geworden (wird)**. In the passive voice, however, the past participle **geworden** is replaced by the shorter form **worden**. (The forms for the future perfect are given for the sake of completeness. They are rarely used.)

PRACTICE

> **A.** Example: Dr. Braun **operiert** gerade den Patienten.
> Der Patient **wird** gerade von Dr. Braun **operiert.**

Recast the following sentences with the passive constructions (Tape 21):

1. Nur wenige verstehen ihn. 2. Viele Europäer lesen Hemingway. 3. In Amerika essen nur wenige Leute diesen Fisch. 4. Nur junge Leute tanzen diese Tänze. 5. Alle loben sein Werk. 6. Viele Leute kritisieren Bismarck.

> **B.** Examples: Dr. Braun **operiert** den Patienten.
> Der Patient **wurde** von Dr. Braun **operiert.**
> Der Patient **wird** von Dr. Braun **operiert werden.**
> Der Patient **ist** von Dr. Braun **operiert worden.**

Change the following sentences to past, future, and present perfect of the passive voice:

1. Nur wenige verstehen ihn. 2. Alle loben sein Werk. 3. Viele sagen das.
4. Kein Flugzeug entdeckt das sinkende Schiff. 5. Dr. Berger beschreibt
dieses Experiment. 6. Die Arbeiter zerstören einige Maschinen.

4. Use of the Passive

Solche Versicherungen **wurden** in anderen Ländern **eingeführt.**
Such insurances were introduced in other countries.

The meaning of a statement in either the active or the passive voice is gen-
erally the same. The use of either is normally a question of style. The passive
is often preferred if the agent of an action is *not* expressed.

PRACTICE

C. Example: In Amerika **trinkt man mehr Milch** als in Deutschland.
In Amerika **wird mehr Milch** als in Deutschland **getrunken.**

Change the following sentences to passive constructions (Tape 21):

1. Man öffnet die Türen um sieben Uhr. 2. In Amerika spielt man mehr
Tennis als in Deutschland. 3. In Deutschland fährt man nicht nur Volks-
wagen. 4. Man lobt Dr. Braun sehr. 5. Hier spricht man nur Deutsch.
6. Diese Lieder singt man sehr oft.

5. Modals and Passive Infinitive

Dr. Carlson mußte **operieren.**   *Dr. Carlson had to operate.*
Dr. Carlson mußte **operiert werden.**   *Dr. Carlson had to be operated on.*

Observe the two infinitives used with the modal auxiliary: **operieren** is the
active infinitive and **operiert werden** the passive infinitive. The passive infini-
tive consists of the past participle of the verb and **werden:**

Hier muß München **genannt werden.**
Here Munich must be mentioned.

PRACTICE

> **D.** Example: Wir **müssen** den Fisch heute noch **essen.**
> Der Fisch **muß** heute noch **gegessen werden.**

Change the following sentences to passive constructions; omit the subjects in the passive sentences (Tape 21):

1. Man kann nichts mit diesem Fest vergleichen. 2. Man kann das nicht von ihm sagen. 3. Du mußt das Fenster jetzt schließen. 4. Er muß den Patienten bald operieren. 5. Man darf die Patienten zwischen zwei und sechs besuchen. 6. Wir dürfen hier nicht rauchen. 7. Ich soll die Tür nicht vor zehn Uhr öffnen.

6. Contrast between Action and State

(a) Ihr Auto **wird repariert.**   *Your car is being repaired.*

(b) Ihr Auto **ist repariert.**   *Your car is repaired.*

In statement (a), the past participle is used with the auxiliary **werden,** forming a passive construction in which the subject is being acted upon, that is, emphasis is on the action.

In statement (b), the past participle is a predicate adjective of the verb **sein** and has the same function as the adjective **neu** in **Ihr Auto ist neu.** Such a construction describes a state or condition.

7. Three Uses of <u>werden</u>

(a) **As independent verb**

Es **wird** kalt.	*It's getting cold.*
Es **wurde** kalt.	*It was getting cold.*
Es **ist** kalt **geworden.**	*It has gotten cold.*
Es **war** kalt **geworden.**	*It had gotten cold.*
Es **wird** kalt **werden.**	*It will get cold.*

(b) **As auxiliary of the future**

Er **wird** das Auto **reparieren.**   *He will repair the car.*

(c) **As auxiliary of the passive**

Das Auto **wird repariert.**	*The car is being repaired.*
Das Auto **wurde repariert.**	*The car was being repaired.*
Das Auto **ist repariert worden.**	*The car has been repaired.*
Das Auto **war repariert worden.**	*The car had been repaired.*
Das Auto **wird repariert werden.**	*The car will be repaired.*

Compare these important constructions:

Es ist kalt **geworden.**	*It has gotten cold.*
Es ist repariert **worden.**	*It has been [was] repaired.*

III. ORAL AND WRITTEN EXERCISES

1. *Read and translate each sentence, then change it to past, present perfect, past perfect, and future:*

1. Das wird oft vergessen. 2. Tausende von Wagen werden verkauft. 3. Der Fasching wird eine Woche lang gefeiert. 4. Sie wird viel bewundert. 5. Das wird hier nie erwähnt.

2. *Translate the following sentences and note the three functions of* **werden:**

1. Sie werden alte Volkslieder singen. 2. Die alten Lieder werden immer gern gesungen. 3. Es wird heller. 4. Das schönste Gebäude der Stadt ist zerstört worden und wird nicht wieder aufgebaut werden. 5. Das Gebäude kann leicht wieder repariert werden. 6. Glauben Sie mir, es wird bald besser werden! 7. Er konnte nicht operiert werden. 8. Diese Oper wurde in allen Großstädten gespielt. 9. In welchem Jahr wurde Amerika entdeckt? 10. Ob er von allen verstanden wird, weiß ich nicht. 11. Daß so eine wissenschaftliche Theorie nicht von allen verstanden werden kann, ist klar. 12. Die Prämien werden nicht nur vom Arbeitnehmer, sondern auch vom Arbeitgeber bezahlt. 13. Eine Welt ohne Klassenunterschiede sollte geschaffen werden. 14. Das ausgezeichnete System wird von anderen nachgeahmt werden. 15. Das Leben wird immer schwerer.

3. *Say, then write in German:*

1. He had become rich. 2. That had never been mentioned. 3. He was happy; his house was finally sold. 4. Such books were written at that time. 5. This problem must and will be studied by all. 6. That must be. **7.** That must have been Mr. Becker. 8. That must have been mentioned in his letter.

9. That will be mentioned in my letter. 10. It's getting darker. 11. The name Goethe is known to all, but Goethe is not read by all. 12. Many houses in this city were destroyed during the last war. 13. This question can't be answered. 14. The question has been answered. 15. We arrived too late; the books were already sold. 16. Why isn't it used more often? 17. French is not spoken here. 18. It is claimed that the insurance pays all expenses. 19. Nobody will be compelled to pay such high prices. 20. Everything could be explained.

IV. READING

Ein Brief an Fräulein Jettner

Gestern kam ein Brief von zu Hause, in dem Fräulein Jettner wissen wollte, was so ein Aufenthalt in Deutschland einem amerikanischen Studenten bietet. Das gute Fräulein Jettner! Wie sie sich bemüht[1] hat, uns vierzehn Halbwüchsigen[2] von Central High die deutschen Adjektivendungen zu erklären. Wenn ich heute, ohne lange nachzudenken,[3] „deutsche Studenten" und „unsere deutschen Studenten" sagen kann, so verdanke ich das nur der Engelsgeduld[4] des guten Fräulein Jettner. 5

Ich habe ihr auch einen langen Brief geschrieben und werde mir den Durchschlag[5] einiger Stellen aus diesem Brief aufheben.[6]

„. . . Wissen Sie noch, wie sehr Sie immer darüber klagten,[7] daß wir zwar 10 Deutsch lernen wollten, daß uns aber der richtige ‚Antrieb‘ (ist das richtig für ‚motivation‘?) fehlt? Nun, hier fehlt es mir von morgens bis abends nicht an Antrieb, die Sprache so schnell und so gut wie möglich zu lernen. Da muß z.B. dem Kellner erklärt werden, daß man Amerikaner ist und seinen Durst nicht mit Bier oder Wein, sondern mit kaltem Wasser löschen[8] möchte. 15 Abends liest man in der Zeitung die Kritik eines Theaterstücks, das einem[9] vielleicht am Vorabend sehr gefallen hat.

Liebes Fräulein Jettner, ich kann nicht alles aufzählen,[10] was München uns bietet. Dieser Brief darf kein Buch werden. Außer der ausgezeichneten Universität haben wir hier Theater, Opern, Museen, Konzerte, Kunstausstellun- 20

1. **sich bemühen** *to try hard.* 2. **der Halbwüchsige, -n, -n** *adolescent.* 3. **nach-denken, dachte nach, nachgedacht** *to think, reflect.* 4. **die Engelsgeduld** *patience of an angel.* 5. **der Durchschlag, ⸚e** *carbon copy.* 6. **auf-heben, hob auf, aufgehoben** *to keep.* 7. **klagen** *to complain.* 8. **löschen** *to quench.* 9. dative of **man.** 10. **auf-zählen** *to enumerate.*

gen,[11] Vorträge usw. Es wird so viel geboten, daß man immer etwas Interessantes während seiner freien Zeit tun kann. Außerdem sind die Alpen nur ein paar Autostunden von München entfernt.[12] Dort können wir wandern oder Wintersport treiben.[13]

5   Auf meinem Schreibtisch liegt die heutige Zeitung. Ich will einmal sehen, was heute abend geboten wird. Da ist zunächst[14] eine lange Liste für den Musikfreund, der heute abend das Folgende hören kann: Ein Streichquartett,[15] ein philharmonisches Konzert, das Bayrische Rundfunkorchester,[16] Brahms' Requiem; auf dem Gebiet der Operette und Oper den ‚Zigeuner-
10 baron'[17] von Johann Strauß und Verdis ‚Aida'.

    Was gibt es heute abend im Theater? In unserem kleineren Theater wird heute abend Tennessee Williams' ‚Endstation Sehnsucht'[18] aufgeführt. Und all das ist gar nicht teuer. Besonders für uns Studenten nicht. Wir bezahlen nur die Hälfte. Heute abend werde ich aber nicht ins Theater gehen, sondern
15 zu einem der vielen interessanten Vorträge, die fast jeden Abend geboten werden. Das Thema des heutigen Vortrages ist: Wann und wo ist der Sozialismus mit der Demokratie verbunden[19] worden?

    Wie erwähnt, ist München auch die Stadt der Museen und Kunstausstellungen. Früher bin ich nie in ein Museum gegangen; jetzt gehe ich freiwillig,[20]
20 und es macht mir sogar Freude. Das läßt sich leicht erklären. Wir haben hier einen ausgezeichneten Professor für Kunstgeschichte und moderne Kunst. Diese Vorlesung muß gehört werden, wenn ich auch meine Philosophievorlesung am Mittwoch schwänzen[21] muß. Ich borge[22] mir dann später das Kollegheft[23] eines Freundes. In Amerika läßt sich so etwas nicht so leicht tun.
25 Das ist der Vorteil der deutschen ‚akademischen Freiheit'.

    Noch eins, Fräulein Jettner. München bietet einem Amerikaner unerwartete Reisemöglichkeiten.[24] Von München sind es nur 650 km nach Paris und nach Rom nur 700 km Luftlinie.[25] Ich werde in den Weihnachtsferien[26] nach Hamburg fahren zu der Familie eines deutschen Freundes, von der ich
30 sehr freundlich eingeladen worden bin. . . .

---

11. **die Kunstausstellung, -en** *art exhibition.*   12. **entfernt** *away.*   13. **treiben, trieb, getrieben** *to engage in.*   14. **zunächst** *first of all, to begin with.*   15. **das Streichquartett, -e** *string quartet.*   16. **der Rundfunk** *radio.*   17. *Gipsy Baron.*   18. *A Streetcar named Desire.*   19. **verbinden, verband, verbunden** *to combine, unite.*   20. **freiwillig** *voluntarily.*   21. **schwänzen** (student slang) *to cut (a class).*   22. **borgen** *to borrow.*   23. **das Kollegheft, -e** *lecture notebook.*   24. **die Möglichkeit, -en** *possibility, opportunity.*   25. **(die) Luftlinie** *by air; "as the crow flies."*   26. **die Weihnachtsferien** (pl.) *Christmas vacation.*

Ich habe vergessen, Ihnen etwas vom deutschen Sport zu erzählen. Ich gehe oft zu deutschen Fußballspielen und kann schon die richtigen Fachausdrücke[27] gebrauchen. Hier sind auch Ringkämpfe[28] sehr populär. Man nennt die Ringkämpfer hier ‚catchers‘, die Fachausdrücke für die verschiedenen Griffe[29] kenne ich aber noch nicht. Ich selber kann hier mit amerikanischen Freunden Baseball spielen, und ich schwimme viel . . .“

27. **der Fachausdruck,** ⸗e *technical term.* 28. **der Ringkampf,** ⸗e *wrestling match.*
29. **der Griff, -e** *hold.*

V. CONVERSATION (*Tape 21*)

„Wirst du von einem bösen Geist getrieben? Wohin läufst du denn so schnell?“

„Das läßt sich leicht beantworten: zur Post. Die Post wird in zehn Minuten geschlossen, und ich brauche eine Briefmarke für meinen Brief.“

„Das ist natürlich ein Liebesbrief, der so schnell wie möglich von einem mechanischen Vogel nach Iowa gebracht werden muß.“

„Ja und nein. Hier ist die Adresse: Miss Mary Jettner.“

„Also doch ein Liebesbrief.“

„Wie du willst. In Central High mochten wir Seniors sie alle sehr gern. Sie ist aber mit keinem von uns je ausgegangen.“

„Ein Mädchen aus aristokratischer Familie? Ihr wart ihr wohl nicht gut genug?“

„Wir waren ihr nicht alt genug; sie war damals fast sechzig.“

„Ach so, sie war deine Deutschlehrerin.“

„Fräulein Jettner hat uns mit viel Geduld die deutsche Grammatik von ‚der, die, das‘ bis zum ‚doppelten Infinitiv‘ gelehrt.“

„Der doppelte Infinitiv, das klingt wie ein Ringergriff.“

„Viele Studenten haben zwar mit dieser Konstruktion ringen müssen, aber sonst hat sie nichts mit dem Ringkampf zu tun.“

VI. WRITING

Beschreiben Sie in einem Brief an Ihre Eltern die Vorteile, die München bietet!

22

Österreich

I. TEXT (*Tape 22*)

Nehmen wir an,[1] der Deutschlehrer fragt seine Klasse: Was hat Österreich der Welt gegeben? Hoffen wir,[2] die Klasse kann mehr erwähnen als nur Wiener Schnitzel.[3] Vielleicht erwähnt einer die Lippizaner Hengste[4] der spanischen Hofreitschule[5] in Wien. Sicherlich wissen ein paar etwas von Musik, und dann
5   wird Mozart erwähnt werden, die Wiener Sängerknaben,[6] der Walzerkönig Johann Strauß, der 150 Walzer und die weltberühmte Operette „Die Fledermaus"[7] komponiert hat.

    Ein paar Zeilen aus der Fledermaus seien[8] das Motto dessen, was wir hier über das geschichtliche Schicksal[9] der Österreicher zu sagen haben:

10   Glücklich ist,
                       Wer vergißt,
                       Was doch nicht zu ändern ist.[10]

---

1. **an-nehmen** *to assume;* **Nehmen wir an** *Let us assume.*   2. **Hoffen wir** *Let us hope.*
3. **das Schnitzel** *breaded veal cutlet.*   4. **der Hengst, -e** *stallion.*   5. **die Hofreitschule** *Imperial Riding Academy.*   6. **die Wiener Sängerknaben** (pl.) *Viennese Choir Boys.*
7. *The Bat.*   8. **seien** subjunctive form of **sind:** *shall be, may be.*   9. **das Schicksal** *fate.*   10. **nicht zu ändern ist** *is not to be changed, cannot be changed.*

Die Österreicher sind glücklich in dieser Beziehung.[11] Andere Nationen vergessen verlorene Kriege und verlorene Territorien nie, werden bitter und denken mit Haß an die Feinde der Vergangenheit. Nicht so Österreich. Stellen wir uns einmal vor,[12] was Österreich verloren hat. Im 10. Jahrhundert war es noch ein Grenzland[13] im äußersten Osten Deutschlands und hieß deshalb schon 996 Ostarichi (östliches Reich). Im 16. Jahrhundert herrschte[14] der österreichische Habsburger Karl V. über Österreich, Spanien und dessen Kolonien in Amerika, über Deutschland, die Niederlande,[15] Süditalien und durch seinen Bruder auch über Böhmen[16] und Ungarn. In seinem Reich, so sagte man damals, ging die Sonne nicht unter.

Habsburger Herrscher in Spanien! Das sollte gleich die spanische Reitschule in Wien erklären. Man glaube[17] nun aber nicht, daß dies gewaltige[18] Reich durch Eroberungskriege[19] entstanden sei.[20] Im Gegenteil.[21] Es war durch kluge Heiratspolitik[22] der Habsburger gewachsen. Die Kriege, besonders mit Frankreich, das sich von Österreich eingeschlossen[23] fühlte, kamen später.

Das ursprüngliche[24] Österreich umfaßte[25] das heutige Österreich mit dem heutigen Ungarn, der Tschechoslowakei und Jugoslawien. Das bedeutete, daß Österreich jahrhundertelang die Türken zu Nachbarn hatte, und die Türken kämpften jahrhundertelang abwechselnd[26] mit Österreich, Polen, Venedig und Rußland.

Trotz der dauernden[27] Türkengefahr[28] war Österreich, vereint mit Bayern im Dreißigjährigen Krieg, der große Gegner[29] der protestantischen Länder. Der Habsburger Ferdinand II., unter dessen Regierung der Krieg begann, hatte gesagt, er wolle[30] lieber über ein Territorium voller Leichen[31] als über eine blühende Provinz voller protestantischer Ketzer[32] regieren. Der Krieg schuf solche Territorien für beide Konfessionen, und als er beendet war, hatten die Habsburger Kaiser bis zum Ende ihrer Herrschaft ihre kaiserliche Macht verloren.

---

11. **die Beziehung** *respect.* 12. **Stellen wir uns vor** *Let us imagine.* 13. **das Grenzland, =er** *borderland.* 14. **herrschen** *to rule.* 15. **die Niederlande** (pl.) *Netherlands.* 16. **(das) Böhmen** *Bohemia* (part of Czechoslovakia). 17. **Man glaube** *One should believe.* 18. **gewaltig** *powerful, huge.* 19. **der Eroberungskrieg, -e** *war of conquest.* 20. **sei** = **ist.** 21. **im Gegenteil** *on the contrary.* 22. **die Heiratspolitik** *political matchmaking.* 23. **ein-schließen, schloß ein, eingeschlossen** *to hem in, surround.* 24. **ursprünglich** *original.* 25. **umfassen** *to comprise, include.* 26. **abwechselnd** *alternately.* 27. **dauernd** *continuous.* 28. **die Türkengefahr** *Turkish danger.* 29. **der Gegner, -** *opponent, adversary.* 30. **wolle** (subjunctive form of indirect discourse) = **er will.** 31. **die Leiche, -n** *corpse.* 32. **der Ketzer, -** *heretic.*

Österreich selber blieb aber stark. In der zweiten Hälfte des 17. Jahrhunderts rettete Österreich Europa vor den Türken. Wien wurde 1683 von einer großen türkischen Armee belagert.[33] Der Sultan hatte gesagt, Wien sei[34] nur die erste Station auf diesem großen Feldzug.[35] Dann werde[36] seine Armee
5 Prag und Rom erobern und bis an den Rhein marschieren. Die Peterskirche in Rom solle als Stall für türkische Pferde dienen.[37] Alle Christen in Österreich und Polen seien hiermit zum Tode verurteilt.[38] Auch für den Kaiser des Heiligen Römischen Reiches, Leopold I., gebe es keine Hoffnung. Es sei des Sultans Wille, ihn in Wien köpfen zu lassen.[39]
10 Aber trotz dieser barbarischen Drohungen[40] verloren die Österreicher den Mut[41] nicht. Sie wußten, daß der Feind vor den Toren Wiens und auch vor den Toren der europäischen Kultur stand, und schlugen ihn mit Hilfe ihrer europäischen Verbündeten vernichtend.[42] Es ist typisch für die europäische Geschichte, daß Frankreich nicht zu diesen Verbündeten gehörte. Im Gegen-
15 teil, Ludwig XIV. hatte dem Sultan französische Ingenieure geschickt,[43] die seinen Soldaten helfen sollten, die Mauern Wiens zu minieren. Trotz dieses Sieges, der Österreichs Prestige in der ganzen Welt stärkte, und den reichen Inhalt der türkischen Kriegskasse[44] und andere türkische Schätze[45] nach Wien brachte, erholte sich das Heilige Römische Reich, das die Habsburger
20 regierten, auch jetzt nicht. Wie wenig die kaiserliche Autorität bedeutete, zeigten die Kriege um Schlesien,[46] die die Kaiserin Maria Theresia mit Friedrich dem Großen führte,[47] an den sie diese Reiche verlor.
Nach dem Sturz[48] Napoleons war Österreich noch einmal eine große Macht. Im Wiener Kongress 1814 übernahm[49] Fürst Metternich die Restau-
25 ration des alten Europas und schuf das Metternich-System äußerster Reaktion, das erst 1848 endete.
Im späteren 19. Jahrhundert verlor Österreich im Kriege mit Preußen seine Machtstellung,[50] und als Alliierter Deutschlands wurde die Doppelmonarchie Österreich-Ungarn nach dem Ersten Weltkrieg (1914–1918) auf das Deutsch
30 sprechende Österreich reduziert. Das Gebiet des Vielvölkerstaats[51] wurde

---

33. **belagern** *to besiege.* 34. **sie** = *war.* 35. **der Feldzug, ⸗e** *campaign.* 36. **werde** *would.* 37. **dienen** *to serve.* 38. **verurteilen** *to condemn.* 39. **ihn köpfen zu lassen** *to have him beheaded.* 40. **die Drohung, -en** *threat.* 41. **der Mut** *courage.* 52. **vernichtend schlagen** *to defeat.* 43. **schicken** *to send.* 44. **die Kriegskasse, -n** *war chest.* 45. **der Schatz, ⸗e** *treasure.* 46. **(das) Schlesien** *Silesia.* 47. **Krieg führen** *to wage war.* 48. **der Sturz** *fall.* 49. **über-nehmen, übernahm, übernommen, er übernimmt** *to take over, undertake.* 50. **die Machtstellung** *powerful position.* 51. **der Vielvölkerstaat** *multination state.*

unter sechs Staaten, die Tschechoslowakei, Polen, Ungarn, Rumänien, Jugoslawien und Italien, aufgeteilt. Nur das ursprüngliche Österreich mit damals sechs Millionen Menschen blieb übrig.[52]

Nach dem Anschluß[53] an das Hitler-Deutschland wurde es nach dem Zweiten Weltkrieg (1939–1945) wieder eine Republik. Erst 1955 verließen die letzten fremden Truppen das Land. Der österreichische Dichter Nestroy sagte einmal: „Die beste Nation ist die Resignation." 5

---

52. **übrig-bleiben, blieb übrig, ist übriggeblieben** *to be left, remain.* 53. **der Anschluß** *union.*

II. STRUCTURE AND PRACTICE

1. New Words

GROUP I			dauernd	*continuous*
			gewaltig	*powerful, huge*
der **Feldzug, ≃e**	*campaign*			
der **Mut**	*courage*		IDIOM	
der **Schatz, ≃e**	*treasure*			
der **Stall, ≃e**	*stall, stable*		**im Gegenteil**	*on the contrary*
der **Sturz**	*fall*		WEAK VERBS	
das **Schicksal**	*fate*			
das **Tor, -e**	*gate*		**auf-teilen**	*to divide*
			beenden	*to end, finish*
GROUP II			**belagern**	*to besiege*
			dienen	*to serve*
der **Gegner, -**	*opponent, adversary*		**herrschen**	*to rule*
die **Drohung, -en**	*threat*		**schicken**	*to send*
die **Herrschaft**	*rule*		**stärken**	*to strengthen*
die **Hoffnung**	*hope*		**verurteilen**	*to condemn*
abwechselnd	*alternately*			

STRONG VERBS

an-nehmen	*to assume*	**nahm an**	**angenommen**	er **nimmt an**
ein-schließen	*to hem in, surround*	**schloß ein**	**eingeschlossen**	
übernehmen	*to take over*	**übernahm**	**übernommen**	er **übernimmt**
übrig-bleiben	*to be left, remain*	**blieb übrig**	ist **übriggeblieben**	

2. Subjunctive in English

(a) Difference between indicative and subjunctive

COMPARE: The king *lives* in England.
Long *live* the king!

In the first sentence, the speaker indicates a fact. He uses the mood of factual statements, the indicative. In the second sentence, the speaker expresses a wish. A wish is not a factual statement because it contains an element of unreality. Wishes, conditions contrary to fact, and other statements which contain an element of unreality are often expressed in the subjunctive mood.

(b) Subjunctive expressed by an auxiliary

In English, we often express the unreality of a wish by the auxiliary *may* (*May* he live long. *May* you live to regret it.) Another substitute for the subjunctive is *let*, used to express a suggestion or mild command (*Let* us pray.) or an assumption (*Let* A-B be the base of a triangle.). The auxiliary *should* is used in admonitions (You *should* not smoke so much!). In a conditional sentence that is contrary to fact (If I were you, I *would* not do it.), *would* is used in the conclusion.

(c) Subjunctive expressed by the form of the verb

Actual subjunctive forms occur in modern English mostly in formalized expressions (Far *be* it from me. — If need *be*. — Heaven *forbid*. — God *bless* you. — We suggest that he *do* that at once.). In the foregoing examples, present-tense forms are used. Now observe the function and meaning of past-tense forms:

PAST INDICATIVE	SUBJUNCTIVE
I *had* more money last year.	If I *had* the money, I would buy it.
I *could* not help you yesterday.	If I *could* help you, I would do so.

Compare the meanings of the two past-tense forms *had* and *could* in the two sets of sentences. Note that they lose their past meaning when they express an element of unreality (subjunctive) and that they refer to present or future time (If I *had* the money now or tomorrow).

What we have said so far about the subjunctive in English is also true of the subjunctive in German — with one important difference. Modern English has only a few genuine subjunctive forms and, consequently, uses substitute words like *may, let, should, would.* German has many distinct subjunctive forms and uses them frequently.

3. Subjunctive in German: Subjunctive Forms Built on the Present

All German subjunctive forms (with the exception of **sein**) have the following endings:

-e

-est

-e

-en

-et

-en

These endings are added to the *present-tense stem,* which remains unchanged. Note, therefore, that the irregularities which exist in the present indicative (**er hat, er spricht, er kann,** and others) do *not* occur in the subjunctive:

WEAK VERBS		STRONG VERBS		MODAL
spielen	**haben**	**schreiben**	**sprechen**	**können**
ich spiele	habe	schreibe	spreche	könne
du spielest	habest	schreibest	sprechest	könnest
er spiele	habe	schreibe	spreche	könne
wir spielen	haben	schreiben	sprechen	können
ihr spielet	habet	schreibet	sprechet	könnet
sie spielen	haben	schreiben	sprechen	können

Note: The first and third persons of **sein** do not end in **-e:**

ich sei

du seiest

er sei

wir seien

ihr seiet

sie seien

4. Functions of the Subjunctive Built on the Present

(a)   Subjunctive forms built on the present-tense stem are rarely used in everyday speech and occur chiefly in literary and scholarly writing.

Once you realize that you are dealing with a subjunctive form, the context of the sentence will help you decide whether one of the following English subjunctive substitutes expresses the meaning of the German verb:

should

Man **erwarte** nicht zuviel von solchen Plänen!
One should not expect too much of such plans.
Man **sage** das nicht!
One should not say that.

let

Essen wir!	*Let's eat.*
A-C **sei** die Seite eines Dreiecks.	*Let A-C be the side of a triangle.*

may

Das **gebe** Gott!	*May God grant that.*
Er **vergesse** das nie!	*May he never forget that.*

(b)   German subjunctive forms in clauses following introductory statements such as **er sagte, er glaubte,** and others, are rendered by an English indicative:

Er sagte, Wien **sei** nur die erste Station.
He said Vienna was only the first station.

This construction, called Indirect Discourse, will be explained in the next lesson.

III. ORAL EXERCISE

Read and translate:

1. Beginnen wir! 2. Gehen wir! 3. Man frage sich . . . 4. Der König sagte: Er komme in unser Land, damit er sehe, daß wir nicht seine Feinde sind! 5. Als die Zuhörer (*audience*) im Weimarer Theater einmal über ein Stück lachten, das ihnen nicht gefiel, rief der alte Goethe: Man lache nicht! 6. Der Leser glaube nun aber nicht, daß alles wirklich so war, wie der Autor es beschrieb. 7. Es sei hier noch einmal erwähnt, daß man so etwas im 18. Jahrhundert nicht erwarten konnte. 8. Gott sprach: Es werde Licht! 9. Im Vater unser (*Lord's Prayer*) sagt man: Dein Reich komme, Dein Wille geschehe. 10. Die Generäle fragten den sterbenden Alexander: Wer von uns soll der nächste König werden? Alexander antwortete: Der Stärkste sei König! 11. Keiner antwortete, er sei der Stärkste. 12. Die Ärzte sagten, in

einem solchen Fall gebe es keine Hoffnung. 13. Man hörte damals, der Kaiser habe kein Geld mehr und wolle deshalb Frieden machen. 14. Goethe glaubte, daß ein Panamakanal gebaut werden könne. 15. Man liest oft, daß der moderne Mensch nicht mehr wisse, was für ihn gut sei, und zu viel Hoffnung auf die Technik setze. 16. Nehmen wir an, daß alles so ist, wie sie sagt! 17. Man nehme nun aber nicht an, daß es so ist, wie sie sagt. 18. Er ruhe in Frieden. 19. A-B sei einen Meter lang. 20. Ein paar Zeilen seien hier zitiert.

IV. READING

Deutsche Gebräuche[1]

Zum ersten Mal wohne ich jetzt bei einer deutschen Familie und finde es sehr interessant. Wie es hierzulande[2] üblich[3] ist, brachte ich der Dame des Hauses bei meinem ersten Besuch Blumen[4] mit. Sie wunderte sich, daß ich die deutschen Gebräuche so gut kenne. Manche deutschen Gebräuche kannte ich aber noch nicht. So sprach ich z.b. während der Tischunterhaltung[5] mehr mit   5
der Dame des Hauses als mit dem Hausherrn,[6] merkte aber bald, daß dies nicht richtig war. In Deutschland beherrscht der Herr des Hauses die Unterhaltung.

Bill sagte mir, das sei typisch deutsch. Es scheint mir, als ob die Tatsache,[7] daß der Hausherr hier die Unterhaltung beherrscht, der Unterhaltung einen   10
ernsteren, fast möchte ich sagen gelehrteren[8] Charakter gebe als bei uns, wo oft die Frauen und sogar die Kinder die Unterhaltung beherrschen. So wurde also fast nur über meine Eindrücke von Deutschland, politische Probleme, das Theater und dergleichen[9] ernste Dinge gesprochen. Was wir in Amerika „small talk" nennen, scheint es bei den Familien des oberen Mittelstandes[10]   15
nicht zu geben.

Wenn ich auch nicht recht[11] weiß, was ich von patriarchalischen Gebräuchen halten[12] soll, so gefällt mir ein anderer sehr. Ich meine den deutschen Sonntagnachmittagsspaziergang.[13] An diesen Spaziergängen nimmt gewöhnlich die ganze Familie teil, und oft werden auch noch Freunde dazu eingeladen.   20

1. **der Gebrauch, ⸗e** *custom.* 2. **hierzulande** *in this country.* 3. **üblich** *customary.* 4. **die Blume, -n** *flower.* 5. **die Tischunterhaltung** *table conversation.* 6. **der Hausherr, -n, -en** *head of the family.* 7. **die Tatsache, -n** *fact.* 8. **gelehrt** *learned, scholarly.* 9. **dergleichen** *similar.* 10. **der Mittelstand** *middle class.* 11. **recht** *quite.* 12. **halten von, hielt, gehalten** *to think of.* 13. **der Spaziergang, ⸗e** *walk.*

Man wandert eine bis zwei Stunden gewöhnlich zu einem schönen Garten-
restaurant, ißt etwas, unterhält sich und wandert wieder zurück. Letzten
Sonntag bin ich mit Schlüters die Elbe entlang gewandert. Wir unterhielten
uns über die Schiffe, die auf der Elbe fuhren, und über die Länder, aus denen
5 sie kamen. Immer diese ernsten deutschen Gespräche! Schließlich landeten
wir in einem Café, und hier, bei Kaffee und ausgezeichneter Kirschtorte,[14]
wurde die Unterhaltung etwas lustiger.[15]

Natürlich habe ich auch negative Eindrücke von Deutschland. Gar nicht
gewöhnen kann ich mich an die steifen[16] deutschen Anreden[17] und den
10 Gebrauch[18] von Titeln. Dr. Schlüter hat einen Doktortitel, und obgleich ich
nun schon über eine Woche sein Gast bin, muß ich ihn immer mit „Herr
Doktor" anreden und seine Frau mit „Frau Doktor" oder „Gnädige Frau".[19]
Wenn ich Frau Schlüter ihm gegenüber[20] im Gespräch erwähne, so erwartet[21]
man, daß ich „Ihre Gemahlin" sage, was auch im Deutschen fast so steif
15 klingt wie im Englischen „your spouse". Natürlich bin ich selbst für die
Kinder immer nur „Herr Burn", und da ich die deutschen Gebräuche kenne,
bitte ich die Familie auch nicht, mich Larry zu nennen.

Bill erzählte mir, daß er von den zwanzig Studenten, mit denen er dreimal
wöchentlich Labor hat, nur zwei duze,[22] und das nach Monaten gemeinsamer
20 Arbeit![23] Dabei[24] ist Bill einer, den jeder gern mag. Er erklärte mir den Unter-
schied zwischen dem deutschen und amerikanischen gesellschaftlichen Ver-
kehr[25] mit Hilfe einer kleinen Zeichnung.

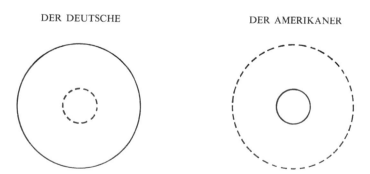

DER DEUTSCHE   DER AMERIKANER

14. **die Kirschtorte, -n** *cherry cake.* 15. **lustig** *gay.* 16. **steif** *stiff; formal.* 17. **die
Anrede, -n** *form of address.* 18. **der Gebrauch** *use.* 19. *Gracious Lady.* 20. **ihm
gegenüber** *to him.* 21. **erwarten** *to expect.* 22. **duzen** *to address with* **du (dein, dich,**
etc.) 23. **gemeinsame Arbeit** *working together.* 24. **dabei** *moreover.* 25. **der
gesellschaftliche Verkehr** *social relationship.*

Der Deutsche schließt sich gegen die Außenwelt[26] gesellschah ftlicdurch einen geschlossenen Ring von Formalitäten ab,[27] er trägt sozusagen einen Panzer,[28] der aus Formalitäten besteht. Deshalb erscheint der gesellschaftliche Verkehr in Deutschland dem Amerikaner als steif. Sein Inneres[29] aber schließt der Deutsche nicht ab,[30] da ist er weich,[31] romantisch, sentimental, 5 verwundbar,[32] wie man es auch[33] nennen will. Es ist manchmal leichter, das Innenleben eines Deutschen kennenzulernen oder zu beeinflussen als ihm gesellschaftlich[34] nahezukommen.

Der Amerikaner andererseits ist der Außenwelt gegenüber[35] offen. Es ist sehr leicht, mit ihm gesellschaftlich auszukommen. Wenn der Deutsche der 10 Außenwelt gegenüber einen Panzer trägt, so trägt der Amerikaner ein leichtes Sporthemd. Sein Inneres aber schließt er ab. Zwar sagt er zum anderen sehr bald Joe und Fred und Liz und Honey, aber Freundschaft, Sympathie oder Liebe drücken diese Wörter nicht aus. In allen wichtigen Angelegenheiten[36] seines Innenlebens hält der Amerikaner seine Distanz, sei es aus Zurückhal- 15 tung,[37] sei es aus Stolz.[38]

26. **die Außenwelt** *outside world*. 27. **sich ab-schließen, schloß sich ab, sich ab-geschlossen** *to seclude oneself*. 28. **der Panzer, -** *armor, breast plate*. 29. **sein Inneres** *his inner self*. 30. **ab-schließen** *to close off*. 31. **weich** *soft; sensitive*. 32. **verwundbar** *vulnerable*. 33. **wie . . . auch** *however*. 34. **gesellschaftlich** *socially*. 35. **gegenüber** *toward*. 36. **die Angelegenheit, -en** *matter, affair*. 37. **die Zurückhaltung** *modesty*. 38. **der Stolz** *pride*.

V. CONVERSATION (*Tape 22*)

„Na, Larry, wie war es in Hamburg?"

„Es war sehr interessant. Ich habe bei einer Familie Schlüter gewohnt. Der Herr der Familie, Dr. Schlüter, arbeitet für eine Versicherungsgesellschaft."

„Warum nennst du ihn den Herrn der Familie?" 20

„Weil er so patriarchalisch war. Er beherrschte immer die Unterhaltung. Nur wenn er nicht zu Hause war, konnte ich frei mit den Kindern sprechen."

„Im allgemeinen findest du heute solche patriarchalischen Familien nicht mehr. Hier rebellieren oft schon die Schulkinder gegen die Eltern."

„Das haben wir bei uns in den Staaten auch; es ist aber nicht mehr so 25 schlimm, wie es war. Ich mag nur nicht die Steifheit der Deutschen; immer dieses ‚Sie', ‚Herr Doktor' und ‚Herr Burn'."

„Ich finde es besser als euer ‚you', mit dem ihr Fremde und auch Menschen anredet, die ihr liebt. Unterschiede machen das Leben interessanter."

„Ich kann das nicht verstehen. Ich wollte zu den Kindern sagen: ‚Kinder, nennt mich Larry! In Amerika sagen alle Larry zu mir'. Ich habe das natürlich nicht getan. Man sage nicht, Larry Burn sei ein respektloser Mensch.“

„Du bist aber formell! Du gebrauchst den Konjunktiv in der Unterhaltung
5 und in der indirekten Rede.“

„Nur zur Übung!“

VI. WRITING

Beschreiben Sie Ihren Sonntagsbesuch bei einer deutschen Familie!

23

Die Schweiz

I. TEXT (*Tape 23*)

Die Schweiz oder, wie sie sich selber nennt, die Schweizerische Eidgenossen-
schaft[1] ist das seltsamste[2] Land Europas. Wollte man die Seltsamkeiten
aufzählen,[3] so könnte man mit dem folgenden Paradox beginnen:
    Die Schweiz ist eins der kleinsten Länder Europas. Sie mißt[4] von der süd-
westlichsten[5] Ecke im Kanton Genf bis zur östlichsten im Kanton Graubün-   5
den 340 km oder rund 200 Meilen. Und doch ist dies kleine Land, das in den
Pfannenstiel[6] von Texas passen[7] würde, ein großes Land. Seine Kultur und
hochentwickelte Industrie kann mit den besten des Abendlandes konkur-
rieren.[8] Seltsam ist es auch, daß dies kleine Land, das zu den ältesten demo-
kratischen Kulturländern der Welt gehört, seine Demokratie gegen seine   10
mächtigen Nachbarn hat behaupten können.
    Denkt man an die blutigen[9] Bürger- und Religionskriege Europas, den Haß
der Nationen und Konfessionen, der Jahrhunderte überdauert[10] hat und noch
heute in manchen Gegenden[11] des Kontinents nicht aufgehört hat, dann ist die
Schweiz das zivilisierteste Land Europas. Konfessionell gespalten[12] — etwa   15

1. **die Eidgenossenschaft** *Confederation.* 2. **seltsam** *peculiar.* 3. **auf-zählen** *to*
enumerate. 4. **messen, maß, gemessen, er mißt** *to measure.* 5. **südwestlichst** *south-*
westernmost. 6. **der Pfannenstiel** *panhandle.* 7. **passen** *to fit.* 8. **konkurrieren** *to*
compete. 9. **blutig** *bloody.* 10. **überdauern** *to outlast.* 11. **die Gegend, -en** *region.*
12. **gespalten** *divided.*

Zürich in der Deutsch sprechenden Schweiz

*In Genf sprechen
die meisten Schweizer
Französisch*

*Lugano in der
italienischen Schweiz*

57% Protestanten und 43% Römische Katholiken — mit vier Landes-
sprachen[13] ist es diesem Land gelungen,[14] trotz kleinerer Religionskriege am
Ende zu einer friedlichen Koexistenz zu gelangen.[15]

Wie im alten Österreich spricht die Bevölkerung[16] viele Sprachen, aber zum
Unterschied vom alten Österreich ist jede der vier Schweizersprachen als
Landessprache anerkannt.[17] Etwa 72% aller Schweizer sprechen Deutsch,
21% Französisch, 6% Italienisch und 1% Rätoromanisch.[18] Die rätoromani-
schen Gebiete der Schweiz gehen auf Julius Caesars Sieg über die keltischen
Helvetier und auf die spätere Einverleibung[19] der Schweiz ins Römische Reich
zurück. Mitte des 5. Jahrhunderts besiedelten[20] dann die germanischen
Alemannen große Teile der Schweiz, was erklärt, daß fast drei Viertel der
heutigen Schweiz Deutsch sprechendes Gebiet ist.

In der Schweiz entwickelten sich stolze Bauerngemeinden[21] und blühende
Städte. Während des 13. Jahrhunderts war die Schweiz das freiste Land
Europas geworden, denn viele Dörfer und Städte wurden damals reichsfrei,[22]
das heißt, sie wurden nicht von aristokratischen Herren und Statthaltern[23]
regiert, sondern mußten nur dem Kaiser gehorchen.[24]

Die Nachfolger des ehemals[25] schweizerischen Grafen und deutschen
Kaisers Rudolf von Habsburg wurden nicht zu Kaisern gewählt, glaubten
aber doch, ein Recht auf die Schweiz zu haben und schickten wieder Statt-
halter ins Land, um die stolzen Bergbewohner zum Gehorsam[26] zu zwingen.

Um diese Tyrannen loszuwerden,[27] schlossen die drei Kantone Schwyz,
Uri und Unterwalden 1291 einen „Ewigen Bund".[28] Es folgten mehrere
kriegerische Versuche österreichischer Grafen, die Schweizer zu unterwerfen,
aber die tapferen Bauern, Hirten, Viehzüchter,[29] Handwerker[30] besiegten ein
Ritterheer[31] nach dem anderen. Die Tellsage spielt zur Zeit des „Ewigen
Bundes", einen historischen Tell hat es aber wohl nie gegeben.

Die Siege der Bauernheere[32] über die Ritter machten einen großen Ein-
druck auf Europa. Schweizer Söldner[33] waren die beliebtesten. Die Schweizer-

---

13. die Landessprache, -n *vernacular.* 14. gelingen, gelang, ist gelungen *to succeed;*
es ist diesem Land gelungen *this country succeeded.* 15. gelangen zu *to attain.*
16. die Bevölkerung *population.* 17. an-erkennen, erkannte an, anerkannt *to
acknowledge, recognize.* 18. das Rätoromanisch *Romansh.* 19. die Einverleibung
incorporation. 20. besiedeln *to colonize.* 21. die Bauerngemeinde, -n *peasants'
community.* 22. reichsfrei lit., *"free within the realm,"* (that is, directly subject
to the emperor). 23. der Statthalter, - *governor.* 24. gehorchen *to obey.* 25.
ehemals *formerly.* 26. der Gehorsam *obedience.* 27. los-werden, wurde los, ist
losgeworden, er wird los *to get rid of.* 28. *everlasting alliance.* 29. der Viehzüchter, -
cattle breeder. 30. der Handwerker, - *craftsman.* 31. das Ritterheer, -e *army of
knights.* 32. das Bauernheer, -e *peasant army.* 33. der Söldner, - *mercenary.*

garde, die Leib- und Palastwache[34] des Papstes, in mittelalterlicher Uniform mit einer Hellebarde bewaffnet, gibt es noch heute.

In der ersten Hälfte des 19. Jahrhunderts war die Stellung der Schweiz schon gesichert.[35] Sie war damals „ein kleines Amerika inmitten Europas".

Wenn der Deutschlehrer in der vorigen Aufgabe seine Klasse gefragt hätte: „Was hat die Schweiz der Welt gegeben?" so hätte er sicherlich als erste Antwort „Schweizerkäse" gehört. Es wäre schöner, wenn es nicht so wäre. Die nichtdeutsche Welt denkt aber bei der Erwähnung Deutsch sprechender Länder zuerst an etwas Eßbares.[36] Bleiben wir einen Augenblick beim Eßbaren. Fast so weltberühmt wie der Schweizerkäse ist die Schweizer Schokolade. Schweizerkäse, Schweizer Schokolate — man denke einen Augenblick — und als drittes Schweizer Produkt wird man an Schweizer Uhren denken. Natürlich produziert die Schweiz viel mehr als Uhren. Heute werden dort z.B. viele Produkte von Feinmechanikern[37] hergestellt,[38] die auch für Weltraumforschung[39] wichtig sind. Es würde wohl viel Nachdenkens bedürfen,[40] bis ein Student an das Internationale Komitee des Roten Kreuzes denken würde, das in der Schweiz entstand. Mit ihm verwandt sind die Genfer Abkommen[41] von 1949 über die humanitäre Behandlung[42] von Kriegsgefangenen[43], die von sechzig Ländern unterschrieben wurden.

Nun wäre es falsch, wollte man die Schweiz als ein Land betrachten, in dem nur der Geist des Roten Kreuzes und der Genfer Abkommen herrschte. So ein Land gibt es nicht. Die Schweiz ist aber ein dauerndes Beispiel dafür, daß es dem Menschen möglich ist mit denen, die eine andere Sprache und einen anderen Glauben[44] haben als er, friedlich zu koexistieren.

34. **Leib- und Palastwache** *body and palace guard.* 35. **sichern** *to secure.* 36. **etwas Eßbares** *something edible, something to eat.* 37. **der Feinmechaniker, -** *precision toolmaker.* 38. **her-stellen** *to produce, make.* 39. **die Weltraumforschung** *space research.* 40. **bedürfen** *to need, take.* 41. **das Abkommen, -** *agreement.* 42. **die Behandlung** *treatment.* 43. **der Kriegsgefangene, -n** *prisoner of war.* 44. **der Glaube, -ens, -n** *belief, faith.*

II. STRUCTURE AND PRACTICE

1. New Words

GROUP II

| der **Feinmechaniker, -** | *precision toolmaker* | der **Handwerker, -** | *tradesman* |
| | | der **Ritter, -** | *knight* |

der **Viehzüchter**, -	*cattle breeder*	IDIOM	
das **Abkommen**, -	*agreement*		
die **Bevölkerung**, -en	*population*	etwas **Eßbares**	*something to eat*
die **Landessprache**, -n	*vernacular*		
die **Weltraumforschung**	*space research*	WEAK VERBS	
		auf-zählen	*to enumerate*
UNCLASSIFIED		**besiedeln**	*to colonize*
		gehorchen	*to obey*
der **Gehorsam**	*obedience*	**gelangen zu**	*to attain*
der **Glaube**, -ens, -n	*belief, faith*	**her-stellen**	*to produce, make*
blutig	*bloody*		
seltsam	*peculiar*	**konkurrieren**	*to compete*
ehemals	*formerly*	**passen**	*to fit*
		produzieren	*to produce*
		sichern	*to secure*
		überdauern	*to outlast*

STRONG VERBS

an-erkennen	*to acknowledge, recognize*	erkannte an	anerkannt	
gelingen	*to succeed*	gelang	ist **gelungen**	
los-werden	*to get rid of*	wurde los	ist **losgeworden**	er **wird los**
messen	*to measure*	maß	gemessen	er **mißt**
unterschreiben	*to sign*	unterschrieb	unterschrieben	

2. Subjunctive Forms Built on the Past

Subjunctive forms built on the past-tense stem have the same endings as subjunctive forms built on the present-tense stem.

All strong and irregular verbs with a vowel that can be modified, as well as **haben** and modal auxiliaries (except **sollen** and **wollen**), take umlaut:

WEAK VERBS	AUXILIARIES		STRONG VERBS		MODAL
PAST STEM: **spielt-**	**hatt-**	**war**	**schrieb**	**sprach**	**konnte**
ich spielte	hätte	wäre	schriebe	spräche	könnte
du spieltest	hättest	wärest	schriebest	sprächest	könntest
er spielte	hätte	wäre	schriebe	spräche	könnte
wir spielten	hätten	wären	schrieben	sprächen	könnten
ihr spieltet	hättet	wäret	schriebet	sprächet	könntet
sie spielten	hätten	wären	schrieben	sprächen	könnten

3. Contrary-to-Fact Conditions in Present Time

Wenn ich Zeit **hätte, schriebe** ich ihm.

würde ich ihm **schreiben.**[1]

If I had time, I would write him.

German and English use the subjunctive built on the past tense to express a condition contrary to fact (or unlikely to be fulfilled) at the present time or in the future. The conclusion is expressed in English by *would* and the infinitive (*I would write*). German may use either the subjunctive verb form (**schriebe**) or, like English, the auxiliary **würde** and the infinitive (**würde ich schreiben**). The latter is generally preferred.

PRACTICE

> **A.** Examples: Ich habe Zeit. Ich gehe mit dir ins Kino.
>
Wenn ich Zeit **hätte, ginge** ich mit dir ins Kino.
>
Ich **würde** mit dir ins Kino **gehen,** wenn ich Zeit **hätte.**

[1] The sequence of clauses is optional: **Ich würde ihm schreiben, wenn ich Zeit hätte.**

Combine the following pairs of sentences to express conditions contrary to fact referring to present time (Tape 23):

1. Ich habe Zeit. Ich schreibe dir einen Brief.   2. Ich bin Sie. Ich sage so etwas nicht.   3. Mehr sind hier. Wir sind bald fertig.   4. Du bist älter. Du tust das nicht.   5. Er darf. Er bringt ihn mit.   6. Du mußt für dein Geld arbeiten. Du kaufst nicht so viel.   7. Ich kann in die Zukunft sehen. Ich weiß, was ich tun muß.   8. Es sind keine Vitamine im Essen. Wir werden krank.   9. Ich kann das tun. Ich bin der glücklichste Mensch in der Welt.   10. Das Wetter ist schön. Wir können die Stadt von hier sehen.

4. Contrary-to-Fact Conditions in Past Time

Wenn ich das **gewußt hätte, hätte** ich ihm das Geld **gegeben.** (or)

Hätte ich das **gewußt,** dann **hätte** ich ihm das Geld **gegeben.**

Had I known that, I would have given him the money.

Wenn es nicht so kalt **gewesen wäre, wäre** ich **mitgegangen.** (or)

Wäre es nicht so kalt **gewesen,** dann **wäre** ich **mitgegangen.**

If it had not been so cold, I would have gone along.

To express a condition contrary to fact at some time in the past, use a subjunctive form built on the past perfect. In the conclusion, the same past-perfect construction is used, because the forms with **würde** (**würde ich gegeben haben** and **würde ich mitgegangen sein**) are cumbersome.

Note: **Wenn** may be omitted at the head of such constructions, but inverted word order is then used in the dependent clause, and the main clause is usually introduced by **dann** or **so.** The omission of **wenn** is also possible in conditions stated in the indicative:

Kommt er vor Mittag nicht, dann **fahren** wir allein.
If he does not get here before noon, we will go alone.

PRACTICE

B. Example: Ich habe Zeit. Ich gehe ins Kino.
Wenn ich Zeit **gehabt hätte, wäre** ich ins Kino **gegangen.**

Combine the following pairs of sentences to express conditions contrary to fact referring to past time (Tape 23):

1. Ich habe Zeit. Ich schreibe dir einen Brief. 2. Ich fahre langsamer. Ich komme zu spät an. 3. Ich weiß das. Ich komme nicht. 4. Ich habe Geld. Ich kaufe mir das Auto. 5. Seine Vorlesung ist interessanter. Wir schlafen nicht. 6. Es ist nicht so weit. Wir besuchen Sie. 7. Ich kann ihm helfen. Ich helfe ihm. 8. Er weiß es. Er sagt es dir. 9. Wir haben mehr Platz in unserem Volkswagen. Wir können Sie alle mitnehmen. 10. Er spricht langsamer. Ich verstehe ihn besser.

5. Unfulfillable Wishes

(a) Wenn ich nur mehr Zeit **hätte!**   *If only I had more time.*
Ich wünschte, ich **hätte** mehr Zeit.   *I wish I had more time.*

(b) Wenn ich nur mehr Zeit **gehabt hätte!**   *If only I had had more time.*
Ich wünschte, ich **hätte** mehr Zeit **gehabt.**   *I wish I had had more time.*

Wishes of the above type may be considered conditions contrary to fact. The examples in (a) refer to the present and use subjunctive forms built on the past tense. The examples in (b) refer to the past and use subjunctive forms built on the past-perfect tense.

Note the patterns for verbs taking **sein**:

(a) Wenn sie nur heute **käme**!   *If only she were coming today.*
    Ich wünschte, sie **käme** heute.   *I wish she were coming today.*

(b) Wenn sie nur **gekommen wäre**!   *If only she had come.*
    Ich wünschte, sie **wäre**   *I wish she had come.*
      gekommen.

PRACTICE

> **C.** Example: Ich habe nicht genug Zeit.
> **Wenn ich nur genug Zeit hätte!**
> **Ich wünschte, ich hätte** genug Zeit!

Change the following statements to wishes referring to the present (Tape 23):

1. Panelli singt heute nicht. 2. Ich habe nicht genug Geld. 3. Er liebt mich nicht. 4. Ich kann mir das Kleid nicht kaufen. 5. Ich darf nicht mitgehen. 6. Sie will nicht mitgehen.

> **D.** Example: Ich habe nicht genug Zeit gehabt.
> **Wenn ich nur genug Zeit gehabt hätte!**
> **Ich wünschte, ich hätte genug Zeit gehabt!**

Change the following statements to wishes referring to the past (Tape 23):

1. Panelli hat nicht gesungen. 2. Ich habe nicht genug Geld gehabt. 3. Er hat mich nicht geliebt. 4. Ich habe mir das Kleid nicht kaufen können. 5. Sie hat nicht mitgehen dürfen. 6. Sie hat nicht mitgehen wollen.

> **E.** Example: Es wird so heiß.
> **Wenn es nur nicht so heiß würde!**
> **Wenn es nur nicht so heiß geworden wäre!**

Change the following statements to wishes referring to the present and to the past (Tape 23):

1. Es wird so kalt. 2. Der Zug kommt so spät an. 3. Er geht so spät nach Hause. 4. Sie ist so oft krank. 5. Sie geht allein. 6. Die Zeit vergeht schnell.

6. Subjunctive in Statements and Questions

Das **wäre** zu teuer.   *That would be [is] too expensive.*
Hätten Sie das Geld dazu?   *Would you have [Do you have] the money for it?*

The use of the subjunctive enables the speaker to express his opinion or seek information in a more polite and less positive and abrupt way than when he uses the indicative.

PRACTICE

Read and translate:

1. Ich würde das nicht tun. 2. Hätten Sie vielleicht morgen Zeit? 3. Das wäre aber nett. 4. Dann könnten wir zusammen gehen. 5. Wir möchten das sehen. 6. Das hätten Sie nicht verstanden. 7. Hätten Sie es ihm nicht gesagt? 8. Das hätte ich nie geglaubt. 9. Könnten Sie mir helfen? 10. Wäre es Ihnen recht?

7. Indirect Discourse

You may quote someone's words directly: John said: "*I am ill.*" Or you may report what John said: John said that *he was ill.* Such indirect reporting is called indirect discourse.

Observe:

Er sagt, er **[sei] wäre** krank.   *He says he is ill.*
Er sagte, er **[sei] wäre** krank.   *He said he was ill.*

German differs from English in two important points: (a) German verbs in indirect discourse are in the subjunctive; English rarely uses subjunctive forms in indirect discourse. (b) The tense of the introductory verb has no bearing on the tense of the verb in indirect discourse; in English it does (he *says* he *is;* he *said* he *was*).

German subjunctive forms express two levels of usage. The subjunctive built on the present is used chiefly in formal style; the subjunctive built on the past is generally preferred in conversation and informal writing. We will, therefore, practice only this latter form.

Statements in indirect discourse usually occur after verbs of saying and thinking, such as **sagen, erzählen, denken, glauben, fragen, hoffen, schreiben, behaupten,** and others.

Study the following forms and time references:

Er sagt,
Er sagte,
{ er **schriebe** jeden Tag einen Brief.
er **hätte** gestern einen Brief **geschrieben.**
er **würde** morgen einen Brief **schreiben.**

Er sagt,
Er sagte,
{ er **ginge** heute abend ins Theater.
er **wäre** gestern ins Theater **gegangen.**
er **würde** morgen ins Theater **gehen.**

PRACTICE

F. Examples: Er sagt: „Ich habe kein Geld."
Er sagt, er **hätte** kein Geld.

Er sagt: „Ich hatte kein Geld."
Er sagt, er **hätte** kein Geld **gehabt.**

Change the following direct statements to indirect discourse; watch for verbs which take **sein** *instead of* **haben** *(Tape 23):*

1. „Ich habe keine Zeit." 2. „Ich darf nicht wieder zu spät nach Hause kommen". 3. „Ich weiß nichts davon." 4. „Ich spreche nur Deutsch." 5. „Ich war die ganze Zeit zu Hause." 6. „Ich kam um zehn Uhr nach Hause." 7. „Ich mußte zum Arzt gehen." 8. „Ich konnte ihm nicht helfen." 9. „Ich flog von London nach Frankfurt." 10. „Ich hatte viel zu erzählen."

8. Idiomatic Subjunctive Phrases

Dürfte ich Sie um das Brot bitten?   *May I ask you for the bread?*
Ich möchte noch eine Tasse Kaffee.   *I would like another cup of coffee.*

Das **hätten** Sie wissen **können**.	*You could have known that.*
Das **hätten** Sie wissen **sollen**.	*You should have known that.*
Das **könnte** wahr **sein**.	*That might be true.*
Sie **sollten** das wissen.	*You should (ought to) know that.*
Sie **sollten** um vier Uhr hier sein.	*You were supposed to be here at four.*

Be especially careful with **sollte**. You will have to decide from the context which meaning (*ought to*, *should*, *be supposed to*) is appropriate.

III. ORAL AND WRITTEN EXERCISES

1. *Following the example, give the German equivalents for the English sentences:*

EXAMPLE: Wenn ich Zeit hätte, würde ich dir helfen.

1. If I had (the) money, I would buy a new car. 2. If I gave you the money, you would only lose it. 3. If I told you that, you would not believe it. 4. If I knew her address, I would give it to you. 5. If it were not so hot, I would visit him. 6. If I knew her address, I would write her.

2. *Express the above sentences in German in accordance with the following example:* Wenn ich Zeit gehabt hätte, hätte ich dir geholfen.

3. *Following the example, give the German equivalents for the English sentences:*

EXAMPLE: Wenn er früher nach Hause gegangen wäre, wäre ich auch nicht so lange geblieben.

1. If I had gotten up earlier, I would have gone to church. 2. If it had not been so cold, we would have stayed longer. 3. If she had not become ill, we would have gone to Europe. 4. If you had not run so fast, you would not have fallen. 5. If he had flown, he would have arrived before Thursday. 6. If he had not died so young, he would have become a famous poet.

4. *Say, then write in German:*

1. I wish you were here. 2. I wish you had been here. 3. I wish I had more time. 4. I wish I weren't so tired. 5. I wish you would talk with him. 6. I wish I hadn't talked with her. 7. I wish I had thought of it earlier. 8. I wish you would study more. 9. I wish I had studied more. 10. I wish I had gotten up earlier. 11. I wish you would go to bed earlier. 12. I wish I could sleep longer Sundays. 13. I wish I had believed you. 14. I wish I could be sure. 15. I wish you could have come along.

IV. READING

Die Einladung

Wenn Inge so langsam läse wie wir, würde sie ein halbes Jahr brauchen um Larrys 327 Tagebuchseiten zu lesen. Sie hat natürlich die 327 Seiten nicht an einem Abend lesen können, aber trotzdem hat sie mehr gelesen als wir. Sie hat Larrys lange Beschreibung seines Hamburger Aufenthalts und seine Beschreibung deutscher Weihnachtsbräuche[1] gelesen. Über seine späteren diplomatischen Versuche, die Familie Schlüter etwas zu amerikanisieren, hat sie laut gelacht.

Im Frühling[2] hatte Larry eine längere Autofahrt mit einem Freunde in die bayrischen Alpen gemacht, und auf drei Seiten schreibt er, das Autofahren[3] der Deutschen wäre etwas ganz Schlimmes. Es sähe so aus, als ob es ein ungeschriebenes Gesetz gäbe, daß das größere Auto das kleinere überholen[4] müsse, wenn auch die Verkehrssituation das unratsam[5] mache. Im Privatleben wären die Deutschen doch höflich[6] und vernünftig.[7] Warum würde ein deutscher Dr. Jeckyll im Auto so oft ein Mr. Hyde? Es folgten Unterhaltungen mit seinen Freunden über dies Phänomen. Fred z.B. behauptete, die Deutschen wären nicht an Macht und Freiheit gewohnt.[8] Sie wären zu lange Untertanen gewesen. Im Auto aber fühlte sich der Fahrer Herr über ein kleines Machtsymbol, das ihm die Freiheit der Bewegung gäbe, und da es in Deutschland keine Tradition der Macht und Freiheit gäbe, würde der Deutsche im Auto vom Machtwahn[9] befallen,[10] und Freiheit würde ihm hinter dem Steuerrad[11] zur Anarchie. Diese Theorie, so schrieb Larry, hätte ihn überzeugt.

Inge dachte lange darüber nach, ob die Theorie richtig wäre. Ihr schien es, als ob die österreichischen Autofahrer bei weitem die besseren wären, aber die waren doch auch immer Untertanen ihrer Kaiser gewesen. Sie unterbrach ihre Lektüre und griff[12] zum Telefon, um mit dem Autor über diesen Punkt zu sprechen. Aber Larry interessierte sich nicht so sehr für seine Tagebuchseiten wie für ein neues Projekt. Inge hatte ihm gesagt, daß sie im August Ferien hätte, und nun fiel ihm ein, daß sein Vater jedes Jahr um dieselbe Zeit Ferien

5

10

15

20

25

---

1. **der Weihnachtsbrauch, ⸗e** *Christmas custom.*   2. **der Frühling** *spring.*   3. **das Autofahren** *driving.*   4. **überholen** *to overtake, pass.*   5. **unratsam** *unadvisable.*   6. **höflich** *polite.*   7. **vernünftig** *reasonable.*   8. **gewohnt sein an** *to be accustomed to.*   9. **der Machtwahn** *illusion of power.*   10. **befallen werden** *to be seized.*   11. **das Steuerrad, ⸗er** *steering wheel.*   12. **greifen, griff, gegriffen** *to reach for.*

hatte. Wäre es da nicht schön, wenn sie ihn in den nächsten Sommerferien in Davenport besuchte? Seine Eltern hätten ein großes Haus, und sein älterer Bruder hätte kürzlich[13] geheiratet und wohne also nicht mehr bei den Eltern. Sie könnte sehr gut im Zimmer seines Bruders wohnen. Das Schönste aber

5 wäre, daß die Familie plane, nächstes Jahr wieder eine große Sommerreise nach dem Süden der Staaten und nach Texas zu machen. In Texas hätte seine Mutter einen Bruder, der eine große Ranch besäße.[14] Da könnte sie beinah[15] echte[16] Cowboys sehen, die leider zum Teil motorisiert wären. Von da würden sie nach der Stadt Mexiko fahren. Er wäre einmal da gewesen und hätte in

10 einer ganzen Woche nicht alles sehen können, was ihn interessierte. Von da würden Sie nach Acapulco fahren. Acapulco wäre zwar ein Modebad[17] geworden, aber die wunderbare Landschaft dieses Tropenparadieses wäre unverändert.

Wer weiß, wie lange der begeisterte[18] junge Mann noch gesprochen hätte,

15 aber er mußte husten,[19] und das gab Inge Gelegenheit zu sagen, das wäre eine wunderbare Idee, aber dann begann sie zu zweifeln.[20] Larrys Plan wäre zwar sehr schön, sagte sie, aber ob er denn auch wirklich wüßte, ob es seinen Eltern recht wäre,[21] wenn sie Besuch aus Österreich bekämen.

Larry unterbrach sie. Wie sie so etwas denken könnte! Die Amerikaner

20 wären das gastfreundlichste[22] Volk der Welt, und seine Eltern die gastfreundlichsten Amerikaner, die es gäbe. Er hätte seinen Eltern schon vor einigen Tagen einen langen Brief über sie geschrieben und sie als Mädchen, Fremdenführerin[23] und Sprachlehrerin bis in den Himmel gelobt.

Da sagte Inge, das wären s e i n e Eltern, aber sie hätte ja auch Eltern,

25 und sie hätte auch schon nach Salzburg geschrieben, daß sie einen charmanten, hochintelligenten jungen amerikanischen Studenten kennengelernt hätte, der als Sprachlehrer alle Sprachlehrer, die sie je gehabt hätte, weit überträfe.[24] Ihren Vater könnte sie wohl überreden,[25] sie reisen zu lassen, aber ihre Mutter hätte etwas altmodische Ideen. Larry sagte sofort, daß sie bis zu den nächsten

30 Sommerferien genug Zeit hätte, ihre Mutter von der Harmlosigkeit, Nützlichkeit[26] und Schönheit dieser Reise zu überzeugen.[27]

Inge sagte dann noch etwas vom Preis der Flugkarten, aber auch daran

13. **kürzlich** *recently.*   14. **besitzen, besaß, besessen** *to own, have.*   15. **beinah** *almost.* 16. **echt** *genuine.*   17. **das Modebad, ≈er** *fashionable resort.*   18. **begeistert** *enthusiastic.*   19. **husten** *to cough.*   20. **zweifeln** *to have doubts.*   21. **recht sein** (with dative) *to be agreeable to.*   22. **gastfreundlich** *hospitable.*   23. **die Fremdenführerin** *guide.* 24. **übertreffen, übertraf, übertroffen, er übertrifft** *to surpass.*   25. **überreden** *to persuade.*   26. **die Nützlichkeit** *usefulness.*   27. **überzeugen** *to convince.*

hatte der Planer Larry gedacht. Es gäbe immer Gruppenflüge, die viel billiger wären als die gewöhnlichen.

Dann ging die Unterhaltung auf englisch weiter, denn Larry bestand[28] darauf, daß sie wieder englisch sprechen müßten.

28. **bestehen auf, bestand, bestanden** *to insist on.*

V. CONVERSATION (*Tape 23*)

„Das ist ein gewaltiger Plan, den du mir gestern telefonisch erklärt hast.   5
Von Davenport nach Acapulco und auch ein paar Tage auf der Texas Ranch mit den motorisierten Cowboys."

„Entschuldige, wenn ich das Thema ändere! Wir reden später noch von der Reise. Ich wollte dich eigentlich fragen, ob du Lust hast, mit mir heute abend ins Kino zu gehen."   10

„Wie heißt der Film?"

„Es ist ein alter deutscher Film, ‚Der Untertan'. Es ist die Verfilmung eines Romans von Heinrich Mann mit demselben Titel."

„Ich wollte eigentlich heute abend zu Hause bleiben und mir ein neues Kleid machen, aber das kann warten. Gut, sehen wir uns den ‚Untertan' an.   15
Vielen Dank für die Einladung. Sag mal, du schreibst in deinem Tagebuch über die Deutschen als schlechte Autofahrer und da wiederholst du die Theorie eines deiner Freunde."

„Ja, ich weiß, was du meinst. Fred sagte, die Deutschen wären so schlechte Fahrer, weil sie so lange Untertanen gewesen wären und nun im Auto ein   20
Machtsymbol besäßen, eine Freiheit, die der Fußgänger nicht hat. Die Macht mache Tyrannen aus ihnen und die Freiheit würde bei ihnen zur Anarchie."

„Glaubst du, daß das richtig ist?"

„Ich weiß es nicht, ich glaube aber, daß das Böse genau so typisch deutsch oder französisch oder amerikanisch aussehen kann wie das Gute. Auch da   25
gibt es nationale Unterschiede."

„Du wirst immer deutscher. ‚Der deutsche Hausherr gibt der Unterhaltung oft einen ernsten, ja philosophischen Charakter'. Das ist frei zitiert."

„Der Autor freut sich, daß sein Werk so genau gelesen wird."

VI. WRITING

Beschreiben Sie Larrys Pläne für Inges Besuch!

Appendix 1

Lektüre

in

Fraktur

The following materials are reading texts from Lessons 13 through 23, reprinted in German type (Fraktur). They are intended to give you practice in reading literary selections printed in that type. By comparing the German and Roman alphabets below, you will note that only a few letters are markedly different, so that you should not have too much difficulty in your reading.

The Alphabet

GERMAN FORM		ROMAN FORM	
a	𝔄	a	A
b	𝔅	b	B
c	ℭ	c	C
ch		ch	
ck		ck	

GERMAN FORM		ROMAN FORM	
𝔡	𝔇	d	D
𝔢	𝔈	e	E
𝔣	𝔉	f	F
𝔤	𝔊	g	G
𝔥	ℌ	h	H
𝔦	ℑ	i	I
𝔧	𝔍	j	J
𝔨	𝔎	k	K
𝔩	𝔏	l	L
𝔪	𝔐	m	M
𝔫	𝔑	n	N
𝔬	𝔒	o	O
𝔭	𝔓	p	P
𝔮	𝔔	q	Q
𝔯	ℜ	r	R
ſ, 𝔰	𝔖	s	S
ß		ß	
𝔱	𝔗	t	T
tz		tz	
𝔲	𝔘	u	U
𝔳	𝔙	v	V
𝔴	𝔚	w	W
𝔵	𝔛	x	X
𝔶	𝔜	y	Y
𝔷	ℨ	z	Z

13. Im Zug

„Zeitungen, Zeitschriften, Taschenbücher! — Der Verkäufer auf dem Münchener Bahnhof ruft diese Worte halb singend aus und beobachtet einen jungen Mann. Der junge Mann steht nur zwei Meter von ihm entfernt und interessiert sich für die Zeitungen, Zeitschriften und Taschenbücher. Der Verkäufer sagt dann in seinem besten Englisch: „What would you like, Sir."

„Sprechen Sie nur deutsch mit mir. Ich weiß, ich trage einen amerikanischen Anzug, aber ich kann deutsch. Wieviel kostet das Taschenbuch da mit dem Titel ‚Österreich'?"

„Drei Mark fünfzig. Viele Leute kaufen dies Buch, besonders Studenten. Sie sind Student, nicht wahr?"

Der junge Amerikaner lacht: „Das ist schon ihre zweite richtige Beobachtung, und alles in einer Minute. Sie haben Talent zum Detektiv. Hier sind die drei Mark fünfzig."

Zehn Minuten später sitzt der amerikanische Student auf einem Fensterplatz im München=Wien Expreß. Er schreibt Larry Burn in das kleine Buch und beginnt das erste Kapitel zu lesen. Ihm gegenüber sitzt eine alte Dame und neben ihr sitzt eine junge Dame. Sie liest das Buch „Slaughterhouse Five".

Der Zug fährt jetzt mit einer Geschwindigkeit von 120 km die Stunde. Larry sieht die schöne bayrische Landschaft an sich vorüberfliegen. Er ist traurig, denn sein Junior Year in München ist zu Ende. Die junge Dame seufzt beim Lesen, und Larry fragt sich: Amerikanerin, Engländerin, deutsche Studentin?

Plötzlich sagt die alte Dame zu ihm: „Sie, junger Mann, machen Sie doch bitte das Fenster auf, es ist so heiß im Abteil!"

Larry tut es, aber er stolpert und stößt dabei der jungen Leserin das Buch aus der Hand.

„O, das tut mir leid", sagt er, hebt das Buch auf und gibt es ihr, „jetzt habe ich natürlich auch noch Ihre Stelle verloren."

Das Mädchen lächelt. „Machen Sie sich keine Sorgen! Ich werde die Stelle schon wiederfinden."

„Entschuldigen Sie!" sagt Larry. „Sie lesen ein englisches Buch. Ich glaube aber nicht, daß Englisch Ihre Muttersprache ist. Ist es vielleicht Österreichisch?"

Das Mädchen sieht ihn erstaunt an. „Sie haben ein gutes Ohr für Sprachen. Sie sind Amerikaner, nicht wahr?"

„Ich kann das Kompliment auch Ihnen machen. Sie haben auch ein gutes Ohr für Sprachen."

„Das war nicht schwer zu erkennen, denn Sie tragen einen amerikanischen Anzug. Sie haben übrigens kaum einen Akzent."

„Nun", sagt Larry, „ich verdiene nicht so viel Lob. Ich habe Deutsch nicht nur auf der High School und auf der Universität gelernt, ich hatte auch eine deutsche Großmutter. Da spreche ich von meiner Großmutter, und Sie wissen noch nicht, wie ich heiße. — Larry Burn, Student der deutschen Sprache und Literatur — entschuldigen Sie —, so sagt man das nicht auf deutsch — also Student der Germanistik, Heimatstaat Iowa, wo der Mais hoch wächst, Heimatstadt Davenport, unverheiratet, einundzwanzig Jahre alt."

Das Mädchen lacht. „Sehe ich aus wie ein Polizist, daß Sie mir das alles sagen? Mein Name ist Inge Hörling; ich bin Wienerin."

„Aber im Augenblick kommen Sie von München!"

„Ja, ich studiere am Amerika-Institut."

Larry findet das interessant. Sie sprechen noch eine Weile über das Amerika-Institut, und schließlich sagt Inge: „Wenn ich Gelegenheit habe, amerikanisches Englisch zu hören, dann spreche ich lieber Englisch als Deutsch. Bitte sprechen Sie eine Weile Englisch mit mir! — bis Linz vielleicht? Von dort bis Wien sprechen wir dann wieder Deutsch."

„Gerne", sagt Larry, „sehr gerne. Aber warum sprechen wir nicht Englisch, bis wir in Wien ankommen."

Damit verliert das Gespräch der beiden für uns alles Interesse, denn Sie wollen natürlich kein Englisch lesen.

14. Zwei in einem Wiener Café

Eine Reise von München nach Wien dauert nicht lange, aber für Larrys pädagogische Ziele dauerte sie nicht lange genug. Er brauchte mehr Zeit, um als Privatlehrer seine Schülerin in das gesprochene Amerikanisch einzuführen. So bat er auf dem Wiener Bahnhof um eine Fortsetzung des Unterrichts, und seine Schülerin und Lehrerin hielt auch weitere Privatstunden für nötig. Es folgten zwei Spaziergänge durch die Stadt mit Gesprächen auf deutsch und englisch und ein Besuch eines bekannten Wiener Cafés.

Das Café war nicht voll, Lehrerin und Schüler setzten sich an einen der kleinen Tische, und der Schüler bestellte mit Hilfe seiner Privatlehrerin zwei Tassen Kaffee. Dann wollte Larry auch etwas zu essen haben, und der Ober empfahl frischen Gugelhupf. Larry wußte nicht, was das war, aber Inge erklärte es und zeichnete außerdem einen Gugelhupf auf die Papierserviette.

Der Ober wartete eine Weile, und schließlich sagte Larry: „Bringen Sie uns bitte zwei Stück Gugel-, Gugel- . . ."

„. . . -hupf", sagte der Ober, und dann fragte er mit einem freundlichen Lächeln: „Wünschen die junge Dame und der Herr Student noch etwas?" Es gab keine Wünsche mehr, und der Ober ging weg.

„Woher wußte der Mann, daß ich Student bin?" fragte Larry. Inge lächelte: „Das wußte er nicht. Es ist ein alter Brauch der Kellner, junge Herren mit ,Herr Student' und ältere Herren mit ,Herr Doktor' oder ,Herr Direktor' anzureden."

„Will sich der Ober damit ein besseres Trinkgeld verdienen?"

„Ich glaube nicht, daß das der Hauptgrund ist. Wien war als kaiserliche Residenz jahrhundertelang ein Kulturzentrum. In der guten alten Zeit konnte man in jeder Kutsche Grafen, Barone und andere Adlige sehen, und die Herren im Café waren Doktoren, Professoren und Künstler. Das machte das Leben interessant, und das einfache Volk freute sich, so viele Zelebritäten sehen zu können. Daß diese Zeit vorüber ist, will das Volk vielleicht nicht glauben, und so füllen die Kellner und Hotelangestellten die Stadt mit künstlichen Doktoren und Direktoren. Aber nicht nur die einfachen Leute, wir alle hängen an unserer Vergangenheit."

Larry nickte mit dem Kopf. „Also das ist der Grund. Sie wurden gestern so melancholisch vor dem Denkmal der Kaiserin Maria Theresia."

„Sie haben recht. Da sitzt diese Riesenfrau aus Metall schon seit vielen Jahrzehnten unter dem österreichischen Himmel. Die Kaiserin starb vor ungefähr zweihundert Jahren, aber für viele von uns Wienern ist sie immer noch eine Art Landesmutter."

„Sie hatte viele Kinder, nicht wahr?"

„Ich bin überrascht; Mr. Larry Burn kennt die Geschichte Österreichs. Ja, die Kaiserin hatte sechzehn Kinder. Ich glaube eins dieser Kinder kennen Sie."

„Kaum, ich war nie gut in Geschichte."

„Ich glaube Sie kennen eins der Kinder. Ich mache es wie beim Fernsehen, ich helfe Ihnen etwas."

„Und wenn ich die richtige Antwort gebe, bekomme ich einen Mercedes, eine Weltreise und eine Waschmaschine."

„Wenn Sie die richtige Antwort geben, bekommen Sie noch ein Stück Gugelhupf. Ich sehe, der Kuchen schmeckt Ihnen gut. — Also, Mozart war ein kleiner Junge von sechs Jahren. Er gab Konzerte an europäischen Höfen. Am Wiener Hof spielte er nach dem Konzert mit den Kindern der Kaiserin. Eins dieser Kinder, ein kleines Mädchen, gefiel ihm ganz besonders. Wie heißt das Kind? — Keine Antwort? — Der kleine Mozart gab dem Mädchen einen Kuß und versprach ihr, sie später zu heiraten. Die kleine Prinzessin heiratete später natürlich keinen armen Komponisten, sondern einen König. Der König und die Königin fanden beide ein trauriges Ende — auf der Guillotine."

„Halt, das Kind hieß Marie Antoinette."

„Sie haben sicherlich eine Eins in Geschichte gehabt."

„Eine Eins? — Ach so, ein A. Bei uns sagt man dafür meistens A. Nein, ich habe nur eine Zwei, also ein B gehabt. Ich interessiere mich übrigens im Augenblick für etwas spezifisch Wienerisches. Es ist auch etwas spezifisch Amerikanisches. Können Sie das raten?"

DREIHUNDERTVIERUNDSIEBZIG

„Nein, das ist mir zu schwer. Österreicher und Amerikaner sind doch ganz andere Menschentypen. Amerika ist das Land der ‚efficiency‘ und Österreich ist das Land der Gemütlichkeit. Allerdings spreche ich jetzt mehr vom alten Österreich, das moderne . . .“

„Inge, ich sehe, du verstehst nicht, was ich meine. Ich spreche vom Tanzen. Wien ist doch die Stadt des Tanzes, die Stadt des Walzers, und heute tanzt ihr amerikanische Tänze. Hast du Lust, mit mir tanzen zu gehen?“

„Hörte ich richtig? Sagtest du eben ‚du‘ zu mir?“

„Hörte ich richtig? Sagtest du eben ‚du‘ zu mir? — Liebe Inge, ich hoffe, du fühlst wie . . .“

15. Drei in einem Wiener Café

In diesem hoch dramatischen Augenblick sagt ein alter Herr am Nebentisch: „Junger Herr, Ihre hübsche junge Freundin hat sehr interessant über Österreich gesprochen, aber ich möchte noch etwas zu diesem Thema sagen. Sie müssen ja alles richtig verstehen, und Sie dürfen keine falschen Ideen nach Amerika mitnehmen. — Erlauben Sie, ich höre besser, wenn ich mich an Ihren Tisch setze.“

Ohne auf eine Antwort zu warten, setzt der alte Herr sich zu Larry und Inge an den Tisch. „Sie haben eben vom Tanzen gesprochen. Die ganze Welt denkt, in Österreich tanzt und lacht man nur. Das ist aber falsch. Wir Österreicher sind eher ein wenig melancholisch, denn wir haben viel Unglück in unserer Geschichte gehabt. — Haben Sie schon die Krone des Heiligen Römischen Reiches Deutscher Nation in der Schatzkammer der Hofburg gesehen? — Ja? — Also diese Krone hat von 1438 bis 1806 uns Österreichern gehört. Aber dann kam Napoleon. Wissen Sie, ich glaube, dieser unruhige Mensch hat in seinem ganzen Leben nicht e i n e Tasse Kaffee in Ruhe getrunken. Das war das Ende des alten Kaiserreiches.“

Larry zeichnet mit einem Bleistift etwas auf seine Papierserviette, und Inge versucht, ihm ein Signal zu geben. Er sieht es aber nicht.

„Na“, fuhr der alte Herr fort, „dann kam das Kaiserreich Österreich und bald auch unser Kaiser Franzel, d.h. Franz Joseph. Damals hatten wir unser Burgtheater in Wien, das feinste Theater in Europa. Und was für Dramatiker wir damals hatten! Da waren Franz Grillparzer und Johann Nestroy und viele andere bis zu Hofmannsthal und Schnitzler. Und dann unsere Wiener Musik. Sie ist unsterblich geworden, und die ganze Welt kennt sie. Da hatten wir den Walzerkönig Johann Strauß und Franz Schubert und Richard Strauß und Gustav Mahler. Übrigens, Österreich hat der Welt auch das berühmteste Weihnachtslied geschenkt: ‚Stille Nacht', Melodie von Franz Gruber, Text von Joseph Mohr.

Und dann ist unser alter Kaiser Franz Joseph gestorben, und mit ihm starb die gute alte Zeit. Der gute Kaiser hat in seinem Leben so viel Unglück gehabt! Sein Bruder war Kaiser von Mexiko gewesen, aber die Mexikaner haben ihn erschossen. Das war 1867 geschehen. Aber das war nur der Anfang. Sein einziger Sohn, der Kronprinz Rudolf, hatte sich in eine Tänzerin verliebt, aber er durfte sie nicht heiraten — Franz Joseph erlaubte es nicht — und da hat der unglückliche Prinz das Mädchen und sich selbst erschossen. Das ist die berühmte, tragische Liebesgeschichte von Schloß Mayerling.

Das war 1889, und 1898 erstach ein italienischer Anarchist die schöne Kaiserin. Auch das war noch nicht genug. Ein politischer Fanatiker erschoß 1914 den Thronfolger Franz Ferdinand und seine Frau. Dann kam der Erste Weltkrieg, und am 12. November 1918 wurde Österreich eine Republik. Ja, und dann kamen schwere Zeiten für unser armes Land.

Larry sieht Inge traurig an. Inge spielt nervös mit ihrem Teelöffel. Plötzlich sagt sie: „Larry, du hast mir doch versprochen, heute mit mir in den Prater zu gehen. Es ist schon halb fünf."

„O, o", sagt der alte Herr, und geht an seinen Tisch zurück, "ich sehe, ich halte Sie auf, das tut mir leid."

„O nein", sagt Larry. „Die junge Dame ist Wienerin, aber sie hat einen Zeitsinn wie eine Amerikanerin. Wir sind aber wirklich zu lange hier im Café geblieben. Übrigens vielen Dank für den historischen Vortrag. Ich habe viel gelernt."

Der Ober kommt und Larry zahlt. Der Ober will gehen, aber da sieht er auf der Papierserviette Larrys Zeichnungen und sagt bewundernd: „Der Herr Student ist wirklich ein Künstler!" Jetzt sieht auch Inge, was Larry gezeichnet hat und sagt: „Larry, du hast Talent! Das wußte ich nicht. Ich weiß überhaupt so wenig von dir. Bitte, erzähl mir etwas von dir!"

„Da ist nicht viel zu erzählen. Das erste große Ereignis meines Lebens ist meine Reise nach Europa."

Mit diesen Worten treten die beiden auf die Straße hinaus. Sie gehen Arm in Arm und schweigen.

„Erzähl mir doch etwas von deiner Reise", bittet Inge nach einer Weile, „aber von Anfang an. Beginn mit der Ozeanreise auf dem Schiff!"

„Ich habe eine Idee", sagt Larry, „Ich habe versucht, meine Eindrücke von

meiner Deutschlandreise in meinem Tagebuch aufzuschreiben. Ich gebe es dir,
dann kannst du es in Ruhe lesen, und ich brauche nicht immer von mir zu
sprechen. — And now tell me something about yourself."

Da sprechen die beiden wieder Englisch. Wir überspringen also einen Tag.
Am Abend des nächsten Tages sitzt Inge in ihrem Zimmer. Vor ihr auf dem
Tisch liegt Larrys Tagebuch. Sie beginnt zu lesen. . . .

16. Der Augenblick der Abreise

Dies ist eigentlich kein Tagebuch, denn ich will nur wichtige Eindrücke auf-
schreiben, und die hat man nicht jeden Tag. Dies ist schon der zweite Tag der
Ozeanreise, der Wind ist stärker geworden, die Wellen donnern gegen das
Schiff, und dann und wann kommen die Propeller aus dem Wasser, dann
zittert das Schiff. Unsere Kabine liegt ziemlich hoch, aber von Zeit zu Zeit rollt
eine Welle über das Kabinenfenster. — Kabinenfenster, das ist sicherlich nicht
das richtige Wort. Da kommt der Steward. . . . Er sagt mir, das runde Ding
heißt Bullauge. Das schreibe ich gleich auf die Liste meiner neugelernten
Wörter.

Da sitze ich, beschreibe das Wetter, schreibe neue Wörter auf, tröste meinen
seekranken Kabinengenossen, aber ich habe noch nichts über den Beginn meines
großen Abenteuers, über den Augenblick der Abreise aufgeschrieben. Wie hat das
eigentlich alles angefangen?

Es gab wirklich mehrere solche Augenblicke. Da war der Abschied von den
Eltern in Chicago. Dann besuchte ich Onkel Max in New York, aber das habe
ich früher schon einmal getan. Dann ging ich an Bord, aber da war ich noch in
Amerika, und Onkel Max stand neben mir. Dann rief jemand: „Wir bitten alle
Besucher, das Schiff zu verlassen." Jetzt fühlte ich einen kleinen Schmerz. Es
wurde mir jetzt klar: „Du gehst und die bleiben." Von meinem Platz an der
Reling konnte ich Onkel Max unter den Leuten auf dem Pier gut sehen. Jetzt
machten zwei Hafenarbeiter das letzte Seil los, die letzte Verbindung mit dem
Land. Das Schiff begann sich zu bewegen, und langsam, ganz langsam wurde
die Entfernung zwischen dem Schiff und dem Pier größer. Das Winken und
Rufen an Bord und an Land verstärkte sich, die Schiffskapelle spielte einen
Marsch, und viele Taschentücher winkten nicht mehr, sondern bedeckten Augen.
Ich gebrauchte mein Taschentuch natürlich nur zum Winken. Ich muß aber
gestehen, daß ich doch traurig war. Ich machte aber die Augen zu und sagte mir:

Larry, das größte Abenteuer deines Lebens beginnt. Werde bitte nicht sentimental! — Da fühlte ich mich besser.

Während ich das dachte, drehte sich unser Schiff etwas, und ich konnte den Pier nicht mehr sehen. Bald waren wir in der Mitte des Hudson. Dies ist der eigentliche Augenblick der Abreise, dachte ich. Unser Schiff hat seine lange Reise begonnen. Ich starrte auf das Wasser und dann auf die Möwen. Plötzlich ging eine Bewegung durch die Passagiere: Wir fuhren an der Freiheitsstatue, dem letzten Gruß unseres Landes an die Passagiere, vorüber. Ein wenig später hielten wir an. Der Lotse kletterte in sein kleines Motorboot hinab. Er winkte, die Propeller arbeiteten wieder, und nun ging es „Volldampf voraus" nach Osten. Der letzte Augenblick, der noch zur Abreise gehörte, war vorüber.

Etwas später gingen wir alle in den Speisesaal, um unsere Tischkarte zu holen. Durch ein — wie hieß das Fenster doch? — ja richtig, durch ein Bullauge des Speisesaales sah ich in rhythmischem Wechsel den blauen Himmel und dann wieder das blaue Meer. Fast mechanisch und bestimmt etwas verspätet sagte ich mir, wasm an kurz nach der Abreise zu sagen pflegt: We're off! Ich glaube, das heißt auf deutsch: Jetzt geht's los!

17. Die Leiden eines Untermieters

Obgleich ich schon einen Monat in München bin, habe ich das Gefühl, hier lange gelebt zu haben. Amerika ist so weit von hier und nicht nur im geographischen Sinne. Ich kann es mir gar nicht vorstellen, daß ich vor etwa sieben Wochen jeden Tag in meinem Auto fuhr. Jetzt ist die Straßenbahn mein Haupttransportmittel, und manchmal höre ich im Schlaf den Schaffner rufen: „Fahrscheine bitte . . . Sonst noch jemand zugestiegen?"

Jeden Morgen springe ich also vom zweiten Wagen, da der erste meistens voll ist und eile ins Universitätsgebäude, um im Hörsaal 43 eine Vorlesung über moderne Literatur und im Hörsaal 108 eine Vorlesung über „Faust" zu hören. Ein bißchen Heimweh habe ich noch immer, ich sehne mich manchmal nach Davenport und nach meiner Familie, besonders nach Betty — und natürlich auch nach Spotty, dem Feind des Briefträgers.

Ich bin froh, daß ich ein Studentenheim gewählt habe und nicht eine Privatwohnung, denn dort bin ich in Gesellschaft von Studenten. Ich habe das Für und Wider der beiden Arten des Wohnens mit einigen Studenten besprochen und das Folgende erfahren: In einem Studentenheim hat man immer Ruhe, Ordnung und Sauberkeit. In einem gemieteten Zimmer aber manchmal nicht. Außerdem zeigt eine neugierige Wirtin oft zu großes Interesse für die Post und die Telefongespräche des Untermieters.

Barbara Stenton, eine Studentin, die schon über ein Jahr hier studiert, hatte interessante Erfahrungen als Untermieterin gemacht. Erst, so erzählte sie uns, wohnte sie bei der Familie Müller, und das war eine reizende Familie. Papa Müller las ihr abends immer die interessantesten Stellen aus der Zeitung vor. Mama Müller behandelte sie wie ihre Tochter, und außerdem aßen Müllers Schwarzbrot, das Mama Müller auf dem Lande einkaufte. — Ach, das gute deutsche Schwarzbrot! Alles war also schön bei Müllers, nur war Barbaras Zimmer nie warm genug, und die mütterliche Liebe der Frau Müller ersetzte leider nicht die Heizung.

Barbara zog um. Ihr zweites Zimmer war schön gelegen, mit Balkon, hatte moderne Möbel, aber die Wirtin war weder schön noch modern. Den ganzen Tag kritisierte sie die arme Barbara: „Gestern haben Sie das elektrische Licht bis zwei Uhr morgens brennen lassen." — „Ich habe studiert." — „Junge Mädchen sollten um zehn Uhr zu Bett gehen und morgens früher aufstehen, als Sie das tun. Heute früh haben Sie zu viel warmes Wasser für Ihr Bad gebraucht. Warmes Wasser kostet Geld, und wir haben nicht soviel Geld wie Sie in Amerika." Das wurde der armen Barbara bald zuviel, und so zog sie wieder um.

Ich habe oft Klagen über geizige Wirtinnen von den Studenten gehört. Es gibt offenbar viele dieser Art in Deutschland. Übertriebene Sparsamkeit ist eine der schlechten Eigenschaften der Deutschen. Sie hat aber ihren guten historischen Grund. Der deutsche Mittelstand ist lange sehr arm gewesen. Diese Armut hat die Deutschen immer wieder gezwungen, arbeitsam zu sein und gegen ihre Armut zu kämpfen. So kann man verstehen, daß sich eine schlechte Eigenschaft wie übertriebene Sparsamkeit entwickeln konnte. Das ist für Amerikaner, die im reichsten Lande der Welt wohnen, vielleicht schwer zu verstehen. — Nein, das verstehe ich sehr gut. So viel weiß ich nun auch, daß jedes Land durch seine Vergangenheit beeinflußt ist. Da rede ich wieder wie ein Philosoph. Aber das ist die deutsche Atmosphäre. Wer unter deutschen Studenten lebt, der beginnt zu philosophieren. Und wer im Studentenheim wohnt, der lebt unter Studenten. Ich kann es nicht oft genug sagen, wie wohl ich mich hier fühle. Es gibt kaum Lärm. Wer sich unterhalten will, geht in das Gesellschaftszimmer, wo es eine Bibliothek und oft eine interessante Debatte gibt.

Wenn ich meinen deutschen Freunden erzähle, wie wohl ich mich im Stu=

dentenheim fühle, dann nicken sie und sagen, daß sie das verstehen, aber sie loben auch die Privatwohnung, denn diese hat auch ihre Vorteile. Manchmal ist nämlich die Wirtin eine richtige Studentenmutter, die die Leiden und Freuden des Studenten gut kennt, da schon manche Studentengeneration bei ihr gewohnt hat. So ein Studentenzimmer oder "Bude", wie es in der deutschen Studentensprache heißt, ist mit seinem altmodischen Sofa, seinem Federbett und dem altmodischen Spiegel an der Wand doch sehr gemütlich. Die Bude gehört zur Tradition des alten Studentenlebens, von der wir Amerikaner uns keinen Begriff mehr machen können, und das ist eigentlich schade.

18. Im Walde

Gestern abend kam ich von einer langen Wanderung mit Wilhelm Brückner und Fritz Henning zurück. Wilhelm ist trotz Atomzeitalter und Studentenrevolten ein naturliebender Romantiker. Fritz ist Realist, fast Zyniker, aber trotzdem fühlt auch er sich in der Natur wohl, wenn er es auch nicht zugibt. Die beiden irren sich nie, debattieren deshalb oft und haben immer recht — d.h. jeder von den beiden bildet sich das ein.

Ich war todmüde und bin heute am Sonntag erst um zehn Uhr aufgewacht. Was für eine herrliche Wanderung das war! Erst jetzt verstehe ich, warum die Deutschen das Wandern so lieben und warum man das Wort „wandern" in keine andere Sprache übersetzen kann.

Wir waren mit dem Bus von München nach Süden bis zum Walchensee gefahren. Dort stiegen wir aus und wanderten auf einem Waldpfad weiter. Jedesmal, wenn ich die wunderbaren Wälder sehe, wundere ich mich, wie ein so hoch industrialisiertes und so dicht bevölkertes Land wie Deutschland seine Wälder so beschützen kann.

Ich sprach mit meinen Freunden darüber, während wir durch den dunklen Wald wanderten und Fritz sagte: „Die vielen Fürsten haben Deutschland sehr geschadet, aber in manchen Punkten haben sie uns Späteren genützt. Die Jagdleidenschaft dieser Herren machte es nötig, die Wälder und das Wild zu schützen, und als es keine Fürsten mehr gab, ..."

„Es tut mir leid", unterbrach ihn Wilhelm, „aber was du da sagst, ist nur die eine, die kleinere Hälfte der Wahrheit. Das deutsche Volk hat den Wald schon immer geliebt, er lebt im deutschen Märchen, in den Gedichten der Romantiker" —

und er zitierte Eichendorffs „Mondnacht". Es ist ein schönes Gedicht; ich lerne es vielleicht auch auswendig.

Ich kann die Landschaft nicht beschreiben; dazu muß man ein Dichter sein. Zum Glück hatte ich genug Farbfilm mitgenommen, aber leider können Photos nicht den Duft des Waldes, die tiefe Stille und die Waldeinsamkeit aufnehmen.

Wir hatten uns warm gewandert, waren durstig und hungrig. Wilhelm fragte Fritz, unseren Führer: „Willst du mich verhungern lassen? Denk wenigstens an unseren armen Gast aus Amerika!"

Fritz zeigt auf Starkstromdrähte mitten im Walde. „Danach orientiere ich mich", sagte er, „von hier bis zum Wirtshaus ist es nicht mehr weit, ungefähr zwanzig Minuten zu Fuß." Wir setzten uns ein paar Minuten hin, um uns auszuruhen, denn wir waren lange gestiegen.

Er hatte sich nicht geirrt. Wir wanderten eine Viertelstunde, und schon sahen wir ein hübsches Dörfchen und das Wirtshaus in einem kleinen Tale liegen.

Wir traten in das kühle Gastzimmer und setzten uns auf eine Holzbank an einen der langen Tische. Das bayrische Bier schmeckte wunderbar nach der langen Wanderung. Wir bestellten uns Rehbraten mit Kartoffeln und Pilzen.

Auf dem Nachhauseweg begannen die beiden eine Debatte über das Thema: Technik und Natur. Ich sagte nichts, denn ich wollte die schöne Landschaft genießen. Nach einer Weile wurde ich aber doch in die Debatte gezogen. „Weißt du", fragte mich Wilhelm, „warum bei euch in Amerika Humuserde in Sandstürmen fortfliegt und warum Hochwasser sie ins Meer trägt?" Ich wußte es nicht, und er sagte mit blitzenden Augen: „Weil ihr Amerikaner eure Wälder nicht liebt und ehrt, weil ihr so viele Wälder vernichtet habt."

„Ich bin unschuldig", antwortete ich. „Ich habe nicht einen Baum gefällt."

„Aber ihr habt Grislybären und Bisons geschossen", rief Fritz lachend. So ging es weiter, bis wir schließlich in den Bus stiegen. Von da an weiß ich nichts mehr, denn ich schlief sofort auf meinem Sitz ein.

19. Einkäufe und Preise

Wenn wir Amerikaner einkaufen gehen, gibt es oft sprachliche Schwierigkeiten besonders in Bayern, wo man oft Dialekt spricht. Da fällt mir ein, was mir am Tage meiner Ankunft in München geschehen war. Ich wollte mich rasieren und merkte, daß ich einen Transformator für meinen elektrischen Rasierapparat

DREIHUNDERTEINUNDACHTZIG

brauchte, denn in Deutschland, wie in Europa überhaupt, gebraucht man 220 Volt. Mein amerikanischer Rasierapparat gebraucht aber 110 Volt. Das ist so eine typische Kleinigkeit, die man gewöhnlich beim Vorbereiten auf eine Europareise übersieht. Ich ging also am nächsten Morgen in einen kleinen Laden für elektrische Geräte. Als ich die Ladentür öffnete, klingelte, wie oft in deutschen Läden, ein Glöckchen oben an der Tür, und bald darauf erschien ein riesiger alter Mann. Er hatte einen buschigen weißen Schnurrbart wie ein Walroß und erinnerte mich auch sonst in seinen Körperdimensionen an dieses arktische Tier.

Der alte Mann sah mich forschend an, und ich sagte in meinem besten Hochdeutsch: „Ich möchte einen Transformator von 220 auf 110 Volt." Da sagte der riesige Ladenbesitzer auf bayrisch: „I hob Eanan net verstandn (Ich habe [Ihnen] Sie nicht verstanden)." Das verstand ich nun nicht sofort, und so wiederholte er langsam und laut: „I versteh Eanan net (Ich verstehe [Ihnen] Sie nicht)." Da kam mir aber ein etwa vierzehn Jahre altes Mädchen zu Hilfe. Sie sprach sehr gut Englisch, wenn sie auch langsam sprach, und mit ihrer Hilfe hatte ich in wenigen Minuten meinen Transformator. Auf meine erstaunte Frage, wieso sie denn so gut Englisch kann, antwortete sie mir, daß sie schon drei Jahre Englisch auf der Oberschule lernt. Man sagte mir später, daß diese alten Münchner, die nur Bayrisch sprechen, am Aussterben sind, was eigentlich schade ist.

Eben kommt ein langer Brief von zu Hause. Mutter wundert sich darüber, daß ich kochen gelernt habe, Vater, daß ich mit dem Geld so gut auskomme. Er lobt mich und sagt: „Die deutsche Luft hat dich sparsam gemacht." Das Lob ist aber unverdient, denn mit dem Geld, das ich monatlich von zu Hause bekomme, kann ich gut leben und, wenn ich sparsam bin, auch noch eine kleine Reise nach Österreich, Frankreich oder Italien machen.

Das Teuerste in Deutschland, wie überhaupt in Europa, scheint das Benzin zu sein. Es kostet etwa viermal soviel wie bei uns. Trotzdem kaufen sich die Deutschen Motorräder, aber auch viele Volkswagen. Allerdings verbrauchen diese kleinen Transportmittel viel weniger Benzin als die amerikanischen Straßenkreuzer, wie man unsere langen, modernen Autos hier nennt.

Ich weiß, wenn ich nach Hause zurückkomme, werden mich viele fragen: Haben die Deutschen so viele Autos wie wir? Sind ihre Autos so gut wie unsere? Und wer nach den Autos fragt, fragt auch nach dem Lebensstandard, der ja bei uns mit der Zahl und Qualität der Autos identisch zu sein scheint.

Ich muß gestehen, ich bin mit der Meinung nach Deutschland gekommen, dort einen niedrigeren Lebensstandard als bei uns zu finden. Dieses Vorurteil habe ich aber bald aufgegeben, und zwar lange, bevor ich Fred Fletcher kennenlernte.

20. Vom deutschen Lebensstandard

Fred Fletcher kommt aus Minnesota, und da er gerne debattiert und immer sehr zynisch ist, nennen wir ihn den Minnesota Mephisto. Ich hatte ihn und Wilhelm Bunge, den Romantiker, zum Essen in einem Restaurant eingeladen, denn ich hatte Geburtstag. Ich weiß nicht mehr, wie es geschah, aber bald sprachen wir vom deutschen Lebensstandard. Ich schreibe unser Gespräch hier auf, soweit ich mich daran erinnern kann.

Wilhelm freute sich darüber, daß Deutschland noch nicht gänzlich amerikanisiert war; er lobte die vielen alten Häuser ohne Zentralheizung. Fred machte sich darüber lustig und riet Wilhelm, einmal einen Winter in so einem romantischen Hause zu leben. Schließlich sagte er: „Ihr Deutsche habt unseren Lebensstandard noch nicht erreicht, aber ihr seid die Amerikaner Europas, und bald werdet ihr ihn erreicht haben. Dann könnt ihr eure alten Häuser ins Museum stecken und im Sommer bequem mit Klimaanlage, im Winter bequem mit Zentralheizung leben."

Wilhelm wurde ärgerlich und sagte: „Vielleicht will der Deutsche euren Lebensstandard nicht. Wir haben eine Kulturtradition, und das ist etwas Besseres als euer Lebensstandard. Hast du dir das schon einmal überlegt?"

Fred: „Überlegt habe ich mir diese Frage gründlich und bin überzeugt, ihr Deutsche werdet eines Tages eure Kulturtradition stückweise ins Museum bringen und euch gänzlich amerikanisieren."

Wilhelm: „Was für ein gräßlicher Gedanke! Ich glaube, du verstehst mich nicht. Wir Deutsche sind z.B. stolz auf unseren Wein, den Generationen von Weinbauern durch die Jahrhunderte gepflegt haben. Die Erde pflegen und bebauen heißt auf lateinisch colere; es ist das Stammwort für Kultur. Ihr Amerikaner seid stolz auf eure Badewannen, das ist nur äußerliche Zivilisation."

Fred: „Das sagen eure Kulturkritiker, es ist aber trotzdem nicht richtig. Du erwähntest die Römer. Bei denen gehörten gute Badewannen und riesige Badehäuser mit allem Komfort zum kultivierten Lebensstandard. Eine glitzernde, emaillierte Badewanne, in die zu jeder Zeit kaltes und heißes Wasser strömt, ist genau so ein Kulturprodukt wie ein guter Rheinwein, der eine Tradition von fast zweitausend Jahren hinter sich hat."

Wilhelm: „Eine Badewanne und ein guter Rheinwein! Wie kannst du zwei solche Dinge als gleichwertig betrachten? Die sind doch . . ."

Ich: „Anderswertig!"

Wilhelm ärgert sich und Fred lachte: „Jawohl, das sind anderswertige Dinge, und deshalb ist jede Debatte, die das eine Ding über das andere setzt, sinnlos."

Ich: „Hör mal Fred, du gehst zu weit. Ich finde vieles, was typisch deutsch ist, sehr schön, z.B. das Wandern der deutschen Jugend."

Fred: „Das Wandern der deutschen Jugend! Hör mal, Larry, du hast zu viel Hesse gelesen. Natürlich gibt es junge Menschen in Deutschland, die noch wandern, aber die meisten sind ehrgeizig und wollen ein Motorrad oder einen Volkswagen haben, und am Wochenende helfen sie die Luft verschmutzen. Ich glaube, die amerikanische Jugend wandert heute mehr als die deutsche Jugend. Statistische Zahlen kann ich dir leider nicht nennen, aber ich glaube nicht, daß ich mich irre."

Ich: „Herr Ober, drei Berliner Weiße bitte!"

21. Ein Brief an Fräulein Jettner

Gestern kam ein Brief von zu Hause, in dem Fräulein Jettner wissen wollte, was so ein Aufenthalt in Deutschland einem amerikanischen Studenten bietet. Das gute Fräulein Jettner! Wie sie sich bemüht hat, uns vierzehn Halb= wüchsigen von Central High die deutschen Adjektivendungen zu erklären. Wenn ich heute, ohne lange nachzudenken, „deutsche Studenten" und „unsere deutschen Studenten" sagen kann, so verdanke ich das nur der Engelsgeduld des guten Fräulein Jettner.

Ich habe ihr auch einen langen Brief geschrieben und werde mir den Durch= schlag einiger Stellen aus diesem Brief aufheben.

„. . . Wissen Sie noch, wie sehr Sie immer darüber klagten, daß wir zwar Deutsch lernen wollten, daß uns aber der richtige ‚Antrieb' (ist das richtig für ‚motivation'?) fehlt? Nun, hier fehlt es mir von morgens bis abends nicht an Antrieb, die Sprache so schnell und so gut wie möglich zu lernen. Da muß z.B. dem Kellner erklärt werden, daß man Amerikaner ist und seinen Durst nicht mit Bier oder Wein, sondern mit kaltem Wasser löschen möchte. Abends liest man in der Zeitung die Kritik eines Theaterstücks, das einem vielleicht am Vorabend sehr gefallen hat.

Liebes Fräulein Jettner, ich kann nicht alles aufzählen, was München uns bietet. Dieser Brief darf kein Buch werden. Außer der ausgezeichneten Univer= sität haben wir hier Theater, Opern, Museen, Konzerte, Kunstausstellungen, Vorträge usw. Es wird so viel geboten, daß man immer etwas Interessantes während seiner freien Zeit tun kann. Außerdem sind die Alpen nur ein paar Autostunden von München entfernt. Dort können wir wandern oder Winter= sport treiben.

Auf meinem Schreibtisch liegt die heutige Zeitung. Ich will einmal sehen, was heute abend geboten wird. Da ist zunächst eine lange Liste für den Musikfreund, der heute abend das Folgende hören kann: Ein Streichquartett, ein philhar-monisches Konzert, das Bayrische Rundfunkorchester, Brahms Requiem; auf dem Gebiet der Operette und Oper den ‚Zigeunerbaron' von Johann Strauß und Verdis ‚Aida'.

Was gibt es heute abend im Theater? In unserem kleineren Theater wird heute abend Tennessee Williams' ‚Endstation Sehnsucht' aufgeführt. Und all das ist gar nicht teuer. Besonders für uns Studenten nicht. Wir bezahlen nur die Hälfte. Heute abend werde ich aber nicht ins Theater gehen, sondern zu einem der vielen interessanten Vorträge, die fast jeden Abend geboten werden. Das Thema des heutigen Vortrages ist: Wann und wo ist der Sozialismus mit der Demokratie verbunden worden?

Wie erwähnt, ist München auch die Stadt der Museen und Kunstaus-stellungen. Früher bin ich nie in ein Museum gegangen; jetzt gehe ich freiwillig, und es macht mir sogar Freude. Das läßt sich leicht erklären. Wir haben hier einen ausgezeichneten Professor für Kunstgeschichte und moderne Kunst. Diese Vorlesung muß gehört werden, wenn ich auch meine Philosophievorlesung am Mittwoch schwänzen muß. Ich borge mir dann später das Kollegheft eines Freundes. In Amerika läßt sich so etwas nicht so leicht tun. Das ist der Vorteil der deutschen ‚akademischen Freiheit'.

Noch eins, Fräulein Jettner, München bietet einem Amerikaner uner-wartete Reisemöglichkeiten. Von München sind es nur 650 km nach Paris und nach Rom nur 700 km Luftlinie. Ich werde in den Weihnachtsferien nach Hamburg fahren zu der Familie eines deutschen Freundes, von der ich sehr freundlich eingeladen worden bin. . . .

Ich habe vergessen, Ihnen etwas vom deutschen Sport zu erzählen. Ich gehe oft zu deutschen Fußballspielen und kann schon die richtigen Fachausdrücke gebrauchen. Hier sind auch Ringkämpfe sehr populär. Man nennt die Ring-kämpfer hier ‚catchers', die Fachausdrücke für die verschiedenen Griffe kenne ich aber noch nicht. Ich selber kann hier mit amerikanischen Freunden Baseball spielen, und ich schwimme viel . . ."

22. Deutsche Gebräuche

Zum ersten Mal wohne ich jetzt bei einer deutschen Familie und finde es sehr interessant. Wie es hierzulande üblich ist, brachte ich der Dame des Hauses bei meinem ersten Besuch Blumen mit. Sie wunderte sich, daß ich die deutschen

Gebräuche so gut kenne. Manche deutschen Gebräuche kannte ich aber noch nicht. So sprach ich z.B. während der Tischunterhaltung mehr mit der Dame des Hauses als mit dem Hausherrn, merkte aber bald, daß dies nicht richtig war. In Deutschland beherrscht der Herr des Hauses die Unterhaltung.

Bill sagte mir, das sei typisch deutsch. Es scheint mir, als ob die Tatsache, daß der Hausherr hier die Unterhaltung beherrscht, der Unterhaltung einen ernsteren, fast möchte ich sagen gelehrteren Charakter gebe als bei uns, wo oft die Frauen und sogar die Kinder die Unterhaltung beherrschen. So wurde also fast nur über meine Eindrücke von Deutschland, politische Probleme, das Theater und dergleichen ernste Dinge gesprochen. Was wir in Amerika „small talk" nennen, scheint es bei den Familien des oberen Mittelstandes nicht zu geben.

Wenn ich auch nicht recht weiß, was ich von patriarchalischen Gebräuchen halten soll, so gefällt mir ein anderer sehr. Ich meine den deutschen Sonntag= nachmittagsspaziergang. An diesen Spaziergängen nimmt gewöhnlich die ganze Familie teil, und oft werden auch noch Freunde dazu eingeladen. Man wandert eine bis zwei Stunden gewöhnlich zu einem schönen Gartenrestaurant, ißt etwas, unterhält sich und wandert wieder zurück. Letzten Sonntag bin ich mit Schlüters die Elbe entlang gewandert. Wir unterhielten uns über die Schiffe, die auf der Elbe fuhren, und über die Länder, aus denen sie kamen. Immer diese ernsten deutschen Gespräche! Schließlich landeten wir in einem Café, und hier, bei Kaffee und ausgezeichneter Kirschtorte, wurde die Unterhaltung etwas lustiger.

Natürlich habe ich auch negative Eindrücke von Deutschland. Gar nicht ge= wöhnen kann ich mich an die steifen deutschen Anreden und den Gebrauch von Titeln. Dr. Schlüter hat einen Doktortitel, und obgleich ich nun schon über eine Woche sein Gast bin, muß ich ihn immer mit „Herr Doktor" anreden und seine Frau mit „Frau Doktor" oder „Gnädige Frau". Wenn ich Frau Schlüter ihm gegenüber im Gespräch erwähne, so erwartet man, daß ich „Ihre Gemahlin" sage, was auch im Deutschen fast so steif klingt wie im Englischen „your spouse". Natürlich bin ich selbst für die Kinder immer nur „Herr Burn", und da ich die deutschen Gebräuche kenne, bitte ich die Familie auch nicht, mich Larry zu nennen.

Bill erzählte mir, daß er von den zwanzig Studenten, mit denen er dreimal wöchentlich Labor hat, nur zwei duze, und das nach Monaten gemeinsamer Arbeit! Dabei ist Bill einer, den jeder gern mag. Er erklärte mir den Unter= schied zwischen dem deutschen und amerikanischen gesellschaftlichen Verkehr mit Hilfe einer kleinen Zeichnung.

Der Deutsche schließt sich gegen die Außenwelt gesellschaftlich durch einen geschlossenen Ring von Formalitäten ab, er trägt sozusagen einen Panzer, der aus Formalitäten besteht. Deshalb erscheint der gesellschaftliche Verkehr in Deutschland dem Amerikaner als steif. Sein Inneres aber schließt der Deutsche nicht ab, da ist er weich, romantisch, sentimental, verwundbar, wie man es auch nennen will. Es ist manchmal leichter, das Innenleben eines Deutschen kennenzulernen oder zu beeinflussen als ihm gesellschaftlich nahezukommen.

Der Amerikaner andererseits ist der Außenwelt gegenüber offen. Es ist sehr leicht, mit ihm gesellschaftlich auszukommen. Wenn der Deutsche der Außenwelt gegenüber einen Panzer trägt, so trägt der Amerikaner ein leichtes Sporthemb. Sein Inneres aber schließt er ab. Zwar sagt er zum anderen sehr bald Joe und Fred und Liz und Honey, aber Freundschaft, Sympathie oder Liebe drücken diese Wörter nicht aus. In allen wichtigen Angelegenheiten seines Innenlebens hält der Amerikaner seine Distanz, sei es aus Zurückhaltung, sei es aus Stolz.

23. Die Einladung

Wenn Inge so langsam läse wie wir, würde sie ein halbes Jahr brauchen, um Larrys 327 Tagebuchseiten zu lesen. Sie hat natürlich die 327 Seiten nicht an einem Abend lesen können, aber trotzdem hat sie mehr gelesen als wir. Sie hat Larrys lange Beschreibung seines Hamburger Aufenthalts und seine Beschreibung deutscher Weihnachtsbräuche gelesen. Über seine späteren diplomatischen Versuche, die Familie Schlüter etwas zu amerikanisieren, hat sie laut gelacht.

Im Frühling hatte Larry eine längere Autofahrt mit einem Freunde in die Bayrischen Alpen gemacht, und auf drei Seiten schreibt er, das Autofahren der Deutschen wäre etwas ganz Schlimmes. Es sähe so aus, als ob es ein ungeschriebenes Gesetz gäbe, daß das größere Auto das kleinere überholen müsse, wenn auch die Verkehrssituation das unratsam mache. Im Privatleben wären die Deutschen doch höflich und vernünftig. Warum würde ein deutscher Dr. Jeckyll im Auto so oft ein Mr. Hyde? Es folgten Unterhaltungen mit seinen Freunden über dies Phänomen. Fred z.B. behauptete, die Deutschen wären nicht an Macht und Freiheit gewohnt. Sie wären zu lange Untertanen gewesen. Im Auto aber fühlte sich der Fahrer Herr über ein kleines Machtsymbol, das ihm die Freiheit der Bewegung gäbe, und da es in Deutschland keine Tradition der Macht und Freiheit gäbe, würde der Deutsche im Auto vom Machtwahn befallen, und Freiheit würde ihm hinter dem Steuerrad zur Anarchie. Diese Theorie, so schrieb Larry, hätte ihn überzeugt.

Inge dachte lange darüber nach, ob die Theorie richtig wäre. Ihr schien es, als ob die österreichischen Autofahrer bei weitem die besseren wären, aber die waren doch auch immer Untertanen ihrer Kaiser gewesen. Sie unterbrach ihre

Lektüre und griff zum Telefon, um mit dem Autor über diesen Punkt zu sprechen. Aber Larry interessierte sich nicht so sehr für seine Tagebuchseiten wie für ein neues Projekt. Inge hatte ihm gesagt, daß sie im August Ferien hätte, und nun fiel ihm ein, daß sein Vater jedes Jahr um dieselbe Zeit Ferien hatte. Wäre es da nicht schön, wenn sie ihn in den nächsten Sommerferien in Davenport besuchte? Seine Eltern hätten ein großes Haus, und sein älterer Bruder hätte kürzlich geheiratet und wohne also nicht mehr bei den Eltern. Sie könnte sehr gut im Zimmer seines Bruders wohnen. Das Schönste aber wäre, daß die Familie plane, nächstes Jahr wieder eine große Sommerreise nach dem Süden der Staaten und nach Texas zu machen. In Texas hätte seine Mutter einen Bruder, der eine große Ranch besäße. Da könnte sie beinah echte Cowboys sehen, die leider zum Teil motorisiert wären. Von da würden sie nach der Stadt Mexiko fahren. Er wäre einmal da gewesen und hätte in einer ganzen Woche nicht alles sehen können, was ihn interessierte. Von da würden Sie nach Acapulco fahren. Acapulco wäre zwar ein Modebad geworden, aber die wunderbare Landschaft dieses Tropenparadieses wäre unverändert.

Wer weiß, wie lange der begeisterte junge Mann noch gesprochen hätte, aber er mußte husten, und das gab Inge Gelegenheit zu sagen, das wäre eine wunderbare Idee, aber dann begann sie zu zweifeln. Larrys Plan wäre zwar sehr schön, sagte sie, aber ob er denn auch wirklich wüßte, ob es seinen Eltern recht wäre, wenn sie Besuch aus Österreich bekämen.

Larry unterbrach sie. Wie sie so etwas denken könnte! Die Amerikaner wären das gastfreundlichste Volk der Welt, und seine Eltern die gastfreundlichsten Amerikaner, die es gäbe. Er hätte seinen Eltern schon vor einigen Tagen einen langen Brief über sie geschrieben und sie als Mädchen, Fremdenführerin und Sprachlehrerin bis in den Himmel gelobt.

Da sagte Inge, das wären s e i n e Eltern, aber sie hätte ja auch Eltern, und sie hätte auch schon nach Salzburg geschrieben, daß sie einen charmanten, hochintelligenten jungen amerikanischen Studenten kennengelernt hätte, der als Sprachlehrer alle Sprachlehrer, die sie je gehabt hätte, weit überträfe. Ihren Vater könnte sie wohl überreden, sie reisen zu lassen, aber ihre Mutter hätte etwas altmodische Ideen. Larry sagte sofort, daß sie bis zu den nächsten Sommerferien genug Zeit hätte, ihre Mutter von der Harmlosigkeit, Nützlichkeit und Schönheit dieser Reise zu überzeugen.

Inge sagte dann noch etwas vom Preis der Flugkarten, aber auch daran hatte der Planer Larry gedacht. Es gäbe immer Gruppenflüge, die viel billiger wären als die gewöhnlichen.

Dann ging die Unterhaltung auf englisch weiter, denn Larry bestand darauf, daß sie wieder englisch sprechen müßten.

Appendix 2
Grammatical
Summary

1. Punctuation

Most marks of punctuation in German are used as in English. Observe, however, the following principal differences:

(a) **The comma is used:**

1. to set off all subordinate clauses (relative and dependent clauses):

   Das Hotel, **in dem er wohnt,** ist nicht weit von hier.
   The hotel in which he stays is not far from here.
   Wir hoffen, **daß er vor Abend zurückkommt.**
   We hope that he will return before evening

2. to set off infinitive clauses that have modifiers:

   Er versuchte, **den deutschen Brief zu lesen.**
   He tried to read the German letter.

   But:

   Er versuchte **zu lesen.**
   He tried to read.

3. before **und** and **oder** when they introduce a complete sentence, a sentence with a subject and a verb:

   Ich gehe heute, **und er folgt morgen.**
   I'll leave today and he will follow tomorrow.

(b)   The comma is not used:

1. before **und** and **oder** in a series; or before the abbreviation **usw.** (*and so forth*):

   Sie liest den Brief morgens, mittags **und abends.**
   She reads the letter in the morning, at noon, and in the evening.
   Die geraden Zahlen sind zwei, vier, sechs **usw.**
   The even numbers are two, four, six, etc.

2. to set off adverbs and adverbial phrases of time and place:

   Mein Freund ist **aber** nicht mitgekommen.
   My friend, however, did not come along.

(c)   The exclamation point is used:

1. with the salutation in a letter:

   Lieber Vater! *Dear father:*

2. after commands:

   Helfen Sie mir bitte! *Please help me.*

(d)   The hyphen is used:

to indicate that the second part of a compound noun is to be supplied from the noun following: **Morgen-** und Abendzeitung (*morning and evening paper*).

2. Syllabication

Words at the end of a line are divided into syllables according to pronunciation:

(a)   A single consonant between vowels belongs to the syllable with the vowel that follows it:

le-sen, lau-fen, lie-ber, Va-ter

(b)   If two or more consonants stand between vowels, only the last one is carried over:

Mut-ter, fal-len, sin-gen, wach-sen, set-zen, wis-sen

But **ß, ch, sch, ph, st** are never divided:

Stra-ße, la-chen, Fi-sche, Geogra-phie, Fen-ster

If, however, the **t** in **st** is part of the past-tense ending of a weak verb, the two are separated: er **reis-te.**

(c) **ck** is separated into **k-k: Zuk-ker.**

(d) Suffixes which begin with a vowel take with them the preceding consonant: **Freun-din, Kondito-rei, Versiche-rung.**

(e) Compound words are divided into separate elements: **Süd-deutsch-land, Flug-zeug-fen-ster, zu-rück-kom-men.**

3. Definite Article

| | SINGULAR | | | PLURAL |
	MASCULINE	FEMININE	NEUTER	ALL GENDERS
NOM.	der	die	das	die
ACC.	den	die	das	die
DAT.	dem	der	dem	den
GEN.	des	der	des	der

4. Der-Words

The **der**-words are declined like the definite article. In the following table, the forms of the nominative singular for the three genders are given:

MASC.	FEM.	NEUTER	
dieser	diese	dieses	*this; pl. these*
jeder	jede	jedes	*every, each*
jener	jene	jenes	*that; pl. those*
mancher	manche	manches	*many a*
solcher	solche	solches	*such a*
welcher	welche	welches	*which, that*

DREIHUNDERTEINUNDNEUNZIG

5. Indefinite Article

| | | SINGULAR | | PLURAL |
	MASCULINE	FEMININE	NEUTER	ALL GENDERS
NOM.	ein	eine	ein	keine
ACC.	einen	eine	ein	keine
DAT.	einem	einer	einem	keinen
GEN.	eines	einer	eines	keiner

6. Ein-Words

The **ein**-words are declined like the indefinite article. In the following table, the forms of the nominative singular for the three genders are given:

MASC.	FEM.	NEUTER	
kein	keine	kein	*no, not any*
mein	meine	mein	*my*
dein	deine	dein	*your*
sein	seine	sein	*his*
ihr	ihre	ihr	*her*
sein	seine	sein	*its*
unser	unsere	unser	*our*
euer	eure	euer	*your*
ihr	ihre	ihr	*their*
Ihr	Ihre	Ihr	*your*

7. Adjective Declension

(a)   Adjective preceded by definite article or der-word

| | | SINGULAR | |
	MASCULINE	FEMININE	NEUTER
NOM.	der alte Herr	jede alte Dame	dieses kleine Auto
ACC.	den alten Herrn	jede alte Dame	dieses kleine Auto
DAT.	dem alten Herrn	jeder alten Dame	diesem kleinen Auto
GEN.	des alten Herrn	jeder alten Dame	dieses kleinen Autos

PLURAL, ALL GENDERS

NOM.	die neu**en** Bücher
ACC.	die neu**en** Bücher
DAT.	den neu**en** Büchern
GEN.	der neu**en** Bücher

(b) Adjective preceded by indefinite article or ein-word

SINGULAR

	MASCULINE	FEMININE	NEUTER
NOM.	ein alt**er** Herr	keine alte Dame	sein klein**es** Aut
ACC.	einen alt**en** Herrn	keine alte Dame	sein klein**es** Auto
DAT.	einem alt**en** Herrn	keiner alt**en** Dame	seinem klein**en** Auto
GEN.	eines alt**en** Herrn	keiner alt**en** Dame	seines klein**en** Autos

PLURAL, ALL GENDERS

NOM.	keine neu**en** Bücher
ACC.	keine neu**en** Bücher
DAT.	keinen neu**en** Büchern
GEN.	keiner neu**en** Bücher

(c) Adjective not preceded by der-word or ein-word

SINGULAR

	MASCULINE	FEMININE	NEUTER
NOM.	heiß**er** Kaffee	warm**e** Suppe	kalt**es** Wasser
ACC.	heiß**en** Kaffee	warm**e** Suppe	kalt**es** Wasser
DAT.	heiß**em** Kaffee	warm**er** Suppe	kalt**em** Wasser
GEN.	heiß**en** Kaffees	warm**er** Suppe	kalt**en** Wassers

PLURAL, ALL GENDERS

NOM.	frisch**e** Fische
ACC.	frisch**e** Fische
DAT.	frisch**en** Fischen
GEN.	frisch**er** Fische

DREIHUNDERTDREIUNDNEUNZIG

8. Numerical Adjectives

These numerical adjectives take the plural endings of the definite article:

alle	*all*	manche	*many*
andere	*other*	mehrere	*several*
beide	*both*	viele	*many*
einige	*a few, some*	wenige	*few*
etliche	*some*		

NOM.	einige Bücher
ACC.	einige Bücher
DAT.	einigen Büchern
GEN.	einiger Bücher

When a descriptive adjective follows a numerical adjective, it takes the same endings as the latter, except after **alle, beide,** and **manche,** when the descriptive adjective takes **-en** in the four cases:

NOM.	viele neue Bücher	alle	neuen Bücher
ACC.	viele neue Bücher	alle	neuen Bücher
DAT.	vielen neuen Büchern	allen	neuen Büchern
GEN.	vieler neuer Bücher	aller	neuen Bücher

9. Declensional Patterns for Nouns

(a)   Monosyllabics

MASC. and NEUT.		MASC. and NEUT.		MASC.	FEM.	FEM.
..., -es, -e		..., -es, (ö)er		..., -en, -en	..., -, -e	..., -, -en
			SINGULAR			
der	Berg	das	Bild	der Mensch	die Hand	die Frau
den	Berg	das	Bild	den Menschen	die Hand	die Frau
dem	Berge	dem	Bilde	dem Menschen	der Hand	der Frau
des	Berges	des	Bildes	des Menschen	der Hand	der Frau
			PLURAL			
die	Berge	die	Bilder	die Menschen	die Hände	die Frauen
die	Berge	die	Bilder	die Menschen	die Hände	die Frauen
den	Bergen	den	Bildern	den Menschen	den Händen	der Frauen
der	Berge	der	Bilder	der Menschen	der Hände	der Frauen

(b) **Polysyllabics**

MASC. and NEUT. ..., -s, (ꞈ)	MASC. ..., -(e)n, -(e)n	FEM. ..., -, -(e)n
	SINGULAR	
der Wagen	der Student	die Karte
den Wagen	den Studenten	die Karte
dem Wagen	dem Studenten	der Karte
des Wagens	des Studenten	der Karte
	PLURAL	
die Wagen	die Studenten	die Karten
die Wagen	die Studenten	die Karten
den Wagen	den Studenten	den Karten
der Wagen	der Studenten	der Karten

10. Personal Pronouns

SINGULAR

				MASC.	FEM.	NEUTER
NOM.	ich	du	Sie	er	sie	es
ACC.	mich	dich	Sie	ihn	sie	es
DAT.	mir	dir	Ihnen	ihm	ihr	ihm
GEN.	meiner	deiner	Ihrer	seiner	ihrer	seiner

PLURAL

				ALL GENDERS
NOM.	wir	ihr	Sie	sie
ACC.	uns	euch	Sie	sie
DAT.	uns	euch	Ihnen	ihnen
GEN.	unser	euer	Ihrer	ihrer

11. Prepositions with the Genitive

(an)statt   *instead of*   außerhalb   *outside of*

DREIHUNDERTFÜNFUNDNEUNZIG

diesseits	*this side of*		oberhalb	*above*
innerhalb	*inside of*		unterhalb	*below*
jenseits	*beyond*		während	*during*
trotz	*in spite of*		wegen	*on account of*

12. Prepositions with the Accusative

bis	*until, up to, as far as*		ohne	*without*
durch	*through, by means of*		um	*around, about, at*
für	*for*		wider	*against, in opposition to*
gegen	*toward, against*			

13. Prepositions with the Dative

aus	*out of, from*		nach	*after, to, toward, according to*
außer	*besides, except*		seit	*since*
bei	*at, near, with, at the home of*		von	*from, of, by*
mit	*with, together with, at*		zu	*to, at*

14. Prepositions with the Dative or Accusative

an	*at, to, on, near, by*		über	*over, above, about, concerning*
auf	*on, upon, at, in, on top of*		unter	*under, among*
hinter	*behind*		vor	*before, in front of, ago*
in	*in, into, at, within*		zwischen	*between*
neben	*beside, close by*			

15. Summary of <u>haben</u> (*to have*)

PRINCIPAL PARTS: **haben, hatte, ich habe gehabt; er hat**

INDICATIVE	SUBJUNCTIVE	
	PRESENT	
(*I have*)	*Built on Present*	*Built on Past*
ich habe	habe	hätte
du hast	habest	hättest
er hat	habe	hätte

wir haben	haben	hätten
ihr habt	habet	hättet
sie haben	haben	hätten

PAST

(*I had*)

ich hatte
du hattest
er hatte
wir hatten
ihr hattet
sie hatten

PRESENT PERFECT

(*I have had; I had*)

ich habe gehabt	habe gehabt	hätte gehabt
du hast gehabt	habest gehabt	hättest gehabt
er hat gehabt	habe gehabt	hätte gehabt
wir haben gehabt	haben gehabt	hätten gehabt
ihr habt gehabt	habet gehabt	hättet gehabt
sie haben gehabt	haben gehabt	hätten gehabt

PAST PERFECT

(*I had had*)

ich hatte gehabt
du hattest gehabt
er hatte gehabt
wir hatten gehabt
ihr hattet gehabt
sie hatten gehabt

FUTURE

(*I will have*)

ich werde haben	werde haben	würde haben
du wirst haben	werdest haben	würdest haben
er wird haben	werde haben	würde haben
wir werden haben	werdet haben	würdet haben
sie werden haben	werden haben	würden haben

FUTURE PERFECT

(*I will have had*)

ich werde gehabt haben	werde gehabt haben	würde gehabt haben
du wirst gehabt haben	werdest gehabt haben	würdest gehabt haben
etc.	*etc.*	*etc.*

IMPERATIVES: Familiar, Singular: habe!
Plural: habt!
Conventional Address: haben Sie!

16. Summary of <u>sein</u> (*to be*)

PRINCIPAL PARTS: **sein, war, ich bin gewesen; er ist**

INDICATIVE   SUBJUNCTIVE

PRESENT

(*I am*)	*Built on Present*	*Built on Past*
ich bin	sei	wäre
du bist	seiest	wärest
er ist	sei	wäre
wir sind	seien	wären
ihr seid	seiet	wäret
sie sind	seien	wären

PAST

(*I was*)

ich war
du warst
er war
wir waren
ihr wart
sie waren

PRESENT PERFECT

(*I have been; I was*)

ich bin gewesen	sei gewesen	wäre gewesen
du bist gewesen	seiest gewesen	wärest gewesen
er ist gewesen	sei gewesen	wäre gewesen
wir sind gewesen	seien gewesen	wären gewesen
ihr seid gewesen	seiet gewesen	wäret gewesen
sie sind gewesen	seien gewesen	wären gewesen

PAST PERFECT

(*I had been*)

ich war gewesen
du warst gewesen
er war gewesen
wir waren gewesen
ihr wart gewesen
sie waren gewesen

FUTURE

(*I will be*)

ich werde sein	werde sein	würde sein
du wirst sein	werdest sein	würdest sein
er wird sein	werde sein	würde sein
wir werden sein	werden sein	würden sein
ihr werdet sein	werdet sein	würdet sein
sie werden sein	werden sein	würden sein

FUTURE PERFECT

(*I will have been*)

ich werde gewesen sein	werde gewesen sein	würde gewesen sein
du wirst gewesen sein	werdest gewesen sein	würdest gewesen sein
etc.	*etc.*	*etc.*

IMPERATIVES: Familiar, Singular: sei!
Plural: seid!
Conventional Address: seien Sie!

17. Summary of <u>werden</u> (*to become*)

PRINCIPAL PARTS: **werden, wurde, ich bin geworden; er wird**

INDICATIVE	SUBJUNCTIVE

PRESENT

(*I become*)	*Built on Present*	*Built on Past*
ich werde	werde	würde
du wirst	werdest	würdest
er wird	werde	würde

wir werden	werden	würden
ihr werdet	werdet	würdet
sie werden	werden	würden

PAST

(*I became*)

ich wurde
du wurdest
er wurde
wir wurden
ihr wurdet
sie wurden

PRESENT PERFECT

(*I have become; I became*)

ich bin geworden	sei geworden	wäre geworden
du bist geworden	seiest geworden	wärest geworden
er ist geworden	sei geworden	wäre geworden
wir sind geworden	seien geworden	wären geworden
ihr seid geworden	seiet geworden	wäret geworden
sie sind geworden	seien geworden	wären geworden

PAST PERFECT

(*I had become*)

ich war geworden
du warst geworden
er war geworden
wir waren geworden
ihr wart geworden
sie waren geworden

FUTURE

(*I will become*)

ich werde werden	werde werden	würde werden
du wirst werden	werdest werden	würdest werden
er wird werden	werde werden	würde werden
wir werden werden	werden werden	würden werden
ihr werdet werden	werdet werden	würdet werden
sie werden werden	werden werden	würden werden

VIERHUNDERT

FUTURE PERFECT

(I will have become)

ich werde geworden sein	werde geworden sein	würde geworden sein
du wirst geworden sein	werdest geworden sein	würdest geworden sein
etc.	*etc.*	*etc.*

IMPERATIVES: Familiar, Singular: werde!
Plural: werdet!
Conventional Address: werden Sie!

18. Summary of Weak Verb: <u>lernen</u> (*to learn*)

PRINCIPAL PARTS: **lernen, lernte, ich habe gelernt; er lernt**

| INDICATIVE | SUBJUNCTIVE | |

PRESENT

(I learn)	*Built on Present*	*Built on Past*
ich lerne	lerne	lernte
du lernst	lernest	lerntest
er lernt	lerne	lernte
wir lernen	lernen	lernten
ihr lernt	lernet	lerntet
sie lernen	lernen	lernten

PAST

(I learned)

ich lernte
du lerntest
er lernte
wir lernten
ihr lerntet
sie lernten

PRESENT PERFECT

(I have learned; I learned)

ich habe gelernt	habe gelernt	hätte gelernt
du hast gelernt	habest gelernt	hättest gelernt
er hat gelernt	habe gelernt	hätte gelernt
wir haben gelernt	haben gelernt	hätten gelernt
ihr habt gelernt	habet gelernt	hättet gelernt
sie haben gelernt	haben gelernt	hätten gelernt

VIERHUNDERTEINS

PAST PERFECT

(*I had learned*)

ich hatte gelernt
du hattest gelernt
er hatte gelernt
wir hatten gelernt
ihr hattet gelernt
sie hatten gelernt

FUTURE

(*I will learn*)

ich werde lernen	werde lernen	würde lernen
du wirst lernen	werdest lernen	würdest lernen
er wird lernen	werde lernen	würde lernen
wir werden lernen	werden lernen	würden lernen
ihr werdet lernen	werdet lernen	würdet lernen
sie werden lernen	werden lernen	würden lernen

FUTURE PERFECT

(*I will have learned*)

ich werde gelernt haben	werde gelernt haben	würde gelernt haben
du wirst gelernt haben	werdest gelernt haben	würdest gelernt haben
etc.	*etc.*	*etc.*

IMPERATIVES: Familiar, Singular: lern(e)!
Plural: lernt!
Conventional Address: lernen Sie!

19. Summary of Strong Verb: <u>sprechen</u> (*to speak*)

PRINCIPAL PARTS: **sprechen, sprach, ich habe gesprochen; er spricht**

INDICATIVE   SUBJUNCTIVE

PRESENT

(*I speak*)	*Built on Present*	*Built on Past*
ich spreche	spreche	spräche
du sprichst	sprechest	sprächest
er spricht	spreche	spräche
wir sprechen	sprechen	sprächen
ihr sprecht	sprechet	sprächet
sie sprechen	sprechen	sprächen

PAST

(*I spoke*)

ich sprach
du sprachst
er sprach
wir sprachen
ihr spracht
sie sprachen

PRESENT PERFECT

(*I have spoken; I spoke*)

ich habe gesprochen	habe gesprochen	hätte gesprochen
du hast gesprochen	habest gesprochen	hättest gesprochen
er hat gesprochen	habe gesprochen	hätte gesprochen
wir haben gesprochen	haben gesprochen	hätten gesprochen
ihr habt gesprochen	habet gesprochen	hättet gesprochen
sie haben gesprochen	haben gesprochen	hätten gesprochen

PAST PERFECT

(*I had spoken*)

ich hatte gesprochen
du hattest gesprochen
er hatte gesprochen
wir hatten gesprochen
ihr hattet gesprochen
sie hatten gesprochen

FUTURE

(*I will speak*)

ich werde sprechen	werde sprechen	würde sprechen
du wirst sprechen	werdest sprechen	würdest sprechen
er wird sprechen	werde sprechen	würde sprechen
wir werden sprechen	werden sprechen	würden sprechen
ihr werdet sprechen	werdet sprechen	würdet sprechen
sie werden sprechen	werden sprechen	würden sprechen

FUTURE PERFECT

(*I will have spoken*)

ich werde gesprochen haben	werde gesprochen haben	würde gesprochen haben
du wirst gesprochen haben	werdest gesprochen haben	würdest gesprochen haben
etc.	*etc.*	*etc.*

VIERHUNDERTDREI

IMPERATIVES: Familiar, Singular: sprich!
                                    Plural: sprecht!
              Conventional Address: sprechen Sie!

20. Summary of Passive Voice

INDICATIVE   SUBJUNCTIVE

PRESENT

(*I am [being] asked*)	*Built on Present*	*Built on Past*
ich werde gefragt	werde gefragt	würde gefragt
du wirst gefragt	werdest gefragt	würdest gefragt
er wird gefragt	werde gefragt	würde gefragt
wir werden gefragt	werden gefragt	würden gefragt
ihr werdet gefragt	werdet gefragt	würdet gefragt
sie werden gefragt	werden gefragt	würden gefragt

PAST

(*I was asked*)

ich wurde gefragt
du wurdest gefragt
er wurde gefragt
wir wurden gefragt
ihr wurdet gefragt
sie wurden gefragt

PRESENT PERFECT

(*I have been asked; I was asked*)

ich bin gefragt worden	sei gefragt worden	wäre gefragt worden
du bist gefragt worden	seiest gefragt worden	wärest gefragt worden
er ist gefragt worden	sei gefragt worden	wäre gefragt worden
wir sind gefragt worden	seien gefragt worden	wären gcfragt worden
ihr scid gefragt worden	seiet gefragt worden	wäret gefragt worden
sie sind gefragt worden	seien gefragt worden	wären gefragt worden

PAST PERFECT

(*I had been asked*)

ich war gefragt worden
du warst gefragt worden
er war gefragt worden

wir waren gefragt worden
ihr wart gefragt worden
sie waren gefragt worden

FUTURE

(*I will be asked*)

ich werde gefragt werden	werde gefragt werden	würde gefragt werden
du wirst gefragt werden	werdest gefragt werden	würdest gefragt werden
er wird gefragt werden	werde gefragt werden	würde gefragt werden
wir werden gefragt werden	werden gefragt werden	würden gefragt werden
ihr werdet gefragt werden	werdet gefragt werden	würdet gefragt werden
sie werden gefragt werden	werden gefragt werden	würden gefragt werden

FUTURE PERFECT

(*I will have been asked*)

ich werde gefragt worden sein	werde gefragt worden sein	würde gefragt worden sein
du wirst gefragt worden sein	werdest gefragt worden sein	würdest gefragt worden sein
etc.	*etc.*	*etc.*

21. Selective List of Common Strong and Irregular Verbs

INFINITIVE		PAST	PAST PARTICIPLE	PRESENT
beginnen	(*to begin*)	begann	begonnen	er beginnt
bieten	(*to offer*)	bot	geboten	er bietet
binden	(*to bind*)	band	gebunden	er bindet
bitten	(*to ask, request*)	bat	gebeten	er bittet
bleiben	(*to remain*)	blieb	ist geblieben	er bleibt
brechen	(*to break*)	brach	gebrochen	er bricht
brennen	(*to burn*)	brannte	gebrannt	er brennt
bringen	(*to bring*)	brachte	gebracht	er bringt
denken	(*to think*)	dachte	gedacht	er denkt
dürfen	(*to be permitted; may*)	durfte	gedurft	er darf
empfehlen	(*to recommend*)	empfahl	empfohlen	er empfiehlt
essen	(*to eat*)	aß	gegessen	er ißt
fahren	(*to go, drive*)	fuhr	ist gefahren	er fährt
fallen	(*to fall*)	fiel	ist gefallen	er fällt
finden	(*to find*)	fand	gefunden	er findet

VIERHUNDERTFÜNF

INFINITIVE		PAST	PAST PARTICIPLE	PRESENT
fliegen	(to fly)	flog	ist geflogen	er fliegt
fliehen	(to flee)	floh	ist geflohen	er flieht
fließen	(to flow)	floß	ist geflossen	er fließt
geben	(to give)	gab	gegeben	er gibt
gehen	(to go)	ging	ist gegangen	er geht
gelingen	(to succeed)	gelang	ist gelungen	es gelingt
gelten	(to mean, matter)	galt	gegolten	es gilt
geschehen	(to happen)	geschah	ist geschehen	es geschieht
gewinnen	(to win)	gewann	gewonnen	er gewinnt
haben	(to have)	hatte	gehabt	er hat
halten	(to hold)	hielt	gehalten	er hält
heißen	(to be called)	hieß	geheißen	er heißt
helfen	(to help)	half	geholfen	er hilft
kennen	(to know)	kannte	gekannt	er kennt
kommen	(to come)	kam	ist gekommen	er kommt
können	(to be able; can)	konnte	gekonnt	er kann
lassen	(to let)	ließ	gelassen	er läßt
laufen	(to run)	lief	ist gelaufen	er läuft
leiden	(to suffer)	litt	gelitten	er leidet
lesen	(to read)	las	gelesen	er liest
liegen	(to lie)	lag	gelegen	er liegt
mögen	(to like)	mochte	gemocht	er mag
müssen	(to have to, must)	mußte	gemußt	er muß
nehmen	(to take)	nahm	genommen	er nimmt
nennen	(to call)	nannte	genannt	er nennt
raten	(to guess)	riet	geraten	er rät
rennen	(to run)	rannte	ist gerannt	er rennt
rufen	(to call)	rief	gerufen	er ruft
scheinen	(to seem; to shine)	schien	geschienen	er scheint
vergessen	(to forget)	vergaß	vergessen	er vergißt
verlieren	(to lose)	verlor	verloren	er verliert
wachsen	(to grow)	wuchs	ist gewachsen	er wächst
wenden	(to turn)	{ wandte / wendete	{ gewandt / gewendet	er wendet
werden	(to become)	wurde	ist geworden	er wird
werfen	(to throw)	warf	geworfen	er wirft
wiegen	(to weigh)	wog	gewogen	er wiegt
wissen	(to know)	wußte	gewußt	er weiß
wollen	(to want)	wollte	gewollt	er will
ziehen	(to pull; to move)	zog	(ist) gezogen	er zieht

22. Numbers

	CARDINALS	ORDINALS
0	null	
1	eins	der, die, das erste
2	zwei	zweite
3	drei	dritte
4	vier	vierte
5	fünf	fünfte
6	sechs	sechste
7	sieben	siebte
8	acht	achte
9	neun	neunte
10	zehn	zehnte
11	elf	elfte
12	zwölf	zwölfte
13	dreizehn	dreizehnte
14	vierzehn	vierzehnte
15	fünfzehn	fünfzehnte
16	sechzehn	sechzehnte
17	siebzehn	siebzehnte
18	achtzehn	achtzehnte
19	neunzehn	neunzehnte
20	zwanzig	zwanzigste
21	einundzwanzig	einundzwanzigste
22	zweiundzwanzig	zweiundzwanzigste
30	dreißig	dreißigste
40	vierzig	vierzigste
50	fünfzig	fünfzigste
60	sechzig	sechzigste
70	siebzig	siebzigste
80	achtzig	achtzigste
90	neunzig	neunzigste
100	hundert	hundertste
101	hunderteins	hunderterste
121	hunderteinundzwanzig	hunderteinundzwanzigste
200	zweihundert	zweihundertste
1000	tausend	tausendste

eine Million	*one million*
zwei Millionen	*two million*
eine Milliarde	*one billion*
eine Billion	*one trillion*

VIERHUNDERTSIEBEN

German-English

Vocabulary

The numbers 1 to 23 refer to the lesson in which a listed word appears for the first time, R I, R II, R III refer to Wiederholung I, Wiederholung II, Wiederholung III.

The plural of nouns is indicated as follows: **das Haus, ≠er.** The genitive ending is given only for masculine and neuter nouns forming their genitive in **-(e)n** or **-(e)ns: der Student, -en, -en; der Gedanke, -ns, -n.**

Principal parts are given for strong and irregular verbs. A separable prefix is indicated by a hyphen: **aus-sehen.**

For words not stressed on the first syllable, a dot indicates a short vowel having the main stress **(Student),** a line a long vowel **(Kabine).** For words with inseparable prefixes, which stress the root syllable, no accent is indicated.

der **Abend, –e** evening (6); **heute abend** tonight (16); **gestern abend** last night (18)

das **Abendland** Occident, the West (15)
    abendländisch western (21)
    abends in the evening (17)

das **Abenteuer, -** adventure (16)
    ab-fahren, fuhr ab, ist abgefahren, er fährt ab to leave (13)
    ab-hängen, hing ab, abgehangen to depend (19)
    abhängig dependent (19)

die **Abreise** departure (16)

der **Abschied** parting, departure (16)
    ab-schließen, schloß ab, abgeschlossen to shut off, close off; **sich ab-schließen** to seclude oneself (22)

der **Absender, —** sender (13)
    ab-ziehen, zog ab, abgezogen to subtract (13)
    aber but (2)

das **Abteil, -e** compartment (13)
    ach ah, oh (9)
    achtzigjährig at the age of eighty (18)

addieren to add (13)
die Adjektivendung, -en adjective ending (21)
der Adlige, –n, –n nobleman (14)
die Adresse, –n address (10)
ähnlich similar; etwas Ähnliches something similar (12)
der Akzent, –e accent (2)
der Alemanne, –n, –n Alemannian (23)
alle all; vor allem above all (12)
allein alone (7)
allerdings to be sure (10)
alles everything (2)
allgemein general, common (10); im allgemeinen in general (22)
die Alliierten (pl.) allies (19)
die Alpen (pl.) Alps (2)
als as (2); than (5); when (16)
also therefore, so (7)
alt old (2)
das Alter age (14)
die Altersversicherung old-age insurance (21)
altmodisch old-fashioned (17)
(das) Amerika America (2)
der Amerikaner, — American (2)
die Amerikanerin, –nen American (woman) (2)
amerikanisch American (2)
sich amüsieren to have a good time (20)
and(e)r- other (9), different (2); etwas anderes something else (9); nichts anderes nothing else (9)
andererseits on the otherhand (9)
ändern to change (23)
die Anekdote, –n anecdote (13)
der Anfang, ⁼e beginning (15)
an-fangen, fing an, angefangen, er fängt an to begin (16)
der Angestellte, –n, –n employee (12)
die Angst fear (19)
an-haben to wear (2)
an-kommen, kam an, ist angekommen to arrive (13)
die Ankunft arrival (19)
an-nehmen, nahm an, angenommen, er nimmt an to assume (22)
anonym anonymous (18)
an-reden to address (14)

an-sehen, sah an, angesehen, er sieht an to look at (13)
anstatt instead of (9)
die Antike antiquity (18)
antiromantisch antiromantic (12)
die Antwort, –en answer (4)
antworten to answer (2)
sich an-ziehen, zog sich an, sich angezogen to get dressed (16)
der Anzug, ⁼e suit (13)
der Appetit appetite (2)
der April April (11)
die Arbeit, –en work (4)
arbeiten to work (2)
der Arbeiter, — workman (12)
die Arbeiterpartei, –en Labor Party (21)
der Arbeitgeber, — employer (21)
der Arbeitnehmer, — employee (21)
arbeitsam hard-working, industrious (19)
die Arbeitslosenversicherung unemployment insurance (21)
der Arbeitstag, –e working day (21)
der Architekt, –en, –en architect (8)
ärgerlich angry (20)
sich ärgern to be annoyed (20)
arm poor (12)
der Arm, –e arm (8)
die Armee, –n army (1)
die Armut poverty (16)
die Art, –en manner, kind, species, type (10)
der Artikel, — article (16)
der Arzt, ⁼e doctor, physician (16)
die Arztkosten (pl.) medical expenses (21)
der Assistent, –en, –en assistant (7)
die Assistentin, –nen (woman) assistant (2)
atmen to breathe (14)
das Atomzeitalter atomic age (18)
auch also; auch nicht not either (2)
auf on (2)
auf-bauen to build up, rebuild (14)
der Aufenthalt, –e stay (21)
auf-führen to perform (16)
die Aufführung, –en performance (16)
die Aufgabe, –n lesson (2)
auf-halten, hielt auf, aufgehalten, er

hält auf to detain, keep (15)
auf-heben, hob auf, aufgehoben to pick up (13); to keep (21)
auf-hören to stop, cease (12)
sich auf-lösen to dissolve (18)
auf-machen to open (13)
die Aufnahme, –n; eine Aufnahme machen to take a picture (6)
auf-nehmen, nahm auf, aufgenommen, er nimmt auf to admit (16)
der Aufsatz, ⸗e essay (13)
auf-schreiben, schrieb auf, aufgeschrieben to write down (15)
der Aufstand, ⸗e revolt, uprising (21)
auf-stehen, stand auf, ist aufgestanden to get up (16)
auf-teilen to divide (22)
auf-wachen (ist) to wake up (18)
auf-zählen to enumerate (23)
das Auge, –n eye (2)
der Augenblick, –e moment (13)
aus out of, from (5)
die Ausbeutung exploitation (17)
der Ausdruck, ⸗e expression (15)
der Ausgang, ⸗e exit (8)
aus-gehen, ging aus, ist ausgegangen to go out (21)
ausgezeichnet excellent (12)
aus-halten, hielt aus, ausgehalten, er hält aus to endure, stand (16)
aus-kommen, kam aus, ist ausgekommen to get along (19)
das Ausland foreign countries (9)
der Ausländer, — foreigner (15)
aus-lassen, ließ aus, ausgelassen, er läßt aus to leave out, omit (20)
die Ausnahme, –n exception (15)
aus-rechnen to calculate (13)
aus-rufen, rief aus, ausgerufen to call out (13)
sich aus-ruhen to rest (18)
aus-schließen, schloß aus, ausgeschlossen to exclude (21)
aus-sehen, sah aus, ausgesehen, er sieht aus to look (13)
die Außenwelt outside world (22)
außer outside of, except (10)
außerdem besides, moreover (11)
außerhalb outside of (16)

äußerlich external (20)
äußerst extreme(ly) (20)
die Aussprache pronunciation (7)
aus-steigen, stieg aus, ist ausgestiegen to get off (18)
auswendig by heart (17)
das Auto, –s automobile (2)
der Autofahrer, — motorist, driver (23)
die Autofahrt, –en motor trip (23)
die Autofirma, . . . firmen automobile manufacturer (2)
der Autor, Autoren author (7)
der Autoreisende, –n, –n motorist (13)
die Autostunde, –n hour by car (21)

backen, backte, gebacken, er bäckt to bake (9)
das Bad, ⸗er bath (13)
die Badehäuser (pl.) baths (20)
die Badeinsel, –n resort island (10)
die Badewanne, –n bathtub (20)
der Bahnhof, ⸗e station (13)
bald soon (13)
der Balkon, –e balcony (17)
der Band, ⸗e volume (17)
die Bank, –en bank (6)
der Bankdirektor, . . . direktoren bank director (12)
der Barbar, –en, –en barbarian (18)
barbarisch barbaric (20)
das Barockschloß, ⸗sser baroque castle (20)
die Barockstadt baroque town (11)
der Baron, –e baron (14)
der Bauarbeiter, — construction worker (12)
bauen to build (20)
der Bauer, –n peasant, farmer (9)
das Bauernhaus, ⸗er farmhouse (10)
der Baum, ⸗e tree (11)
der Bayer, –n Bavarian (10)
(das) Bayern Bavaria (10)
bayrisch Bavarian (13)
die Bayrischen Alpen (pl.) Bavarian Alps
beantworten to answer (3)
bedecken to cover (10)
bedeuten to mean (2)
die Bedeutung, –en meaning, significance (14)

beinflussen to influence (15)
beenden to end, finish (10)
der **Befehl, –e** order (15)
begabt gifted, talented (18)
begeistern to inspire (16), fill with
  enthusiasm (17)
der **Beginn** beginning (13)
beginnen, begann, begonnen to begin
  (2)
begrenzen to bound (12)
behalten, behielt, behalten, er behält
  to keep, maintain (20)
behandeln to treat (14)
die **Behandlung** treatment (21)
bchaupten to maintain, say (20)
beherrschen to reign over, control
  (19)
behindern to hinder, impede (21)
bei at, near, at the home of (5), with
  (8)
beide (die beiden) both, two (7)
beißen, biß, gebissen to bite (R III)
das **Beispiel, –e** example (2); zum Bei-
  spiel for example (11)
bekannt (well) known (9)
beklagen to lament (6)
bekommen, bekam, bekommen to
  get, receive (14)
(das) **Belgien** Belgium (19)
beliebt (much) liked, popular (12)
bemerken to remark (9); notice (11)
die **Bemerkung, –en** remark (11)
sich bemühen to try hard (21)
das **Benzin** gasoline (11)
der **Benzintank** gasoline tank (11)
beobachten to watch, observe (10)
die **Beobachtung, –en** observation (13)
bequem comfortable (20)
der **Berg, –e** mountain (11)
der **Bergbewohner, —** mountaineer (23)
der **Beruf, –e** profession (16)
berühmt famous (10)
die **Besatzung, –en** occupation (14)
sich beschäftigen to concern oneself (17)
beschreiben, beschrieb, beschrieben
  to describe (12)
die **Beschreibung, –en** description (11)
beschützen to protect (18)
besetzen to occupy (14)

besiegen to defeat (14)
besitzen, besaß, besessen to own,
  have (23)
der **Besitzer, —** owner (19)
besonders especially (5)
besprechen, besprach, besprochen, er
  bespricht to discuss (17)
besser better (2); etwas **Besseres**
  something better (11)
best- best; am besten best of all (11)
das **Beste** the best thing (11)
bestehen aus, bestand aus, bestanden
  aus to consist of (10); bestehen auf
  (*dat.*) to insist on (17)
bestellen to order (8)
bestimmt special, definite (14)
der **Besuch, –e** visit (10)
besuchen to visit (5)
der **Besucher, —** visitor (16)
betrachten to consider, look at (20)
das **Bett, –en** bed (9)
bewegen to move (16)
bevölkert populated (18)
die **Bevölkerung** population (23)
bevor before (R III)
die **Bewegung, –en** movement, stir (16)
beweisen, bewies, bewiesen to prove
  (19)
bewundern to admire (7)
bezahlen to pay (21)
die **Bibel, –n** Bible (1)
die **Bibelübersetzung, –en** Bible transla-
  tion (11)
dic **Bibliothek, –en** library (17)
das **Bier** beer (9)
bieten, bot, geboten to offer (21)
das **Bild, –er** picture (4)
bilden to form, make up (12); sich
  bilden to form, arise (18)
billig cheap, inexpensive (11)
die **Binnenalster** Inner Alster Lake (5)
bis up to, to; until (12)
bißchen: ein bißchen a little bit (17)
bitte please (2)
bitten, bat, gebeten um (*acc.*) to re-
  quest, ask for (14)
blau blue (15)
bleiben, blieb, ist geblieben to re-
  main, stay (10)

der **Bleistift, –e** pencil (9)
blind blind (12)
blinken to blink (4)
blühend flourishing (19)
die **Blütezeit, –en** time of flourishing, golden age (19)
die **Bombe, –n** bomb (5)
das **Boot, –e** boat (7)
borgen to borrow (21)
böse bad, angry, evil (18); **das Böse** the evil, the bad (20)
der **Brauch, ⸗e** custom (14)
brauchen to need (11)
braun brown (2)
BRD = Bundesrepublik Deutschland Federal Republic of Germany (14)
breit broad, wide (2)
brennen, brannte, gebrannt to burn (16)
der **Brief, –e** letter (13)
der **Briefkasten, ⸗** mailbox (13)
die **Briefmarke, –n** stamp (21)
der **Briefträger, —** mailman (17)
die **Brille, –n** glasses (13)
brilliant brilliant (17)
bringen, brachte, gebracht to bring (2); to take (20)
das **Brot, –e** bread (2)
die **Brücke, –n** bridge
der **Bruder, ⸗** brother (6)
das **Buch, ⸗er** book (2)
die **Bücherstadt, ⸗e** book town (11)
die **Bude, –n** (student's) room (17)
die **Bühne, –n** stage (8)
das **Bullauge, –n** porthole (16)
die **Bundesrepublik** Federal Republic (14)
die **Bürde, –n** burden (19)
die **Burg, –en** castle (7)
der **Bürger, —** citizen (16)
der **Bürgerkrieg, –e** civil war (19)
das **Auto, –s** office (2)
der **Bus, Busse** bus (4)
die **Butter** butter (2)

das **Café, –s** café (14)
charmant charming (14)
chemisch chemical (17)

der **Christ, –en, –en** Christian (19)
christlich Christian (21)

da there (2); since (17)
dabei in so doing (13)
dafür for it (14)
d.h. = das heißt that is (15)
damals at that time (15)
die **Dame, –n** lady (2)
damit with that; so that (13)
dampfen to steam (2)
der **Dampfer, —** (steam)ship, ocean liner (2)
das **Dampfschiff, –e** steamer (2)
danach after that
danken (dat.) to thank (2); **Danke!** Thank you. (11)
dann then (2); **dann und wann** now and then (16)
darüber about it (18)
daß that (2)
dauern to last, take (14)
davon of that (6)
DDR = Deutsche Demokratische Republik German Democratic Republic (14)
die **Debatte, –n** debate (17)
debattieren to debate (18)
das **Deck, –e** deck (2)
der **Deckstuhl, ⸗e** deckchair (4)
die **Dekoration, –n** decoration (12)
das **Delikatessengeschäft, -e** delicatessen store (10)
demokratisch democratic (11)
denken, dachte, gedacht to think (2); **das Denken** thinking (15)
der **Denker, —** thinker (18)
das **Denkmal, ⸗er** monument (14)
denn for, because (11)
derselbe the same (9)
deshalb therefore (16)
der **Detektiv, –e** detective (13)
deutsch German (2)
(das) **Deutsch** German (2)
der **Deutschamerikaner, —** German-American (8)
die **Deutschklasse, –n** German class (7)
(das) **Deutschland** Germany (2)

VIERHUNDERTDREIZEHN

die **Deutschlandreise, –n**   trip to Germany (7)
die **Deutschlehrerin, –nen**   German teacher (7)
das **Dezimalsystem**   decimal system (13)
d.h. = **das heißt**   that is to say (5)
der **Dialekt, –e**   dialect (9)
der **Diamant, –en**   diamond (2)
das **Dichten**   the writing (16)
der **Dichter,** —   poet (15)
die **Dichtung**   (literary) writing
dienen   to serve (22)
dies; dieser, diese, dieses   this (2)
diesmal   this time (10)
das **Ding, –e**   thing (16)
diplomatisch   diplomatic (12)
der **Direktor, Direktoren**   director (2)
die **Diskussion, –en**   discussion (12)
disputieren   to debate, argue (14)
doch   yet (14); after all (5); however (8)
der **Doktor, Doktoren**   doctor (2)
der **Dollar,** —   dollar (4)
der **Dom, –e**   cathedral (6)
die **Donau**   Danube (12)
donnern   to thunder (16)
die **Doppelmonarchie**   double monarchy (22)
das **Dorf, ⸗er**   village (10)
das **Dörfchen,** —   small village (18)
dort   there (5)
die **Dose, -n**   tin, can (10)
der **Draht, ⸗e**   wire (18)
das **Drama, Dramen**   drama (9)
der **Dramatiker,** —   dramatist (15)
sich drehen   to turn (16)
dreißigjährig   thirty-year (19)
dritt-   third (20); **ein Drittel**   a third (21)
der **Duft, ⸗e**   fragrance (18)
dulden   to tolerate (14)
dumm   dumb, stupid (13)
die **Düne, –n**   dune (10)
dunkel (dunkl-)   dark (18)
durch   through (4); by (6)
die **Frucht, ⸗e**   fruit (8)
dürfen, durfte, gedurft, er darf   to be permitted (6)

der **Durst**   thirst (21)
durstig   thirsty (7)

eben   just (now) (14)
die **Ebene, –n**   plane (10)
ebensowenig   just as little (21)
die **Ecke, –n**   corner (8)
ehe   before (16)
ehemalig   former (11)
eher   rather (15)
ehren   to respect, revere (18)
ehrgeizig   ambitious (20)
das **Ei, –er**   egg (9)
eigen   own (7)
die **Eigenschaft, –en**   quality (17), characteristic, peculiarity (20)
eigentlich   actual, real (16)
eilen (ist)   to hurry (17)
der **Einakter,** —   one-act play
sich ein-bilden   to imagine (18)
der **Eindruck, ⸗e**   impression (15)
einfach   simple, plain (14)
ein-fallen, fiel ein, ist eingefallen   to occur (19)
der **Einfluß, ⸗sse**   influence (19)
ein-führen   to introduce (14)
die **Einheit**   unity (19)
einige   some (10)
der **Einkauf, ⸗e**   purchase (19)
ein-kaufen   to buy, shop (17)
das **Einkommen,** —   income (21)
ein-laden, lud ein, eingeladen, er lädt ein   to invite (20)
die **Einladung, –en**   invitation (23)
einmal   one time, once (11); **noch einmal**   once more (2)
die **Einrichtungen** (*pl.*)   institutions (21)
einsam   lonely (17)
ein-schlafen, schlief ein, ist eingeschlafen, er schläft ein   to fall asleep (18)
einst   once (19)
ein-steigen, stieg ein, ist eingestiegen   to get on (6)
die **Eintrittskarte, –n**   admission ticket (8)
der **Einwohner,** —   inhabitant (13)
einzig   only (15), single (20)

das **Eis** ice (4)
der **Eisberg, –e** iceberg (1)
die **Eisenbahn, –en** railroad, train (15)
eisern iron (10)
eiskalt ice-cold (9)
die **Elbe** Elbe river (5)
das **Elend** misery (21)
die **Eltern** (*pl.*) parents (10)
emailliert enameled (20)
emanzipiert emancipated (13)
empfehlen, empfahl, empfohlen, er empfiehlt to recommend (8)
das **Ende** end (2); **zu Ende sein** to be at an end (13)
enden to end (14)
endlich finally (9)
das **Endresultat, –e** final result, upshot (18)
die **Energie, –n** energy (14)
die **Enge** narrowness (15)
englisch English (7)
Englisch English (language) (13)
die **Englischstunde, –n** English lesson (14)
die **Entfernung, –en** distance (11)
entfernt away from (5)
entfliehen, entfloh, ist entflohen to escape (16)
der **Enthusiasmus** enthusiasm (2)
entlang along (10)
entschuldigen to excuse (13)
entstehen, entstand, ist entstanden to originate, come into being, result (15)
(sich) **entwickeln** to develop (17)
die **Entwicklung, –en** development (15)
der **Epikureer, —** epicurean (17)
die **Erde** earth (4); soil (20)
das **Ereignis, –se** event (20)
erfahren, erfuhr, erfahren, er erfährt to find out (16)
die **Erfahrung, –en** experience (17)
erfinden, erfand, erfunden to invent (12)
der **Erfolg, –e** success (9)
erfüllen fulfill (17)
sich **erholen** to recover (19)
erinnern an to remind of (19); **sich erinnern an** to remember (8)

die **Erinnerung, –en** memory (16)
erkämpfen to fight for (19)
erkennen, erkannte, erkannt to recognize (13)
erklären to explain (5)
die **Erklärung, –en** explanation (15)
erlauben to allow, permit (7)
erleben to experience (12)
ernst serious (17)
erobern to conquer (14)
die **Eroberung, –en** capture (14)
der **Eroberungskrieg, –e** war of conquest (22)
erreichen to reach (12)
erscheinen, erschien, ist erschienen to appear (11)
erschießen, erschoß, erschossen to shoot (15)
erschüttern to shake (15)
ersetzen to replace, take the place of (17)
erst first (3); only; not until (13)
erstaunlich astonishing (14)
erstaunt astonished (13)
erstechen, erstach, erstochen, er ersticht to stab (15)
erstklassig first-class (10)
erwähnen to mention (12)
die **Erwähnung** mention (20)
erwarten to expect (22)
erzählen to tell (6)
die **Erzählung, –en** narration (18)
essen, aß, gegessen, er ißt to eat (2)
das **Essen** food (8); **zum Essen** for dinner (20)
etwa about, approximately (17)
etwas some (11), something, a little (6); **so etwas** something like that (8)
(das) **Europa** Europe (9)
europäisch European (11)
die **Europareise, –n** European trip (19)
existieren to exist (6)
das **Experiment, –e** experiment (4)
explodieren to explode (9)
exportieren to export (10)

die **Fabel, –n** fable (13)
die **Fabrik, –en** factory (21)

der **Fabrikarbeiter**, — factory worker (21)
der **Fachausdruck**, ⸗e technical term (21)
fahren, fuhr, ist gefahren, er fährt to go, drive, travel (2)
der **Fahrer**, — driver (23)
der **Fahrplan**, ⸗e timetable (13)
der **Fahrschein**, –e ticket, transfer (17)
die **Fahrt**, –en trip (6)
der **Faktor**, –en factor (19)
der **Fall**, ⸗e case (13)
fallen, fiel, ist gefallen, er fällt to fall (8), drop (14)
fällen to fall, cut down (15)
falls in case (R III)
falsch false, wrong (2)
die **Familie**, –n family (2)
der **Fasching** carnival (12)
die **Faschingszeit** carnival time (12)
fast almost (11)
der **Februar** February (2)
das **Federbett**, –en feather bed (17)
fehlen to be missing (3); to lack (21)
der **Fehler**, — mistake (7)
fehlerhaft imperfect (20)
feiern to celebrate (11)
der **Feind**, –e enemy (14)
das **Feld**, –er field
das **Fenster**, — window (11)
der **Fensterplatz**, ⸗e seat by the window (13)
die **Ferien** (*pl.*) vacation (10)
fern far, distant (15)
das **Fernsehen** television (14)
fertig finished (23)
das **Fest**, –e festival (12)
festlich festive (12)
das **Feuer**, — fire; light (11)
der **Film**, –e film (7)
finden, fand, gefunden to find (2)
der **Finger**, — finger (2)
die **Firma, Firmen** firm, company (7)
der **Fisch**, –e fish (2)
fischen to fish (2)
der **Fischer**, — fisherman (10)
das **Fleisch** meat (18)
fliegen, flog, ist geflogen to fly (4)
fliehen, floh, ist geflohen to flee (16)
die **Flugkarte**, –n airline ticket (23)

die **Fluglinie**, –n airline (5)
das **Flugzeug**, –e airplane (4)
die **Flunder**, –n flounder (5)
der **Fluß**, ⸗sse river (5)
das **Flußwasser** river water (5)
folgen (**ist** + *dative*) to follow (5)
das **Folgende** the following (17)
die **Form**, –en form (10)
die **Formalität**, –en formality (22)
fort-fahren, fuhr fort, ist fortgefahren, er fährt fort to continue (15)
fort-fliegen, flog fort, ist fortgeflogen to fly away (18)
der **Fortschritt**, –e progress (6)
fort-setzen to continue (19)
die **Fortsetzung**, –en continuation (14)
die **Frage**, –n question (2)
fragen to ask (2)
der **Franke**, –n Frank, Franconian (19)
fränkisch Frankish (6)
(das) **Frankreich** France (3)
der **Franzose**, –n, –n Frenchman (10)
französisch French (4)
die **Frau**, –en woman, lady (4)
das **Fräulein** young lady; Miss (2)
frei free (15)
die **Freiheit** freedom, liberty (2)
der **Freiheitskampf**, ⸗e struggle for liberty (16)
die **Freiheitsstatue** Statue of Liberty (9)
der **Freitag**, –e Friday (14)
freiwillig voluntarily (21)
die **Freizeit** leisure time (6)
fremd strange, foreign (9)
der **Fremde**, –n, –n stranger (22)
die **Fremdsprache**, –n foreign language (13)
die **Freude**, –n joy, merriment (12); **es macht mir Freude** it gives me pleasure (21)
sich freuen to be happy (14); **sich freuen auf** to look forward to (18)
der **Freund**, –e friend (2)
die **Freundin**, –nen girl friend (11)
freundlich friendly (6)
die **Freundschaft**, –en friendship (22)
der **Friede**, –ns, –n peace (14)
friedlich peaceful (21)
frisch fresh (7)

froh glad (17)
fruchtbar fruitful, fertile (10)
früh early (14); früher earlier, formerly (21)
der Frühling spring (23)
fühlen to feel (14); das Fühlen feeling (15)
führen to lead, guide, take (9)
der Führer, — guide (6); leader (17); "führer"
die Führung leadership (19)
füllen to fill (8)
für for (4)
furchtbar terrible, frightful, horrible (19)
sich fürchten to be afraid (18)
der Fürst, –en, –en prince, sovereign (16)
das Fürstentum, ⸗er principality (20)
der Fuß, ⸗e foot (13); zu Fuß on foot (18)
das Fußballspiel, –e football game (21)
der Fußballspieler, — football player (15)
der Fußgänger, — pedestrian (23)

gähnen to yawn (8)
ganz whole, entire (9); quite (4); very (6)
gänzlich entirely (20)
die Garage, –n garage (2)
der Garten, ⸗ garden (5)
der Gast, ⸗e guest, customer (9)
das Gebäude, — building (6)
geben, gab, gegeben, er gibt to give (2); es gibt there is, there are (7), there exists (12)
das Gebiet, –e field (15), territory (19)
das Gebirge, — mountain range (10)
geboren born (2)
der Gebrauch, ⸗e custom; use (22)
gebrauchen to use (13)
das Geburtshaus, ⸗er birthplace (6)
das Geburtsjahr year of birth (15)
die Geburtsstadt, ⸗e birthplace (10)
der Geburtstag, –e birthday (13)
der Gedanke, –ns, –n thought (R II), idea (20)
das Gedicht, –e poem (11)
die Geduld patience (21)
die Gefahr, –en danger (22)

gefallen, gefiel, gefallen, es gefällt; es gefällt mir (it is pleasing to me) I like it; Wie gefällt Ihnen? How do you like? (5)
das Gefühl, –e feeling (15)
gegen against (4)
die Gegend, –en region (23)
gegenüber opposite (13)
der Gegner, — opponent, adversary (22)
gehen, ging, ist gegangen to go, walk (2); Wie geht's? How are you? (15)
gehören to belong (14)
die Geige, –n violin (18)
der Geist, –er ghost (11), spirit (8), mind (17), intellect (18)
geistig intellectual (18)
geistlich religious, spiritual (19)
geizig stingy, miserly (17)
das Gelächter laughter (9)
gelangen zu to attain (23)
das Geld money (13)
die Gelegenheit, –en opportunity (13)
die Geliebte, –n sweetheart (17)
gelingen, gelang, ist gelungen to succeed (23)
die Gemäldegalerie, –n picture gallery (5)
gemütlich cozy (17)
die Gemütlichkeit congeniality (14)
die Generation, –en generation (10)
(das) Genf Geneva (23)
das Genie, –s genius (15)
genießen, genoß, genossen to enjoy
genug enough (2)
genügen to be enough, suffice (9)
die Geographie geography (10)
geographisch geographically (10)
germanisch Germanic (19)
die Germanistik German Language and Literature (13)
gern(e) gladly; ich esse gern I like to eat (9)
das Geschäftshaus, ⸗er commercial building (5)
das Geschäftsleben business life (6)
geschehen, geschah, ist geschehen, es geschieht to happen (15)
die Geschichte, –n history (6)

geschichtlich historical (20)
die Geschwindigkeit speed (13)
die Gesellschaft society (17)
    gesellschaftlich socially (22)
das Gesetz, –e law (21)
das Gesicht, –er face (9)
das Gespräch, -e conversation (13)
die Geste, –n gesture (8)
    gestehen, gestand, gestanden to con-
    fess (16)
    gestern yesterday (9); gestern abend
    last night (18)
    gewaltig powerful, huge (22)
das Gewicht, –e weight (13)
    gewinnen, gewann, gewonnen to win
    (R III)
    gewiß to be sure (20)
sich gewöhnen an to become accustomed
    to (21)
    gewöhnlich usual(ly) (19)
das Glas, ≈er glass (8)
der Glaube, –ns, –n belief, faith
    glauben (with dat. of person) to be-
    lieve (5)
    gleich right away (8)
    gleichzeitig at the same time (18)
    glitzern to glisten, glitter (2)
das Glück happiness (15); zum Glück
    fortunately (18)
    glücklich happy (15)
das Gold gold (1)
    golden golden (2)
    gotisch Gothic (7)
der Gott, ≈er God (16)
der Grabstein, –e gravestone (18)
der Graf, –en, –en count (14)
das Gramm gram (13)
die Grammatik grammar (7)
die Grenze, –n border, boundary (12)
    groß large, tall (2)
die Großmacht, ≈e great power (19)
die Großmutter, ≈ grandmother (13)
die Großstadt, ≈e big city, metropolis
    (10)
das Großstadtproletariat big-city pro-
    letariat (21)
    grün green (5)
der Grund, ≈e reason (14)
    gründen to establish, found (14)

der Gründer, — founder (21)
die Grundlage basis, foundation (11),
    (pl.) fundamentals (21)
    gründlich thoroughly (20)
die Gründung, –en establishment, foun-
    dation (14)
das Gründungsjahr, –e year of establish-
    ment (14)
die Gruppe, –n group (6)
der Gruppenflug, ≈e group flight (23)
der Gruß, ≈e greeting (16)
der Gugelhupf kind of Viennese coffee
    cake (14)
    gut good, well (2); das Gute good
    things (14)

das Haar, –e hair (2)
    haben, hatte, gehabt, er hat to have
    (2)
    Habsburger (of the) Hapsburg
    (dynasty) (22)
der Hafen, ≈ harbor (5)
der Hafenarbeiter, — longshoreman
    (16)
die Hafenstadt, ≈e habor town (10)
    halb half (4)
die Hälfte, –n half (18)
    halten, hielt, gehalten, er hält to
    hold, keep; to stop (6); halten für
    to consider, take for (14); halten
    von to think of (22)
    halt-machen to stop (14)
    hamburgisch adjective form of Ham-
    burg (5)
die Hand, ≈e hand (8)
    handeln to act (19)
    hängen, hing, gehangen to hang (9);
    hängen an (acc.) to cling to (14)
die Harmlosigkeit harmlessness (23)
    hart hard; difficult (8)
das Harzgebirge Harz Mountains (11)
der Haß hatred (17)
    hassen to hate (16)
der Hauptgrund, ≈e main reason (14)
die Hauptrolle, –n leading role (16)
das Hauptthema, . . . themen main sub-
    ject (18)
das Haupttransportmittel, — chief means
    of transportation (17)

das **Haus, ⸗er** house (6); **nach Hause** home (8); **zu Hause** at home (8)

der **Hausherr, –n, –en** head of the family (22)

die **Hausnummer, –n** street number (13)

heben, hob, gehoben to raise (20)

heilig holy; **das Heilige Römische Reich** Holy Roman Empire (962–1806) (19)

die **Heimat** homeland (17)

der **Heimatstaat, –en** home state (13)

die **Heimatstadt, ⸗e** hometown (5)

das **Heimweh** homesickness (17)

der **Heinrichsbrunnen** Henry Fountain (*named after Henry the Lion, 1129–1195*) (*10*)

heiraten to marry (14)

heiß hot (2)

heißen, hieß, geheißen to be called, mean; **ich heiße** my name is; **wie heißt** what is the name of (2)

die **Heizung** heating (17)

der **Held, –en, –en** hero (15)

helfen, half, geholfen, er hilft (*dat.*) to help (8)

der **Helfer, —** helper (11)

hell bright, clear (17)

die **Hellebarde, –n** halberd (23)

der **Helvetier, —** Helvetian (Swiss) (23)

das **Hemd, -en** shirt (R II)

der **Herr, –n, –en** gentleman, Mr. (2); master (11)

herrlich magnificent, wonderful (15)

die **Herrlichkeit** magnificence, glory (20)

die **Herrschaft** rule (22)

herrschen to prevail (12); to rule (22)

der **Herrscher, —** ruler (20)

hervor-bringen, brachte hervor, hervorgebracht to bring forth (20)

das **Herz, –ens, –en** heart (11)

der **Herzog, ⸗e** duke

heute today; **heute abend** tonight; **heute früh** this morning; **heute nachmittag** this afternoon (4)

heutig present (-day), modern (14), today's (21)

die **Hexe, –n** witch (11)

hier here (5)

die **Hilfe** help, aid (14)

der **Himmel, —** sky (14), heaven (23)

hinaus out(side) (15)

sich **hin-setzen** to sit down (16)

hinter behind (2)

der **Hirt, –en, –en** shepherd (18)

der **Historiker, —** historian (17)

historisch historical (15)

hoch (hoh-) high (10)

(das) **Hochdeutsch** High German (10)

die **Hochebene, –n** plateau (12)

hochentwickelt highly developed (23)

das **Hochhaus, ⸗er** high-rise building (6)

hochintelligent highly intelligent (23)

höchst- highest (12)

der **Höchstkommandierende** commander in chief (20)

das **Hochwasser** high water, flood (18)

der **Hof, ⸗e** court (14)

das **Hofbräuhaus** *name of a restaurant in Munich* (12)

hoffen to hope (14)

hoffentlich I hope (9)

die **Hoffnung** hope (22)

höflich polite (23)

der **Höhepunkt, –e** high point (7)

höher higher (10)

holen to get, pick up (16)

Holsteiner Art à la Holstein (9)

das **Holstentor** Holstein Gate (10)

das **Holz** wood (15)

die **Holzbank, ⸗e** wooden bench (18)

hören to hear (6), listen (20)

der **Horizont** horizon (11)

der **Hörsaal, . . . säle** lecture room (17)

das **Hotel, –s** hotel (4)

hübsch pretty (15)

die **Humuserde** top soil (18)

das **Hundert, –e** hundred (12)

hungrig hungry (7)

das **Ideal, -e** ideal (18)

die **Idealistin, –nen** idealist (8)

die **Idee, –n** idea (12)

immer always (4); **immer wieder** again and again (19)

der **Imperialismus** imperialism (21)

imponieren (*with dat. of person*) to impress (5)

der **Indianerpfad, –e** Indian trail (7)

das **Individuum, Individien**   individual (15)
industrialisiert industrialized (18)
die **Industrialisierung** industrialization (21)
die **Industrie, –n** industry (2)
das **Industrieland, ⸗er** industrial country (14)
die **Industriemacht, ⸗e** industrial power (20)
das **Industrieprodukt, –e** industrial product (10)
die **Industriestadt, ⸗e** industrial town (10)
das **Industriezentrum, . . . zentren** industrial center (11)
informieren to inform (17)
der **Ingenieur, –e** engineer (18)
der **Inhalt** content (16)
das **Innenleben** inner life (22)
das **Innere: sein Inneres** his inner self (22)
innerhalb within (14)
die **Insel, –n** island (10)
das **Institut, –e** institute (12)
interessant interesting (4)
das **Interesse, –n** interest (9)
interessieren to interest; **sich interessieren** to be interested (2)
international international (3)
irgendein any (10)
irisch Irish (9)
sich irren to err, be mistaken (18)
(das) **Italien** Italy (4)
italienisch Italian (9)

ja yes; to be sure (15)
das **Jahr, –e** year (2)
das **Jahrhundert, –e** century (6)
jahrhundertelang for centuries (14)
die **Jahrhunderthälfte, –n** half of the century (21)
das **Jahrzehnt, –e** decade (14)
jawohl yes, indeed (20)
je ever (20)
jeder each, every(body) (6)
jedesmal each time (6)
jemand somebody (16)

jener that (6)
der **Jesuit, –en, –en** Jesuit (18)
jetzt now (2)
die **Jugend** youth (15)
das **Jugendgedicht, –e** youthful poem, early poem (17)
das **Jugendwerk, –e** early work (17)
jung young (2)
der **Junge, –n, –n** boy (10)
der **Jüngling, –e** young man (20)
der **Juni** June (7)

die **Kabine, –n** cabin (3)
das **Kabinenfenster, —** cabin window (16)
der **Kaffee** coffee (2)
der **Kaiser, —** emperor (17)
die **Kaiserin, –nen** empress (14)
kaiserlich imperial (14)
das **Kaiserreich** empire (15)
der **Kaisertitel** title (of) emperor (19)
kalt cold (4)
die **Kamera, –s** camera (2)
der **Kamerad, –en, –en** comrade (18)
der **Kampf, ⸗e** struggle, fight, battle (16)
kämpfen to fight, struggle (16)
der **Kämpfer, —** fighter
der **Kanal, ⸗e** channel (4)
der **Kanton, –e** canton (23)
der **Kapitän, –e** captain (2)
das **Kapitel, —** chapter (13)
die **Karte, –n** map (3)
die **Kartoffel, -n** potato (9)
der **Kartoffelsalat** potato salad (8)
der **Kasten, ⸗** box (13)
die **Katastrophe, –n** catastrophe (19)
der **Kauf, ⸗e** purchase (21)
kaufen to buy (5)
der **Kaufmann, . . . leute** merchant, businessman (18)
kaum hardly (13)
kein no (2)
keineswegs by no means (21)
der **Kellner, —** waiter (14)
keltisch Celtic (23)
kennen, kannte, gekannt to know, be acquainted with a person or an object (4)
kennen-lernen to meet (15)

der **Kenner,** — expert (20)
das **Kilogramm** kilogram (*2.2 lb.*) (13)
der **Kilometer,** — kilometer (*0.62 mile*) (2)
die **Kilometerzahl,** –en number of kilometers (13)
das **Kind,** –er child (3)
das **Kinderbuch,** ⸗er child's book (13)
das **Kino,** –s movies (2)
die **Kirche,** –n church (9)
die **Klage,** –n complaint (17)
　klagen to complain (21)
　klar clear (R II)
die **Klasse,** –n class (13)
das **Klassenbewußtsein** class consciousness (12)
der **Klassenhaß** class hatred (21)
der **Klassenunterschied,** –e difference between classes (21)
das **Klassenzimmer,** — classroom (16)
das **Kleid,** –er dress (R II)
　klein small, little (3); **der Kleine** little one (6)
die **Kleinstadt,** ⸗e small town (11)
　klingeln to ring (19); **es klingelt** the bell is ringing (4)
　klingen, klang, geklungen to sound (13)
　klug clever (21)
　km = Kilometer (5)
die **Knackwurst** knockwurst (8)
das **Knie,** –e knee (2)
der **Koch,** ⸗e cook (8)
　kochen to cook (11)
der **Kollege,** –n, –n colleague (21)
das **Kollektiv,** –e collective (18)
(das) **Köln** Cologne (12)
die **Kolonie,** –n colony (22)
das **Kommando,** –s command (16)
die **Kommandobrücke,** –n bridge (*on a ship*) (2)
　kommen, kam, ist gekommen to come (2)
　komponieren to compose (22)
der **Komponist,** –en, –en composer (11)
der **Konfessionalstreit** confessional fight (20)
der **König,** –e king (14)
die **Königin,** –nen queen (14)

　königlich royal (21)
das **Königreich,** –e kingdom (20)
der **Konjunktiv,** –e subjunctive (22)
　konkurrieren to compete (21)
　können, konnte, gekonnt, er kann can, be able (2); **Deutsch können** to know German (11)
der **Kontinent,** –e continent (6)
das **Konzert,** –e concert (6)
die **Körperdimensionen** (*pl.*) physical dimensions (19)
die **Korrespondenz** correspondence (13)
　kosten to cost (13)
das **Kostüm,** –e costume (12)
die **Kraft,** ⸗e strength (19)
　krank sick (17)
das **Krankenhaus,** ⸗er hospital (2)
die **Krankenhauskosten** (*pl.*) hospital expenses (21)
die **Krankheit,** –en illness (16)
das **Kreuz,** –e cross (23)
der **Krieg,** –e war (6)
　kriegerisch warlike (23)
die **Kritik,** –en criticism, critique, review (6)
　kritisch critical (8)
　kritisieren to criticize (17)
die **Krone,** –n crown (15)
　krönen to crown (19)
der **Kronprinz,** –en, –en crown prince (15)
die **Küche,** –n kitchen, cooking (9)
der **Kuchen,** — cake (14)
die **Kuh,** ⸗e cow (10)
　kühl cool (7)
die **Kultur,** –en culture (9)
die **Kulturform,** –en cultural forms (20)
die **Kulturgeschichte,** –n cultural history (19)
der **Kulturkritiker,** — culture critic (18)
das **Kulturland,** ⸗er civilized country (23)
das **Kulturleben** cultural life (14)
die **Kulturprovinz,** –en cultural province (9)
der **Kulturrevolutionär,** –en, –en cultural revolutionist (17)
die **Kulturtradition** cultural tradition (20)
das **Kulturvakuum** cultural vacuum (20)

das **Kulturzentrum, . . . zentren** cultural center (14)
die **Kunst, ≃e** art (12)
die **Kunstausstellung, –en** art exhibition (21)
die **Kunstgeschichte** art history (21)
der **Künstler, —** artist (12)
   künstlich artificial, false (14)
die **Kunstschätze** (*pl.*) art treasures (20)
die **Kunststadt, ≃e** art city (12)
   kurz short (R II)
der **Kuß, ≃sse** kiss (14)
die **Küste, –n** coast (10)
die **Kutsche, –n** carriage (14)

das **Labor** (*short for* **Laboratorium**) lab(oratory) (17)
   lächeln to smile (6); **das Lächeln** smile (14)
   lachen to laugh (5)
der **Laden, ≃** store (5)
die **Ladentür, –en** store door (19)
die **Lage** location (4); situation (11)
das **Land, ≃er** land (3), country (11), territory, state (10)
   landen to land (2)
die **Landessprache** vernacular (23)
die **Landschaft** landscape (13), scenery (7)
   lang long (2); **lange** for a long time (2)
   langsam slow (2)
sich langweilen to be bored (20)
der **Lärm** noise (17)
   lassen, ließ, gelassen, er läßt to leave (6); to let (15)
   lateinisch Latin (7)
die **Laterne, –n** lantern, street light (2)
   laufen, lief, ist gelaufen, er läuft to run (R III)
   laut loud (2)
   lauwarm lukewarm (9)
   leben to live (6)
das **Leben** life (8)
   lebendig living (15), alive (17); **alles Lebendige** all that is alive (15)
die **Lebensfreude, –n** joy of life (12)
die **Lebenskunst** art of life (17)
die **Lebensmittel** (*pl.*) foods

die **Lebensmittelprodukte** (*pl.*) food products (10)
der **Lebenssinn** meaning of life (15)
der **Lebensstandard** standard of living (19)
der **Lebensstil, –e** style of life (6)
das **Lebenswerk, –e** lifework (15)
die **Leberwurst** liverwurst (2)
   leer empty (11)
   legen to lay, put (9)
   lehren to teach (18)
der **Lehrer, —** teacher (7)
der **Lehrerimitator, –en** imitator of the teacher (10)
die **Lehrerin, –nen** (woman) teacher (7)
   leicht light (13), easy (2), slight (7)
   leid: das tut mir leid I'm sorry (13)
   leiden, litt, gelitten to suffer (17)
das **Leiden, —** suffering, sorrow (14)
   leider unfortunately, I'm sorry to say (8)
   leisten to achieve, accomplish (15)
die **Leistung, –en** achievement (20)
die **Lektüre, –n** reading (matter)
   lernen to learn (2)
   lesen, las, gelesen, er liest to read (2)
die **Leserin, –nen** reader (13)
   letzt– last (8)
die **Leute** (*pl.*) persons, people (11)
das **Licht, –er** light (2)
   lieb dear (8)
die **Liebe** love (9)
   lieben to love (7)
   lieber rather (10)
der **Liebesbrief, –e** love letter (21)
die **Liebesgeschichte, –n** love story (15)
das **Lieblingsgericht, –e** favorite dish (8)
das **Lieblingsstück, –e** favorite play (8)
   liebst–: am liebsten best (of all) (12)
das **Lied, –er** song (1)
der **Liederkomponist, –en, –en** composer of songs (15)
   liegen, lag, gelegen to lie, be situated (3)
die **Linie, –n** line (4)
   link– left; **links** to the left (5)
die **Liste, –n** list (16)
der **Liter, —** liter (*1.056 quart*) (11)
   literarisch literary, as a writer (18)

die **Literatur, –en** literature (10)
das **Lob** praise (7)
   loben to praise (7)
die **Lombartsbrücke** Lombart bridge (5)
das **Los** lot, fate (21)
   lösen to solve (21)
   los-machen to unfasten, detach (16)
die **Lösung, –en** solution (15)
die **Luft** air (19)
die **Lust** pleasure, delight, joy; **Lust haben** to like (14)
   lustig gay (22); **sich lustig machen über** to make fun of (18)
der **Lyriker, —** lyric poet (17)

   machen to make, do (6)
die **Macht, ⸗e** power (14)
   mächtig powerful (19)
das **Machtsymbol, –e** symbol of power (23)
das **Machtzentrum, . . . zentren** power center (18)
das **Mädchen, —** girl (6)
der **Mädchenname** maiden name (7)
der **Mai** May (11)
der **Mais** corn (13)
das **Mal** time (22)
   mal (*short form for* **einmal**) once; just
   malen to paint (12)
   malerisch picturesque (10)
   man one (2)
   mancher many a (7)
   manchmal sometimes (17)
der **Mann, ⸗er** man (2)
der **Mantel, ⸗** coat (9)
das **Märchen, —** fairy tale (11)
   marschieren to march (16)
die **Maschine, –n** machine (6)
die **Maschinenindustrie** machine industry (10)
die **Maske, –n** mask (12)
die **Mauer, –n** wall (14)
   mechanisch mechanical (21)
das **Medikament, –e** medicine (21)
das **Meer, –e** ocean, sea (5)
   mehr more (5); **nicht mehr** no longer (6)
   mehrere several (11)

die **Meile, –n** mile (2)
   meinen to mean (14)
die **Meinung, –en** opinion (19)
   meist- most (2)
   meistens mostly (7)
das **Meisterwerk, –e** masterwork (15)
der **Mensch, –en, –en** man, human being; (*pl.*) people (6)
das **Menschenrecht, –e** human right (14)
der **Menschentypus, . . . typen** type of human being (14)
die **Menschheit** mankind, humanity (15)
   menschlich human (20)
   merken to notice (13)
das **Messer, —** knife (18)
   messianisch messianic (21)
das **Metall, –e** metal (14)
der **Meter, —** meter (*3.28 feet*) (2)
die **Methode, –n** method (13)
   mieten to rent (17)
das **Mikrophon, –e** microphone (5)
die **Milch** milk (9)
die **Milchkuh, ⸗e** milch cow (10)
der **Militärarzt, ⸗e** army doctor (16)
   militärisch military (19)
die **Militärschule, –n** military academy (16)
die **Militärstation, –en** military station (6)
die **Milliarde, –n** billion (14)
die **Million, –en** million (19)
   minieren to mine (22)
die **Minute, –n** minute (2)
die **Mischsprache, –n** mixed language (20)
das **Mißverständnis** misunderstanding (17)
   mit with (2)
   mit-bringen, brachte mit, mitgebracht to bring (along) (22)
   miteinander with one another (10)
das **Mitglied, –er** member (21)
das **Mitleid** pity, sympathy (21)
   mitleidlos pitiless, merciless (21)
der **Mitmensch, –en, –en** fellow man (15)
   mit-nehmen, nahm mit, mitgenommen, er nimmt mit to take along (8)

die **Mitte** middle, center (6)
das **Mittelalter** Middle Ages (13)
  mittelalterlich medieval (15)
(das) **Mitteldeutschland** Central Germany (10)
  mittelmäßig mediocre (17)
der **Mittelpunkt** center (4)
der **Mittelstand** middle classes (17)
  mitten in the middle; **mitten durch** through the middle (14)
  mittler- middle (2)
der **Mittwoch** Wednesday (21)
die **Möbel** (*pl.*) furniture (17)
  möchte *see* **mögen**
das **Modell, –e** model (2)
  modern modern (5)
  mögen, mochte, gemocht, er mag to like (12); **ich möchte** I would like to (15)
  möglich possible (11)
die **Möglichkeit, –en** possibility, opportunity (21)
der **Montag, –e** Monday (R II)
der **Monat, –e** month (10)
  monatlich monthly (19)
  morgen tomorrow (2)
der **Morgen** morning (2)
  morgens in the morning (17)
der **Motor, Motoren** motor (7)
das **Motorboot, –e** motorboat (4)
das **Motorrad, ⸗er** motorcycle (4)
das **Motto, –s** motto (16)
  müde tired (8)
  multiplizieren to multiply (13)
(das) **München** Munich; **Münchner** (of) Munich (12)
die **Münchnerin, –nen** (female) inhabitant of Munich (2)
der **Mund, ⸗er** mouth (8)
das **Museum, Museen** museum (2)
die **Musik** music (7)
der **Musikfreund, –e** music lover (21)
  müssen, mußte, gemußt, er muß must, have to (2)
der **Mut** courage (22)
die **Mutter, ⸗** mother (2)
das **Mutterland** mother country (21)
  mütterlich motherly (17)
die **Muttersprache** mother tongue (13)

  na well (8)
  nach to, toward (2); after (5)
  nach-ahmen to imitate (20)
der **Nachahmer, —** imitator (17)
der **Nachbar, –n** neighbor (3)
  nachchristlich post-Christian (6)
  nachdem after (R III)
  nach-denken, dachte nach, nachgedacht to think, reflect (21)
der **Nachfolger, —** successor (23)
  nach-geben, gab nach, nachgegeben, er gibt nach to give in, yield (15)
der **Nachhauseweg** the way home (18)
der **Nachmittag, –e** afternoon (13)
die **Nachmittagsstunde, –n** afternoon hour (13)
  nächst- next (5)
die **Nacht, ⸗e** night (11)
der **Nachteil, —** disadvantage (17)
der **Nachtklub, –s** night club (20)
die **Nachtstunde, –n** hour of the night (16)
  nahe near, close (10)
die **Nähe** vicinity (7)
  nahe-kommen, kam nahe, ist nahegekommen to approach, get close (22)
der **Name, –ns, –n** name (6)
  nämlich namely (17)
die **Natur, –en** nature (14)
das **Naturgefühl** feeling for nature (15)
  natürlich naturally (5)
  naturliebend nature-loving (18)
die **Naturwissenschaften** (*pl.*) natural sciences (26)
  neben beside (3)
der **Nebenfluß, ⸗sse** tributary (11)
der **Nebentisch, –e** next table (9)
  nehmen, nahm, genommen, er nimmt to take (8)
  nein no (2)
  nennen, nannte, genannt to name, call (4)
das **Neonlicht, –er** neon light (6)
der **Nerv, –en** nerve (2)
  nervös nervous (9)
  nett nice (23)
  neu new (5)
  neugelernt newly learned (16)

nichts nothing (4)
nicken to nod (14)
nie never (10)
niedrig low (21)
niemand nobody (3)
nirgends nowhere (15)
noch still (4); noch ein another; noch einmal once more (2); noch nicht not yet (16)
(das) Norddeutschland Northern Germany (10)
der Norden north (1)
nördlich north, to the north (3); nördlichst northernmost (10)
nordöstlich northeast (12)
die Nordsee North Sea (5)
die Nordseeküste North Sea coast (10)
der Nordwesten Northwest (11)
die Not, =e need, distress (21)
nötig necessary (14)
der November November (2)
die Nummer, –n (3)
nun now (11); well (13)
nur only (2)
nützen to be useful (18)
nützlich useful (13)

ob if, whether (13)
oben on top, above, upstairs (13)
der Ober, — (head)waiter (8)
obgleich although (17)
oder or (2)
offen open (11)
offenbar evidently (17)
sich offenbaren to reveal oneself (18)
öffnen to open (2)
oft often (2)
ohne without (4)
ohnmächtig powerless, helpless (20)
das Ohr, –en ear (R II)
das Oktoberfest, =e October Festival (12)
der Onkel, — uncle (16)
die Oper, –n opera (5)
die Operation, –en operation (4)
die Operette, -n operetta, musical comedy (21)
operieren to operate (2)
das Opernhaus, =er opera house (20)

die Ordnung order (17)
sich orientieren to orient oneself
die Originalsprache, –n original language (10)
der Ostdeutsche, –n, –n East German (17)
(das) Ostdeutschland East Germany (11)
der Osten east (2)
östlich easternmost (23)
(das) Österreich Austria (4)
der Österreicher Austrian (14)
österreichisch Austrian (13)
ostfränkisch East Franconian (19)
östlich to the east (3)
die Ostsee Baltic Sea (10)
der Ozean, –e ocean (2)
der Ozeandampfer, — ocean liner (2)
die Ozeanreise, –n ocean voyage (15)

paar: ein paar a few (9)
das Päckchen, — pack (9)
die Palmenküste palm coast (18)
der Panzer, — armor, breast plate (22)
der Papierkorb, =e waste basket (8)
die Papierserviette, –n paper napkin (14)
der Papst, =e pope (19)
die Parallele, –n parallel (19)
paralysiert paralysed (17)
der Park, -s park (5)
der Parkplatz, =e parking place (5)
die Partei, –en party (17)
der Passagier, –e passenger (2)
der Passagierdampfer, — passenger steamer, liner (4)
passen to fit (23)
der Pastor, Pastoren pastor, minister (15)
patriarchalisch patriachal (12)
die Pause, –n pause, intermission (6)
die Person, –en person (6)
persönlich personally (12)
die Persönlichkeit, –en personality (15)
die Peterskirche St. Peter's Church (22)
das Pferd, –e horse (8)
pflegen to cultivate (20); to be accustomed to (16)
die Pflicht, –en duty (20)

das **Pfund** pound (13)
das **Phänomen,** –e phenomenon
die **Phantasie** imagination (11)
der **Philosoph,** –en, –en philosopher (17)
die **Philosophievorlesung,** –en philosophy lecture (21)
photographieren to photograph (2)
der **Pier,** –e pier (5)
das **Plakat,** –e poster (12)
planen to plan (23)
der **Planer,** — planner (23)
das **Plattdeutsch** Low German (10)
der **Platz,** ⸗e place, space, room (10)
plötzlich suddenly (11)
die **Pluralform,** –en plural form (10)
die **Polemik** polemics (17)
(das) **Polen** Poland (22)
der **Polizeihund,** –e police dog (17)
der **Polizist,** –en policeman (13)
die **Porzellanstadt,** ⸗e porcelain town (11)
die **Post** mail (17); post office (21)
die **Postkarte,** –n postcard (2)
die **Postleitzahl,** –en zip code (13)
praktisch practical (8)
die **Prämie,** –n premium (21)
der **Preis,** –e price (10)
der **Prestigeverlust,** –c loss of prestige (20)
(das) **Preußen** Prussia (19)
der **Preußenkönig** king of Prussia (19)
das **Preußentum** Prussianism (17)
der **Prinz,** –en, –en prince (15)
die **Prinzessin,** –nen princess (14)
das **Privatleben** private life (23)
der **Privatlehrer,** — tutor (14)
die **Privatstunde,** –n private lesson (14)
die **Privatwohnung,** –en private residence (17)
das **Problem,** –e problem (3)
das **Produkt,** –e product (10)
produzieren to produce (23)
der **Professor, Professoren** professor (6)
das **Programm,** –e program (8)
das **Projekt,** –e project (11)
der **Prophet,** –en –en prophet (20)
die **Prophezeiung,** –en prophecy (17)
das **Prozent,** –e percent (13)
der **Punkt,** –e point (10)

pünktlich punctual (6)
das **Publikum** public (18)

der **Quadratkilometer,** — square kilometer (13)
quälen to torment (16)

das **Radio,** –s radio (12)
die **Radiowarnung,** –en radio warning (2)
rasend furious (15)
der **Rasierapparat,** –e razor
sich **rasieren** to shave (18)
raten, riet, geraten, er rät to guess; to advise (20)
das **Rathaus,** ⸗er city hall (6)
das **Rätsel,** — riddle (17)
der **Räuber,** — robber (16)
rauchen to smoke (9)
der **Raum,** ⸗e room
das **Rauschen** rustle (11)
reaktionär reactionary (11)
rebellieren to rebel (21)
rechnen zu to include (20)
das **Recht,** –e right (19)
recht- right; **rechts** to the right (9);
  Sie haben recht You are right (3);
  Es ist mir recht It is all right with me (23)
rechtsrheinisch on the right bank of the Rhine (19)
die **Rede,** –n speech, discourse (22)
reden to talk (17)
reduzieren to reduce (22)
die **Reformation** Reformation (1)
regieren to rule, govern (19)
die **Regierung,** –en government (11)
der **Regimentsarzt,** ⸗e regimental medical officer (16)
regional regional (9)
der **Rehbraten** roast venison (18)
reich rich (5)
das **Reich,** –e empire, realm (14)
reichen to reach, extend (11)
der **Reichskanzler,** — Chancellor (of the Reich) (21)
der **Reichtum,** ⸗er richess, wealth (18)
die **Reise,** –n trip (7)
das **Reisebüro,** –s travel office (6)

der **Reiseführer,** — travel guide (11)
das **Reiseland, ⸗er** country to travel in (11)
die **Reisemöglichkeiten** (*pl.*) opportunities for travel (21)
reisen (ist) to travel (11)
das **Reisen** travelling (4)
der **Reisende, –n, –n** traveler (12)
die **Reitschule** riding academy (22)
reizend charming (17)
der **Religionskrieg, –e** religious war (20)
die **Reling** rail, railing (2)
die **Renaissance** Renaissance (15)
rennen, rannte, ist gerannt to run (R III)
reparieren to repair (12)
die **Republik, –en** republic (11)
die **Residenzstadt, ⸗e** capital, place of residence (19)
respektlos disrespectful (22)
der **Rest** rest, remainder (21)
das **Restaurant, –s** restaurant (5)
restaurieren to restore (6)
retten to save, salvage (16)
der **Rhein** Rhine (7)
der **Rheindampfer,** — Rhine steamer (7)
die **Rheinkarte, –n** map of the Rhine (7)
das **Rheinland** Rhineland (12)
die **Rheinreise, –n** trip on the Rhine (7)
richtig correct (2); real (17)
die **Richtung, –en** direction (11)
riesig huge, gigantic (7)
der **Ring, –e** ring (2)
ringen, rang, gerungen to wrestle (21)
der **Ringergriff, –e** wrestler's hold (21)
der **Ringkampf, ⸗e** wrestling match (21)
der **Ringkämpfer,** — wrestler (21)
der **Ritter,** — knight (23)
der **Rivale, –n, –n** rival (19)
das **Rokokoschloß, ⸗sser** rococo castle (20)
die **Rolle, –n** role (21)
rollen to roll (16)
der **Roman, –e** novel (6)
die **Romantik** romanticism (17)
der **Romantiker,** — romanticist (10)
romantisch romantic (11)
der **Römer,** — Roman; *also the name for the city hall in Frankfurt* (6)

die **Römerstadt, ⸗e** Roman city (7)
die **Römerzeit** Roman time (13)
römisch Roman (6)
rot red (2)
rufen, rief, gerufen to call (16)
die **Ruhe** rest, quiet, peace (18); **in Ruhe** in peace, leisurely (15)
ruhen to rest (22)
der **Ruhm** fame, renown (12)
die **Ruhrindustrie** industry in the Ruhr district (11)
die **Ruine, –n** ruin (7)
rund round (7); about (14)
der **Russe, –n, –n** Russian (10)
russisch Russian (9)
(das) **Rußland** Russia (12)

der **Saal, Säle** hall (17)
die **Sache, –n** affair, thing (11)
(das) **Sachsen** Saxony (11)
die **Sage, –n** legend (11)
sagen to say (2), tell (5)
der **Salat, –e** salad (9)
sammeln to collect (8)
die **Sammlung, –en** collection (20)
das **Sanatorium, . . . rien** sanatorium (18)
der **Sandsturm, ⸗e** sandstorm (18)
der **Satz, ⸗e** sentence (2)
das **Satzfragment, –e** fragmentary sentence (20)
die **Sauberkeit** cleanliness (17)
schade: es ist schade it's a pity (19)
schaden to harm, hurt (18)
schaffen, schuf, geschaffen to create, bring about (14)
sich **schämen** to feel small, feel ashamed (18)
der **Schatz, ⸗e** treasure (22)
scheinen, schien, geschienen to shine (2); to seem (11)
schenken to give (as a present) (15)
schicken to send (22)
das **Schicksal** fate (22)
schießen, schoß, geschossen to shoot (18)
das **Schiff, –e** ship (2)
der **Schiffbau** ship building (10)
der **Schiffsarzt, ⸗e** ship's doctor (16)

das **Schiffsrestaurant, –s** ship's restaurant (7)
der **Schinken, —** ham (9)
das **Schlachtfeld, –er** battle field (20)
der **Schlaf** sleep (17)
  schlafen, schlief, geschlafen, er schläft to sleep (8)
  schlau clever (21)
  schlecht bad, poor (8)
  schließen, schloß, geschlossen to close (2); to finish, conclude (6)
  schließlich finally (13)
  schlimm bad; **schlimmst-** worst (20)
das **Schloß, ⸗sser** castle (11)
  schmecken to taste (14)
der **Schmerz, –en** pain (2)
  schmücken to adorn, lend beauty to (20)
  schmutzig dirty (5)
der **Schnee** snow (2)
  schneiden, schnitt, geschnitten to cut (R III)
  schnell quick, fast (8)
der **Schnurrbart, ⸗e** mustache (19)
  schon already (5)
  schön nice, beautiful (7); good, very well (4); **das Schönste** the nicest thing (23)
die **Schönheit** beauty (7)
  schöpferisch creative, original (19)
  schreiben, schrieb, geschrieben to write (2)
der **Schreibtisch, –e** desk (21)
  schreien, schrie, geschrien to scream (10)
die **Schule, –n** school (10)
der **Schüler, —** pupil (14)
die **Schülerin, –nen** (female) pupil (14)
der **Schulkamerad, –en, –en** school mate (18)
die **Schulzeit** school time, school days (16)
  schützen to protect (18)
  schwach weak (19)
  schwächen to weaken (19)
  schwarz black (5)
das **Schwarzbrot, –e** rye bread (17)
der **Schwarzwald** Black Forest (12)
  schwatzen to chat, yap (11)

(das) **Schweden** Sweden (19)
  schweigen, schwieg, geschwiegen to be silent (7)
die **Schweiz** Switzerland (18)
der **Schweizer, —** Swiss (16)
die **Schweizergarde** Swiss life guard (23)
der **Schweizerkäse** Swiss cheese (2)
die **Schweizersprache, –n** Swiss language (23)
  schwer difficult, hard (2); heavy (8)
der **Schwergewichtler, —** heavyweight (boxer or wrestler) (13)
die **Schwester, –n** sister (6)
die **Schwierigkeit, –en** difficulty (19)
  schwimmen, schwamm, ist geschwommen to swim (2)
der **See, –n** lake (5)
  seekrank seasick (16)
die **Seekrankheit** seasickness (16)
die **Seele, –n** soul (17)
  seelisch spiritually (18)
die **Seemannskappe, –n** seaman's cap (5)
das **Segelboot, –e** sailboat (5)
  segeln to sail (2)
  sehen, sah, gesehen, er sieht to see (2)
die **Sehenswürdigkeit, –en** thing worth seeing (11)
  sich sehnen nach to long for (17)
  sehr very (3)
das **Seil, –e** rope (16)
  sein, war, ist gewesen, er ist to be (2)
  seit since (5)
die **Seite, –n** side (9); page (2)
die **Sekretärin, –nen** secretary (2)
  selber himself, itself (18)
  selbst oneself (12); even (18)
  seltsam peculiar (23)
die **Seltsamkeit, –en** peculiarity (23)
das **Semester, —** semester (10)
  senden, sandte, gesandt to send (R III)
  servieren to serve (9)
  setzen to set, put (15); **sich setzen** to sit down (9)
  seufzen to sigh (13)
  sicherlich surely, undoubtedly (7)
der **Sieg, –e** victory (14)

siegen to be victorious (18)
der **Sieger,** — victor (14)
siegreich victorious (19)
das **Signal, –e** signal (15)
singen, sang, gesungen to sing (7)
sinken, sank, gesunken to sink (15)
der **Sinn, –e** meaning, sense (15)
sinnlos senseless, meaningless (20)
die **Sitte, –n** custom (8)
der **Sitz, –e** seat (18)
sitzen, saß, gesessen to sit (2)
der **Skiläufer,** — skier (20)
so so; **so ein** such a (7)
sobald as soon as (R III)
das **Sofa, –s** davenport (9)
sofort immediately, at once (18)
sogar even (11)
der **Sohn, ⸗e** son (13)
solcher, solche, solches such (6)
der **Soldat, –en, –en** soldier (8)
sollen, sollte, gesollt, er soll to be
supposed to (12)
der **Sommer,** — summer (2)
die **Sommerferien** (*pl.*) summer vacation
(10)
der **Sommergast, ⸗e** summer guest (10)
die **Sommerreise, –n** summer trip (23)
sondern but (9)
die **Sonne** sun (2)
der **Sonnenkönig** Sun King (20)
der **Sonntag, –e** Sunday (2)
der **Sonntagnachmittagsspaziergang,** ⸗e
Sunday-afternoon walk (22)
sonst otherwise (12)
die **Sorge, –n** worry; **sich Sorgen
machen** to worry (13)
soweit as far as (20)
sowohl . . . als auch as well as (18)
das **Sozialistengesetz** law against so-
cialists (21)
spalten to split, divide (19)
die **Spaltung, –en** division (14)
(das) **Spanien** Spain (10)
spanisch Spanish (22)
sparsam economical, thrifty (19)
die **Sparsamkeit** thrift (17)
der **Spartaner,** — Spartan (20)
spät late (8); **später** later (5)
spätgotisch late-Gothic (6)

der **Spaziergang, ⸗e** walk (14)
die **Speisekarte, –n** menu (8)
der **Speisesaal, . . . säle** dining room (16)
sperren to close (14)
der **Spezialist, –en, –en** specialist (11)
die **Spezialität, –n** speciality (12)
spezifisch specific (14)
der **Spiegel,** — mirror (17)
das **Spiel, –e** play, game (2)
spielen to play (2)
die **Spielzeit** season
das **Sporthemd, –en** sport shirt (22)
der **Sportwagen,** — sportscar (4)
die **Sprache, –n** language (10)
die **Sprachlehrerin, –nen** language
teacher (14)
sprachlich linguistic, language (19)
**sprechen, sprach, gesprochen, er
spricht** to speak (2), talk (14)
springen, sprang, ist gesprungen to
jump (17)
der **Staat, –en** state (2), country (15)
der **Staatsmann, ⸗er** statesman
der **Stab, ⸗e** staff (18)
der **Stacheldraht** barbed wire (14)
die **Stadt, ⸗e** city (2)
das **Städtchen,** — small town (7)
die **Stadtrundfahrt, –en** sight-seeing tour
of the city (6)
das **Stadtzentrum, . . . zentren** center of
the city (5)
der **Stall, ⸗e** stall, stable (22)
der **Stamm, ⸗e** tribe (19)
stark strong (2)
stärken to strengthen (22)
der **Starkstromdraht, ⸗e** high-tension
wire (18)
starren to stare (2)
die **Station, –en** station, stop (22)
statt-finden, fand statt, stattgefunden
to take place (21)
der **Statthalter,** — governor (23)
staunen to be astonished (15)
stehen, stand, gestanden to stand
(2); to be printed (9)
steif stiff; formal (22)
die **Steifheit** stiffness, formality (22)
steigen, stieg, ist gestiegen to climb,
rise (10)

die **Stelle, –n** place, spot (9); digit (13); passage (17); **an die Stelle treten** to take the place of (20)
stellen to place, put (9)
die **Stellung, –en** position (11)
sterben, starb, ist gestorben, er stirbt to die (8)
der **Stern, –e** star (15)
der **Stil, –e** style (10)
die **Stille** stillness (18)
die **Stimme, –n** voice
das **Stipendium, Stipendien** stipend (R II)
stolpern to stumble (13)
stolz proud (20)
der **Stolz** pride (22)
stören to disturb (5)
stoßen, stieß, gestoßen, er stößt to knock (13)
der **Strand** shore, beach (10)
der **Strandkorb, ⸗e** wicker beach chair (10)
die **Straße, –n** street, road (2)
die **Straßenbahn –en** streetcar (17)
der **Straßenlärm** street noise (19)
die **Strecke, –n** stretch, distance (11)
strömen to pour, gush (20)
das **Stück, –e** piece (14); play (8)
der **Student, –en, –en** student
die **Studentengeneration, –en** generation of students (17)
das **Studentenheim, –e** dormitory (17)
das **Studentenleben** student life (17)
die **Studentenmutter, ⸗** students' "mother" (17)
die **Studentenrevolte, –n** student revolt, riot (11)
die **Studentensprache, –n** student language (17)
das **Studentenzimmer, —** student room (17)
die **Studentin, –nen** (girl) student (2)
studieren to study (2)
der **Stuhl, ⸗e** chair (9)
die **Stunde, –n** hour; lesson (5)
stundenlang for hours (11)
der **Sturm, ⸗e** storm (4)
suchen to look for, try to find (7)
süddeutsch south German (12)

(das) **Süddeutschland** Southern Germany (10)
der **Süden** south (2)
die **Südgrenze** southern boundary (12)
(das) **Süditalien** Southern Italy (22)
südlich to the south (3), southern (11)
die **Südwestecke** southwest corner (12)
die **Sünde, –n** sin (17)
die **Suppe, –n** soup (2)
der **Sweater, —** sweater (2)
das **Symbol, –e** symbol (11)
die **Symphonie, –n** symphony (1)
die **Szene, –n** scene (8)

die **Tafel, –n** blackboard (2)
der **Tag, –e** day (2)
das **Tagebuch, ⸗er** diary (15)
die **Tagebuchseite, –n** page of the diary (23)
tagelang for days (12)
täglich daily (13)
das **Tal, ⸗er** valley (11)
das **Talent, –e** talent (13)
die **Tankstelle, –n** service station (11)
der **Tanz, ⸗e** dance (11)
tanzen to dance (11); **das Tanzen** dancing (14)
die **Tänzerin, –nen** (woman) dancer (15)
tapfer courageous, brave (16)
das **Taschenbuch, ⸗er** paperback (13)
das **Taschentuch, ⸗er** handkerchief (16)
die **Tasse, –n** cup (14)
die **Tätigkeit** activity (19)
die **Tatsache, -n** fact (22)
die **Taufe, –n** baptism (17)
taufen to baptize (17)
das **Tausend, –e** thousand (12)
die **Technik** technology (2)
der **Tee** tea (2)
der **Teil, –e** part (5); **zum Teil** partly (20)
teilen to divide (14)
teil-nehmen, nahm teil, teilgenommen, er nimmt teil to take part, participate (19)
das **Telefonamt, ⸗er** telephone office (6)
das **Telefongespräch, –e** telephone conversation (17)

telefonisch over the telephone (23)
der Teller, — plate (9)
die Tellsage (William) Tell legend (23)
der Tennisspieler, — tennis player (2)
der Territorialfürst, –en, –en territorial prince (19)
das Territorium, Territorien territory (22)
das Testament, –e testament, last will (17)
teuer (teur-) expensive (4)
der Teufel, — devil (11)
die Textilindustrie textile industry (10)
das Theater, — theater (2)
der Theaterkritiker, — theater critic (8)
das Theaterprogramm, –e theater program (9)
das Theaterstück, –e play (21)
das Thema, Themen topic, subject (15)
der Thronfolger, — successor to the throne (15)
tief deep (2)
die Tiefe depth (6)
der Tiefkühler, — freezer (18)
das Tier, –e animal (5)
der Tierpark, –s zoo (5)
der Tisch, –e table (9)
die Tischkarte, –n place card (16)
der Titel, — title (4)
die Tochter, ⁼ daughter (10)
der Tod death (14)
die Todeszone zone of death (14)
der Todfeind, –e mortal enemy (21)
tödlich fatal, mortal (16)
todmüde dead-tired (18)
die Tomatensuppe tomato soup (9)
die Tonne, –n ton (5)
das Tor, –e gate
der Tourist, –en, –en tourist (2)
die Touristenstatistik, –en tourist statistics (12)
die Touristin, –nen (woman) tourist (2)
die Tracht, –en costume (9)
tragen, trug, getragen, er trägt to wear (13), carry (18)
tragisch tragic (8)
die Tragödie, –n tragedy (9)
trainieren to train, practice (15)
transportieren to transport (2)

der Traum, ⁼e dream (14)
traurig sad (9)
treffen, traf, getroffen, er trifft to meet (14)
treiben, trieb, getrieben to drive (16)
treten, trat, getreten, er tritt to step (15); an die Stelle treten to take the place of (20)
treu faithful (20)
die Trilogie trilogy (*series of three related dramas*) (16)
trinken, trank, getrunken to drink (2)
das Trinkgeld, –er tip (14)
das Tropenparadies tropical paradise (23)
der Trost consolation (16)
trösten to console (16)
trotz in spite of (6)
trotzdem in spite of it (18)
die Truppe, –n troop (14)
die Tuberkulose tuberculosis (16)
tüchtig able, competent (18)
die Tüchtigkeit efficiency (20)
tun, tat, getan to do (8)
die Tür, –en door (R II)
der Turm, ⁼e tower (19)
der Typ, –en type (20)
typisch typical (9)
der Tyrann, –en, –en tyrant (16)
tyrannisch tyrannical, despotic (16)

das Übel, — evil (20)
über over (2); about (2)
überhaupt at all (7), generally (19)
überlegen superior (18)
sich überlegen to think about (20)
überraschen to surprise (14)
überschlagen, überschlug, überschlagen, er überschlägt to turn, skip (11)
übersehen, übersah, übersehen, er übersieht to overlook (19)
übersetzen to translate (2)
die Übersetzung, –en translation (9)
überspringen, übersprang, übersprungen to skip (15)
übertrieben excessive (17)

überzeugen to convince (20)
übrig-bleiben, blieb übrig, ist übrig-geblieben to be left, remain (22)
übrigens by the way (5)
die **Übung, –en** practice (22)
das **Ufer,** — shore (5), bank (6)
die **Uhr, –en** watch; o'clock (R II)
um around (4); at (6); **um . . . zu** in order to (10)
umfassen to include (19)
um-kommen, kam um, ist umgekommen to perish (19)
sich **um-sehen, sah sich um, sich umgesehen, er sieht sich um** to look around (13)
um-ziehen, zog um, ist umgezogen to move (17)
unabhängig independent (19)
unerwartet unexpected (21)
ungarisch Hungarian (9)
(das) **Ungarn** Hungary (22)
ungebrochen unbroken (14)
ungefähr about, approximately
ungeschrieben unwritten (23)
ungeteilt undivided (14)
das **Unglück** misfortune (15)
unglücklich unfortunate (8)
das **Unheil** disaster (18)
die **Uni** (*short for* **Universität**) university (17)
die **Universität, –en** university (2)
das **Universitätsgebäude,** — university building (17)
die **Universitätsstadt, ⸗e** university town (11)
das **Universum** universe (18)
die **Unkenntnis** ignorance (17)
unmöglich impossible (16)
unruhig restless (15)
unschuldig innocent (18)
unser our (6)
unsterblich immortal (15)
unter under (2), among (10)
unterbrechen, unterbrach, unterbrochen, er unterbricht to interrupt (8)
unterdrücken to oppress (16)
der **Unterdrücker,** — oppressor (16)
unter-gehen, ging unter, ist unter-

gegangen to come to an end, perish (14); to set (of the sun) (22)
sich **unterhalten, unterhielt sich, sich unterhalten, er unterhält sich** to talk, converse (17)
die **Unterhaltung** conversation (22)
der **Untermieter,** — roomer (17)
der **Unterricht** instruction (14)
unterrichten to instruct, teach (14)
sich **unterscheiden, unterschied sich, sich unterschieden** to distinguish oneself (9)
der **Unterschied, –e** difference (13)
unterschreiben, unterschrieb, unterschrieben to sign (23)
der **Untertan, –en, –en** subject (20)
unterwerfen, unterwarf, unterworfen, er unterwirft to subjugate (19)
unverändert unchanged (23)
unverdient undeserved (19)
unverheiratet unmarried (13)
der **Unverstand** lack of sense (19)
unzivilisiert uncivilized (20)
der **Urlaub** leave (16)
ursprünglich original (22)
usw. = **und so weiter** and so forth (5)

der **Vater,** — father (2)
verachten to look down upon, despise (20)
die **Verachtung** contempt (20)
verantwortlich responsible (12)
das **Verb, –en** verb (14)
verbessern to correct (6)
verbieten, verbot, verboten to forbid (16)
verbinden, verband, verbunden to combine, unite (21)
die **Verbindung, –en** connection (16)
verbrennen, verbrannte, verbrannt to burn (15)
verbrauchen to use up (19)
verbringen, verbrachte, verbracht to spend (time) (12)
der **Verbündete, –n, –n** ally (14)
verdammen to condemn (15)
verdanken to owe (11)
verdienen to deserve (7), earn (14)

verehren to admire (17)

die **Vereinigten Staaten** (*pl.*) United States (3)

vereint united, allied (22)

der **Verfall** decline (18)

die **Verfassung, –en** constitution (14)

die **Verfilmung, –en** filming (23)

verfolgen to pursue (17)

die **Verfügung: zur Verfügung stehen** to be available (21)

die **Vergangenheit** past (14)

vergeben, vergab, vergeben, er vergibt to forgive (17)

vergehen, verging, ist vergangen to pass (14)

vergessen, vergaß, vergessen, er vergißt to forget (4)

der **Vergleich, –e** comparison (14)

vergleichen, verglich, verglichen to compare (7)

das **Verhältnis** relation(ship) (18)

verhältnismäßig relatively (14)

verhungern to starve to death (18)

verkaufen to sell (15)

der **Verkäufer, —** vendor (13)

der **Verkehr** traffic, travel, and commerce (4); **der gesellschaftliche Verkehr** social relationship (22)

das **Verkehrsmittel, —** means of transportation (4)

das **Verkehrsschild, –er** traffic sign (13)

die **Verkehrssituation** traffic condition (23)

das **Verkehrszentrum, . . . zentren** transportation center (12)

verkleinern to reduce (19)

verlangen to require, demand (12)

verlassen, verließ, verlassen, er verläßt to leave (8)

sich verlieben to fall in love (15)

verlieren, verlor, verloren to lose (13)

der **Verlust, –e** loss (6)

vermehren to increase (20)

(das) **Venedig** Venice (22)

vernichten to destroy (18)

der **Vernichtungskrieg** war of extermination (15)

der **Vers, –e** verse (11)

verschieden different (14)

verschmutzen to pollute (20)

die **Versicherung, –en** insurance (21)

die **Versicherungsgesellschaft, –en** insurance company (21)

versprechen, versprach, versprochen, er verspricht to promise (14)

sich verstärken to increase (16)

verstehen, verstand, verstanden to understand (2)

der **Versuch, –e** attempt (23)

versuchen to try (15)

der **Vertreter, —** representative (18)

die **Vervollkommnung** perfection (15)

verwandt related (10)

der **Verwandte, –n, –n** relative (12)

verwirklichen to realize, put into practice (21)

verzweifeln to despair (21)

viel much (2); **viele** many (3)

vielleicht perhaps (9)

das **Viertel, —** quarter (13)

die **Viertelstunde, –n** quarter of an hour (18)

der **Vogel, ⸗** bird (10)

das **Volk, ⸗er** people, nation (9)

die **Völkerwanderung,** migration of tribes (19)

das **Volkslied, –er** folksong (11)

der **Volkswagen, —** volkswagen, VW (2)

das **Volkswagenwerk** VW factory (10)

voll full, filled (10); **voller** full of (22)

vollkommen completely (6)

von from, of (2)

vor before, in front of (2); ago (8)

der **Vorabend** evening before (21)

sich vor-bereiten auf (*acc.*) to prepare (oneself) (16); **beim Vorbereiten** while preparing (19)

die **Vorfahren** (*pl.*) ancestors (18)

der **Vorhang, ⸗e** curtain (8)

vorig- previous (23)

der **Vorläufer, —** forerunner (17)

vor-lesen, las vor, vorgelesen, er liest vor to read aloud (17)

die **Vorlesung, –en** (university) lecture (17)

vorn in the front (10)

sich vor-stellen to imagine (17)

der **Vorteil, –e** advantage (17), benefit (21)
der **Vortrag, ⁼e** lecture (15)
vorüber past (14)
vorüber-fahren, fuhr vorüber, ist vorübergefahren, er fährt vorüber to go past (16)
vorüber-fliegen, flog vorüber, ist vorübergeflogen to fly past (13)
das **Vorurteil, –e** prejudice (19)

wachsen, wuchs, ist gewachsen, er wächst to grow (13)
der **Wagen, —** wagon (8); car (4)
wählen to choose (17), elect (23)
wahr true (12); **nicht wahr?** isn't it?, is that not so? (7)
während during (6); while (8)
die **Wahrheit** truth (18)
wahrscheinlich probably (5)
die **Waisenversicherung** insurance for orphans (21)
der **Wald, ⁼er** forest (11)
der **Waldpfad, –e** forest path (18)
der **Walzer, —** waltz (1)
der **Walzerkönig** waltz king (15)
die **Wand, ⁼e** wall (17)
wandern to hike (2)
die **Wanderung, –en** hike (18)
wann when (7)
die **Waren** (*pl.*) wares, merchandise (8)
warm warm (2)
warnen to warn (2)
warten auf (*acc.*) to wait for (9)
warum why (3)
was what (2); **was für ein** what a (18)
sich **waschen, wusch sich, sich gewaschen, er wäscht sich** to wash oneself (18)
die **Waschmaschine, –n** washing machine (14)
das **Wasser** water (2)
der **Weber, —** weaver (21)
weder . . . noch neither . . . nor (17)
wegen because of (6)
weg-gehen, ging weg, ist weggegangen to go away, leave (14)
weg-lassen, ließ weg, weggelassen, er läßt weg to drop, omit (13)

weil because (R III)
die **Weile** while (2)
der **Wein, –e** wine (8)
der **Weinbauer, —** wine grower (20)
der **Weinberg, –e** vineyard (7)
der **Weinkenner, —** wine expert (8)
die **Weinkennerin, –nen** (woman) wine expert (8)
die **Weinliste, –n** wine list (8)
weiß white (2)
weit far; **weiter** further (17); **bei weitem** by far (23)
weiter (*adj.*) additional (14)
weiter-arbeiten to continue to work (16)
weiter-fliegen, flog weiter, ist weitergeflogen to fly on (4)
weiter-gehen, ging weiter, ist weitergegangen to go on (4)
weiter-leben to live on (19)
weiter-lesen, las weiter, weitergelesen, er liest weiter to read on (1)
weiter-wandern (ist) to hike on (18)
welcher, –e, –es which (3)
die **Welle, –n** wave (10)
die **Welt** world (4)
weltbekannt known all over the world (19)
weltberühmt world-famous (7)
der **Weltkrieg** world war (6)
weltlich worldly, secular (19)
die **Weltmacht** world power (19)
der **Weltmarkt, ⁼e** world market (14)
das **Weltprestige** world prestige (19)
die **Weltreise, –n** trip around the world (14)
die **Weltrevolution, –en** world-wide revolution (18)
der **Weltruf** world-wide renown (19)
die **Weltstadt, ⁼e** metropolis (7)
wenig little; **weniger** less; **wenigst-** (12); **wenige** few; **das Wenige** the few things (15)
wenigstens at least (18)
wenn when (7), if (2); **wenn . . . auch** even though (17)
wer who (3)
werden, wurde, ist geworden, er wird to become, get, grow (7)

werfen, warf, geworfen, er wirft to throw (8)

das Werk, –e work (6)

der Wert, –e worth, value (15)

westdeutsch West German (14)

(das) Westdeutschland West Germany (14)

der Westen west (2)

westfälisch Westphalian (9)

westfränkisch West Franconian (19)

westlich west(ern), to the west (3)

das Wetter weather (7)

wichtig important (5)

widersprechen (dat.), widersprach, widersprochen to contradict (8)

der Widerstand, ⸗e opposition (21)

wie how (2), like (6), as (7)

wieder again (5)

wieder-finden, fand wieder, wiedergefunden to find again (13)

wiederholen to repeat (2)

wiederholt repeatedly (16)

die Wiederholung, –en review (7)

wieder-sehen, sah wieder, wiedergesehen, er sieht wieder to see again; Auf Wiedersehen! good-by (11)

wiegen, wog, gewogen to weigh (13)

(das) Wien Vienna (13)

Wiener Viennese, Vienna (14)

Wienerisch Viennese (14)

wieviel how much, how many (3); der wievielte ist heute what date is today (13)

der Wille, –ens (gen.) will (16)

der Wind, –e wind (4)

winken to wave (16)

der Winter, — winter (5)

der Wintersport, –e winter sport (12)

wirklich real (5)

die Wirtin, –nen landlady (17)

das Wirtshaus, ⸗er inn (18)

wirtschaftlich economic (14)

das Wirtschaftswunder economic miracle (6)

wissen, wußte, gewußt, er weiß to know, have knowledge of facts (4)

die Wissenschaft, –en science (17)

der Wissenschaftler, — scientist (15), scholar (19)

wissenschaftlich scientific (12)

die Witwenversicherung insurance for widows (21)

witzig witty (17)

wo where (2)

die Woche, -n week (5)

das Wochenende, — weekend (20)

der Wochentag, –e day of the week (13)

woher from where (4)

wohin where (to) (4)

sich wohl-fühlen to feel at home (17)

wohlhabend well-to-do (16)

wohltrainiert well trained (20)

wohnen to live (7)

der Wolkenkratzer, — skyscraper (7)

wollen, wollte, gewollt, er will to want to (2)

wollen woolen (2)

das Wort, –e or ⸗er word (2)

wunderbar wonderful (2)

sich wundern to wonder, be astonished (18)

der Wunsch, ⸗e wish (9); auf allgemeinen Wunsch by popular demand

wünschen to wish (14)

wütend furious (16)

die Zahl, –en number, figure (5)

zahlen to pay (15)

zählen to count (15)

der Zauber magic, charm (7)

der Zauberberg Magic Mountain (1)

die Zauberflöte Magic Flute (6)

z.B. = zum Beispiel for example (11)

zeichnen to draw (14)

die Zeichnung, –en drawing (15)

zeigen to show, point (3)

die Zeile, –n line (20)

die Zeit, –en time (6)

das Zeitalter, — age (15)

der Zeitgenosse, –n, –n contemporary (15)

die Zeitschrift, –en periodical (13)

der Zeitsinn time sense (15)

die Zeitung, –en newspaper (13)

das Zeitunglesen reading of the newspaper (13)

das **Zelt, –e** tent (12)
der **Zentimeter, —** centimeter (*0.39 in.*)
  (13)
  zentral central (4)
die **Zentralheizung** central heating (20)
das **Zentrum, Zentren** center (5)
  zerreißen, zerriß, zerrissen to tear
  (20)
  zerstören to destroy (6)
die **Zerstörung** destruction (6)
  ziehen, zog, gezogen to pull, draw
  (8); **es zieht** there is a draft (9)
das **Ziel, –e** aim, goal (14)
  ziemlich rather (16)
die **Zigarre, –n** cigar (12)
die **Zigarette, –n** cigarette (9)
das **Zimmer, —** room (15)
  zitieren to quote (17)
  zittern to tremble, vibrate (16)
die **Zone, –n** zone (10)
der **Zoo = Zoologische Garten** zoo (5)
  zornig angry (15)
  zu to; too (2)
der **Zucker** sugar (13)
  zuerst at first, first of all (11)
der **Zug, ⸗e** train (4)
  **zu-geben, gab zu, zugegeben, er gibt
  zu** to admit (18)
  zugrunde-gehen, ging zugrunde, ist

  zugrundegegangen to perish (19)
  zu-hören to listen to (2)
die **Zukunft** future (14)
  zu-machen to close (16)
  zunächst first of all, to being with
  (21)
  zurück back (3)
  **zurück-gehen, ging zurück, ist zurück-
  gegangen** to go back, return (15)
  **zurück-kommen, kam zurück, ist
  zurückgekommen** to come back,
  return (17)
  zusammen together (2)
die **Zusammenarbeit** cooperation (21)
  **zusammen-brechen, brach zusammen,
  ist zusammengebrochen, er bricht
  zusammen** to break down, col-
  lapse (16)
  zusammen-gehören to belong to-
  gether (16)
  zuviel too much (5)
  zuvor before (19)
  zwar to be sure (18)
  zweit- second (3)
  zweitgrößt- second largest (12)
  zwingen, zwang, gezwungen to force,
  compel (17)
  zwischen between (5)
  zynisch cynical (20)

English-German Vocabulary

able: to be able können, konnte, ge-konnt; kann
accent der Akzent, –e
address die Adresse, –n
afternoon der Nachmittag
again wieder
against gegen (*acc.*)
airplane das Flugzeug, –e
all alle; **all day** den ganzen Tag
allow: to be allowed dürfen, durfte, gedurft; darf
alone allein
already schon
also auch
although obgleich
always immer
America (das) Amerika
American (*adj.*) amerikanisch; (*noun*) der Amerikaner, —
another noch ein
answer die Antwort, –en
answer antworten; (*answer a question*) beantworten
anything: not anything nichts
arrive an-kommen, kam an, ist ange-kommen
as . . . as so . . . wie
ask fragen
at an (*dat. or acc.*); (*time*) um, zu
author der Autor, –en

bank das Ufer, —
be sein, war, ist gewesen; **there is** es gibt
beautiful schön
because weil
become werden, wurde, ist geworden; wird
bed: to bed zu Bett
before vor
begin beginnen, begann, begonnen; anfangen, fing an, angefangen; fängt an
believe glauben
beside neben (*dat. or acc.*)
best best-; am besten; am liebsten
better besser
between zwischen
big groß
birthplace die Geburtsstadt, ⸗e
book das Buch, ⸗er
bring bringen, brachte, gebracht
bring along mit-bringen, brachte mit, mitgebracht
brother der Bruder, ⸗
building das Gebäude, —
bus der Bus, –se
but aber; (*on the contrary*) sondern
buy kaufen
by von (*dat.*)

call rufen, rief, gerufen

can können, konnte, gekonnt; kann
car das Auto, –s; der Wagen, —
castle das Schloß, ⸗sser
cathedral der Dom, –e
century das Jahrhundert, –e
chair der Stuhl, ⸗c
chapter das Kapitel, —
child das Kind, –er
church die Kirche, –n; **to church** in die Kirche
city die Stadt, ⸗e
city hall das Rathaus, ⸗er
claim behaupten
class die Klasse, –n
coat der Mantel, ⸗
coffee der Kaffee
cold kalt
come kommen, kam, ist gekommen
come along, mit-kommen, kam mit, ist mitgekommen
come back zurück-kommen, kam zurück, ist zurückgekommen
compare vergleichen, verglich, verglichen
compel zwingen, zwang, gezwungen
composer der Komponist, –en, –en
cool kühl
correct richtig
country das Land, ⸗er

dark dunkel (dunkl-)
day der Tag, –e
describe beschreiben, beschrieb, beschrieben
destroy zerstören
die sterben, starb, ist gestorben; stirbt
difficult schwer
diplomatic diplomatisch
divide teilen
doctor der Doktor, –en
drama das Drama, Dramen
drink trinken, trank, getrunken
during während (*gen.*)

each jeder, jede, jedes
early früh
earn verdienen
easy leicht
eat essen, aß, gegessen; ißt

English (*adj.*) englisch; (*language*) (das) Englisch
Englishman der Engländer, —
enough genug
especially besonders
essay der Aufsatz, ⸗e
even sogar, wenn . . . auch
every jeder, jede, jedes
everything alles
examination die Prüfung, –en
expenses die Unkosten (*pl.*)
expensive teuer
experiment das Experiment, –e
explain erklären

fall fallen, fiel, ist gefallen; fällt
famous berühmt
fast schnell
father der Vater, ⸗
feel sich fühlen
field das Feld, –er
film der Film, –e
finally endlich
find finden, fand, gefunden
first erst-
fish der Fisch, –e
fly fliegen, flog, ist geflogen
follow folgen (ist) (*dat.*)
following folgend
for für (*acc.*)
form (sich) bilden
forget vergessen, vergaß, vergessen; vergißt
France (das) Frankreich
French (das) Französisch
fresh frisch
friend der Freund, –e
from von (*dat.*)

garage die Garage, –n
gentleman der Herr, –n, –en
German (*adj.*) deutsch; **German** (*language*) (das) Deutsch; **in German** auf deutsch
Germany (das) Deutschland
get (*become*) werden, wurde, ist geworden, wird; (*receive*) bekommen, bekam, bekommen

get up auf-stehen, stand auf, ist auf-gestanden
girl friend die Freundin, –nen
give geben, gab, gegeben; gibt
give in nach-geben, gab nach, nach-gegeben; gibt nach
glad froh; be glad sich freuen
glass das Glas, =er
go (on foot) gehen, ging, ist gegangen; (by vehicle) fahren, fuhr, ist gefahren; fährt
go away fort-fahren, fuhr fort, ist fort-gefahren; fährt fort
go on living weiter-leben
good gut
government die Regierung, –en
group die Gruppe, –n
guide der Führer, —

happen geschehen, geschah, ist geschehen (es geschieht)
happy glücklich
harbor der Hafen, =
have haben, hatte, gehabt; hat
have to müssen, mußte, gemußt: muß
hear hören
help helfen, half, geholfen; hilft (dat.)
here hier
herself sich
highrise building das Hochhaus, =er
himself sich
his sein
history die Geschichte, –n
home nach Hause; (at home) zu Hause
hot heiß
hotel das Hotel, –s
house das Haus, =er
how wie
hungry hungrig
hurry sich beeilen

ice das Eis
if wenn
ill krank
important wichtig
impossible unmöglich
impress imponieren (dat.)
in in (dat. or acc.)
inexpensive billig

insurance die Versicherung, –en
interest interessieren; to be interested in sich interessieren für
interesting interessant
interrupt unterbrechen, unterbrach, unterbrochen; unterbricht
into in (acc.)
its sein

kilometer der Kilometer, —
know (a person or object) kennen, kannte, gekannt; (a fact) wissen, wußte, gewußt; weiß; (a language) können, konnte, gekonnt; kann
known bekannt

lady die Dame, –n
last letzt–
late spät
learn lernen
least: the least das Wenigste
leave fort-gehen, ging fort, ist fort-gegangen
legend die Sage, –n
lesson die Aufgabe, –n
let lassen, ließ, gelassen; läßt
letter der Brief, –e
light das Licht, –er
like verb plus gern; mögen, mochte gemocht; mag; gefallen, gefiel, gefallen; gefällt
line die Linie, –n
live leben; (dwell) wohnen
long lang; (adv.) lange; longer länger
look aus-sehen, sah aus, ausgesehen; sieht aus
look at an-sehen, sah an, angesehen; sieht an
look for suchen; look forward to sich freuen auf (acc.)
lose verlieren, verlor, verloren

magazine die Zeitschrift, –en
make machen
man der Mann, =er; der Mensch, –en, –en
many viele
map die Karte, –n
mark die Mark

may dürfen, durfte, gedurft; darf
mention erwähnen
menu die Speisekarte, –n
military station die Militärstation, –en
milk die Milch
mistake der Fehler, —
Miss Fräulein
modern modern
money das Geld
more mehr
mother die Mutter, ⸗
move um-ziehen, zog um, ist umgezogen
mountain range das Gebirge, —
Mr. Herr, –n, –en
much viel
music die Musik
must müssen, mußte, gemußt (muß)
my mein

name der Name, –ns, –n; **my name is** ich heiße
need brauchen
neighbor der Nachbar, –n
never nie
new neu
newspaper die Zeitung, –en
night die Nacht, ⸗e; **last night** gestern abend
no (*in answer to a question*) nein; (*adj.*) kein, keine, kein
nobody niemand
not nicht
nothing nichts
novel der Roman, –e
now jetzt
number die Nummer, –n

o'clock Uhr
office das Büro, –s
often oft
old alt
on an, auf (*dat. or acc.*)
only nur
opera die Oper, –n
order sich bestellen
other ander-
our unser
out of aus (*dat.*)

parents die Eltern
part der Teil, –e
passenger der Passagier, –e
pay bezahlen
people die Leute
perform auf-führen
personally persönlich
picture das Bild, –er
piece das Stück, –e
plane das Flugzeug, –e
plate der Teller, —
play das Stück, –e
play spielen
please bitte
please gefallen, gefiel, gefallen (es gefällt) (*dat.*)
poem das Gedicht, –e
poet der Dichter, —
postcard die Postkarte, –n
praise loben
prefer *verb plus* lieber
prepare (sich) vor-bereiten
pretty hübsch
price der Preis, –e
problem das Problem, –e
professor der Professor, –en
program das Programm, –e
promise versprechen, versprach, versprochen; verspricht
pronunciation die Aussprache
punctual pünktlich
put (*lay*) legen; (*place*) stellen

question die Frage, –n
quick schnell

read lesen, las, gelesen; liest
really wirklich
recover sich erholen
remember sich erinnern an (*acc.*)
repair reparieren
repeat wiederholen
restaurant das Restaurant, –s
rich reich
right: to be right recht haben
river der Fluß, ⸗sse
Roman der Römer, —
round rund
run rennen, rannte, ist gerannt

Saturday der Sonnabend, der Samstag
say sagen
second zweit-
secretary die Sekretärin, –nen
see sehen, sah, gesehen; sieht
sell verkaufen
sentence der Satz, ⸗e
several mehrere
shave sich rasieren
ship das Schiff, –e
show zeigen
sick krank
sightseeing tour die Stadtrundfahrt, –en
since (*prep.*) seit (*dat.*); (*conj.*) da
sing singen, sang, gesungen
sister die Schwester, –n
sit sitzen, saß, gesessen; **sit down** sich setzen
skirt der Rock, ⸗e
sleep schlafen, schlief, geschlafen; schläft
slowly langsam
small klein
some einige
something etwas
sometimes manchmal
song das Lied, –er
soon bald
soup die Suppe, –n
speak sprechen, sprach, gesprochen; spricht
spend (*time*) verbringen, verbrachte, verbracht
stand stehen, stand, gestanden
start beginnen, begann, begonnen; anfangen, fing an, angefangen; fängt an; (*airplane*) starten
stay bleiben, blieb, ist geblieben
steamer der Dampfer, —
steamship der Dampfer, —
still noch
stop auf-hören
storm der Sturm, ⸗e
student der Student, –en, –en
study studieren; lernen; fleißig arbeiten
such a solcher, solche, solches; so ein, so eine, so ein
suddenly plötzlich
summer der Sommer, —

sun die Sonne
Sundays sonntags
supposed: to be supposed to sollen, sollte, gesollt; soll
sure: to be sure sicher
surprise überraschen
symphony die Symphonie, –n

table der Tisch, –e
take nehmen, nahm, genommen; nimmt
take along mit-nehmen, nahm mit, mitgenommen (nimmt mit)
take a picture of eine Aufnahme machen von
talk sprechen, sprach, gesprochen (spricht)
teach lehren
teacher der Lehrer, —
tell sagen
tennis (das) Tennis
than als
thank danken (*dat.*)
that das; der da, die da, das da; dieser, diese, dieses; (*conj.*) daß
theater das Theater, —; **to the theater** ins Theater
there dort; **there is (are)** es gibt
these diese
think of denken an (*acc.*), dachte, gedacht
this dieser, diese, dieses
those diese
through durch
throw werfen, warf, geworfen (er wirft)
Thursday (der) Donnerstag
time die Zeit
tired müde
to (*up to*) an (*acc. or dat.*); (*with place names*) nach (*dat.*); (*until*) bis
today heute
tomorrow morgen
too zu
tourist der Tourist, –en, –en
tower der Turm, ⸗e
town die Stadt, ⸗e
train der Zug, ⸗e
translate übersetzen
travel reisen
traveler der Reisende, –n, –n

travel guide der Reiseführer, —
trip die Reise, –n

unable: to be unable nicht können
under unter
understand verstehen, verstand, verstanden
university die Universität, –en
until bis
upon auf (*dat. or acc.*)
use gebrauchen
vacation die Ferien (*pl.*)
very sehr
village das Dorf, ⸗er
visit besuchen
volkswagen der Volkswagen, —

wait warten auf (*acc.*)
waiter der Ober, —
want wollen, wollte, gewollt; will
war der Krieg, –e
wastebasket der Papierkorb, ⸗e
water das Wasser

weak schwach
well gut
well-known bekannt
what was
when wann; als, wenn
where wo
which welcher, welche, welches
who wer
why warum
wind der Wind, –e
wish wünschen
with mit (*dat.*)
without ohne (*acc.*)
word das Wort, ⸗er
work die Arbeit
work arbeiten
world-famous weltberühmt
write schreiben, schrieb, geschrieben
write down auf-schreiben, schrieb auf, aufgeschrieben

year das Jahr, –e
young jung
your Ihr; dein

Index

aber 129
ablaut classes 298–300
accentuation 29
accusative case 39–40
adjectives
  comparison of 173–177
  declension 99, 194, 392–393
  endings of preceded 99, 157, 194
  endings of unpreceded 127–128, 158
  numerical 159–160, 394
  possessive 85–86, 117
  predicate 98
  used as nouns 179
adverbs 98
  comparison of 176–177
alphabet 103, 370–371
als
  as conjunction 273
  in comparison 175
  meaning and usage compared with
    wann, wenn 302
articles
  definite, declension of 185, 391
  indefinite, declension of 186, 392
auxiliary verbs
  haben, sein 25–26
  modals 169–171
  werden 112

capitalization 21
cases
  accusative 39–40
  dative 56
  genitive 72–74
  nominative 39–40
  plural 191–193
classroom expressions 8–9
comparative 173–177
comparison 173–177
conditions 361–362
conjunctions
  coordinating 97
  subordinating 273, 300
consonants, pronunciation of 4–7, 15–16
contractions 42, 59

da-compounds 289
dates 209
dative case 56
days, names of 209
definite article, see articles
dependent clauses, word order in 274
der-words 75, 85, 185, 391
  plural 138, 185
  singular 75, 86, 185

diphthongs, pronunciation of 4
double infinitive 328
du, ihr, Sie 27

ein-words 76, 85, 186, 392
    plural 138–139, 187
    singular 76, 86, 186
    used as pronouns 161
expressions of time 211

Fraktur 370–371
future perfect tense 273
future tense 272–273

gefallen 178
gender 187–188
genitive case 72–74
gern 129, 178
glottal stop 29

haben
    as auxiliary 241
    past tense of 227
    present tense of 26
    summary 396–398

ihr (familiar form) 27
imperative 27, 113–114
indefinite article, see articles
indirect discourse 364
indirect questions 276
infinitive 22
    as noun 188
    double infinitive 328
    position of 170
inseparable prefixes 243
interrogative pronouns 314
inverted word order 97
irregular strong verbs, present tense of 44–45, 195

kein, nein, nicht, meanings compared 45–46
kennen, können, wissen, meanings compared 172–173
know, three German verbs for 172–173

lieber, am liebsten 177–178
like, four German verbs for 178

modal auxiliaries 169–171, 296
    compound tenses of 325–326
    double infinitive 328
    meanings of 169–170
    passive infinitive following 338
    past tense of 228, 296
    present tense of 171, 296
    principal parts of 326
mögen 178
months, names of 209

nein, nicht, kein, meanings compared 45–46
nicht
    meaning compared with **nein, kein** 46
    position of 46, 249, 263
nominative case 39–40
nouns
    adjectives used as 179
    capitalization of 21
    declensional patterns for 394
    declension of plural 191–193; singular 84, 191–193
    exceptional 190
    gender 21, 187–188
    infinitives as 188
    plurals 140–148, 189–191
numerals 207, 407
numerical adjectives 159–160, 394

ordinal numbers 208

passive voice   336–340, 404–405
past participle
  as adjective   263
  formation of   241, 243
  position of   241
past perfect   248
past tense   223–229
  of **haben, sein, werden**   227
  of **kennen, nennen, denken, bringen**
    226
  of modals   228
  of strong verbs   224–225
  of weak verbs   223
  of **wissen**   229
personal pronouns, see pronouns
plural of nouns   140–148, 189–191
possessive adjectives   85–86, 117
position of **zu**   261
predicate adjectives   98
prefixes
  inseparable   243
  separable   259
  variable   262
prepositions   87
  contractions   42, 59
  da-compounds   289
  expressing *to*   127
  with accusative   41–42, 87, 126, 396
  with dative   59, 87, 396
  with dative or accusative   124, 396
  with negative   79, 87, 395
  wo-compounds   290
present participle   288
present perfect   241–247
present tense   23–26, 112, 195
principal parts
  of irregular verbs   245–247, 300, 405–
    406
  of modals   326
  of strong verbs   245–247, 298–300,
    405–406
  of weak verbs   241–243
probability, expressed by future and fu-
  ture perfect   273

pronouns
  interrogative   314
  personal: declension of   88–89, 395;
    du, ihr, Sie   27
  reflexive   286–288
  relative   308–310
pronunciation   2
  glottal stop   29
  of alphabet   103
  of consonants   4–7, 15–16
  of diphthongs   4
  of umlauts   6–7
  of vowels   3–4, 14–15
  word accent   29
punctuation   389–390

questions
  direct   28
  indirect   276

reflexive pronouns   286–288
reflexive verbs   286–288
relative pronouns   308–310
  after prepositions   310

sein
  as auxiliary   247
  past tense of   227
  present tense of   25
  summary   398–399
separable prefixes   259
Sie, du, ihr   27
sie, sie, Sie   26
simple past, see past tense
sondern   129
spelling   21
strong verbs
  list of   405–406
  principal parts of   298–300, 405–406
  summary   402–404

subjunctive
built on past 360
built on present 349
conditions 361–362
idiomatic phrases 365
indirect discourse 364; in English 348; in German 349–365; in statements, questions 364
verb forms 349, 360
wishes 362
subordinating conjunctions 273
superlative 173–177
syllabication 390–391

time, expressions of 211
dates 209
definite time 211
indefinite time 211
names of days and months 209
telling time 210
use of prepositions with 211
to, four German words for 127

umlaut 6–7

variable prefixes 262
verbs
ablaut classes 298–300
auxiliary, see auxiliary verbs
conjugations of 402–404
ending in -ieren 241
future tense 272–273
future perfect tense 273
infinitive, see infinitive
irregular 44, 195
modal auxiliaries, see modal auxiliaries
passive voice 336
past perfect 248
past participle 241, 243; used as adjective 263

past tense 223–229
present participle 288
present perfect of: strong verbs 244–246; verbs ending in -ieren 241; weak verbs 241
present tense 23–26, 112, 195
principal parts 262, 298–300, 405–406
reflexive 286–288
simple past 223–229
strong 288–300, 402–404
subjunctive 349–365
vowel change a to ä, e to i(e) 44–45
weak 223, 401–402
with dative 61
with sein 247
vowels
change a to ä, e to i(e) 44–45
length 4
pronunciation 3–4, 14–15

wann, wenn, als, meanings and usage 302
weak verbs
principal parts of 241–243
summary 401–402
wenn
meaning and usage compared with als, wann 302
was, uses of 314–316
wer 316
werden
past tense 227
present tense 112
summary 399–401
three uses of 339
when, three German words for 302
wishes, see subjunctive
wissen
past tense 229
present tense 172
wo-compounds 290
word accent 29

word order
    after coordinating conjunctions   97
    after subordinating conjunctions   274
    in dependent clauses   274, 327
    in direct questions   276
    in main clauses   96–97, 275, 326
    in questions   28
    in relative clauses   310
    inverted   97
    normal   96–97
    of expressions of time and place   212
    of separable prefixes   259

you, equivalents for   27

zu, position of   261